La Poésie du XVIIe siècle

Ouvrages de
ROBERT SABATIER
aux Éditions Albin Michel

Essais :

HISTOIRE DE LA POÉSIE FRANÇAISE :

1. La Poésie du Moyen Age
2. La Poésie du XVIe siècle
3. La Poésie du XVIIe siècle
4. La Poésie du XVIIIe siècle

en préparation

5. La Poésie du XIXe siècle
6. La Poésie du XXe siècle

L'ÉTAT PRINCIER
DICTIONNAIRE DE LA MORT

Poésie :

LES FÊTES SOLAIRES
DÉDICACE D'UN NAVIRE
LES POISONS DÉLECTABLES
LES CHATEAUX DE MILLIONS D'ANNÉES

Romans :

LES ALLUMETTES SUÉDOISES
TROIS SUCETTES A LA MENTHE
LES NOISETTES SAUVAGES
ALAIN ET LE NÈGRE
LE MARCHAND DE SABLE
LE GOUT DE LA CENDRE
BOULEVARD
CANARD AU SANG
LA SAINTE FARCE
LA MORT DU FIGUIER
DESSIN SUR UN TROTTOIR
LE CHINOIS D'AFRIQUE

Robert Sabatier
de l'Académie Goncourt

HISTOIRE DE LA POÉSIE FRANÇAISE

★★★

La Poésie du XVIIe siècle

AM

Albin Michel

IL A ÉTÉ TIRÉ DE CET OUVRAGE SOIXANTE EXEMPLAIRES SUR VÉLIN CUVE PUR CHIFFON DE RIVES, DONT CINQUANTE NUMÉROTÉS DE 1 À 50, ET DIX HORS COMMERCE NUMÉROTÉS DE I À X.

© Éditions Albin Michel, 1975.
22, rue Huyghens, 75014 Paris.
ISBN 2-226-00215-4

Malherbe et ses « écoliers »

I

Regard vers le nouveau siècle

La Renaissance s'achève sur un foisonnant désordre où les individualités se donnent libre cours : ici la rudesse, le lyrisme, la vie (chez les grands protestants), là un amollissement, un ton languide (chez les derniers ronsardisants), ailleurs de vigoureuses promesses (chez Sponde et quelques autres). Sans cesse on a vu les poètes du siècle riche rechercher un équilibre entre l'imitation créatrice des Anciens restituée par la vérité humaniste et leur désir de faire naître une poésie nationale. C'est durant le siècle classique que l'union se fera avec l'arrivée d'un ordre se dégageant peu à peu de l'humanisme renaissant, après des périodes bercées aux vents d'influences diverses.

Au début du siècle, Malherbe semble occuper toute la place. Or, le XVIe siècle est présent encore, autant avec Desportes et les siens qu'avec le magnifique Agrippa d'Aubigné auprès de qui le censeur de la poésie française perd quelque peu de sa taille. Mais Malherbe aura des amis, une école conduite avec autorité, peut-être, après le vaste édifice de la Pléiade, la première vraie chapelle. Il y aura des réactions : après Mathurin Régnier et les satiriques, après la combative Marie de Gournay, tous les poètes indépendants apporteront une riposte enjouée au nom de la liberté. Ce sont les poètes précieux qui ne sont point si ridicules (pas plus que les précieuses auxquelles, par-delà la caricature, justice doit être rendue), les burlesques ou grotesques auxquels le nom de baroques conviendrait souvent mieux.

De groupe en groupe, de cabaret en salon, parmi de vibrantes merveilles et de flagrantes erreurs, la poésie ira vers les hommes du

Grand Siècle, les rénovateurs du théâtre, les grands classiques dont toute enfance scolaire est bercée. Naîtront des querelles : celle du merveilleux chrétien, celle des Anciens et des Modernes, témoignant d'un esprit nouveau, celui philosophique et scientifique fondé sur l'expérimentation qui finit par avoir la primauté sur le sentiment esthétique.

Pour l'esprit avide de simplification, il est permis de distinguer trois phases durant ce xviie siècle : jusque vers 1660 les éléments divers contribuant directement ou par ricochets à la formation de l'esprit classique; entre 1660 et 1690, le triomphe du classicisme; et, à la fin du siècle, un pas vers l'esprit du xviiie siècle, le moins propice à la poésie, – je veux dire, celle du poème.

Au début du siècle, Henri IV a assuré à la France une certaine prospérité dans la paix. Plus tard, la royauté absolue sera affermie par les deux plus grands cardinaux. Et voici que la distinction, le bel usage, le besoin d'ordre, les manières policées l'emportent : en 1635, Richelieu fonde l'Académie française; en 1637, Descartes donne son *Discours de la méthode*. Les précieuses regroupent les beaux esprits, la mode est à la singularité, les façons n'en sont pas moins délicieuses. Ce qu'on appellera snobisme s'accompagne, comme toujours, d'ouvertures à la nouveauté qui font oublier l'afféterie.

Dans les arts, le classicisme apparaît avec Nicolas Poussin et Claude Lorrain, avec Le Sueur et sa grâce, Philippe de Champaigne et sa noble austérité janséniste. L'humanité pittoresque et déchirante est traduite par Jacques Callot et Abraham Bosse qui ont gardé dans leur manière quelque chose du siècle précédent. Au temps de Georges de La Tour et des frères Le Nain, la lumière et la chaleur sont présentes. Les sciences avancent rapidement : Descartes et sa géométrie, Pascal et ses multiples expériences, Fermat et le calcul différentiel, Guy de La Brosse et le Jardin des Plantes. L'architecture se dégage des influences et trouve un style national harmonieux.

Et voici le temps, non pas du siècle, mais du demi-siècle de Louis XIV où le roi-soleil va jeter ses étonnements durables. Mécène, il sait grouper les élites artistiques et intellectuelles dans les grandes académies. Dans l'union des cadres de la nation, cour, aristocratie, grande bourgeoisie vont surgir, avec la venue du bon goût des créateurs, des œuvres donnant au siècle un lustre plus affirmé que par les misérables guerres et leurs faux exploits. A la suite des mondains comme La Rochefoucauld et le cardinal de Retz, Mme de La Fayette et Mme de Sévigné, se dégageant vite d'un monde où pullulent des fausses valeurs soutenues par le roi, les Bossuet, Boileau, Corneille, Racine, Molière, La Fontaine, comme les Lebrun, Coysevox, Girardon ou Puget, comme les Pascal et les Descartes, édifient, chacun à sa manière, l'ère classique, plus multiple et complexe que ne le disent les programmes scolaires.

Quand viendra le temps des revers militaires et du déclin, la période du désert, l'unité commencera à se défaire et les clans à se former : religieux et fidèles au roi autour de Mme de Maintenon; libertins trouvant la protection du Grand Dauphin; hommes désireux de réformes dans l'entourage du duc de Bourgogne. Et voici Fénelon cherchant dans le passé des promesses d'avenir, La Bruyère peignant les mœurs, de même que Le Sage et Saint-Simon. La querelle des Anciens et des Modernes annonce déjà le siècle philosophique. Mignard quitte les régions du beau pour celles du joli. La poésie suit le même chemin, hélas! Seules les sciences poursuivent leur progression.

Pour la poésie, si, dans la première moitié du siècle, elle triomphe, lyrique, dans le poème, il n'en sera pas toujours ainsi. Le temps sera au roman et surtout au théâtre. La sensibilité poétique sera soumise à la discipline. Envers cette chercheuse du mystère par des voies irrationnelles, cette traductrice d'intériorité, cette contestatrice jusqu'au cœur des œuvres les plus religieuses, la méfiance règne. La bienséance mondaine interdit l'étalage du moi, le rationalisme veut monopoliser toute explication, détournant au besoin les valeurs profondes des légendes et des mythes. Au théâtre, cependant, par l'intermédiaire des personnages, la poésie trouve son accomplissement, souvent même au détriment de l'action scénique, comme c'est le cas chez Racine.

Les découpages du siècle comportent leur part d'arbitraire. Pardelà une schématisation excessive, nous pourrons y découvrir une méthode d'exposition, en tenant compte toutefois des chevauchements, des cohabitations d'éléments opposés, des recherches souterraines, de l'ancien et du nouveau, des percées individuelles, avec l'espoir de trouver, en même temps que le cheminement actif de la poésie dans son ensemble, les figures de l'individualité humaine et la part propre à chacun.

2

Malherbe, nouveau venu?

Une date dans l'histoire des doctrines.

« ENFIN Malherbe vint... », écrit Boileau, et il donne aux historiens littéraires une providentielle entrée de chapitre. Depuis, selon les familles d'esprits, il est d'aussi bon ton d'accueillir favorablement cette venue que de la déplorer, l'un et l'autre avec une extrême véhémence et sur le ton le plus entier, mais peut-on inverser l'histoire?

Tenons-nous-en à un fait qu'on ne peut effacer d'un coup de gomme, et le fait Malherbe n'est pas de la moindre importance, surtout si l'on admet que la poésie eut besoin toujours de contradictions, de prises de position et de combats. Nul ne peut nier le dévouement de François de Malherbe à la cause littéraire, et non plus qu'il se soit imposé comme chef d'école avec une autorité peu commune, étayant ses critiques du passé, si abusives et personnelles qu'elles soient, par des œuvres qui seront des leçons, des modèles, des exemples.

Tout comme Clément Marot et Pierre de Ronsard, il marque une date dans l'histoire des doctrines poétiques. Or, certaines apparentes révolutions sont en réalité des contre-révolutions. La Pléiade qui apporte beaucoup, trace de nouvelles voies, ne manque pas en même temps d'en couper d'autres et de réduire au silence une part dynamique de notre poésie. Et l'on reconnaît que ce grand mouvement du XVIe siècle, qui ne cesse de téter la louve italienne, s'il procède à des rigueurs, se résout en promesses tenues. Dans une folle exubérance, tout le siècle est celui de novateurs, de poètes hardis, de défricheurs. Le goût public n'était-il pas lassé de ce foisonnement qui dépassait sa mesure? N'était-il pas prêt à accueillir un mouvement plus régulier, un jardin à la française succédant à une jungle luxuriante? On ne peut pas plus faire de la fiction en histoire littéraire qu'en histoire tout court. Suivons les faits. Entrons donc dans l'univers de la composition ordonnancée, de la langue châtiée, du raisonnement sage. Mais où sont les délices de l'imagination? Quelques esprits veillent.

L'homme, le critique, le poète présentent chez Malherbe des aspects dignes de curiosité et d'intérêt. On ne saurait étudier ce créateur singulier à partir de la seule antipathie que ses attitudes provoquent. On le voit désireux de plaire aux puissants et dédaigneux des faibles, peu aimable dans les rapports humains, brutal dans ses appréciations, âpre solliciteur faisant feu de tout bois, arriviste sans scrupule, poète sans estime pour son rôle dans la société.

Une qualité fait oublier bien des défauts : sa sincérité envers son art. Il se met au service de la poésie, il ne dévie jamais de son ardent désir de réforme, enfin il écrit quelques-uns des plus beaux vers de la langue française. Bon ou mauvais maître, le poète est excellent.

François de Malherbe (1555-1628) est né à Caen. Sans se livrer aux plaisirs du régionalisme littéraire, on peut dire qu'avec lui la Normandie fait une entrée en poésie, comme ce fut le cas pour le Lyonnais avec Scève et ses amis, la Touraine avec les gens de la Pléiade, le Poitou avec les contemporains des dames des Roches. Normands sont Bertaut, les frères Corneille, les Scudéry, Fontenelle et une bonne douzaine de poètes du XVIIe siècle. Malherbe était le fils d'un conseiller au présidial de la ville. Sa famille, noble, descendait, disait-il, d'un des compagnons de Guillaume le Conquérant.

Au contraire de ses jeunes contemporains, il n'alla pas chercher les lumières italiennes (il n'apprit l'italien que plus tard en Provence), mais, après Caen et Paris, fit ses études à Bâle, puis à Heidelberg, chose rare à l'époque, déterminante pour lui, car la Renaissance italienne ne rencontra pas dans les pays germaniques le même terrain qu'en France.

Ce n'est qu'à la fin du XVIe siècle, vers sa quarantième année, que son génie poétique se manifesta, et il ouvre le siècle classique non seulement par sa révolution personnelle, mais par la chronologie. Secrétaire du duc d'Angoulême, fils naturel de Henri II, il vécut en Provence de sa vingtième à sa trentième année. A ce moment-là, il composa quelques odes en empruntant à Sénèque ses arguments en faveur de la Providence : *Bouquet de fleurs à Sénèque.* Marié avec une Provençale deux fois veuve, il eut des enfants. Puis il revint en Normandie après la mort du duc d'Angoulême, vivant modestement, traduisant en 1587 *les Larmes de saint Pierre,* poème de Tansillo, et l'envoyant à Henri III. Il fit encore des séjours prolongés en Provence, et, en plein âge mûr, semblait promis à un destin provincial.

A Aix, il fréquenta l'académie fondée par Guillaume Du Vair (1556-1621), magistrat, moraliste, théoricien et praticien de l'éloquence, qui eut une influence sur des esprits tels que Jean-Louis Guez de Balzac (1595-1654), homme aussi exigeant littérairement que Malherbe, et qui s'inspirera de Du Vair pour écrire son *Socrate chrétien,* tels aussi que Corneille et Pascal. De ce grand personnage, Malherbe reçut leçons et conseils, apprenant à paraphraser les Écritures et à appliquer à la poésie les méthodes de son maître pour l'éloquence.

Cette modeste académie était fréquentée par César de Nostredame (1555-1629), le fils aîné de Nostradamus, poète, historien et chroniqueur provençal, par nombre de savants et de poètes. Guillaume Du Vair, en quelque sorte, lança Malherbe, cela par l'intermédiaire de ses hautes relations : l'historien Jacques-Auguste de Thou (1553-1617), le poète Vauquelin des Yveteaux (1567-1649), fils de Vauquelin de La Fresnaye, le cardinal et poète Jacques Davy Du Perron. On connaît la conversation rapportée par Racan, disciple et biographe de Malherbe. Comme Henri IV demandait au cardinal s'il faisait toujours des vers, celui-ci répondit : « Oh! non, Sire, je ne m'en mêle plus depuis qu'un certain gentilhomme de Normandie a porté cet art à un point qu'on ne peut égaler. » C'était piquer la curiosité du roi, lui-même rimeur à ses heures, d'autant qu'on parlait de Malherbe en tous lieux. Faisons la part de la légende dorée des poètes pris en main par des biographes zélés. En 1600, une ode de Malherbe accueillit Marie de Médicis. En 1605, le poète vient à la cour, le roi le plaçant tout d'abord auprès de M. de Bellegarde, avant que, cinq ans plus tard, la reine régente ne le dote considérablement et qu'il vive l'existence d'un auteur mondain, ayant sa petite cour, faisant payer cinq cents écus pour un sonnet.

Henri IV lui commanda tout d'abord un poème sur son départ en Limousin. Il l'écrivit avec sincérité et lui donna un tour harmonieux. Rarement on rédigea aussi bien sur commande :

> Tu nous rendras alors nos douces destinées;
> Nous ne reverrons plus ces fâcheuses années

Qui pour les plus heureux n'ont vu que des pleurs.
Toute sorte de biens comblera nos familles ;
La moisson de nos champs lassera les faucilles,
Et les fruits passeront la promesse des fleurs.

Son talent put se révéler encore dans l'ode à Henri IV, *Sur la prise de Marseille,* 1596, puis, avant l'ode à Marie de Médicis, *la Consolation à M. Du Périer.* Parmi ses œuvres de circonstance, il y a encore *Au duc de Bellegarde, Sur la mort de Henri IV, A la Reine mère sur les heureux succès de sa régence.* Toutes ces œuvres sont de parfaite qualité.

Les chaises paillées.

Nous en référant à Racan, nous pouvons tracer un portrait de Malherbe, maître d'une école. S'il fréquentait le salon de Mme de Rambouillet, dont la célébrité s'étend de 1602 à 1640, les meilleurs instants se passaient dans sa chambre, en compagnie de quelques amis, jamais plus de six, car il ne possédait que six chaises paillées, et Malherbe renvoyait le septième auditeur s'il se présentait. Racan, charmant exégète, voyait là un exemple de courtoisie, car le maître aimait mieux renvoyer son monde que de le laisser debout.

Qui fréquentait cette chambre, laquelle fait penser au petit appartement de Stéphane Mallarmé et aux soirées de la rue de Rome ? Des « écoliers » remarquables comme François de Maynard et Honorat de Bueil, marquis de Racan ; d'autres moins importants comme François de Cauvigny, sieur de Colomby, Charles de Pyard, sieur de Touvant, le Normand Yvrande, Pierre Patrix, Pierre Du Moustier, Pierre Motin, le président Jeannin, et, plus tard, le jeune Nicolas Frénicle.

Là, Malherbe trônait sur sa chaise paillée, et l'on étudiait, textes en main, les poètes. Au cours de ces séances de travail, Ronsard, Du Bellay, Desportes, Bertaut faisaient les frais de la critique, encore que le dernier bénéficiât d'indulgence. C'est surtout à Ronsard et à Desportes que le maître en voulait, laissant traîner sur sa table un Ronsard in-folio dont la moitié des vers étaient rageusement rayés. Comme ses disciples lui demandaient s'il approuvait les autres, il répondit : « Pas plus que ceux que j'ai biffés ! »

Il existe à la Bibliothèque nationale un exemplaire des poèmes de Desportes entièrement annoté à la plume par Malherbe, avec l'indication de la date des commentaires, et, pour qu'on ne s'y trompe pas, trois fois sa signature. Les blancs, les marges sont surchargés d'observations de ce genre : mal conçu, mal imaginé, bas, impropre, inutile, superflu, hors de propos, froid, froid jusqu'à la glace, faible, ridicule, sale, lâche, populaire, inepte, rien qui vaille, conception ridicule, hors d'œuvre, imagination bourrue, phrase extravagante, sottise, impertinence, drôlerie, niaiserie, pédanterie, bouffonnerie, galimatias, cheville, cheville mal fichée, pâté de chevilles, vent, chimère, bourre, moellon... Cela va de l'exactitude à l'abus critique, de la mauvaise foi à l'injure gratuite. Le raisonneur passe à côté des choses le plus souvent, le critique se fait pion de collège, le grammairien précède le poète. Il se veut bien le réformateur absolu de la langue, celui qui se disait, Balzac le rappelle, « le grammairien à lunettes et en cheveux gris, le tyran des mots et des syllabes ».

L'art poétique de Malherbe.

La parole de Malherbe, pour ses disciples, est oracle. Il méprise les Anciens, surtout les Grecs. Il déteste tout ce qui vient de la Pléiade. Sa critique pointilleuse, pour désagréable, fermée à l'audace, souvent stérilisatrice qu'elle soit, et si exagérées, si odieuses qu'en apparaissent les formulations, a quelques raisons de se tenir.

Il reproche aux poètes de la Pléiade d'avoir, dans leurs envolées lyriques, négligé le sens et l'harmonie intérieure du vers, d'avoir laissé courir leur plume et multiplié les cacophonies, d'avoir sacrifié la grammaire à l'inspiration du moment, d'avoir créé des images invraisemblables, d'avoir employé tout un vocabulaire fait d'archaïsmes et de néologismes point entérinés par l'usage : pour lui, la poésie doit se faire avec les mots du langage usuel, ceux de la prose.

S'il n'a pas codifié ses doctrines, elles sont faciles à reconstituer : ses commentaires, les témoignages de ses disciples et opposants nous y aident. Il proscrit l'hiatus et l'enjambement. Une césure doit être régulièrement fixe. Les rimes doivent être soignées : il faudra rimer pour l'œil autant que pour l'oreille; à propos de Desportes, il écrit « contenance et sentence riment comme un four et un moulin ». Il ne veut plus de chevilles qui sont un signe de faiblesse, plus d'emprunts aux Grecs et aux Latins, plus de mots techniques, plus d'épithètes banales ou facilement remplaçables, plus de mots pillés dans les dialectes, car il faut « dégasconniser » la langue, plus de pensées alambiquées traduites dans un style énigmatique, plus de disharmonie des sons, plus d'impropriétés des termes, etc.

Ces réformes, Boileau les reprendra à son compte. Cependant, les théories de Malherbe, ennemi du débraillé, poussées à une telle extrémité, ont nui à la liberté et aux tentatives audacieuses. Il suffit de lire les admirables *Amours* de Ronsard ou les *Sonnets* de Du Bellay pour voir où est la vraie valeur poétique. Malherbe mérita bien les critiques de Mathurin Régnier, seul poète dont il avait quelque crainte, et de Marie de Gournay. La plupart de ces règles furent un obstacle et empêchèrent bien des créations originales et des envolées, ou, du moins le peut-on supposer. Mais aussi, combien surent les surmonter, et, s'y pliant, forcer et organiser leur génie en fonction de ces contraintes! Ajoutons que ces mesures, si elles n'avaient pas été fixées par Malherbe l'infaillible, l'auraient été par quelqu'un d'autre tant l'épuration du poème était pressentie dans d'autres œuvres dès la fin de la Renaissance.

Un des défauts des poètes de la Pléiade était-il la surabondance? Chez un Agrippa d'Aubigné, cette surabondance procédait d'un véritable génie, d'une imagination intense, d'une inspiration sans cesse renouvelée, d'une invention hardie, et ses poèmes étaient tracés d'un trait aussi ferme qu'il le fallait. Comme on est éloigné, dans ces poèmes de feu, de chair et de sang, des stances malherbiennes taillées dans le marbre, admirables et guindées! Certes, bien des ronsardisants épuisés se sont séparés de la fougue du manifeste de Du Bellay. Certes, chanter les guerres civiles, dans l'instant, avait provoqué du désordre. Certes, il existait des incertitudes de grammaire et de syntaxe. L'homme de raison et de mesure, l'homme d'intelligence et de goût classique pouvait en être choqué. Mais qui sait si ces ennemis rageusement censurés ne provoquaient pas chez lui une secrète jalousie : ils étaient tous naturellement poètes, et lui, sans le don naturel, ne pouvait le devenir qu'à force de travail.

Dès que Malherbe apparaît, les grands desseins de Ronsard sont effacés : le poète n'est plus un mage, un conducteur de peuples, un législateur du monde, un intermédiaire entre la divinité et l'humain, un mystique inspiré. On descend de l'empyrée vers la fabrique. Et Malherbe le dit à Racan : « Voyez-vous, monsieur, si nos vers vivent après nous, toute la gloire que nous en pouvons espérer est qu'on dira que nous avons été deux excellents arrangeurs de syllabes; que nous avons eu une grande puissance sur les paroles pour les placer si à propos chacune en leur rang... »

Et vient ici sa fameuse phrase : « Un bon poète n'est pas plus utile à l'État qu'un bon joueur de quilles. » Quel changement ! La perfection d'un métier bien mené et non l'avènement d'une mystique. Au lieu du culte dionysiaque, une danse assagie. Racan, écrivant à Chapelain, lui indique que Malherbe comparait « la prose au marcher ordinaire, et la poésie à la danse », ce qui est bien et pourrait être comparé à une phrase de Léon-Paul Fargue : « La poésie, c'est le point où la prose décolle. » Cette danse malherbienne, liberté qu'il accorde au langage contraint, n'est pas celle du satyre Marsyas, mais celle, ordonnée, d'Apollon. Le combat du Dieu écorcheur et du satyre admirable rythme tous moments de notre poésie. Et Gombauld, lorsqu'il fera l'épitaphe de Malherbe écrira : « L'Apollon de nos jours, Malherbe ici repose. »

L'œuvre poétique.

Nous dirons les qualités de ce Malherbe-Apollon et elles sont nombreuses. Nul mieux que lui ne connaît l'agencement architectural d'un poème, sa composition, ses répartitions, son ordre, son harmonie. Il sait quels matériaux réunir pour atteindre à la noble grandeur sans attenter à la simplicité. Il a le sens musical et sait employer la mesure qui convient à son sujet. Il sait trouver une ordonnance pure, belle et sévère. Le miracle est que cet homme froid parvienne à exprimer des sensations fugitives.

Cependant, un puriste qui l'examinerait au microscope, en reprenant son propre système critique à l'égard de Desportes, pourrait bien découvrir qu'il commet quelques-unes de ces erreurs qu'il biffe chez les ronsardisants. Nous allons voyager parmi quelques merveilles froides de ce poète inventeur du lyrisme contraint.

Dans *les Larmes de saint Pierre,* 1587, imitées de Tansillo, sept mille vers qu'il réduit à trois cent quatre-vingt-seize, il laisse, par des hyperboles (qu'il désavouera, il est vrai), prévoir l'emphase et la pompe cornéliennes, et aussi l'amplification hugolienne :

> C'est alors que ses cris en tonnerres éclatent;
> Ses soupirs se font vents, qui les chênes combattent;
> Et ses pleurs, qui tantôt descendaient mollement,
> Ressemblent un torrent qui, des hautes montagnes,
> Ravageant et noyant les voisines campagnes,
> Veut que tout l'univers ne soit qu'un élément.

En bien des endroits, il ne fait que suivre Desportes, et, lorsqu'il le combattra, ne s'attaquera-t-il pas à une part de lui-même : celle des défauts de sa jeunesse? Ces *Larmes*, André Chénier en admirera « l'oreille délicate et pure dans le choix et l'enchaînement de syllabes sonores et harmonieuses ».

Les comparaisons liquides que nous venons de lire se retrouvent dans ses *Stances sur la mort de Henri IV* :

> L'image de ses pleurs, dont la source féconde
> Jamais depuis ta mort ses vaisseaux n'a taris,
> C'est la Seine en fureur qui déborde son onde
> Sur les quais de Paris.

C'est le même qui reprochera à Desportes ce vers : « Et quand l'encre me faut je me sers de mes pleurs. »

Le bon roi Henri ayant la goutte, voilà ce que cela lui dicte :

> La santé de mon prince en la guerre était bonne...
> N'ayons jamais la paix et qu'il se porte bien !

Ce souhait ridicule ne l'empêche pas de célébrer la paix avec ardeur et qualité :

> C'est en la paix que toutes choses
> Succèdent selon nos désirs;
> Comme au printemps naissent les roses,
> En la paix naissent les plaisirs;
> Elle met les pompes aux villes,
> Donne aux champs les moissons fertiles
> Et de la majesté des lois
> Appuyant les pouvoirs suprêmes,
> Fait demeurer les diadèmes
> Fermes sur la tête des rois.

Il dit aussi à l'adresse du roi :

> Ta louange, dans mes vers,
> D'amarante couronnée,
> N'aura sa fin terminée
> Qu'en celle de l'univers.

ce qui est une manière d'ajouter à la louange royale les louanges de son art. De son *Ode sur la venue de Marie de Médicis en France*, André Chénier, si sensible à Malherbe, dira le bon et le mauvais : « Cette ode est bien écrite, pleine d'images et d'expressions heureuses, mais un peu froide et vide de choses, comme presque tout ce qu'a fait Malherbe : car il faut avouer que ce poète n'est guère recommandable que par le style » et il parle de « cet insupportable amas de fastidieuse galanterie ».

Les événements historiques et dynastiques lui dictent ses odes et célébrations, de Marseille à La Rochelle, du voyage du roi en

Limousin à l'attentat de Jacques Des Iles. Dans *l'Ode sur la régence de Marie de Médicis,* il saluera la reine comme il avait salué le roi. Résultat : une pension de mille cinq cents livres. La même stylisation se retrouve dans *l'Ode sur la révolte des princes* ou *l'Ode sur le mariage de Louis XIII.* Porte-bannière de la royauté, champion des princes, défenseur du trône, poète plus officiel que national, il établit dans ses poèmes, comme le dit Lenient, « le despotisme du bon sens et le terrorisme de la loi ». On n'imagine pas ce théoricien contre le pouvoir. Nous sommes loin de Clément Marot.

Prenons-le tel qu'il est : un poète monarchique faisant bien son métier. S'il réduit la muse aux règles du devoir, s'il pense sans cesse à ennoblir la langue en la purifiant plutôt qu'en l'enrichissant, s'il met au monde une suite de régents méticuleux et crée un style académique, il forge aussi l'instrument dont se servira Corneille.

Si nous revenons un instant aux *Larmes de saint Pierre* dont, avec quelque malice, nous avons montré les travers, nous devons reconnaître à cette œuvre quelques moments épiques et lyriques déclamatoires mais fort harmonieux. S'il n'avait pas « académisé » sa manière, repoussé l'outrance, ce poème pouvait laisser entrevoir un semblant de romantisme précurseur.

Tout au long de son œuvre, on retrouve un triple thème : la mort, les larmes, la consolation, le seul qu'on puisse ajouter étant celui de la gloire du roi. Et c'est au fond une longue élégie solennelle qu'il recommence sans cesse, avec de plus en plus de qualité, avec de plus en plus d'impersonnalité. On reconnaît le lent et sûr travail du vers, à partir de cette première version de sa *Consolation à Monsieur Du Périer* qui fut primitivement une *Consolation à Cléophon :*

> Ta douleur, Cléophon, sera donc incurable,
>   Et les sages discours
> Qu'apporte à l'adoucir un ami secourable
>   L'enaigrissent toujours.

Remaniée pour la circonstance, la strophe deviendra célèbre :

> Ta douleur, Du Périer, sera donc éternelle
>   Et les tristes discours
> Que te met à l'esprit l'amitié paternelle
>   L'augmenteront toujours.

Dans le même poème, une strophe banale :

> Mais elle était du monde où les plus belles choses
>   Font le moins de séjour

> Et ne pouvait, Rosette, être mieux que les roses
> Qui ne vivent qu'un jour

deviendra une parfaite réussite :

> Mais elle était du monde où les plus belles choses
> Ont le pire destin;
> Et, rose, elle a vécu ce que vivent les roses,
> L'espace d'un matin.

Il excelle dans ce que les Latins appelaient *consolatio,* mais, par-delà les grandes qualités du vers, on ne distingue que les lieux communs de la mort que lui dicte son stoïcisme :

> La Mort a des rigueurs à nulle autre pareilles;
> On a beau la prier,
> La cruelle qu'elle est se bouche les oreilles
> Et nous laisse crier.
>
> Le pauvre en sa cabane où le chaume le couvre,
> Est sujet à ses lois;
> Et la garde qui veille aux barrières du Louvre
> N'en défend point nos rois.

La versification est excellente. Le poète est sûr de lui, en pleine possession de son métier. Comment ne pas saluer? Mais la mort selon Sponde ou même Chassignet nous émeut davantage, en nous entraînant vers une métaphysique originale. Ce n'est jamais le cas chez Malherbe.

Pour travailler, Malherbe savait prendre son temps. Ainsi *la Consolation au président de Verdun,* qu'il entreprit pour aider moralement ce dernier lors d'un veuvage, lui arriva alors qu'il était remarié.

Maître souverain du langage poétique, comme plus tard Paul Valéry, il ne cherche pas la singularité. Il part même du plus banal, du plus conventionnel, pour l'habiller de sa pompe. Il y met une harmonie, une précision, une fermeté de ton constantes.

A la fin de sa vie, le thème de la mort, parce qu'il le concernait plus directement, lui dicta une poésie plus originale. Dans son *Ode au roi Louis XIII,* de 1627, il se livre davantage :

> Je suis vaincu du temps, je cède à ses outrages :
> Mon esprit seulement, exempt de sa rigueur,
> A de quoi témoigner en ses derniers ouvrages
> Sa première vigueur.

Cette année-là, il reçoit un coup du sort. Son fils, Marc-Antoine de Malherbe, qui vient d'être sauvé d'une condamnation à mort pour duel, trouve sa fin dans un nouvel engagement de ce genre avec Charles de Fortia de Piles, et qui avait figure de guet-apens.

Malherbe ne devait lui survivre que d'un an, et cette année 1628, il écrit un sonnet sur le malheur de son fils, en n'oubliant pas dans le dernier vers les origines juives des « auteurs du crime » :

> Que mon fils ait perdu sa dépouille mortelle,
> Ce fils qui fut si brave, et que j'aimai si fort :
> Je ne l'impute point à l'injure du sort,
> Puisque finir à l'homme est chose naturelle.
>
> Mais que de deux marauds la surprise infidèle
> Ait terminé ses jours d'une tragique mort,
> En cela ma douleur n'a point de réconfort,
> Et tous mes sentiments sont d'accord avec elle.
>
> Ô mon Dieu, mon Sauveur, puisque par la raison
> Le trouble de mon âme étant sans guérison,
> Le vœu de la vengeance est un vœu légitime.
>
> Fais que de ton appel je sois fortifié.
> Ta justice t'en prie; et les auteurs du crime
> Sont fils de ces bourreaux qui t'ont crucifié.

Toute la rigueur de son caractère apparaît là, avec son énergie appelant à la vengeance. Tout comme son orgueil se révèle lorsqu'il écrit un vers qui ressemble à un slogan :

> Ce que Malherbe écrit dure éternellement.

Il atteint à la plénitude majestueuse lorsqu'il paraphrase le *Psaume CXLV* pour nous dire que Dieu seul est grand. On ne peut que s'incliner devant une telle puissance :

> N'espérons plus mon âme aux promesses du monde :
> Sa lumière est un verre, et sa faveur une onde
> Que toujours quelque vent empêche de calmer.
> Quittons ces vanités, lassons-nous de les suivre :
>   C'est Dieu qui nous fait vivre,
>   C'est Dieu qu'il faut aimer.
>
> En vain, pour satisfaire à nos lâches envies,
> Nous passons près des rois tout le temps de nos vies
> A souffrir des mépris et ployer les genoux :
> Ce qu'ils peuvent n'est rien; ils sont, comme nous sommes,
>   Véritablement hommes,
>   Et meurent comme nous.
>
> Ont-ils rendu l'esprit, ce n'est plus que poussière
> Que cette majesté si pompeuse et si fière
> Dont l'éclat orgueilleux étonnait l'univers;
> Et, dans ces grands tombeaux où leurs âmes hautaines

> Font encore les vaines,
> Ils sont mangés des vers.
>
> Là se perdent ces noms de maîtres de la terre,
> D'arbitres de la paix, de foudres de la guerre;
> Comme ils n'ont plus de sceptre, ils n'ont plus de flatteurs
> Et tombent avec eux, d'une chute commune,
> Tous ceux que leur fortune
> Faisait leurs serviteurs.

Ces fameuses stances montrent ce qu'est la perfection formelle. Il est significatif de rappeler que le vers « D'arbitres de la paix, de foudres de la guerre » fut, selon Ménage, qui lui-même ne se priva pas d'emprunts, fait simultanément par Chapelain, Arnauld d'Andilly et Furetière, lesquels, sans doute, ne se rappelèrent pas l'avoir lu chez Malherbe. Les poèmes de ce dernier ont la qualité d'habiter la mémoire.

Lorsque Malherbe réussit un beau vers, il dépasse tout ce qu'on peut espérer, il illumine toute une stance qui semble n'avoir été composée que pour lui. Il arrive cependant que le poème dans son ensemble reste inégal. Ainsi dans ses odes officielles, le ton ne se soutient pas toujours, mais des passages éblouissants font oublier le reste dont la qualité est moyenne. Polisseur de la poésie, il l'use à force d'application et tend à une perfection prosodique non sans prosaïsme. On ressent un regret à la pensée de ce qu'aurait pu être ce gentilhomme ordinaire de la chambre du roi s'il avait uni à tant de science un peu plus de chaleur communicative.

Ses vers d'amour entraînent loin des douceurs de miel du pétrarquisme et de ses adeptes. Il parle d'amour comme il parle de guerre, de paix, de mort ou de consolation, sur le même ton d'élégance et de perfection, avec des moments magnifiques, des formules superbes, mais sans un rien de ce qui s'appelle le sentiment ou la grâce naturelle :

> Beauté, mon beau souci, de qui l'âme incertaine
> A, comme l'océan, son flux et son reflux,
> Pensez de vous résoudre à soulager ma peine
> Ou je vais me résoudre à ne la souffrir plus.

On l'admire. Des stances et des vers nous étonnent, mais les beaux traits, le beau langage brisent aussi cette ligne imperceptible, ce fil ténu, qui doit courir le long d'un poème pour assurer sa marche vers les plus subtiles régions. Son œuvre offre finalement la plus parfaite anthologie de vers parfaits et d'heureuses stances qui soit.

Parfois, cette nature dont il n'a guère le sentiment lui suggère un beau vers :

> Tout le plaisir des jours est en leurs matinées.

Ou bien encore un ravissant paysage au cours d'une strophe comme dans cette invocation aux muses :

> Venez donc, non pas habillées
> Comme on vous trouve quelquefois
> En jupes dessous les feuillées,
> Dansant au silence des bois.
> Venez en robes où l'on voie
> Dessus les ouvrages de soie
> Les rayons d'or étinceler.

Les hommes de la Pléiade, dès le manifeste de Du Bellay, ont réclamé hautement que le poète travaille. Malherbe leur a donné une réponse en livrant une bataille continuelle et acharnée pour édifier une œuvre solide à partir de dons incertains. « La nature ne l'avait pas fait grand poète », écrivit Boileau à Maucroix. Il voyait clair en Malherbe, et c'est tout à l'honneur de ce dernier d'avoir, par un labeur constant, extrait de lui-même plus qu'il ne portait.

Ce curieux bonhomme.

Faut-il, pour trouver une juste mesure, le situer entre deux vers de Boileau et une boutade de Théodore de Banville? Au critique du XVIIe siècle :

> Enfin Malherbe vint et le premier en France
> Fit sentir dans les vers une juste cadence

le poète du XIXe répond :

> Si bien qu'enfin, pour mettre le holà,
> Malherbe vint, et que la poésie
> En le voyant arriver, s'en alla.

S'il fut loué en son siècle non seulement par ses fidèles « écoliers » mais aussi par Guez de Balzac, Boileau, La Bruyère, au siècle suivant par Voltaire ou l'aigre Sabatier de Castres, les écrivains du XIXe siècle ne furent pas tendres avec lui et les romantiques lui réglèrent son compte.

Sainte-Beuve prétendit que les meilleurs vers de Malherbe avaient été écrits par Corneille, et de citer les *Stances à Marquise*. La comparaison est hasardeuse : d'une part, Malherbe a fait des vers dignes de ce poème; d'autre part, Corneille leur a apporté une vibration qui leur est propre.

Stendhal a donné une excellente définition : « La poésie française, au temps de Henri IV, était comme une demoiselle de trente ans qui avait déjà manqué deux ou trois mariages, lorsque, pour ne pas rester fille, elle se décida à faire un mariage de raison avec M. de Malherbe, lequel avait la cinquantaine. » Sainte-Beuve put ajouter : « Mais ce ne fut pas seulement un mariage de raison que la poésie française contracta alors avec Malherbe, ce fut un mariage d'honneur. » Émile Faguet conclut : « Ce qui justifie un mariage, c'est de laisser de beaux enfants, et Malherbe en a laissé, comme on en a vu, d'admirables. »

Salué par Lanson, Malherbe l'a été davantage de nos jours par Francis Ponge : « Il a tout ordonné, coupé ce qu'il fallait de mots, les a assurés, équarris, ajustés et polis, juste comme il faut. Il a indiqué leur alignement. Jamais plus, sinon chez Montesquieu peut-être, la même ordonnance, la plus simplement superbe. »

Si l'on prend la poésie comme véhicule d'imaginaire, il apparaît que Malherbe ne nous entraîne pas bien loin. Pour lui, deux et deux font toujours quatre. Pour lui, la langue est fixée, bien sage, bien propre. Il balaie tout mot bizarre, tout vocable ambigu, toute acception vague, toute expression sujette à controverse. Il invente finalement, ce rhéteur, une manière de rythmer poétiquement, avec vigueur, la prose. Ce n'est déjà pas si mal, dira-t-on, mais il est permis de préférer les hardiesses de la pensée libre et féconde, le désordre trahissant des mouvements spirituels profonds à ce notariat du poème dont l'étude, ornée de beaux bouquets, garde quelque chose de sépulcral.

Si l'on en revient à l'hémistiche : « Enfin Malherbe vint », il est bon de préciser que le fossé entre Desportes, Bertaut, le Ronsard vieillissant qui épurait sa langue, d'une part, et Malherbe d'autre part n'est pas si profond. Tous, et surtout un Sponde, un La Ceppède, un Chassignet, tendaient à rejoindre plus de clarté et d'harmonie, sans rien renier de leur baroquisme. Boileau a excellé à simplifier, comme il le fait toujours, ce qui lui donne l'apparence d'avoir raison.

Il était écrit qu'il fallait ce poète grammairien, cet ultra suivant le sens de l'histoire, pour donner à la poésie ce ton de dignité frigide, de vigueur quotidienne, d'étroitesse limpide. Un certain tour du tempérament français épris d'ordre, de clarté immédiate et d'idées générales bien exposées trouvait son prêtre, ne serait-ce que pour faire dire plus tard à Rivarol : « Ce qui n'est pas clair n'est pas français. »

Ainsi, la poésie devient un jardin à la française, un parc ordonné.

Malherbe coupe toute ramure qui dépasse de l'arbre taillé géométriquement. Il détruit une fois sur deux l'émotion profonde, la grâce, la vie, la vivacité, l'ardeur, la générosité, un petit grain de folie nécessaire. Il donne alors devant cette œuvre reposante au regard le diapason de la grande poésie impersonnelle. Elle va être somptueuse, superbe, royale. Malherbe? Un triomphateur.

Malgré de belles oppositions dues à des riches individualités, le malherbisme se résoudra en classicisme vainqueur et en œuvres durables. Quant aux adversaires, les sympathiques burlesques, grotesques et satiriques, hommes libres, amis de la nature, épicuriens aimables, joyeux compères, libertins au besoin, même lorsqu'ils renoueront avec une vieille tradition gauloise ou bien avec les somptuosités issues de la Renaissance, ils ne pourront renier qu'ils ont pris bien des leçons chez Malherbe, ce curieux bonhomme irritant et peu sympathique, mais qui fait ses preuves par le poème.

3

François de Maynard

Les vrais disciples de Malherbe sont plus volontiers Boileau, Corneille, Racine ou La Fontaine, que ses contemporains Maynard et Racan, ou ces petits poètes des chaises paillées. Il est salubre de ne point les laisser dans ce rôle d'écoliers car ils méritent mieux, Maynard surtout.

Malherbe étant venu, il faudra compter avec des leçons que Paul Valéry appréciera encore. Nous verrons plus loin qu'opposants et protestataires furent nombreux, le plus vigoureux étant Mathurin Régnier. Il n'en reste pas moins qu'il est un maître dont on tient compte. Même ceux qui, comme Théophile de Viau, n'observeront pas toutes ses règles de prosodie, de vocabulaire et de composition, se modèleront plus ou moins sur son lyrisme. Il en sera encore de même au siècle suivant pour un Jean-Baptiste Rousseau. Les précieux admettent ses théories tout aussi bien qu'un Vaugelas ou un Balzac, en attendant que Boileau lui jette l'hyperbole. Mais venons-en à un de ses compagnons fidèles, peut-être verra-t-on qu'il n'est pas qu'un reflet, comme l'histoire littéraire le prétend abusivement.

Mon art est prophétique.

Appartenant à une famille de magistrats toulousains, François de Maynard (1582-1646), né à Saint-Céré, fut tout d'abord avocat. Il suivit en qualité de secrétaire Marguerite de Valois, épouse répudiée de Henri IV, à l'hôtel de Sens où il connut Philippe Desportes, Claude Billard, Laugier de Porchères, Jean d'Alary, Mathurin Régnier dont il fut l'ami avant d'en être, sous l'influence de Malherbe, l'adversaire. Sa vie se partagea entre Paris et sa résidence de Saint-Céré où, lorsque Richelieu lui refusa une pension, il finit par se retirer. A Paris, il aimait retrouver ses bons camarades, joyeux buveurs et francs ripailleurs, Guillaume Colletet, Saint-Amant, Théophile de Viau, Nicolas Faret, Tallemant des Réaux, et ce Flotte, personnage peu connu, qu'il appelait son maître, mais que Balzac nommait ivrogne, biberon et « Père Goulu » et dont on ne connaît qu'une chanson bachique.

On le voit, ce « malherbien » ne l'était pas à part entière. Son caractère s'éloignait de celui du maître austère. Peu de temps après sa mort, un de ses contemporains le dépeignait ainsi : « Nous n'avons plus de Martial en France. Il est mort après avoir rempli la France de ses épigrammes et de ses pointes... C'était un homme vraiment stoïque de la vieille Rome; il était au-dessus de la faiblesse de notre siècle et s'il fût né du temps de Zénon Athènes en aurait fait un philosophe et peut-être qu'il aurait renchéri sur Démosthène. » Plus concret, il ajoute : « Il portait je ne sais quoi de sévère et d'enjoué sur son visage. » La sévérité de Malherbe, le caractère enjoué de ses amis les poètes biberons ?

L'asservir à Malherbe est une preuve de méconnaissance. Il est exact que ses odes ressemblent à celles de son ami. Un autre point commun : son exigence envers lui-même. Il sait sacrifier 143 poèmes sur 209 lors d'une réédition. Le personnage est autre : épris de liberté même lorsqu'il se forge ses contraintes, généreux et franc. Il est coutume de citer *la Belle Vieille* et *l'Ode à Alcippe*. Ces poèmes sont bons. On oublie chez lui l'auteur de chansons, le fantaisiste, l'épigrammatiste, et bien des odes, des sonnets de haute valeur.

Ses épigrammes ? Malherbe ne les prisait pas, estimant que Maynard n'avait point assez d'esprit pour ce genre. Ses odes ? Malherbe, si avare de compliments, disait qu'aucun de ses élèves ne faisait si bien les vers. Le recueil de 1646 situe bien le poète. En tête, selon la coutume, se placent des poèmes de ses amis : Scarron, Boisrobert, Tristan L'Hermite, des pièces latines de Pierre Bourdelot, de François Guyet, de Jean de Peyrarède, Tausianus, et de Charles de Maynard, l'aîné des huit enfants du poète. On a plaisir à trouver Racan, Adam Billaut le menuisier-poète de Nevers, Robert Bordier.

Dès l'entrée, la hardiesse surprend. Maynard se livre à des recherches formelles. Il n'hésite pas à briser les formes traditionnelles. Il fait fi des lois du sonnet, double les rimes, les entrecroise à son goût, montre son indépendance en créant le sonnet irrégulier. Dans ce *Sonnet au roi Louis XIV* :

>Jeune Roi, dont les mains nous doivent soutenir,
>Ouvrage merveilleux de la Toute-Puissance,
>Mon art est prophétique, et je vois l'avenir
>Que le Ciel a promis à ta haute naissance.
>
>Sous toi l'Impiété trouvera son tombeau,
>Les Dieux visiblement marcheront sur la terre,
>La Discorde soumise éteindra son flambeau,
>Et la Paix fermera le Temple de la Guerre.
>
>J'envie un si beau siècle à ma postérité.
>L'inévitable arrêt de la fatalité
>M'aura déjà porté dans les champs Élysées
>
>Quand ta vaillance et ton sage conseil
>Feront un âge d'or partout où le Soleil
>Touche de ses rayons les têtes baptisées.

« Mon art est prophétique... » Même de circonstance, cette affirmation nous éloigne de Malherbe. De poème en poème, à la reine, à Mazarin, au duc d'Enghien, il exécute l'habituel concert de louanges conventionnelles. Mais il ne se montre pas plus dupe que ne l'était Clément Marot. Il connaît bien son état de poète de cour :

>Adieu Paris, adieu pour la dernière fois.
>Je suis las d'encenser l'autel de la Fortune,
>Et brûle de revoir mes rochers et mes bois,
>Où tout me satisfait, et rien ne m'importune.

Plus loin dans ce recueil, il se sert fort maladroitement du sonnet octosyllabique comme support de l'épigramme, y témoignant plus de causticité que d'esprit. Il s'aperçut que quatorze vers, c'est trop pour une pièce de ce genre. Il inaugure donc le dizain suspendu après le quatrième et le septième vers, ce qui donne un sonnet mutilé d'un de ses quatrains. En voici un exemple où l'on peut observer dans les deux derniers vers la rude franchise du personnage :

>Il n'est homme en l'univers
>Qui ne me couvre de blâme,
>S'il estime que mes vers
>Soient l'image de mon âme.
>
>Ils appellent le blanc, blanc.

> Leur langage net et franc
> Fait la figue à la contrainte.
>
> Je l'avoue. Il est certain,
> Ma plume est une putain,
> Mais ma vie est une sainte.

Ici on donne raison à Malherbe : son ami n'excelle guère et il eût mieux fait de jeter au panier nombre de ces pièces satiriques. D'opinion contraire, Théophile de Viau disait que « ces épigrammes semblaient avoir de la magie ». L'épigramme en France est réduite à « un bon mot de deux rimes orné » comme la définit Boileau. Nous sommes loin des œuvres grecques de Méléagre, Simonide ou Antiphane, latines de Martial ou Catulle, ces joyaux poétiques où la pensée ingénieuse est exprimée avec concision et délicatesse. Les auteurs français, en accentuant le trait, détruiront toute grâce.

Satirique, Maynard ne l'est pas dans le sens de l'école de Mathurin Régnier. Ses stances ne quittent pas un ton épigrammatique.

Combien sont préférables ses odes! Là s'affirme ce romantisme léger qu'on trouve dans tant d'œuvres préclassiques. Maynard se révèle dans le poème mélancolique, dicté par des amours avortées, des deuils, un exil loin du Paris des amis, des déceptions littéraires, la crainte de la vieillesse et de la mort :

> Cloris, que dans mon cœur j'ai si longtemps servie,
> Et que ma passion montre à tout l'univers,
> Ne veux-tu pas changer le destin de ma vie,
> Et donner de beaux jours à mes derniers hivers ?
>
> N'oppose plus ton deuil au bonheur où j'aspire.
> Ton visage est-il fait pour demeurer voilé ?
> Sors de ta nuit funèbre, et permets que j'admire
> Les divines clartés des yeux qui m'ont brûlé.
>
> Ce n'est pas d'aujourd'hui que je suis ta conquête :
> Huit lustres ont suivi le jour où tu me pris ;
> Et j'ai fidèlement aimé ta belle tête
> Sous des cheveux châtains et sous des cheveux gris.

Comme Malherbe, François de Maynard cultive les beaux vers, ceux que Valéry dira « donnés par les dieux », et cela l'amène à offrir à chacun d'eux une indépendance à l'intérieur du poème, comme s'il voulait que chaque alexandrin pût être cité isolément. Dès lors, il repousse l'enjambement, le rejet, pour préserver chacune de ces courtes œuvres d'art. Il a le sens de l'ordre et de la mesure tout comme Malherbe : c'est lui qui fit le maître en conseillant à ce dernier le repos au milieu des stances de six vers, et au quatrième et septième vers des stances de dix vers.

En poursuivant la lecture de *la Belle Vieille* que nous venons de citer, on découvre, si l'on peut dire, un Maynard lamartinien, un Maynard nervalien :

> Pour adoucir l'aigreur des peines que j'endure
> Je me plains aux rochers, et demande conseil
> A ces vieilles forêts, dont l'épaisse verdure
> Fait de si belles nuits en dépit du soleil.
>
> L'âme pleine d'amour et de mélancolie,
> Et couché sur des fleurs, et sous des orangers
> J'ai montré ma blessure aux deux mers d'Italie,
> Et fait dire ton nom aux échos étrangers.

Les deux derniers vers, étranges, ont quelque chose de nécrophile qui choqua beaucoup :

> Je pleurerais sans cesse un malheur si funeste ;
> Et ferais, jour et nuit, l'amour à ton cercueil.

Ils indiquent que si Maynard chante la mort, il ne lui voue pas un culte. Il lui oppose la gloire à laquelle il ne cesse de croire et surtout l'Amour. L'expression « faire l'amour », en ce temps-là sans vulgarité, revient ailleurs :

> Dis-moi, mon fils, quand feras-tu
> L'amour aux filles de Mémoire.

Sait-on que Charles Baudelaire a ressenti fortement son influence ? François de Maynard manifeste un goût pour les fleurs malsaines, les dégâts et les ravages du corps. En lui, on trouve aussi du Rollinat. Il y mêle une satire féroce, ne craignant pas de parler de la laideur :

> O ! la difforme créature :
> C'est un corps assez mal bâti
> Pour faire rougir la nature.
>
> Cette fille a les cheveux roux,
> Le teint plombé, les dents tannées ;
> Et son dos est aux yeux de tous
> Le vrai portrait des Pyrénées.

Et quelle cruauté encore lorsqu'il s'adresse à une ancienne maîtresse :

> Vous seriez l'objet de mes vœux,
> Si vous n'aviez qu'autant d'années
> Qu'il vous est resté de cheveux.

Peintre de caractères, il fera les portraits-charges du soldat, du méchant, du poltron, du magistrat, du nouvelliste, du théologien.

On trouve souvent Maynard parmi les sources de Charles Baudelaire qui doit beaucoup aux poètes de l'époque préclassique, par exemple dans *la Muse vénale, Tout entière, le Vin des chiffonniers, A une mendiante rousse, le Monstre*. N'attribua-t-on pas à Baudelaire *l'Épitaphe pour un enfant* de notre poète après l'avoir retrouvée dans les papiers posthumes de l'auteur des *Fleurs du Mal* qui l'avait recopiée de sa main!

Certaines chansons de Maynard portent des délices, mais son poème pastoral *Philandre*, 1610, n'égale pas les bergeries de Racan. Quand ses sonnets laissent l'épigramme à la porte, ils révèlent bien des trésors. Ainsi cette pièce sur Rome où il vécut deux ans avec l'ambassadeur de Noailles :

> Rome qui sous tes pieds as vu toute la terre,
> Ces deux fameux héros, ces deux grands conquérants,
> Qui dans la Thessalie achevèrent leur guerre
> Doivent être noircis du titre de tyrans.
>
> Tu croyais que Pompée armait pour te défendre ;
> Et qu'il était l'appui de ta félicité ;
> Un même esprit poussait le beau-père et le gendre ;
> Tous deux avaient armé contre ta liberté.
>
> Si Jules fut tombé, l'autre, après sa victoire,
> Par un nouveau triomphe eût abaissé ta gloire,
> Et forcé tes consuls d'accompagner son char.
>
> Je les blâme tous deux d'avoir tiré l'épée,
> Bien que le Ciel ait pris le parti de César,
> Et que Caton soit mort dans celui de Pompée.

La lecture de l'œuvre variée, diverse, riche de cet homme cultivé révèle des sources antiques, italiennes et françaises. Il se rapproche de Du Bellay et de Ronsard, de Malherbe et de maints contemporains, mais il sait les utiliser comme point de départ pour les transcender et les rendre méconnaissables. Il existe un ton Maynard fort original.

La lecture de son œuvre donne l'impression qu'il fut mélancolique et insatisfait toute sa vie, même s'il inaugura à l'Académie française le fauteuil où devait lui succéder Corneille. Il reste impossible de bien le connaître si l'on s'en tient aux citations anthologiques. Son portrait véritable est dans l'ensemble, si inégal qu'il soit : tel poème imparfait peut être révélateur de sa vérité. On découvre sans cesse la variété. La recherche aussi, qu'il s'agisse des sonnets irréguliers qu'on appelait alors « libertins », d'autres tronqués devenus dizains, et même de sa manière peu utilisée de faire s'intercaler alexandrins et décasyllabes. Il était doué pour l'élégie, sous quelque forme qu'elle prenne : il sut la moduler avec grâce, y faisant glisser le ton de l'églogue, avec une pointe de lyrisme romantique.

Disciple, écolier de Malherbe? Moins qu'on ne l'a dit, moins qu'il ne l'a dit lui-même. Si « celui qui vint » sut lui donner un ton sans lequel il aurait risqué de n'être qu'un disciple attardé de la Pléiade, Maynard a pour lui tout ce dont Malherbe est dépossédé : la sincérité, la malice, la profonde tristesse, qui crée l'élégie véritable. Le voisinage de Malherbe le situa toujours en porte à faux, mais aujourd'hui, comme l'indique Henri Mondor, « de bons juges estiment qu'il a, plusieurs fois, dépassé son maître par des réussites d'une inoubliable beauté. » Plus de trois siècles après sa mort s'est créée une fort active *Association des Amis de Maynard*. Jean-Pierre Lassalle, un de ses animateurs, auprès du marquis de Cambolas, a publié des études sur le poète; il montre que dans une époque bouleversée par des mouvements divers, Maynard fut « l'homme de la contradiction » et surtout de la contradiction religieuse. Pour lui, plus qu'un classique, ce poète est un baroque, ce qui sourd de l'étude des poèmes et de leur langage corroborée par les attitudes du poète : tour à tour bien et mal pensant, quémandeur et stoïque, libertin et religieux, dionysiaque et apollinien, respectueux de la forme et la voulant renouveler, allant du langage noble au parler trivial, de la grande ode à la piqûre d'insecte de l'épigramme.

Épris de liberté, il est de fait que Maynard, homme de goût et ami du naturel, dédaigne « la céruse et le fard ». Lorsqu'il s'échappe de la sagesse écolière, il buissonne heureusement, glane la hardiesse et déniche les belles images.

Lorsqu'il mourut, on trouva, écrite sur la porte de son cabinet de travail, cette épitaphe tracée de sa main :

> Las d'espérer et de me plaindre
> Des Muses, du temps et du sort,

> C'est ici que j'attends la mort
> Sans la désirer ni la craindre.

Tout son stoïcisme est dans ce quatrain. Le pouvoir, celui de Richelieu et de Mazarin, resta froid avec lui. Poète politique, il avait su caresser d'un vers et égratigner de l'autre. Il ne peut farder, appelle « le blanc, blanc » et son langage net et franc fait bien « la figue à la contrainte ». Le Capitole de Toulouse, comme aujourd'hui bien des maîtres de l'université de cette ville, lui rendit justice en plaçant dans la salle des Illustres son buste auprès de celui de Godolin le Gascon et de celui de Campistron bien pâle à côté de lui.

A l'actif de cet homme sympathique et attachant issu de la bourgeoisie parlementaire méridionale, ajoutons qu'il ne vécut que pour la poésie : c'est-à-dire qu'il connut quelques joies rares et qu'il souffrit beaucoup.

4
Racan et d'autres « écoliers »

Racan le Berger.

MALHERBE régna par sa valeur, mais aussi par sa puissance d'affirmation. Dans un de ses jugements péremptoires, à l'emporte-pièce, il déclara que son ami Honoré de Bueil, seigneur, et non marquis, de Racan (1589-1670) « avait de la force mais qu'il ne travaillait pas assez ses vers » et il ajouta qu'en réunissant Maynard et Racan « on ferait un grand poète ».

Nous ne voulons nommer ces poètes « la monnaie de M. de Malherbe » comme on dira « la monnaie de M. de Turenne ». Pour Racan, comme pour Maynard, il est aisé de voir en quoi il se rapprochait du pape du formalisme et par quoi il s'en différenciait. La Fontaine les rapproche l'un de l'autre :

> Malherbe avec Racan, parmi les chœurs des anges,
> Là-haut de l'Éternel célébrant les louanges,
> Ont emporté leur lyre et j'espère qu'un jour
> J'entendrai leur concert au céleste séjour.

La biographie de Racan n'apporte pas d'éléments surprenants. Né dans le Maine angevin, après avoir été page de la chambre du roi, après des campagnes militaires sous Louis XIII, après la fréquentation des poètes parisiens, il se retira dans ses terres, correspondit beaucoup, et jouit du repos jusqu'à un âge avancé. C'est Malherbe qui lui conseilla ce choix, répondant à ses questions par l'apologue oriental du meunier, de son fils et de l'âne. Dans sa fable, La Fontaine rappellera : « Autrefois à Racan Malherbe l'a conté. » Racan se maria, eut de nombreux enfants, vécut dans ses terres, fut élu à l'Académie française sur le tard, quand il fit un voyage à Paris se trouva désorienté par le milieu des poètes. Tallement des Réaux a tracé son portrait peu flatteur : « Il a la mine d'un fermier, il bégaie et n'a jamais su prononcer son nom. » En effet, un défaut de prononciation lui faisait transformer le *r* en *l,* et il disait s'appeler Lacan. Un peu lourdaud, un peu nigaud, jouant les séducteurs sans en avoir aucune tournure, ses poèmes ont de sa mine de campagnard, mais ses vers ne bégaient pas.

Au contraire de Maynard, Racan n'est pas un homme cultivé, mais un de ces êtres naturellement poètes, comme on en trouve au cours de l'histoire poétique, et dont l'instinct du vers supplée à bien des manques. Ainsi, il a tant de charme et de spontanéité qu'il fait oublier ses négligences. Parce qu'on lui en donne l'exemple, il ne se désintéresse jamais des problèmes de la forme et du fond, il sait aussi rester ferme sur ses positions, et voilà qu'il se permet parfois de les opposer à celles de ce Malherbe qu'il vénérait, dont il était le confident, le « fils » comme Belleau pour Ronsard.

Toute sa vie, dans ses correspondances avec les poètes, il traita du métier, parlant de points de prosodie, se déclarant partisan d'un art non pas gratuit mais porteur de données morales et sociales. Il paraît qu'il lisait Ronsard avec joie, en cachette. Admirateur de Montaigne, il envoya ses premiers vers à Marie de Gournay, sa fille spirituelle, et elle les aima.

On a fait de lui une ébauche de La Fontaine. Il est le poète aux champs, rêveur, flâneur, distrait, paressant avec délectation et doué d'une heureuse naïveté. Il surprend parfois par ses audaces imaginatives : dans une ode, il ressuscite Henri IV pour qu'il assiste à la conquête de l'Orient par Louis XIII. Avec lui, la grande ode politique à la Malherbe, chez qui il se servira au besoin, tourne au bucolique. Il est l'oisillon qui veut imiter l'aigle. *Le Siège de La Rochelle* et *l'Ode à Richelieu* sont mal inspirés : il n'a pas le tour officiel, souverain et pompeux. Il se meut avec plus d'avantage dans l'ode philosophique où se manifeste un épicurisme annonçant La Fontaine ou Chaulieu.

Son œuvre la plus célébrée par ses contemporains est le poème des *Bergeries,* d'abord intitulé *Arthénice,* anagramme du prénom, Catherine, de Mme de Rambouillet dont il fréquentait le salon, tout comme Malherbe et d'autres poètes du temps que nous y accompagnerons. La bergerie, depuis *l'Astrée* d'Honoré d'Urfé ne devait plus quitter les faveurs. Après l'Arthénice de Racan, on ne cessera pas de chanter Iris, Climène, Amarante, Sylvie, selon un goût pastoral qui se prolongea jusqu'à la Fronde, dans cette période appelée par Chateaubriand « le siècle de Louis XIV encore au pâturage ». Curieux pâturage où l'on verra des bergers de convention, avec chien, houlette et moutons, dans un monde hors du temps et de l'espace, devenus héros de poèmes pastoraux insipides et sophistiqués, avec rimes riches, fadeurs, faux problèmes, sentiments quintessenciés. Par la suite, avec des variations, on mettra encore la poésie en pâture, sans le charme des pastourelles médiévales. Le genre, il est vrai, est aussi vieux que la littérature. Sans remonter aux Anciens, rappelons les églogues de la Pléiade ou les *Idillies* de Vauquelin de La Fresnaye.

Les bergeries du XVIIe siècle ne sont pas le meilleur de la poésie pastorale prise dans son ensemble. On ne saurait écarter cependant un mouvement d'une telle ampleur. Ne vit-on pas une compagnie littéraire de 1625 se nommer « les Illustres bergers » et ses membres se donner des pseudonymes : Godeau étant *Ergaste*, Colletet *Cérilas*, Frénicle *Aminte*, François Ogier *Arcas*, Louis Mauduit *Mélinte*, Malleville *Damon*, J.-C. de Villeneuve *Tarcis!*

Les Bergeries de Racan ont les défauts du genre. Le bric-à-brac du merveilleux facile y est utilisé : miroirs enchantés, druides et vestales, bijou qui fait retrouver l'origine d'un enfant perdu. Et pourtant émergent des qualités : Racan sait mettre en jeu les charmes et les subtilités de l'amour comme le fera Racine. Il a le sentiment de la nature et des champs, comme Virgile, et par cela échappe à l'artifice. Il sait décrire la condition paysanne avec un réalisme attentif, comme dans *le Monologue d'Alcidor* où parmi la solitude et le dénuement d'une vieillesse paysanne, un homme évoque les jours heureux dans les joies de la famille et du travail.

L'Églogue qui clôt l'œuvre, malgré des longueurs, recèle de beaux moments :

> Misérable troupeau, qui, durant la froidure,
> Vois ces champs sans moisson et ces prés sans verdure,
> Sache que pour jamais l'espoir nous est ôté
> D'avoir en ce climat de printemps ni d'été.
> L'astre par qui les fleurs émaillaient les campagnes,
> Par qui le serpolet parfumait les montagnes,
> Et par qui finissait cette froide saison,
> A porté sa lumière en un autre horizon,
> Et dans ces tristes lieux n'en reste aucune flamme
> Que celle que l'amour en conserve en mon âme.

De cette observation d'une vraie nature à celle du sentiment amoureux, il passe avec bonheur :

> Je ne pense jamais qu'aux beautés d'Arthénice.
> Quand les plus douces nuits assoupissent les corps
> Et font que les vivants sont semblables aux morts,
> Que toutes les couleurs sont réduites en une,
> Mon esprit, délivré de la foule importune,
> Se forme sa figure aussi belle qu'elle est,
> Lors que, ne voyant rien, il voit ce qu'il lui plaît,
> Et par les mêmes vœux dont je l'ai réclamée
> Adore cette image en mon âme imprimée.

Non, ces *Bergeries* ne sont point négligeables. Elles recèlent une sorte de naturalisme ingénu, affadi par endroits sous l'influence mondaine, mais où se montre un charme proche de celui des poètes de la Pléiade, ce charme de La Fontaine, qui parlant de Racan, dira « mon maître ».

Le Racan des Odes et Psaumes.

Construites sur le modèle de Malherbe, les odes de Racan, comme celles de Maynard en ont les principaux caractères : même frappe lyrique, même fermeté de langue, même précision dans le choix des mots.

Une nuance : là où Malherbe resterait impersonnel, Racan parle de lui-même. Qu'il s'adresse à Richelieu, au duc de Bellegarde, au comte de Bussy, à Balzac, ou que l'ode reste sans dédicace particulière, il est toujours question de ce que ressent l'homme Racan.

Tous ces malherbiens ont en commun la pensée de la retraite, du vieillissement, et on se demande si cela ne leur viendrait pas de leur naissance en fin de siècle, alors qu'une nouvelle ère s'ouvre et dont ils n'accompliront pas le cours, ou de la mort du roi Henri dans la fleur de l'âge. Cette retraite stoïcienne a donné les plus belles œuvres de Malherbe et de Maynard. Il en est de même chez Racan avec ces stances tant de fois citées :

> Tircis, il faut penser à faire la retraite :
> La course de nos jours est plus qu'à demi faite.
> L'âge insensiblement nous conduit à la mort.
> Nous avons assez vu sur la mer de ce monde
> Errer au gré des flots notre nef vagabonde;
> Il est temps de jouir des délices du port.
>
> Le bien de la fortune est un bien périssable;
> Quand on bâtit sur elle, on bâtit sur le sable.
> Plus on est élevé, plus on court de dangers;
> Les grands pins sont en butte aux coups de la tempête,
> Et la rage des vents brise plutôt le faîte
> Des maisons de nos rois que des toits de bergers.

> Ô bienheureux celui qui peut de sa mémoire
> Effacer pour jamais ce vain espoir de gloire
> Dont l'inutile soin traverse nos plaisirs,
> Et qui, loin retiré de la foule importune,
> Vivant dans sa maison content de sa fortune,
> A selon son pouvoir mesuré ses désirs !

Rien, dans la pensée, n'est nouveau. Sénèque est présent, et aussi Ronsard : « Quand vous serez bien vieille, au soir, à la chandelle », et même le sonnet de Christophe Plantin. Lieux communs, évidences, clichés, nous pourrions nous insurger à juste titre contre le sort heureux fait à tels poèmes avec leur prosaïsme. Mais la coulée est si parfaite, les vers si bien tournés qu'on oublie la pauvreté du message pour ne retenir que la vigueur de l'expression.

On retrouve le même ton dans l'*Ode à Bussy* :

> Bussy, notre printemps s'en va presque expiré,
> Il est temps de jouir du repos assuré
>   Où l'âge nous convie :
> Fuyons donc ces grandeurs qu'insensés nous suivons,
> Et, sans penser plus loin, jouissons de la vie
>   Tandis que nous l'avons.

Un des thèmes malherbiens les plus utilisés de ce répertoire terriblement limité est celui de l'eau, du fleuve, de la nef vagabonde, des larmes. On le trouve partout chez Racan, bon metteur en œuvre, mais de piètre imagination, dans une *Ode au fleuve de Loir débordé* ou dans ces *Stances pour un marinier*, qu'on ne cite guère et où, par quelque soudain miracle, il étonne :

> Dessus la mer de Chypre, où souvent il arrive
> Que les meilleurs nochers se perdent dès la rive,
> J'ai navigué la nuit plus de fois que le jour.
> La beauté d'Uranie est mon pôle et mon phare,
> Et, dans quelque tourmente où ma barque s'égare,
> Je n'invoque jamais d'autre dieu que l'Amour.
>
> Souvent à la merci des funestes Pléiades,
> Ce pilote sans peur m'a conduit en des rades
> Où jamais les vaisseaux ne s'étaient hasardés ;
> Et, sans faire le vain, ceux qui m'entendront dire
> De quel art cet enfant a guidé mon navire
> Ne l'accuseront plus d'avoir les yeux bandés.
>
> Il n'est point de brouillards que ses feux n'éclaircissent ;
> Par ses enchantements, les vagues s'adoucissent ;
> La mer se fait d'azur et le ciel de saphirs,
> Et, devant la beauté dont j'adore l'image,

> En faveur du printemps, qui luit en son visage,
> Les plus fiers aquilons se changent en zéphirs.
>
> Mais, bien que dans ses yeux l'amour prenne ses charmes,
> Qu'il y mette ses feux, qu'il y forge ses armes,
> Et qu'il ait établi son empire en ce lieu,
> Toutefois sa grandeur leur rend obéissance ;
> Sur cette âme de glace il n'a point de puissance,
> Et seulement contre elle il cesse d'être dieu.
>
> Je sais bien que ma nef y doit faire naufrage :
> Ma science m'apprend à prédire l'orage ;
> Je connais le rocher qu'elle cache en son sein ;
> Mais plus j'y vois de morts, et moins je m'épouvante ;
> Je me trahis moi-même, et l'art dont je me vante,
> Pour l'honneur de périr en un si beau dessein.

Après avoir étudié les psautiers du XVIe siècle, puis ceux de ses contemporains Malherbe, Godeau, Gillebert, ainsi que maints commentaires, Racan se décida à les paraphraser en les mettant au nouveau goût, remplaçant les chars armés de faux par les canons de l'artillerie, le roi David par Louis XIV et la Judée par la France, jouant de l'anachronisme, comme les metteurs en scène au théâtre habillent les personnages antiques à la mode de leur temps.

Ainsi, peu à peu, s'est constitué, en plus de huit mille vers, un riche psautier. Racan, ne connaissant ni hébreu ni grec ni latin, établit les psaumes sur des traductions libres, mais les infidélités ne l'empêchent pas de participer du plus haut lyrisme religieux, comme dans le *Psaume XVIII, Coeli enarrant gloriam Dei* :

> Toi qui de l'Éternel contemples les miracles,
> Les feux du firmament sont-ce pas des oracles
> Dont le silence parle et s'étend par les yeux ?
> Et le pouvoir qu'ils ont dessus notre naissance
> Peut-il venir d'ailleurs que de cette puissance
> Qui tient la terre ferme et fait mouvoir les cieux ?
>
> L'ordre continuel dont depuis tant d'années
> L'on voit naître et finir les nuits et les journées,
> Et mesurer leur cours d'un si juste compas,
> N'est-ce point un chef-d'œuvre où chacun peut connaître
> Que ce grand artisan de qui tout prend son être,
> Ne fait point au hasard les choses d'ici-bas.

Excellent chanteur rustique, parfait ordonnateur d'odes et de stances, bon poète religieux, Racan est aussi l'auteur d'épigrammes assez délicates pour tourner au madrigal et de sonnets bien faits quoique conventionnels. La louange de Boileau : « Racan pourrait chanter au défaut d'un Homère » est aussi excessive que le silence injuste qui s'est fait sur son nom. Son œuvre peut enseigner aux pédants de ne point dédaigner les poètes d'apparence fruste : ils cachent parfois l'âme la plus délicate.

Les petits écoliers.

Auprès de Maynard et de Racan, les autres chevaliers de la chaise paillée paraissent bien pâles. François de Chauvigny, sieur de Colomby (1588-1648), neveu de Malherbe, était jugé par son oncle comme ayant bon esprit, mais point de génie à la poésie. Pourtant, il arriva qu'on reprochât à Racan de « colombyser » quand il ne « malherbisait » point. Colomby traduisit Tacite et Justin, composa de louangeuses harangues, fut de l'Académie française avant de se faire prêtre.

Le charmant Pierre Patrix (1583-1671), après avoir été mis en valeur par Robert Vallery-Radot, a figuré dans maintes anthologies comme celles de Raymond Picard et de Jean Rousset, ce dernier le situant parmi « les lyriques de la mort ». Une remarquable étude de Georges Dethan figurant dans des *Mélanges* offerts à Georges Mongrédien permet de mieux connaître ce poète fort original et qui mérite mieux que la petite place qu'on lui consacre habituellement. Il s'agit d'un poète mineur, certes, mais il apparaît comme un des plus sympathiques et des plus attachants.

Né à Caen, descendant d'un des frères de Jeanne d'Arc, ce dont il est fier (il se pique volontiers de noblesse), il collabora au recueil de Charles Du Lys, son lointain cousin, pour chanter la gloire nationale de la Pucelle. Comme Maynard, si ses vers savent témoigner d'une rigueur malherbienne, il n'a pas dédaigné de donner à sa poésie un tour plus léger, plus familier, plus alerte. Il a au besoin recours au burlesque, celui de son ami Scarron qui dit avec une pointe : « M. Patrix, quoique Normand, homme de prix. » Il fréquenta Voiture, Gaston d'Orléans qui aimait servir les muses et participa avec eux à un recueil joyeux et satirique. Malherbe, de loin son aîné, dans une lettre à Colomby appelle Patrix « mon meilleur et mon plus certain ami ».

Poète amoureux, prêt pour chanter Iris, il connut ses premiers succès avec des vers libertins. Il excella à composer des chansons galantes sur les airs de l'époque. Faciles, délurées, d'un parler direct, elles témoignent de la souplesse de sa versification.

Selon un itinéraire souvent rencontré, il finit par se convertir, découvrit le jansénisme, connut Pascal qui commença chez lui ses *Provinciales,* et publia un recueil édifiant, *Miséricorde de Dieu sur la conduite du pécheur pénitent,* 1660. Il flétrit « ce Satan aujourd'hui de mon âme exilé ». On devine le voisinage de Pascal dans ces vers heureusement cités par Georges Dethan :

> Quelle pitié, Seigneur, de la pensée humaine !
> ... Atome je me trouve, atome je me vois.

Dans ses poèmes religieux, il ne renie pas la souplesse, le doux-coulant de ses œuvres mondaines. Il reste réaliste et si l'on confronte ses vers avec d'autres poésies chrétiennes de son temps, on trouve la trace d'une muse légère, facile, délicate, de bonne qualité mais sans la pompe malherbienne. Georges Dethan a encore montré tout ce qui chez lui pouvait charmer La Fontaine qui l'aima. Ses poèmes ont un ton narratif :

> Je songeais l'autre jour, de douleur consumé,
> Côte à côte d'un gueux qu'on m'avait inhumé.
> Moi qui ne pouvais souffrir ce honteux voisinage
> En mort de qualité je lui tins ce langage :
> « Retire-toi, coquin, va pourrir loin d'ici !
> « Il ne t'appartient pas de m'approcher ainsi.
> — Coquin, répondit-il, d'une insolence extrême,
> « Va chercher tes coquins ailleurs, coquin toi-même !
> « Ici tous sont égaux. Je ne te dois plus rien.
> « Je suis sur mon fumier comme toi sur le tien. »

Cette égalité dans la mort tant de fois dite depuis le moyen âge trouve un accent nouveau. Le père Bouhours dira de ces vers « qu'ils sont une espèce d'épigramme qui, toute sereine et triste qu'elle est dans le fond, a un air plaisant et je ne sais quoi de ce comique que souffre le proverbe et le quolibet ». Mais Patrix sait prendre, sans rien perdre de sa clarté, un ton plus grave :

> Quelques tentations désormais qui m'exercent
> Par Toy je me riray d'Amour et de ses lois.
> Je n'auray plus les yeux que sur ta sainte croix
> Ni ne seray blessé que des clous qui te percent.

Il s'apparente là à la grande poésie baroque, celle de la fin du siècle précédent.

Autre écolier de Malherbe, Charles de Pyard, sieur de Touvant (mort avant 1615) se contenta de pasticher son maître. Ses *Délices de la poésie* montrent qu'il sait manier l'ode en bon imitateur. Le sieur Yvrande est connu par une anecdote de Tallemant des Réaux narrant comment il mystifia Marie de Gournay.

Nicolas Frénicle, poète descriptif de la nature, auteur de *Jésus crucifié,* d'hymnes, d'élégies, de paraphrases de *Psaumes* et d'une fable bocagère, sut, tout en étant son familier, résister à Malherbe. Pierre Motin sera moqué à contretemps par Boileau. Le président Jeannin fut un politique, ministre de Henri IV.

Certains des visiteurs de Malherbe étaient des amis du temps d'Aix : Scipion Du Périer, poète sage et donnant dans le bucolique, fils du François Du Périer de *la Consolation;* François d'Arbaud de Porchères (1590-1640), que l'on confond avec Honorat Laugier de Porchères, éditeur des vers de Malherbe; il fut son disciple dans des paraphrases, élégies, odes et sonnets honnêtes. Comme Aragon, les yeux d'une dame l'inspirèrent : Gabrielle d'Estrées, ce qui lui valut une pension de mille quatre cents livres. Comme dit l'abbé Sabatier de Castres : « C'était payer bien chèrement de mauvais vers! »

Rien ne prouve que Pierre de Deimier (1570-1618) ait fréquenté ces réunions. Il entra en contact à Aix avec le maître et devint par la suite son ardent défenseur. Hôte ou non de Malherbe à Paris, il a place ici à ses côtés. En effet, dès 1610, dans son *Académie de l'art poétique,* ce lyrique d'un goût fort proche de Ronsard et de Desportes, ce poète épique de *l'Austriade* et de *la Néréide* à la manière de Du Bartas, formulait des préceptes proches de ceux de Malherbe, de Boileau et de la doctrine classique.

Il s'attaque aux habitués des licences poétiques : « Ils débordent à écrire contre les règles de la raison » alors qu' « ils savent bien que le défaut se trouve en ce qu'ils écrivent ». Il s'en prend à Ronsard : « Mais quoi? cette façon de faire a fait son temps comme les habits d'un usurier qui pratique la lésine, vu que l'on connaît assez que telle façon d'écrire est fort éloignée de la vraie forme du bien-dire. » Il fait toujours l'éloge de la Raison : « Ainsi touchant ce que ce Poète allègue à l'honneur de cette licence poétique, il n'est aucunement recevable, quelle réputation que ce bel esprit ait acquise en la Poésie; parce que hormis la doctrine de la foi, il est honnête et requis en toute science et discipline, de disputer et de croire par raisons et démonstrations, et non point par la seule force des autorités. »

Pour Pierre de Deimier, comme pour Malherbe, « c'est une chose très manifeste que la Poésie se peut enseigner et comprendre par quelques préceptes; il faut en savoir les règles afin d'en éviter les fautes ». Deimier ne souhaite pas cependant la froideur. Il dit que la rime est « grâce et ornement particulier », qu'elle produit « extrême beauté et gaillardise ». Il s'attache à la « douceur des paroles », au « langage doux et coulant », à la « nombreuse structure ». Cela tempère ses rigueurs : malgré le raisonnement, on sauvegardera tant bien que mal les droits de la poésie qui chante et qui suggère. L'austère grammairien qu'est devenu Deimier n'a pas oublié ses amours de jeunesse. Contre Ronsard, il n'a pas la force de mépris de Malherbe. Peut-être n'oublie-t-il pas les vers qu'il écrivait à Marseille pour la belle poétesse Marseille d'Altovitis :

> Beau sein, doux paradis de fleurs blanches pourprines
> Qui portez comme fleurs tant de grâces divines.

Puisque nous sommes dans ce Midi où le jeune Malherbe fit ses apprentissages, nommons quelques poètes qu'il côtoya dans l'entourage d'Henri d'Angoulême. Nous avons cité César de Nostredame. N'oublions pas le poète de langue d'oc Bellaud de La Bellaudière qui parlait du « saber malherbin », D'Escalis, parent par alliance de Malherbe, auteur de *la Lydiade,* le chartreux Durand et sa *Magdaliade,* le frère Rémy, lui aussi inspiré par Madeleine, un Dauphinois, Benoët Du Lac, qui écrivait encore à la fin du XVIe siècle des moralités comme *le Désespéré* et *Carême-prenant* représentées à Aix en 1595. Malherbe était bien éloigné de la plupart de ces créateurs, mais l'un d'eux, conseiller au Parlement, ne se nommait-il pas Jean de La Ceppède, oui, le grand poète dont nous avons parlé. Malherbe le salua :

> J'estime La Ceppède, et l'honore et l'admire
> Comme un des ornements les premiers de nos jours.

Il y a encore Jean de Montfuron, abbé de Valsaintes, dans le diocèse d'Apt qui écrivit des vers d'amour pour une Angélique et une Chloris, et des gens de qualité comme Louis de Galaup-Chasteuil, historien et savant, père de François de Galaup, le solitaire du mont Liban, ou Villeneuve La Garde ou Mérier. Malherbe à ses débuts connut donc un milieu favorable à la poésie. Le soleil de Provence inspira-t-il Malherbe? Eut-il une influence sur ses confrères méridionaux? Certains critiques ont cru distinguer un accent provençal parmi les vers de ce gentilhomme normand. C'est, en tout cas, dans cette province qu'il forma sa doctrine. Déjà, il avait la dent dure n'hésitant pas à critiquer les poèmes d'Henri d'Angoulême, car le Grand Prieur, lui aussi, se voulait auteur.

Mais ce long chapitre pourrait laisser croire que Malherbe a, dans les premières années du XVIIe siècle, occupé toute la scène.

Il marque une délimitation, mais ne crée pas une rupture. Il a exprimé fortement ce que ses contemporains ressentaient. Il a tracé une poésie en parfait accord avec sa doctrine. Il a su limiter ses ambitions poétiques au cadre qui leur convenait. En son temps, il en était bien d'autres, moins parfaits mais plus libres et imaginatifs. Nous allons rencontrer opposants et indépendants.

Les contemporains de Malherbe

I
Mathurin Régnier

CONTRE les idées de Malherbe, contre son esprit de chapelle, des poètes s'insurgèrent au nom de la liberté qu'ils réclamaient pour leur art. C'est une réaction d'individualistes face à des doctrinaires formant un groupe compact et prétendant régenter la poésie.

Pour Mathurin Régnier, pour Théophile de Viau, pour Marie de Gournay, entre autres, la poésie n'est pas uniquement affaire de grammaire. Par-delà les règles, il s'agit de reconnaître la primauté du génie qui n'a point à subir lois et contraintes. Après la Pléiade, ces poètes caressent une haute idée de leur art, proche de celle des romantiques. Ils combattent pour la liberté, la fantaisie, l'imagination contre les disciplines qui, pour eux, tarissent les facultés indispensables au développement artistique. Ce combat vigoureux, parce que désordonné, sera emporté par la vague de fond du classicisme qui donne raison à Malherbe pour deux siècles.

Contre Malherbe.

L'opposant le plus ardent se nomme Mathurin Régnier (1573-1613), né à Chartres. Il met sa muse armée au service des Anciens. Grand satirique, et reconnu comme tel par l'histoire littéraire, il ne se limite pas à cela.

Une anecdote exprime la rupture entre deux conceptions. Malgré les foudres de Malherbe contre Philippe Desportes, la position de ce dernier était assez forte pour qu'on le fréquentât. Un jour que

Mathurin Régnier, neveu de Desportes par sa mère, se rendait en compagnie de Malherbe chez son oncle, ils le trouvèrent qui commençait à dîner. Philippe Desportes reçut Malherbe avec civilité et lui proposa un exemplaire de ses *Psaumes*. Son visiteur lui répondit que ce n'était pas utile et que son potage valait mieux que ses vers. Le repas se passa en silence. Mathurin Régnier n'oublia pas cette injure faite à son oncle, et dans sa *Satire IX* adressée à Rapin, il riposta d'une manière assez claire pour qu'on reconnût Malherbe :

> Contraire à ces rêveurs, dont la muse insolente,
> Censurant les plus vieux, arrogamment se vante
> De réformer les vers, non les tiens seulement,
> Mais veulent déterrer les Grecs du monument,
> Les Latins, les Hébreux et toute l'antiquaille,
> Et leur dire, en leur nez, qu'ils n'ont rien fait qui vaille.
> Ronsard, en son métier, n'était qu'un apprentif;
> Il avait le cerveau fantastique et rétif;
> Desportes n'est pas net, Du Bellay trop facile;
> Belleau ne parle pas comme on parle à la ville...

Ainsi, le jeune Régnier défendra les Anciens contre son aîné Malherbe. Il refuse qu'on attaque la poésie dans sa plus noble expression, celle que lui ont donnée des « esprits divins, hautains et relevés », avec ce qu'il faut « d'art et de science, de verve et de fureur ». Rien chez eux qui sente la mollesse, l'affectation; une noblesse naturelle embellit toutes les œuvres; si leur générosité « s'égare parfois en la licence », l'invention et la hardiesse dans le style sont plus importantes que toutes les censures. Régnier prône le naturel, la liberté, et même « les nonchalances » qui sont les artifices de la muse. Certes, il faut « polir et rapetasser » le vers, mais en se gardant du purisme et de l'académisme.

Régnier était l'élève de Desportes : « Je vais le grand chemin que mon oncle m'apprit. » Ayant reçu les conseils de Ronsard il n'est point homme à subir la discipline d'un pédant. Il allie au caractère incisif et franc, à la verdeur gauloise de Rabelais, la clarté de raisonnement de Montaigne. Il se situe dans une lignée qui, partant des poètes gothiques, va jusqu'à Voltaire en passant par La Fontaine et Molière. Imprégné de l'esprit du XVIe siècle, il est un des rares hommes de sa trempe ayant trouvé grâce devant le grand siècle dont Boileau exprime la pensée critique.

Il naquit de Simone Desportes et d'un Chartrain qui tenait « le tripot Régnier », un jeu de paume que fréquentaient de joyeux drilles. Cet homme ne voulait pas que son fils fût poète, mais le jeune homme, enthousiasmé par le succès de Desportes, devait suivre sa voie. Il débuta par des boutades satiriques contre les bourgeois de Chartres. Sa *Satire IV* donne un savoureux départ de biographie :

> Il est vrai que le ciel, qui me regarda naître,
> S'est de mon jugement toujours rendu le maître;
> Et bien que, jeune enfant, mon père me tançât,
> Et de verges souvent mes chansons menaçât,
> Me disant, de dépit, et bouffi de colère :
> « Badin, quitte ces vers; et que penses-tu faire?
> La Muse est inutile; et si ton oncle a su
> S'avancer par cet art, tu t'y verras déçu. »

A onze ans, il reçut la tonsure, ce qui devait lui permettre un jour d'hériter des bénéfices ecclésiastiques de son oncle. A vingt ans, il suivit le cardinal de Joyeuse dans son ambassade à Rome où il passa huit ans avant d'y retourner avec le nouvel ambassadeur Philippe de Béthune jusqu'en 1605. Trois ans après, il publiait ses *Satires*. L'année suivante, il devint chanoine de Chartres. Les excès ayant ruiné sa santé, il mourut à quarante ans après s'être repenti dans d'admirables poèmes religieux. Tallemant des Réaux a rapporté qu'étant allé visiter un médecin à Rouen, il mourut des débauches de vin d'Espagne qu'il fit avec le praticien. A moins que ce ne soit des suites d'un mal de Naples qu'il a chanté dans des poèmes qu'on glisse dans les recueils verts.

Ainsi, il perpétue le vieux genre des Grecs et des Latins, de *la Bible Guyot* et du *Roman de Renart,* de Jean de Meun et des auteurs de fabliaux, de Gringore et Rabelais, des gens de la Pléiade et d'Agrippa d'Aubigné, la satire.

De nouvelles conditions historiques, un temps plus paisible la renouvellent. Ce ne sont plus les remontrances aux princes, les épîtres, les discours politiques : les mazarinades, les chansons, les libelles reprennent cette tradition. Voici que les hommes observent les hommes, et qu'un monde bouffon apparaît, celui des *Historiettes* de Tallemant des Réaux. La nouvelle satire a ses modèles tout trouvés, modèles burlesques, variés à l'infini, qui vont permettre une éloquence poétique haute en couleur, riche en traits, contraire apparemment à un climat lyrique, et pourtant créant une vraie poésie, celle qui naît du choc des mots et des personnages.

Ces types existaient au temps de la Pléiade, et telle *Catin* de Ronsard, telle *Courtisane* de Du Bellay, puisées dans l'Antiquité, sont des exemples. La différence, avec les satiriques nouveaux, est qu'on rejoint les choses de plus près : un art néo-réaliste, un cinéma-vérité nous sont proposés.

Même si elle n'est pas immédiatement politique, cette satire apparaîtra vite dangereuse à certains conservateurs. Son esprit de liberté ne conduit-il pas à certains dévergondages, à la licence des mœurs, au dangereux épicurisme, au libertinage, à l'athéisme? La religion, attaquée par le biais de ses cagots, saura réagir.

Cette satire est solide. Maynard mis à part, elle repousse l'épigramme et ses peu blessantes fléchettes. On en revient à l'héroïque alexandrin, à son artillerie, et en cela Mathurin Régnier et ses amis se conforment aux vœux de la Pléiade. Simplement, ils y mettront moins de littérature et plus de force. Ils seront un point de relais sur le chemin de Boileau et de Molière, avant qu'un jour, comme l'a observé Furetière, le journalisme prenne leur place. La réserve que l'on peut faire : jamais on ne retrouvera les fureurs d'Agrippa d'Aubigné ou le génie de Rabelais. Telle qu'elle est, la satire du XVIIe siècle nous offre une galerie de portraits, un répertoire d'idées critiques durables et influentes.

Le portrait des mœurs du temps.

Tout en étant dans son actualité, Mathurin Régnier s'inspire des Latins comme Lucilius, Horace, Juvénal et Perse, des Italiens Pulci et Berni, des poètes de la Renaissance, chez lesquels il trouve un support à son génie personnel. Pour ordonner ces satires, l'ami de Boileau, Claude Brossette (1671-1743) leur donna des titres quand elles n'en avaient pas, et qui les situent bien :

1. Discours au Roy. 2. Les Poètes. 3. La Vie de cour. 4. La Poésie est toujours pauvre. 5. Le Goût particulier décide de tout. 6. L'Honneur ennemi de la vie. 7. L'Amour qu'on ne peut dompter. 8. L'Importun ou le Fâcheux. 9. Le Critique outré. 10. Le Souper ridicule. 11. Le Mauvais Gîte. 12. Régnier apologiste de soi-même. 13. Macette. 14. La Folie est générale. 15. Le Poète malgré soi. 16. Retraite d'amour. 17. Tristesse d'amour. 18. Franc de crainte et d'envie. 19. Misères (les titres 1, et 16 à 19 sont de Mathurin Régnier).

Dans cet ensemble, Régnier brosse le portrait général des mœurs de son temps en étudiant milieux humains et types sociaux. Il trace un art poétique à l'emporte-pièce. Il expose une morale philosophique peu originale mais bien formulée. Toute une humanité proche de celle de Villon et de Rabelais grouille dans ses vers. Il sait distinguer chaque caractère, qu'il dépeigne le fâcheux, le bavard, l'usurier, l'entremetteuse avec l'étonnante Macette, Tartuffe au féminin, ou, comme ici, le poète pauvre :

> Aussi, lorsque l'on voit un homme par la rue
> Dont le rabat est sale, et la chausse rompue,
> Ses grègues aux genoux, au coude son pourpoint,
> Qui soit de pauvre mine, et qui soit mal en point :
> Sans demander son nom, on le peut reconnaître,
> Car si ce n'est un poète, au moins il le veut être.

Les choses n'ont point changé. Et quand Régnier montre son *Souper ridicule,* on voit bien le valet d'étable transformé en majordome :

> Ainsi, parmi ces gens, un gros valet d'étable,
> Glorieux de porter les plats dessus la table,
> D'un nez de majordome, et qui morgue la faim,
> Entra serviette au bras et fricassée en main.

On entend aussi les propos « fumeux de vin et de doctrine » s'unissant au grotesque du repas :

> Fût à qui parlerait, non pas mieux, mais plus haut.
> Ne croyez, en parlant, que l'un ou l'autre dorme.
> Comment! votre argument, dit l'un, n'est pas en forme.
> L'autre, tout hors de sens : Mais c'est vous, malotru,
> Qui faites le savant, et n'êtes pas congru.
> L'autre : Monsieur le Sot, je vous ferai bien taire :
> Quoi? Comment, est-ce ainsi qu'on frappe Despauterre?
> Quelle incongruité! Vous mentez par les dents.
> Mais vous. — Ainsi ces gens à se piquer ardents,
> S'en vinrent du parler, à tic, tac, torche, lorgne;
> Qui, casse le museau; qui, son rival éborgne;
> Qui, jette un pain, un plat, une assiette, un couteau;
> Qui, pour une rondache, empoigne un escabeau.
> L'un fait plus qu'il ne peut, et l'autre plus qu'il n'ose.

Tout est pittoresque, original, imprévu et vrai. On voit, on entend. Malheureusement, il ne sait pas toujours s'arrêter à temps et pousse le trait jusqu'à la surcharge. Et voilà qu'apparaît la poésie telle qu'il l'aime, naturelle :

> Son front, lavé d'eau claire, éclate d'un beau teint;
> De roses et de lys, la nature l'a peint,
> Et laissant là Mercure et toutes ses malices,
> Les nonchalances sont ses plus grands artifices.

Ce qu'il brosse le mieux, c'est son propre portrait :

> Oui, j'écris rarement, et me plais de le faire;
> Non pas que la paresse en moi soit ordinaire,

> Mais si tôt que je prends la plume à ce dessein,
> Je crois prendre en galère une rame en la main.

Il excelle dans toute forme de confession libre et franche. C'est parfois inégal, mal tourné, mais pas une pièce où n'abondent des remarques, des tours populaires, des vérités grotesques, une fécondité surprenante, un sens de l'observation et de l'argumentation, une habileté qui laissent augurer Molière ou le Racine des *Plaideurs*.

Les satires, les réquisitoires, les sentences, les réflexions de Régnier, on en retrouvera le ton chez Charles Baudelaire : il n'est que de lire dans *les Fleurs du Mal* des poèmes comme *Au Lecteur* ou *Remords posthume* pour s'apercevoir qu'il existe une parenté entre les deux poètes.

Il n'a pas, comme les malherbiens, rompu avec le passé de la vieille France. Gaieté, grâce, nonchalance vont chez lui de pair avec le refus des règles. Par sa gaillardise, sa gauloiserie, il rejoint Rutebeuf ou Villon. Au badinage marotique, il ajoute du relief. Son art est précis et contenu. La source italienne est présente à travers ses pointes, ses concetti, ses caricatures, ses pasquinades, son macaronisme, ses aspects burlesques.

Un critique du siècle dernier, Lenient, en fait une sorte de bohème conservateur : « Tout libre et tout débraillé qu'il est dans la vie et parfois dans ses vers, il n'en reste pas moins un partisan déclaré de l'ordre, de l'autorité légitime et de la paix publique. » Ces sentiments on les trouve dans ses deux *Discours au roi*. S'il se montre mal à l'aise dans la convention louangeuse, dans les préambules décoratifs, avec paysages et ornements, il excelle dès qu'il s'agit d'imagination, de sentiments et d'idées. Bien qu'il écrive : « En toute opinion je fuis la nouveauté », il n'est pas d'arrière-garde ; il le doit à son originalité et à sa personnalité.

L'autre Mathurin Régnier.

Attention : le satirique n'est pas tout Régnier. S'il ne montre pas dans ses odes la puissance de Malherbe, il sait composer des élégies imitées d'Ovide ou des plaintes si belles qu'on pense à André Chénier ou à Lamartine :

> En quel obscur séjour le ciel m'a-t-il réduit?
> Mes beaux jours sont voilés d'une effroyable nuit;
> Et, dans un même instant, comme l'herbe fauchée,
>   Ma jeunesse est séchée.
>
> Mes discours sont changés en funèbres regrets;
> Et mon âme d'ennuis est si fort éperdue,

> Qu'ayant perdu ma dame en ces tristes forêts,
> Je crie et ne sais point ce qu'elle est devenue.
>
> Ô bois! ô prés! ô monts! qui me fûtes jadis,
> En l'avril de mes jours, un heureux paradis,
> Quand de mille douceurs la faveur de ma dame
>   Entretenait mon âme...

Il fit des poèmes officiels, quelques odes et stances sur le proxénétisme ou les maladies vénériennes, un dialogue poétique entre *Cloris et Philis* inachevé, des sonnets sur les morts de Rapin et de Passerat, et surtout des poèmes spirituels qui sont pour la plupart des confessions, des repentirs confiés à trois beaux sonnets, à un hymne, à des stances qui laissent percer un écho atténué de François Villon :

> Quand sur moi je jette les yeux,
> A trente ans me voyant tout vieux,
> Mon cœur de frayeur diminue :
> Étant vieilli dans un moment,
> Je ne puis dire seulement
> Que ma jeunesse est devenue.

La suite de ses trois sonnets chrétiens qui fait penser au Verlaine de « Mon Dieu m'a dit... » ont une frappe rigoureuse. Voici le premier :

> Ô Dieu! si mes péchés irritent ta fureur,
> Contrit, morne et dolent j'espère en ta clémence.
> Si mon deuil ne suffit à purger mon offense,
> Que ta grâce y supplée, et serve à mon erreur.
>
> Mes esprits éperdus frissonnent de terreur;
> Et, ne voyant salut que par la pénitence,
> Mon cœur, comme mes yeux, s'ouvre à la repentance;
> Et me hais tellement, que je m'en fais horreur.
>
> Je pleure le présent, le passé je regrette;
> Je crains à l'avenir, la faute que j'ai faite;
> Dans mes rébellions, je lis ton jugement.
>
> Seigneur, dont la beauté nos injures surpasse,
> Comme de père à fils uses-en doucement.
> Si j'avais moins failli, moindre serait ta grâce.

Lorsque dans la *Clélie* de Madeleine de Scudéry, Calliope apparaît à Hésiode en un rêve et lui présente les poètes qui doivent venir après lui, Mathurin Régnier fait l'objet d'un portrait frappant :

Regarde cet homme négligemment habillé et assez malpropre. Il se nommera Régnier, sera le neveu de Desportes, et méritera beaucoup de gloire. Il sera le premier qui fera des satires en français, et quoiqu'il ait regardé quelques fameux originaux parmi ceux qui l'auront précédé, il sera pourtant un original lui-même en son temps. Ce qu'il fera sera excellent, et ce qui sera moindre aura toujours quelque chose de piquant. Il peindra les vices avec naïveté, et les vicieux fort plaisamment. Enfin il se fera un chemin particulier entre les poètes de son siècle, où ceux qui voudront le suivre s'égareront bien souvent.

Après avoir évoqué les satiriques latins, Boileau ajoute :

> De ces maîtres savants disciple ingénieux,
> Régnier, seul parmi nous, formé sur leurs modèles,
> Dans son vieux style encore a des grâces nouvelles.
> Heureux si ses discours, craints du chaste lecteur,
> Ne se sentaient des lieux où fréquentait l'auteur,
> Et si, du son hardi de ses rimes cyniques,
> Il n'alarmait souvent les oreilles pudiques!

Dans sa *Cinquième Réflexion sur Longin,* il complète son opinion : « Le célèbre Régnier est le poète français qui, du consentement de tout le monde, a le mieux connu, avant Molière, les mœurs et le caractère des hommes. »

Peu d'éclipse au fond puisque Jean-Baptiste Rousseau encouragera Brossette à continuer son travail sur Régnier, puisque Montesquieu le comparera au peintre vénitien Giorgione, et que les romantiques, comme Alfred de Musset, s'inclineront :

> (Ôtez votre chapeau), c'est Mathurin Régnier,
> De l'immortel Molière immortel devancier.

Sainte-Beuve dit : « Régnier, aussi bien que Malherbe, et même à un plus haut degré que lui, a le mérite d'avoir régénéré en France l'imitation des anciens, et d'en avoir fait, de servile et stérile qu'elle était, une émulation de génie, une lutte d'honneur, je dirai presque une fécondation légitime » et il ajoute : « Il est le Montaigne de notre poésie. »

Mathurin Régnier ne pouvait cependant remporter une victoire sur Malherbe, qui allait dans le sens de l'histoire vers ce classicisme où la bourgeoisie française se forgerait une morale et un langage, sans toujours bien le comprendre. Et puis, le combat est parfois paradoxal, car, dans ses œuvres non satiriques, Régnier n'est pas si éloigné par la forme de son ennemi. Il est bon que son art ne lui ait pas fait oublier la muse populaire et même archaïque, qui ajoute une dimension supplémentaire. Ce fils de tavernier, orgueilleux d'être poète, mais ne ménageant pas ses railleries envers son propre état, possédait ce sens de la peinture sociale qui trouverait son prolongement dans les tableaux de caractères, la comédie de mœurs et le roman réaliste.

2

Les amis de Régnier

La fille d'alliance de Montaigne, Marie de Gournay (1566-1645) ne put jamais se faire aux idées de Malherbe. Elle défendit poésie « spéculative, haute impérieuse », celle de Ronsard, Bertaut ou Du Perron, contre une autre « familière, suffragante et précaire », celle de Malherbe et des siens. Elle protesta contre l'appauvrissement de la langue :

> Ces messieurs voudraient que chacun allât à pied, pour ce qu'ils n'ont point de cheval... Ils ont beau me démontrer qu'ils fourniront d'autres mots pour dire ceci ou cela, sans celui qu'ils prétendent déconfire pour me l'arracher : j'en veux quinze et vingt s'ils y sont, car je ne veux rien perdre.

Un siècle plus tard, Fénelon et La Bruyère lui donneront raison en témoignant des mêmes regrets.

Motin, Sigogne et Berthelot.

Proches de Régnier, ces trois poètes méritent qu'on les considère. Pierre Motin (1566-1614), de Bourges, est surtout connu par un trait de Boileau : « Ces vers où Motin se morfond et nous glace. » Il est tout le contraire : libre, gaillard, licencieux, il ferait fondre toute glace. Sa position est originale : il se situe entre Régnier qui lui dédie une satire et Malherbe qui le considéra comme un de ses disciples. Beaucoup de ses vers ont leur place dans les recueils érotiques. Il en est d'autres fort gracieux :

> Sur toutes les couleurs j'aime la feuille morte
> Qui ne change jamais la beauté de son teint,

> Non plus que mon amour d'un beau désir atteint.
> C'est aussi la couleur que ma maîtresse porte.

Ce satirique habitué des recueils de *Muses folastres, Muses gaillardes* et autres *Cabinets satiriques,* composa aussi des ballets de cour, ce qui est aussi le cas d'un autre poète avec qui il ne fut pas tendre :

> Maquignon du jeu d'amourettes,
> Docteur en bourdes et sornettes,
> Artisan de vice étranger,
> Je te donne pour ton salaire
> Six pets et trois vesses à boire
> Et quatre crottes à manger.

Il s'agit de Charles-Timoléon de Sigogne (vers 1560-1611) dont le nom s'orthographie de huit manières différentes. Guillaume Apollinaire, qui connaissait bien ces poètes, dut penser à la charge de Motin lorsqu'il écrivit les passages gras de sa *Chanson du Mal-Aimé.* Son ami Fernand Fleuret réunit en effet les satires de Sigogne et n'oublia pas de citer ce poème contre lui.

Curieux destin que celui de ce Sigogne, poète de cabaret, que Pierre Louÿs comparera de façon inattendue à Mallarmé. Sur lui, les goûts les plus divers se rejoignent, de Georges Pillement qui l'inclut dans son *Anthologie érotique* à Marcel Schneider qui prend le sonnet suivant comme « un témoignage de défi luciférien » et « plus qu'une saison en enfer, une vie infernale qui n'aura pas de fin » :

> Ce corps défiguré, bâti d'os et de nerfs,
> Couvert d'un parchemin où l'horreur est décrite,
> Qui fait voir au travers une flamme illicite
> Peut servir de lanterne à descendre aux enfers.
>
> Et ce cœur tout rongé de mille et mille vers,
> Que la vengeance prend lorsque l'amour le quitte,
> Où l'inceste, le meurtre et la fureur habite,
> Où les forfaits commis se montrent découverts.
>
> Qui a vu d'un tel corps une telle âme hôtesse ?
> Corps infect et défait, âme fausse et traîtresse,
> Sans être désunis vous passerez là-bas,
>
> Et, si vous nous restez, semence de désordre,
> C'est que de vous l'enfer ne veut encore pas
> Et la mort sur vos os ne peut trouver que mordre !

Nous sommes proches d'un enfer sur terre où l'écriture a peu de durée, où la rapide satire s'écrit au cabaret, parmi tout un peuple de débauchés, de soudards, de valets de chiens, de bateleurs, de truands et de putains. On ne retient généralement de tout cela que le pittoresque facile, le trivial et l'obscène, sans distinguer l'arrière-plan des tableaux.

Sigogne fait grouiller un monde grotesque et goyesque, de la vieille courtisane à « Jeanne la mal peignée », de « Lise, cette insigne punaise » à des sorcières, des femmes sales, des femmes maigres, des femmes « au visage de cire », et, par delà scatologie, grossièreté, tout ce qui peut ravir un bibliophile paillard, on trouve la peinture d'un enfer baudelairien dans lequel Tristan Corbière et Lautréamont se retrouvent souvent. Parce que Sigogne est un poète de race, parce qu'il a des images puissantes, il fait oublier ses maladresses et sa gaucherie.

Peu faite pour durer, unissant maniérisme et langage argotique, elle s'inscrit dans la ligne villonesque. Si, par *le Testament d'un vérolé*, il finit par léguer ses excréments, nous aurons eu au passage la vision d'un cortège détruit par le vice :

> Paillards, dignes du mal qui vous rend désolés,
> Très illustres baveurs, précieux vérolés,
> Approchez de ce lit où la gale me mange,
> Faites venir ici tout ce troupeau choisi :
> Je veux léguer le bien dont je me sens saisi,
> Puisque je suis forcé d'en faire la vidange.

> Vieilles filles d'amour qui n'avez plus de dents,
> Maquerelles de nom qui m'alliez survendants,
> Comme un morceau friand, un reste de gendarmes ;
> Approchez de ce lit, ne craignez point mon mal,
> Vous n'en mourrez jamais, car il vous est fatal
> De pendre en un gibet ou passer par les armes.

> Amenez avec vous ces morceaux relevés
> Par qui je sens ici mes membres agravés,
> Ces pucelles de nom, ces filles de marolle,
> Je les reconnaîtrais, les voyant seulement :
> Leur talon est petit, grand est leur instrument,
> Et la moins entachée est pleine de vérole.

> Ivrognes, approchez, vous êtes du complot ;
> Au festin apprêté vous aurez votre lot,
> Et vous prendrez plaisir à goûter cette farce,
> Vous tâteriez du vin dont je vais m'abreuvant,
> Vous en avez tâté : on ne voit pas souvent
> Un paillard sans bouteille, un ivrogne sans garce.

Dans la plupart de ses satires, ses contemporains étaient désignés et cela lui valut de belles bastonnades. Le personnage n'est guère recommandable : négociateur des amours parallèles du roi Henri IV, vivant volontiers aux crochets d'une dame, peu scrupuleux sur le plan de l'honneur, selon ses ennemis sodomite, entremetteur et assassin. Un de ces personnages qu'on voit assez bien chez Jacques Callot. Mais incontestablement, Sigogne est important dans la lignée maudite des mauvais garçons lyriques.

Dans une ode, Mathurin Régnier a chanté une « bagarre » qui l'opposa, sur la place publique, à cet autre poète de la satire qu'est Berthelot, avec pour spectatrices « une troupe de maquerelles conduites par les sept péchés » jusqu'à ce qu'un bedeau les séparât. Au cours des strophes de ce reportage pugilistique, les horions pleuvent dans les vers et finalement on se réconcilie au cabaret.

Les poètes alors ne se battaient pas qu'avec la plume. Régnier fit bien peur à Maynard en le provoquant en duel. Malherbe employa un gentilhomme de ses amis pour donner du bâton à Berthelot qui lui avait manqué en se gaussant par des vers parodiques d'une chanson écrite en l'honneur de Mme de Bellegarde. On en sait plus sur Berthelot par l'anecdote que par l'œuvre. On publia en 1646 sous sa signature des *Soupirs amoureux,* mais Frédéric Lachèvre suppose une œuvre de son fils.

La troupe des satiriques.

Trop peu connu, Jean Auvray (mort vers 1623) est un visionnaire satirique et burlesque nous jetant dans un univers baroque qui tient de Jérôme Bosch et de Lautréamont. Il qualifie ses poésies de « scurilles et comiques ». Il a de la verdeur lorsqu'il satirise *Contre une dame trop maigre,* poème inclus par Jean Rousset dans son choix de poètes baroques :

> Dès la première nuit de nos embrassements,
> J'imaginais sa chambre être un grand cimetière,
> Son corps maigre semblait un monceau d'ossements,
> Son linceul un suaire et sa couche une bière.

Il jette un regard désabusé sur l'homme inconstant, mais là où le lieu commun semble s'imposer, il surprend par une féconde imagerie :

> L'homme est tant obligé à la vicissitude
> Qu'il n'a rien de certain que son incertitude.
> Brusquement agité par les ressorts divers
> Qui excitent le branle à ce grand Univers,
> C'est un frêle vaisseau sur le dos de Neptune,
> C'est un verre fragile aux mains de la Fortune,

> Une ampoule au ruisseau, une ombre qui s'enfuit,
> La bourre d'un chardon, le songe d'une nuit...

Son originalité s'affirme dans la description d'un monde noir, infernal, où le corps subit d'incessantes métamorphoses. Il différencie les teintes sombres, trace les rapides visions d'un ailleurs épouvantable :

> Voici la girouette où tournent nos désirs,
> Le sable où nous jetons l'ancre de nos plaisirs,
> L'onde où nous bâtissons nos folles espérances,
> L'air où nous écrivons l'orgueil de nos puissances,
> Voilà que c'est du corps que tant nous chérissons,
> Voilà ce petit ver que tant nous caressons,
> Ce poulpe monstrueux qui soi-même se ronge,
> Ce fétide bourbier où notre âme se plonge,
> Cet opaque brouillard qui cache sa splendeur,
> Ce charbon qui noircit sa céleste candeur,
> Ce tison de péché qui la brûle et l'enflamme ;
> Bref, le corps n'est sinon que la prison de l'âme,
> Son tyran, son forçat, son meurtrier, son bourreau,
> Son lit contagieux, son gouffre, son tombeau.

Nicolas Frénicle, disciple de Malherbe, n'hésita pas à attaquer son maître et à se ranger auprès des satiriques. Il lui en coûta d'être compromis dans le procès du *Cabinet satirique* où, accusé, comme Théophile de Viau et Guillaume Colletet, il fut, comme eux, condamné par contumace au supplice du feu.

Thomas de Courval-Sonnet (1577-1628), médecin de Vire, a subi les influences de Ronsard et de Régnier. Il satirise et peint la vie provinciale en pillant Ronsard :

> Madame, allons au cours ; allons voir si la rose
> Que les rais du soleil ont ce matin déclose
> N'a point perdu son pourpre et son beau teint vermeil,
> Qui tout autre surpasse et du vôtre est pareil...

On préfère qu'il imite Régnier, car il est meilleur, parvenant à montrer de bons types humains. Caustique, il écrivit contre le mariage et se maria un an après. Cette satire l'obligea à quitter Vire, mais il y revint pour exercer la médecine et retrouver ses amis Jean Le Houx et Angot de L'Éperonnière.

Il est comme ce dernier et comme Jean Auvray réaliste. On en fit le « Juvénal bas normand ». Eugène de Beaurepaire lui prête de belles qualités : « Pamphlétaire irrespectueux et grossier, il a toutefois compris le besoin d'une transformation générale ; il a compati à la misère des basses classes et a combattu la rapacité des traitants. » Le Mathurin Régnier du pauvre était aussi celui des pauvres.

Son ami l'avocat Angot de L'Éperonnière (1581 – après 1640) imita lui aussi, mais fut capable de personnalité. Il rima pour ses juges des factums, requêtes et plaidoyers avec esprit. L'œuvre est variée. *Le Prélude poétique,* 1603, réunit odes, sonnets spirituels, épigrammes. Ses paraphrases des *Psaumes* ont de l'envolée. Dans ses *Nouveaux satyres et exercices gaillards de ce temps,* 1637, il portraicture son époque, avec une vigueur particulière dans l'expression des désastres et des troubles.

Après Rabelais et Tabourot des Accords, avant Panard et Apollinaire, il a joué au jeu des poésies figuratives : luth, croix, bouteilles, laurier, etc., tradition reprise aux anciens comme Simmias, Dosiadas, Porphyrius, Maurus ou Théocrite.

Ce sonnet montre sa gourmandise de mots et son sens dansant du vers :

> Puisque l'humilité se plaît en votre grâce,
> Puisqu'en l'humilité votre grâce se plaît,
> Je vous offre, Seigneur, un cœur qui se repaît
> De l'objet bienheureux de votre sainte face.
>
> Faites qu'en mon esprit l'orgueil n'ait point de place,
> Que la simplicité dont mon cœur se revêt
> Soit le plus beau trésor et le plus riche acquêt
> Que je puisse laisser à l'espoir de ma race!
>
> Hé! quel plus grand trésor, en ce mortel séjour,
> Que celui qui nous mène au ciel de votre amour;
> Puisque vous m'avez dit de votre propre bouche,
>
> Que vous aurez pitié d'un cœur plein de péché,
> Pourvu qu'étant contrit, au regret qui le touche,
> Il se fâche, ô Seigneur, de vous avoir fâché!

Sa préciosité se manifesta dans de peu personnelles *Amours*. Ses *Exercices de ce temps,* rhétoriques, parodient d'autres satires, empruntent cyniquement à Régnier ou à Berthelot, à Claude d'Esternod ou au sieur de La Croix, à Maynard ou à Sigogne, ce qui ne l'empêche pas d'ajouter ses propres inventions et de triompher par un sens bien compris du comique.

Boileau n'a pas dédaigné d'emprunter des traits au Normand Jacques Du Lorens (1580-1655) qui se croyait supérieur à Régnier dont il a la vivacité, mais pas la puissance évocatrice. Ses portraits s'inscrivent dans cette grande lutte poursuivie depuis le moyen âge et qui trouvent leur achèvement dans *Tartuffe*. De lui-même, il disait qu'il « blesserait un homme en lui jetant des roses ». Misogyne, comme beaucoup de ces satiriques, il est l'auteur de ce distique célébré par Boileau, l'épitaphe composée pour sa femme, une dame acariâtre qui lui donna douze enfants :

> Ci-gît ma femme. Ah! qu'elle est bien
> Pour son repos et pour le mien!

Il a le goût du trait aphoristique, de la maxime rapide dont La Rochefoucauld sera le maître. Les œuvres des satiriques sont riches de ces perles de sagesse enchâssées : comme chez La Fontaine et Molière, on trouve chez eux des vers qui deviendront proverbes ou auraient mérité de le devenir. On puisera beaucoup dans cette mine.

Le cadet du groupe de ces fustigeurs, le Franc-Comtois Claude d'Esternod (1592-1640) use de ce didactisme lorsqu'il formule dans sa *Satire du temps à Théophile* un art poétique où il prend la défense de la couleur et du pittoresque :

> Chaque sorte de vers demande un style à part
> Selon la gravité qu'un sujet lui départ;
> Sot le musicien dont la note est pareille
> Puisqu'un son varié contente mieux l'oreille.
> Tantôt la flûte est propre et tantôt le hautbois.
> Le cerf du premier coup ne rend pas les abois;
> Il court, il se repose : ainsi la poésie
> Diverse égaye mieux l'humaine fantaisie.

Son principal recueil, *l'Espadon satyrique,* dans sa première édition, porte pour auteur le nom de Franchère, anagramme de Refranche, une terre qu'il possédait, ce qui provoqua une fausse attribution de Brossette avant que Fernand Fleuret remît les choses au point. Dans sa province franc-comtoise, à Salins, D'Esternod se lia avec des écrivains locaux comme Pierre Maginet, pharmacien qui mit Galien en vers dans *la Thériaque française,* Claude Touverey ou Claude Quantal, poète latin et français. Au cours de ses voyages à Paris, il retrouva ses aînés Régnier, Sigogne, Motin, Berthelot, ainsi que de joyeux drilles fréquentant l'hôtel de Bourgogne comme en témoignent les poèmes liminaires de son *Espadon* signés de Pierre de Boissat, Nicolas Faret, Jacques Manginelle et Henry Fagot.

D'autres livres de lui : *les Désirs amoureux de Dom Philippe, prince d'Espagne,* 1614, assez pauvre poème politique, *le Franc Bourguignon,* 1615, qui continue à faire l'alliance franco-espagnole, mais aussi, comme dit Fevret de Fontette, celle « du plus recherché galimatias, des plus basses injures et des plus fades louanges », *le Catholique franc-comtois,* 1619, pamphlet en prose. La même année parut *l'Espadon satyrique* dont il y eut dix éditions.

Voici un exemple de l'étonnant foisonnement de langage de Claude d'Esternod :

> Bragardans en courtant de cinq cents richetales,
> Gringotans leur satin comme asnes leurs cimbales,
> Piolez, riolez, fraisez, satinisez,
> Veloutez, damassez, et armoisinez,
> Relevez la moustache à coups de mousquetades...

Il jette tout en désordre, se soucie peu de relier idées et images, se grise de mots et de néologismes, et crée un pittoresque contrasté, une orgie verbale mis au service de la satire bourgeoise. On trouve déjà là cette matière dont se serviront les poètes burlesques. Il y a du Rabelais chez ce poète dont le langage rappelle parfois celui d'Audiberti. Angot de l'Éperonnière et Courval-Sonnet lui empruntent. Pierre Louÿs le qualifiera de « maître en l'art lyrique », Remy de Gourmont en fera un Régnier « moins monotone, parfois aussi solide, et d'une langue plus pittoresque ». Il y a en effet chez lui du burlesque et du bernesque.

Cette époque est curieuse où les poètes semblent mettre une certaine rage à dédaigner leurs propres possibilités. On perçoit chez eux comme un sursaut désespéré devant l'envahissement de la poésie à laquelle ils sont opposés et dont ils veulent reculer l'avènement. Un sonnet du dramaturge Daniel des Anchères, auteur d'une mauvaise *Stuaride,* poète sous le nom de Jean de Schelandre (1584-1635) exprime ce désarroi :

> Beaux esprits de ce temps, qui ravissez les cœurs
> Par des pointes en l'air, des subtiles pensées;
> Vos paroles de prose, en bon ordre agencées,
> Me font rendre à vos pieds : vous êtes mes vainqueurs.
>
> Car moi, je ne suis plus courtisan des Neuf Sœurs;
> Des faveurs que j'en ai les modes sont passées :
> Peut-être toutefois qu'aux âmes bien sensées
> Ma rudesse vaut bien vos modernes douceurs.
>
> J'ai quelques mots grossiers, quelques rimes peu riches;
> Mais jamais grand terroir ne se trouva sans friches :
> Je vois clocher Virgile, Homère sommeiller.
>
> Chacun fait ce qu'il peut, en vers comme à la danse;
> Mais, le bal étant long, il faut tant travailler
> Que les meilleurs danseurs y sortent de cadence.

Il s'oppose franchement à Malherbe dans cet autre sonnet sympathique et clairvoyant :

J'aime Du Bartas et Ronsard ;
Toute censure m'est suspecte,
Quelque raison que l'on m'objecte,
De celui qui fait bande à part.

C'est fort bien d'enrichir son art,
Pourvu que trop on ne l'affecte ;
Mais d'en dresser nouvelle secte,
Notre siècle est venu trop tard.

Ô censeurs des mots et des rimes,
Souvent vos ponces et vos limes
Ôtent le beau pour le joli !

En soldat j'en parle et j'en use.
Le bon ressort, non le poli,
Fait le bon rouet d'arquebuse.

Réalisme, grossièreté, couleur se réuniront dans sa pièce de *Tyr et Sidon,* tentative intéressante d'unir tragique et comique où l'on trouve de bons passages.

Dans cette troupe on trouve encore Guillaume Bautru (1588-1665), premier auteur d'un livre dont toutes les pages sont blanches, plaisanterie fréquemment rééditée et que tel jeune poète croit inédite. Ici, il s'agit des *Hauts faits du duc d'Épernon,* et cela lui valut le bâton. Tallemant, en bonne concierge, rapporte ses infortunes conjugales. Il eut des ennemis, ceux qu'il satirisa, comme le duc de Montbazon dans *l'Onozandre* et Du Perron dans *l'Ambigu.* Il fit des missions pour Richelieu, Mazarin se l'attacha et il finit fort riche, ce satirique célèbre pour ses bons mots, ses médisances et les coups de bâton qu'il reçut. Il sait mêler les mots et jouer de l'allitération avec art et verdeur.

Secrétaire du cardinal Du Perron, le sieur de L'Espine se posa en rival de Régnier, mais cet attardé n'a pas su profiter de l'affinage de la poésie, celui d'un Desportes par exemple. Le sieur de La Croix, auteur de tragi-comédies en vers, est un élève et un continuateur de Régnier auquel il doit ses rares poèmes passables.

Honorat de Meynier, gentilhomme provençal du Pertuis, près d'Aix, s'il s'occupa surtout de mathématiques et d'art militaire, écrivit de fort curieuses choses. Dans un *Poème à la Provence,* durant des pages et des pages d'alexandrins rimés, il ne fait qu'aligner noms d'hommes et noms de lieux. Dans une *Apologie en prose de la poésie,* il établit encore un catalogue de noms. Il avoue qu'on ne trouvera pas ses vers « enrichis comme ceux de Ronsard, mignards comme ceux de Desportes, doux comme ceux de Bertaut, relevés comme ceux de Du Perron, polis comme ceux de Malherbe, gentils comme ceux de Racan, ni subtils comme ceux de Maynard ». On retient ces épithètes significatives. Il a sa place ici par son *Panégyrique de la folie,* poème nerveux et vif, verveux et verbeux, constituant une juste satire du temps.

Son compatriote d'Apt, Annibal de Lortigues, baroudeur, aventurier, visita les cours d'Europe et composa avec qualité des sonnets dans le goût des *Regrets* de Du Bellay. Il répondit à la satire de Juvénal par une *Apologie des femmes.* Henri IV estima ce poète, et Malherbe, qui le connut à Aix, en fit cas. Dans ses sonnets comme dans ses alexandrins, il fait preuve de finesse, d'enjouement et de goût. Son fils, Pierre de Lortigues sera le Varsamond des Précieuses et rédigera une partie du *Pharamond,* roman de La Calprenède.

Mathurin Régnier trouvera un continuateur en la personne de Besançon qui dédiera une *Satire du temps à Théophile de Viau* à la veille de son procès. Il s'agit, selon Frédéric Lachèvre, d'une des premières manifestations de critique littéraire au XVIIe siècle apportant « un jugement sommaire sur les principaux écrivains de la régence de Marie de Médicis et du commencement du règne de Louis XIII ». On y trouve Malherbe, Lingendes, Haray, L'Estoile, Ronsard, Garnier, Sigogne, Malleville, Racan, Du Bartas, etc.

Il dit de Claude Garnier, un des derniers tenants de Ronsard, qu'il « sent le grain reclus ». Ce poète courtisan prit toujours mal la critique, notamment celle de Théophile de Viau qu'il attaqua violemment comme il fit en vers une *Remontrance de Philotée* à ceux qui méprisaient Ronsard et la vertu.

On attribua faussement à Théophile de Viau une *Satire* de Paul Hay du Chastelet (1592-1636) où le baroque se mêlant à la parole vive se pare déjà de la grande pompe classique. Quelques poètes ont encore leur place auprès de Mathurin Régnier. C'est Vital d'Audiguier (mort vers 1624) traducteur de Cervantès, auteur d'un livre sur les duels, d'un roman, *Histoire tragique de notre temps,* d'*Amours d'Aristandre et de Cléonice* dont Molière s'inspirera pour *Tartuffe.* C'est Jacques Le Gorlier dont *le Juvénal français* s'en prend aux cocus volontaires, dîneurs excessifs, jeunes hommes soumis aux vieilles dames, et autres sujets de caricature. C'est François Daux (vers 1580-vers 1605), Marseillais, ami de Guillaume Du Vair qui chante mieux sa ville dans *la Fleur des cités* ou les dames dans *le Printemps des Amours* qu'il ne satirise ses contemporains, étant trop doux pour cela. C'est Jean Le Blanc, auteur d'une *Néotemachie* qui s'inspire de Régnier dans des satires glissées abusivement parmi les œuvres de ce dernier, ou qui fait l'apologie de Desportes dans ses *Odes pindariques* et dont une *Henriade* n'est saluée que par son ami Colletet.

La loi mystérieuse de Victor Hugo.

Mathurin Régnier contre Malherbe ? Avec lui, une troupe d'imitateurs normands, de provinciaux solides, et le groupe des chevaliers de la taverne, des habitués de bourdeaux, les enfants de Villon et de Rabelais, les précurseurs de l'heure verte verlainienne, pleins de talent et désabusés comme les Hussards des années 50, imprégnés de verve gauloise, de sagesse de terroir et d'humeurs fortes leur permettant de caricaturer leur époque. La réaction antimalherbienne va disposer de troupes fraîches venues des diverses provinces de la poésie, Théophile de Viau le libertin ou Saint-Amant le joyeux, et tous ceux qui jusque vers 1660 vont affirmer la prépondérance individualiste.

L'influence de Mathurin Régnier durera. C'est un autre satirique, Boileau, qui dira la venue de Malherbe, mais ne pourra oublier, malgré les réticences que lui dicte son classicisme, de rendre hommage à Régnier, saluant ainsi deux tendances dont il hérite. Si Malherbe l'emporte, l'esprit de Régnier, venu du XVIe siècle et drainant sa part de ton médiéval, aura apporté sa contribution en tempérant l'impersonnalisation de la poésie. Non seulement Boileau, mais aussi La Fontaine et Molière ne l'auront pas oublié.

Mathurin Régnier, Sigogne ou Claude d'Esternod auront eu le courage de risquer, de manquer au bon goût, aux parfaites manières de langage pour tenter d'aller dans cet « au-delà » dont parle Victor Hugo qui n'oublie pas le grand satirique en donnant une belle leçon :

Poètes, voici la loi mystérieuse : Aller au delà. Allez au delà, extravaguez, soit comme Homère, comme Ézéchiel, comme Pindare, comme Salomon, comme Archiloque, comme Horace, comme saint Paul, comme saint Jean, comme saint Jérôme, comme Tertullien, comme Pétrarque, comme Alighieri, comme Ossian, comme Cervantès, comme Rabelais, comme Shakespeare, comme Milton, *comme Mathurin Régnier,* comme Agrippa d'Aubigné, comme Molière, comme Voltaire. Extravaguez avec ces doctes, extravaguez avec ces justes, extravaguez avec ces sages.

3

Mort et religion

Les quatrains de Pierre Mathieu.

E N 1608, Racan, âgé de dix-neuf ans, crut composer ces quatre vers :

> Estime qui voudra la mort épouvantable,
> Et la fasse l'horreur de tous les animaux :
> Quant à moi je la tiens pour le point désirable,
> Où commencent nos biens, où finissent nos maux.

Lorsqu'il les lut à Yvrande, ce dernier lui montra que ce quatrain figurait dans *les Tablettes de la vie et de la mort* de Pierre Mathieu.

Ce Pierre Mathieu (1563-1621), dont nous avons parlé à propos de Pibrac, historien, compilateur, dramaturge : *Esther, la Guisiade, Vasti, Aman, Clytemnestre,* sera imité par Racine, notamment dans ces vers où Dieu « donne la pâture aux jeunes passereaux » et fait vivre la nature par sa bonté. Auteur aussi de *Stances sur l'heureuse publication de la paix,* il sera surtout célèbre pour ces « tablettes », 274 quatrains moraux sur la vanité du monde du genre de ceux de Guy Du Faur de Pibrac, et également promis à figurer dans les cartables des écoliers jusqu'au milieu du XIXe siècle.

Partant d'une morale stoïcienne, reprenant les saines pensées des humanistes, usant des antithèses de la mort et de la vie, il sait, grâce à son sens de la comparaison, sa culture, ses images fermes et ingénieuses, dépeindre la mort sous divers aspects avec concision, rappelant parfois le moine Helinand de Froidmont du XIIe siècle. Historiographe de Henri IV, il connaissait trop bien l'histoire pour ne pas y puiser, et les quatrains de ce genre abondent :

> La mort tue en tout lieu : au bain Aristobule,
> Au milieu de son camp l'Empereur Apostat,
> Philippe près l'Autel, aux grottes Caligule,
> Carloman à la chasse et César au Sénat.

Il cherche ses comparaisons partout. Dans le jeu :

> La vie est une table, où, pour jouer ensemble,
> On voit quatre joueurs : le Temps tient le haut bout,
> Et dit : passe ; l'Amour fait de son reste, et tremble ;
> L'Homme fait bonne mine ; et la Mort tire tout.

Dans la nature :

> Cette vie est un arbre et les fleurs sont les hommes,
> L'un tombe de soi-même et l'autre est abattu,
> Il se dépouille enfin de feuilles et de pommes
> Avec le même temps qui les a revêtus.

Dans le théâtre :

> La vie que tu vois n'est qu'une comédie,
> Où l'un fait le César, et l'autre l'Arlequin ;
> Mais la mort la finit toujours en Tragédie,
> Et ne distingue point l'Empereur du faquin.

Pierre Mathieu ne peut échapper aux lieux communs, mais il sait toujours les déguiser, trouver quelque idée originale, puisant encore dans la navigation, les représentations de la mort, les éléments, la guerre, les sciences naturelles ou la géographie. Ce n'est plus la mort épouvantable des gibets, des charniers et des danses macabres, mais une notion rassurante parce qu'abstraite.

Le mourir joyeux de Marbeuf.

Le Normand Pierre de Marbeuf (1596-1645) lorsqu'il veut apprendre à son ami Hylas, seigneur de mérite, à oublier *les Appréhensions de la mort* pour qu'il goûte *les Félicités de la vie*, dépeint une mort paisible comme son frère le Sommeil :

> La mort n'a rien d'affreux, elle est toute paisible ;
>   Ceux que sa flèche atteint
> N'ont jamais rapporté qu'elle fût si terrible
>   Que la peur la dépeint.
>
> Regarde ce dormeur, c'est sa vivante image,
>   Remarque chaque trait,
> Et vois que la beauté qu'on voit sur son visage
>   Est dedans ce portrait.

> Le sommeil et la mort également aimables,
> Ne sont point différents ;
> La Nature aurait tort d'avoir fait dissemblables
> Deux si proches parents.
>
> Au repos du sommeil la mort n'est point contraire,
> C'est la même douceur,
> Et, lassé, tu te plains si, recherchant le frère,
> Tu rencontres la sœur.

De quatrain en quatrain, prosaïquement, il multiplie les paradoxes pour inviter à mourir calmement ou joyeusement. Ce n'est plus un défi contre cette mort à la faux médiévale. La Renaissance a adouci l'idée et Marbeuf use plus volontiers de l'humour et de l'exorcisme. Il a aussi des cordes plus douces à sa lyre : celle, ronsardienne, qui lui fait chanter tour à tour Hélène, Gabrielle, Madeleine, Philis et Amaranthe. Lorsqu'il épouse l'une d'elles et qu'elle meurt, il se console avec ses stances du *Misogyne*. Son baroquisme à la Saint-Amant lui fait célébrer le cidre cher à Jean Le Houx, une mesure malherbienne équilibrant toujours ses vers.

Il fit partie de cette académie poétique fondée par Piat de Maucorps, qui, vers 1620, réunissait chez lui des poètes indépendants de Malherbe comme Louis de Revol, François-Hugues de Molière d'Essertine (1599-1624), Pierre de Marcassus (1584-1664), Michel de Marolles (1600-1681), Jean-Baptiste Crosille (mort en 1651), académie dont le but était l'examen des œuvres poétiques contemporaines du point de vue du style, de la composition et de l'emploi des mots et des tournures.

Ainsi, parallèlement à Malherbe et ses écoliers, d'autres travaillaient. En chantant la nature à la manière de Ronsard, Marbeuf a des vers extrêmement purs et dépouillés. Il unit la sensualité de Saint-Amant à l'élégance baroque de Théophile de Viau dans son *Recueil de vers* ou son *Ode pour la naissance du dauphin*.

Les chemins funèbres de Drelincourt.

Depuis D'Aubigné, Chassignet, La Ceppède, l'imagerie de la mort hante la poésie baroque, comme si elle était le lieu où peut se poursuivre, dans le mouvement, la réanimation des corps. Au XVIIe siècle, il n'est pas que Pierre Mathieu ou Pierre de Marbeuf pour en déployer les images. A D'Aubigné affirmant « Dans le corps de la mort, j'ai enfermé ma vie », Lazare de Selve fait écho : « Le corps, de cendre fait, doit retourner en cendre. » Pour Nicolas-Bernard de Javerzac, c'est, selon son titre, le voyage *Du Berceau de la Crèche à l'ombre de la Croix.* Et Martial de Brives chante le tombeau rendu berceau :

> La vie ayant éteint heureusement la mort
> Fait de la mort éteinte une vie allumée ;
> Et la vie abandonne après ce grand effort
> Les armes de la mort à la mort désarmée.

Tous, qu'ils se nomment Zacharie de Vitré, Jean Auvray, Pierre Patrix, Malherbe, parcourent des chemins funèbres, tentant d'échapper aux clichés par la beauté du verbe et la splendeur de l'imagerie, et plus tard, Pierre de Saint-Louis, Jean Dehenault, Pierre Le Moyne, Simplicien Gody, Saint-Amant apporteront de nouveaux ornements.

L'un d'eux, Laurent Drelincourt (1626-1681), fils du pasteur Charles Drelincourt, portera son sujet vers des hauteurs symboliques lumineuses. A la mort, il sait apporter un *Remède* :

> En tout temps, en tout lieu, sur la Terre et sur l'Eau,
> Ressouviens-toi, Mortel, que tu dois te résoudre
> A voir, au premier Vent, éteindre ton Flambeau,
> Et que ton Vase d'or, doit enfin, se dissoudre.

> Jeune et vieux, riche et pauvre, est soumis au Tombeau ;
> Les Lauriers les plus verts sont sujets à la Foudre ;
> Ton Corps, ce riche Habit, ce Chef-d'œuvre si beau,
> Doit tomber dans la Fosse, et retourner en Poudre.

> Chrétien, si ce Tableau t'imprime de l'Horreur,
> C'est ici le moyen d'en bannir la Terreur,
> Et de braver la Mort, et toute sa Puissance.

> Embrasse, par la foi, l'heureuse Éternité,
> Et mets en ton Sauveur ton unique Espérance ;
> Mourant, tu revivras dans l'Immortalité.

La même pensée se retrouve dans cet autre sonnet spirituel intitulé *Assurance* :

> Quel est ce Monstre horrible, et sans Chair, et sans Yeux,
> Qui d'une faulx armé, grands et petits menace ;
> Et qui, d'un pied superbe, également terrasse,
> Et le riche, et le pauvre, et le jeune, et le vieux ?

> Chrétien, vois sans horreur cet objet odieux :
> Vois, sous son Masque affreux, de ton Sauveur la Face,
> Vois, dans sa dure Main des nouvelles de Grâce,
> Et sous son Manteau noir, la Lumière des Cieux.

> L'inévitable coup de sa Faulx meurtrière
> Termine, avec tes jours, ta pénible Carrière ;
> Et fait voler ton Ame au Séjour de la Paix.
>
> Ainsi, le Châtiment, dont l'Offense est suivie,
> Porte un vieux nom contraire à ses nouveaux effets ;
> La Mort n'est, maintenant, qu'un Passage à la Vie.

Didactique chez Pierre Mathieu, joyeuse chez Pierre de Marbeuf, spirituelle chez Laurent Drelincourt, stoïque partout, la mort, dans la poésie du XVIIe siècle, se délivre de la pestilence des charniers, s'anime au souffle baroque, atteint à la sérénité.

Le Père Joseph et la poésie religieuse.

Une figure peu commune est celle de Joseph Du Tremblay, le Père Joseph (1577-1638), la fameuse « Éminence grise » de Richelieu. Polémiste, prédicateur, fondateur du journalisme avant Théophraste Renaudot avec son *Mercure français,* il est aussi un poète néo-latin et français.

Il inventa en quelque sorte l'épopée utopique et d'anticipation en célébrant dans sa latine *Turciade* cette hypothétique victoire sur les musulmans, ce Grand Dessein qui fut un des rêves du siècle.

En français, ce lyrique religieux écrivit d'abondance puisque sa seule *Hymne à Saint Joseph* compte un millier de vers. Il se laisse aller au délire de l'alexandrin qu'il coupe volontiers de vers de six pieds. Ses entrées de poème sont vigoureuses :

> Doux amour qui poussez mes pas et ma pensée
> D'un effort si soudain
> Qu'il me semble voler, comme une aigle élancée
> Pour assouvir sa faim,
>
> Ou comme un trait jeté d'escousse violente
> Qui luit comme un éclair,
> Quand de son fer perçant la pointe étincelante
> Fend le vide de l'air,
>
> J'ignore où mon dessein qui dépasse ma vue
> Si vite me conduit,
> Mais, comme un astre ardent qui brille dans la nue,
> Il me guide en ma nuit.

Inspiré, il va de la boursouflure à la platitude, avec des éclairs magnifiques. Si d'autres soucis n'avaient accaparé sa vie, il aurait pu être un des meilleurs. Une poésie instinctive et vraie émane de cette description du corps divin :

> Bouche, le siège des abeilles,
> Ruche distillante de miel,
> D'où vient ce vinaigre et ce fiel
> Qui flétrit les lèvres vermeilles ?
> Au fort de ta soif ma rigueur
> T'abreuve d'une âpre liqueur.
>
> Très fermes colonnes du monde,
> Pieds si fixement attachés,
> Pourquoi dans vous ces clous cachés
> Poussent leur longue pointe ronde ?
> Vous ne deviez être enferrés,
> Assez d'amour vous tient serrés.
>
> Riches mains du ciel trésorières,
> Vous épandez abondamment,
> Mais las ! trop douloureusement,
> De grosses et rouges rivières,
> Pour abîmer ma cruauté
> Dans la mer de votre bonté.

Le Père Joseph a retenu de l'école ronsardienne la puissance d'expression. Il y a chez lui, autant que du baroque, du boursouflé. Malherbe le lisant plume en main aurait sans doute beaucoup rayé. On regrette qu'il n'ait pas mis plus de rigueur là où il se montre plus imaginatif que la plupart des héritiers de la Pléiade en son temps.

Très haut amour que celui qui fleurit « du verger des *Méditations* de saint Augustin » et ce sont, sous un tel signe, *les Roses de l'amour céleste* de Rosière de Chaudeney. Tandis que Jean Masset donne un *Poème sur la mort et Passion de Notre Sauveur*, Jude Serclier dans *le Grand tombeau du monde* décrit ce qui arrivera lors du Jugement dernier en dédiant son recueil ainsi : « De Votre Majesté le vil et abject vermisseau. » Le géographe Pierre Bergeron publie des *Larmes et soupirs de l'âme pénitente*, Antoine de La Cauchie des *Chansons spirituelles*, Moyse Amyraut *Cent cinquante sonnets chrétiens*, le sieur de Beauclère une paraphrase des *Psaumes de Job*, Chrétien Adam, en plus d'anagrammes et d'acrostiches, un poème latin à *Sainte Cécile*. Guillaume Dubois, maçon et tailleur de pierre, chante Dieu, le roi et l'amour loyal dans ses *Œuvres*, 1606. Il semble répondre à ce Bernard de Bluet d'Arbères, chevalier des Ligues des treize cantons suisses, sorte d'original, volontiers classé parmi les fous littéraires, qui faisait imprimer pour les vendre lui-même ses rêveries amphigouriques vers 1600.

N'oublions pas le Flamand Jean d'Ennetières (1585-1650). Il

était le petit-neveu de Marie d'Ennetières (née en 1500) qui écrivit une *Épître contre les Turcs* et autres infidèles. Ce poète est l'auteur de *Quatre Baisers de l'âme dévote,* mais il composa aussi des *Amours de Théagène et de Philoxène.*

4
Amoureux et bergers

Les fidèles bergers.

LES plus acceptables des bergeries sont celles de Racan parce que son naturel campagnard lui permit d'échapper aux artifices pour rejoindre un naturalisme plus touchant.

Le Forézien Honoré d'Urfé (1568-1625), avec son roman pastoral *l'Astrée* où il prenait modèle sur Le Tasse, Guarini et Montemayor, a donné le ton, et rien ne peut mieux nous renseigner que cette œuvre sur les goûts mondains, sur la tendance psychologique du temps.

Après les troubles des guerres civiles, ce roman poétique, partant d'une convention après tout acceptable, apportait un climat de paix, une douceur de vie calme et tranquille, un mélange de grâce et de charme. Les longues dissertations, les artifices merveilleux, le mélange de réalité et de mythologie nous lassent aujourd'hui, mais on peut comprendre cet engouement d'une société s'affinant, ce désir des grands en villégiature de se déguiser en bergers, comme Marie-Antoinette se fera fermière et nos contemporains aménageurs de fermettes. Ces bergers fades charmèrent : toute sa vie, La Fontaine a relu *l'Astrée,* et l'*Estelle* de Florian, *la Nouvelle Héloïse* de Jean-Jacques Rousseau se ressentent encore de l'influence d'Honoré d'Urfé.

La prose harmonieuse de l'histoire d'Astrée et de Céladon est truffée de vers assez plats. Plus poète dans sa prose, parfois ses sonnets à Céladon ou à Philis sont bien faits et ses stances ont une douceur mélodique :

> Je le confesse bien, Philis est assez belle
> Pour brûler qui le veut;
> Mais que pour tout cela, je ne sois que pour elle,
> Certes, il ne se peut.
>
> Lorsqu'elle me surprit, mon humeur en fut cause,
> Et non pas sa beauté;
> Ores qu'elle me perd, ce n'est pour autre chose
> Que pour ma volonté.
>
> J'honore sa vertu, j'estime son mérite,
> Et tout ce qu'elle fait;
> Mais veut-elle savoir d'où vient que je la quitte?
> C'est parce qu'il me plaît.

C'est le secrétaire d'Honoré d'Urfé, Balthazar Baro (1600-1650) qui publia le quatrième livre de cette *Astrée* et en publia le cinquième. Auteur de pastorales et de médiocres tragédies, Baro, qui fut un des premiers membres de l'Académie française, a laissé aussi des poèmes de circonstance, comme une *Consolation au duc d'Alvin* sur la mort de son père, une *Ode à Richelieu* ou des stances *A son Altesse de Savoie* :

> Prince, l'amour du ciel, comme l'honneur du monde,
> De qui le jugement le courage seconde,
> Prudent à l'entreprise et vaillant à l'effet;
> Voyant dans l'univers les marques de ta gloire,
> Je doute si jamais nos neveux pourront croire
> Qu'un esprit ait osé ce que ton bras a fait.

Nous trouvons là un exemple type de ces louanges répandues par les poètes durant des siècles.

Parmi les bergers, se distingue le Bourbonnais Jean de Lingendes (mort jeune en 1615) avec ses *Changements de la bergère Iris* et des stances pour une Sylvie où, faisant preuve de libéralisme, il permet à sa dame d'en aimer d'autres que lui pourvu qu'il n'en sache rien, ou pour une Floride « éprouvant sa puissance sur un miroir » ou son *Élégie pour Ovide*. Son Tircis rencontre Daphné :

> Alors sans plus songer à leurs ennuis passés
> Ils se tinrent longtemps doucement embrassés,
> Suçant par des baisers leurs âmes sur les roses
> De leurs lèvres décloses.

Jean de Lingendes, dans son univers de nymphes et d'amoureux, donne à ses vers des mouvements de danse. Les belles guirlandes qui parent sa poésie font oublier sa fadeur. En stances, en sonnets, en chansons de ballets, il mêle galanterie, libertinage et dissertations amoureuses avec des élégances de page.

D'autres fleurs inspirent Jean Franeau de Lestocquoy (né en 1577). Ce juriste d'Arras, dans son *Jardin d'hiver ou Cabinet des fleurs* dresse un inventaire des fleurs rapportées de lointaines contrées par des voyageurs et navigateurs. Il voudrait en peupler les villes septentrionales : la trafiqueuse Lille, Arras la noble, la docte Douai et la forte Cambrai, qui déjà, aimaient les beaux parterres :

> Et les fleurs du Pérou, et celles de Byzance,
> Des monts piémontais, des Alpes, de Florence,
> Des Espagnes, des Grecs, du Midi et du Nord,
> Du Levant, du Ponant, les ont fait prendre port
> En notre pays bas, et en cette contrée
> L'adresse du printemps se trouve rencontrée :
> Si bien que notre Belge a de quoi se vanter,
> Que Flore ait fait chez soi son trône transporter.

Jean Franeau, avec un goût d'horticulteur, semble préparer les fleurs qui serviront après lui pour *la Guirlande de Julie*.

Un berger inattendu est Antoine de Montchrestien (1575-1621), compatriote normand de Malherbe dont il suivit les conseils, personnage considérable, donnant des tragédies cornéliennes avant Corneille : *l'Écossaise, Sophonisbe, Cléomène, David, Aman, Hector*, auteur du premier *Traité d'économie politique* d'où la poésie n'est pas absente, aventurier dont la vie est une suite de procès, de duels et de batailles, industriel se consacrant à la fabrication d'instruments en acier. Partisan protestant, il tenta de soulever la Basse-Normandie, fut pris dans une embuscade et tué les armes à la main. « Il fut homme d'esprit et de courage », dira Malherbe et Saint-Evremond admirera la grandeur d'âme de ses tragédies. Plaçons près de lui son ami normand Bosquet qui ne fit que peu de vers. Sous le signe du théâtre, le rejoint aussi Claude Billard (vers 1550-1618) et ses *Tragédies françaises* ou sa *Mort d'Henri IV*, tentatives de renouvellement du genre.

Nicolas-Chrétien des Croix, Normand lui aussi, pille Montemayor et Nicolas de Montreux dans *les Amantes ou la Grande Pastorale*, 1613. Son compatriote Coignée de Bourron fait la pastorale d'*Iris*. François d'Amboise (1550-1620) avec son *Églogue forestière* les avait précédés.

Le jésuite Jean de Bussière (1607-1679), originaire du Beaujolais, adresse ses odes à *Tircis* en glissant quand il le peut une intention morale ou religieuse. Les éléments, les paysages, les fleurs, les pierres, le lait et le miel sont toujours présents et concrets dans des poèmes gracieux.

Son voisin lyonnais, l'abbé Pierre Perrin (mort en 1675) est le créateur de l'opéra en France avec la première œuvre du genre intitulée *la Pastorale* que suivit *Pomone*. Dans un recueil sur *Divers insectes,* il célèbre le papillon, l'abeille, le grillon, le ver à soie, la puce, la fourmi ou le moucheron, faisant part de son émerveillement devant ces petits chefs-d'œuvre de la création.

Poètes de la nature sont aussi Isaac Du Ryer, père de l'auteur de tragédies Pierre Du Ryer, Pyard de La Mirande, parent de l'écolier de Malherbe, Touvant, dans des bergeries.

Malherbe a salué *la Philine* de La Morelle qui fit aussi un *Endymion,* tandis que Racan influençait le dramaturge Troterel pour sa *Pasithée,* et que Bertaut avait pour ami le prêtre Gervais de Bazire d'Amblainville qui prêtait un style soigné à de nombreuses pastorales. Pierre de Cotignon signa « le Nouveau Théophile » son poème des *Bocages*. La Barre composa *Clénide* qu'on attribua à Corneille. Isaac de La Grange donna *le Dédain amoureux.* Jean de Larcher chanta l'hymen d'un couple de bergers : *Dorothéon et Florénée* et se fit éducateur en vers avec une *Institution à l'adolescence.*

Salomon de Priézac, sieur de Saugues, va de la galanterie bucolique à la religion quand dans *les Pétuns de Paris* il ne se montre pas « anti-tabac ». Il mêle le lyrisme et le pittoresque, donne de bons tableaux villageois chaque fois qu'il échappe à l'afféterie :

> Nous observons de près gambader les bergères,
> Qui d'un pied délicat dansent sur les fougères,
> Montrent sans artifice un sein plus blanc que lait,
> Et compassent leur branle au son du flageolet.

En général, cet amour des bergers, celui d'Honoré d'Urfé, est assez désincarné et aérien pour pénétrer dans les salons. Tout ce qui est physique tendra à disparaître dans une comédie mondaine édulcorant les passions. Puis le genre pastoral trouvera sa suite naturelle chez un La Fontaine, avant que Florian, Jean-Jacques Rousseau, puis George Sand, en attendant Colette n'éprouvent le besoin de se retremper dans la nature, en allant toujours vers plus de réalisme.

Les bergeries pouvaient facilement sombrer dans le ridicule avec cette curieuse manie de la houlette qui contamine toute la France raffinée. Charles Sorel (1597-1674), satirique, le comprit bien qui, dès *la Vraie Histoire comique de Francion,* 1622, se moqua de cette littérature précieuse en lui opposant une verve picaresque et licencieuse, avant de composer son *Berger extravagant,* 1627, pour se gausser plus encore.

Dans le même genre, nous trouverons, après le Racan des *Bergeries* et le Théophile de Viau de *Pyrame et Thisbé,* le Jean Mairet de *Sylvie* et de *Silvanire,* en attendant les églogues de Segrais et de Mme Deshoulières.

Amoureux et autres.

Louis de Chabans du Maine (mort en 1632), soldat de fortune, ingénieur militaire, dédia à la reine Marguerite de fragiles *Amours de Thalie,* selon la mode renaissante, avant de donner des *Vers lugubres et spirituels,* 1611, loués par Malherbe, Maynard et Nervèze. Il périt de la main du père de Ninon de Lenclos qui, comme lui, jouait du luth et de l'épée.

Claude Expilly (1561-1636) dédia ses *Amours de Chloride* à Mérande de Baro, fit des vers d'amour pour la Belle Gabrielle, un *Éloge des eaux de Vals,* des stances galantes, et, en prose, un *Traité de l'orthographe française* et une *Vie de Bayard.* En dépit de quelques boursouflures, il a excellé dans le poème amoureux.

Les Amours d'Europe sont de François de Berthrand qui fit aussi des églogues et des éloges : *Panégyrique bourbonien, Triomphes bourboniens, Cimetières royaux.* Un autre poème, *l'Adieu d'Amynthe et de Clorice* est de François Chouayne de Chambellay, poète bucolique.

La géographie chère au poète Pierre Bergeron peut nous inviter à quelques voyages. Marc Lescarbot (né vers 1580) publie un recueil descriptif : *le Tableau de la Suisse,* puis, après sa visite en Acadie, 1606, il ouvre une tradition en donnant *les Muses de la Nouvelle France.* Ce joyeux compagnon de Samuel de Champlain, fondateur de l'ordre du Bon Temps, unissant la réflexion de Montaigne au rire de Rabelais, apporte la première poésie française en terre américaine. Imprégné de l'esprit de la Renaissance, humaniste quelque peu encombré de fatras mythologique, plein de santé, il sait allier un sentiment mélancolique à un solide réalisme, chantant sa *Terre de France-Nouvelle :*

> La terre y est plantureuse
> Pour rendre la gent heureuse
> Qui la voudra cultiver.
> Il ne reste qu'à trouver,
> Bon nombre de jeunes filles
> A porter enfants habiles
> Pour bientôt nous rendre forts
> En ces mers, rives et ports,
> Et passer mélancolie,

> Chacun avec sa mie,
> Près les murmurantes eaux,
> Qui gazouillent par les vaux,
> Ou à l'ombre des feuillages
> Des endormants verd-bocages.

François Des Rues (1575-1633), avec sa *Description du royaume de France* est le père de la littérature touristique : important à un autre titre, nous le retrouverons.

D'autres poètes chantent leur province. Pour Étienne Bournier (né vers 1577), c'est le Bourbonnais, et aussi ses amis, ses livres qui donnent l'inspiration intimiste du *Jardin d'Apollon et de Clémence*. A Rouen, des lauréats de concours de palinods, se détachent Charles Delastre (mort vers 1637), ami de Saint-Amant, grand-père de Nicolas Pradon, Jean Grisel (1567-1622) qui donne des *Amours* ou chante les exploits d'Henri IV. A Falaise, Charles-Élie de Bons (mort vers 1635) puise son inspiration dans les événements militaires. A Caen, on trouve Guillaume Houel de Resneville (mort vers 1636) qui narre en vers ses aventures personnelles et C. de Sarcilly qui écrit à l'intention de la comtesse de Flers, sans doute dame brune, *la Victoire des cheveux bruns, noirs et châtains sur les blonds, en faveur des brunettes*, 1602.

La poésie fleurit partout en France. A Saint-Flour avec Jacques Valète « dépuceleur de la muse Saint-Flouride » dans *les Belles Respirations d'un esclave de vertu*. A Condom avec Caillavet. Au Puy avec Hugues Davignon (né en 1580) auteur de *la Vellayade*. A Saint-Étienne avec plusieurs poètes nommés Chapelon. A Amiens avec François de Louvencourt (1599-1638) qui donne des *Amours* et des vers religieux. En Bretagne avec Des Chartres qui compose soixante-huit sonnets à la gloire des poètes Bertaut, Du Perron, Motin, Régnier, Théophile, Alexandre Hardy, et d'autres personnages. En Languedoc avec Simon Ducros, ami de Maynard, traducteur d'une pastorale de l'Italien Bonarelli della Rovere, que traduira aussi Dubois de Saint-Gelais. En Bourgogne avec Claude-Énoch Virey, poète soldat, dont les *Vers itinéraires* rythment les voyages italiens.

Parmi les œuvres ou personnages curieux, voici Marc de Mailliet (1568-1628) dont l'impécuniosité se reflète dans des vers lyriques de pauvre qualité, et qui sera le modèle du *Poète crotté* de Saint-Amant. Voici le baron de Puiset qui fit ses *Railleries* en 220 quatrains chacun d'eux commençant par « Si... ». Et puis les 1 042 quatrains moraux de Pierre Forget de La Picardière (mort en 1638) réunis sous le titre : *les Sentiments*. Et des quatrains encore chez

René de La Chèze. Voici G. d'Agonneau qui dédie à la reine Marguerite son *Arétophile* avec des dialogues en vers. Voici les deux mille vers de la bizarre *Magdeleine* de Rémy de Beauvais. Poésie d'histoire chez Nicolas-Bernard de Javerzac, déjà cité, avec *l'Horoscope de Monseigneur le Dauphin,* des vers de circonstance sur la mort de Louis XIII et de Mazarin, et aussi d'excellents sonnets que Frédéric Lachèvre a fait connaître. Citons dans ce domaine : le conseiller du roi Timotée Le Mercier (né en 1570) et son *Deuil sur la mort de Henri le Grand,* Nouvelon et ses *Odes au roi* pour lui demander de l'argent, Jean Prévost qui chante *l'Apothéose de Henri IV,* le peintre Guillaume Baussonnet de Reims qui ajoute aux ornements artistiques des fêtes les ornements de la poésie avec des inscriptions, notamment pour le sacre de Louis XIII, et sonnetise pour une *Sylvie,* Denys Féret et ses *Prémices dites le Vrai Français.* Tentative épique dans *De la Souveraineté des rois,* de Pierre de Nancel, et dans celui de Jacques Guillot qui donne une suite à *la Franciade.* Poésie chrétienne avec *la Journée du voyage du monde* de P. Magnan. Poésie didactique chez Jean Claverger : *l'Euthymie ou du repos d'esprit, la Thémis ou des loyers et peines.* On pourrait citer encore les stances honnêtes de Le Cordier de Maloysel publiées dans *le Temple d'Apollon* et quelques autres, mais le temps nous presse de rejoindre quatre grands de l'époque préclassique.

Terminons cependant sur un autre petit poète : le roi Henri IV dont *le Cantique en l'honneur de Dieu* fait après la bataille d'Ivry ou les chansons à Gabrielle d'Estrées ou Mlle d'Entragues en valent bien d'autres, s'ils sont bien de lui.

Une première époque précieuse.

A travers ces poètes de toutes dimensions, en pleine époque malherbienne, en pleine floraison satirique gauloise, se distingue une première vague précieuse. Un raffinement du goût poussé jusqu'au maniérisme apparaît çà et là. Et de même une réaction burlesque qui est encore une forme du précieux. Des caractères baroques existants depuis le temps de la Pléiade, affirmés chez Agrippa d'Aubigné et même Malherbe, et qui resteront présents chez les classiques, se transforment, prennent des aspects artistes, quasi féeriques, plus subtilement et volontairement affirmés.

Déjà, François Des Rues, le littérateur touristique que nous avons vu ici, a connu les plus grands succès avec ses *Marguerites françaises ou Fleurs du bien-dire,* recueil où il réunit toutes les manières de dire précieuses. Nous sommes dans le monde des périphrases galantes, des expressions bizarres, compliquées, alambiquées, quintessenciées, destinées à être glissées dans la prose ou dans les vers, ou encore dans la conversation, selon un code tout prêt. Ce Des Rues aurait pu s'appeler « des ruelles », car il est le grand-père de la préciosité française. Par sa présence, la vogue dont il jouissait et dont Régnier témoigne dans ses écrits, il atteste qu'au temps du roi Henri IV déjà une tendance teintée d'italianisme existait en France et qui venait de Marini.

Avant l'épanouissement du scudérysme, l'abondance des romans chevaleresques et sentimentaux, ceux de Des Escuteaux, de Nicolas de Montreux, d'Honoré d'Urfé, les collections de périphrases de Des Rues, les préciosités poétiques de Nervèze et Du Souhait, de Claude Expilly, Laugier de Porchères et Abraham de Vermeil, imprégnés de l'esprit pétrarquisant de la Renaissance, cherchant la perfection aristocratique, la beauté absolue, le bel esprit, préparent l'avènement du style précieux qui précédera l'époque classique et se perpétuera jusque chez Corneille et Racine.

Boileau pourra bien ranger Du Souhait parmi les auteurs qu'on lit aussi peu que Rampale et La Morlière, l'influence de ce gentilhomme champenois n'en aura pas moins été importante pour la poésie, de même que celle de Des Escuteaux pour le roman précieux. Du Souhait, il est vrai, a plus d'idées que de talent pour les exprimer. Il donne des *Marqueteries* poétiques et se tourne vers les muses, les grâces, pour faire le portrait galant des dames françaises.

Son contemporain Antoine de Nervèze (vers 1570 — après 1622) est un romancier précieux qui ne fait que transposer en prose le fonds des Amours renaissantes. Ses *Essais poétiques,* ses *Poèmes spirituels* recèlent de bonnes images.

Mais le poète qui exprime le mieux les tendances d'une première vague précieuse, et surtout baroque, est Abraham de Vermeil qu'on trouve dans ce recueil d'époque, *les Muses françaises ralliées de toutes parts,* 1599, anthologie du sieur d'Espinelle, à laquelle Frédéric Lachèvre devait s'attacher. Ouvrons une parenthèse pour signaler qu'au début du siècle fleurissent les anthologies : *les Fleurs des plus excellents poètes de ce temps,* où se côtoient cantiques religieux et épigrammes obscènes, *Parnasse des plus excellents poètes de ce temps,* 1607, *Nouveau Parnasse,* 1609. Durant tout le siècle et bien sûr au-delà, les recueils collectifs foisonneront. Abraham de Vermeil étonne et quand Henri Lafay lors d'une communication sur le baroque à Montauban voulut prendre un exemple de recherche de l'absolu de vie dans les poèmes du XVIIe siècle, il choisit ce sonnet d'Abraham de Vermeil le si bien nommé, œuvre baroque, scintillante, magnifique, que nous citons à notre tour :

> Puisque tu veux dompter les siècles tout-perdants
> Par le rare portrait de ses grâces divines,
> Frise de crysolits ses tempes ivoirines,
> Fais de corail sa lèvre et de perle ses dents :
>
> Fais ses yeux de cristal y plaçant au-dedans
> Un cercle de Saphirs et d'Émeraudes fines,
> Puis musse dans ces ronds les embûches mutines
> De mille amours taillés sur deux rubis ardents.
>
> Fais d'Albâtre son sein, sa joue de Cinabre,
> Son sourcil de jaïet, et tout son corps de marbre,
> Son haleine de Musc, ses paroles d'Aimant :
>
> Et si tu veux encor que le dedans égale
> Au naïf du dehors, fais lui un corps d'Opale
> Et que pour mon regard il soit de Diamant.

Ce modèle précieux unit en un seul corps toute la richesse blasonnante, toute la splendeur minérale chère à un Rémi Belleau, toute la magie de la poésie cosmique renaissante. Ce poème seulement connu des spécialistes donne une idée des trésors de cette période, une idée aussi de l'interpénétration des arts car ce sonnet s'adresse visiblement à un artiste, peintre ou joaillier. Que d'authentiques richesses poétiques françaises sont inconnues ou mal connues! Il faut savoir gré, après les Lachèvre ou les Fleuret, à Jean Rousset, André Blanchard ou Marcel Raymond, à Odette de Mourgues ou à René Bray, pour ne citer qu'eux, de nous les faire mieux connaître.

Les romantiques Louis XIII

I

Théophile de Viau le libertin

Lèse-majesté divine.

Sous des signes précieux et burlesques, ils sont quatre qui émergent d'un flot inégal : Théophile de Viau, Saint-Amant, Cyrano de Bergerac, Tristan L'Hermite, quatre mousquetaires de la poésie du temps de Louis XIII, quatre grands poètes.

L'année où Ravaillac plongea son poignard dans la poitrine du roi Henri IV, un jeune provincial, Théophile de Viau (1590-1626) fils d'un gentilhomme huguenot, quitta à vingt ans sa province agenaise pour chercher fortune à Paris.

Dans une période troublée, il a fait ses études comme il a pu, à Nérac, Montauban, Bordeaux, Saumur. Né dans une famille belliqueuse, il n'aspire qu'à la paix de Henri IV, ne rêve que d'amour et de vin, de poésie et de vie facile. Ses penchants au nomadisme lui firent suivre des compagnons du chariot de Thespis et rimer pour eux comme un personnage du *Roman comique.*

Sa rencontre la plus importante est celle de son cadet de cinq ans, le maître de la prose de son temps, Jean-Louis Guez de Balzac (1595-1654), l' « étrange mâle » qu'il avait connu à Angoulême. Lorsque ce dernier alla terminer ses études à l'université de Leyde, Théophile l'y suivit, en 1613, puis en 1615. Cette liaison et ce voyage évoquent une autre aventure, celle de Verlaine et Rimbaud en Angleterre et en Belgique. Tout se termine par une rupture à la suite d'une obscure bagarre où Balzac, séducteur d'une dame, reçut du bâton d'on ne sait qui malgré la protection de l'épée de son ami déçu.

Théophile de Viau rentre à Paris. Là il est déjà apparu à la cour de Marie de Médicis où il s'est signalé par d'audacieuses plaisanteries qui ont nui à sa réputation. Il est cependant invité un peu partout, et notamment à Saint-Affrique où il fait scandale par ses manières et ses propos. Son hôte, le vicomte de Panat, le congédie. Se situant dans une avant-garde libertine opposée au pouvoir, Théophile connaît des protecteurs de marque : le duc Henry de Montmorency, le duc de Luynes, le comte de Candale, et, parmi les poètes, Saint-Amant au sommet de sa gloire. Il compose des vers pour les ballets et les mascarades de la cour. En 1617, sa tragédie *Pyrame et Thisbé* connaît un immense succès.

Le jeune libertin, prompt à vider les verres et à faire ripaille, à célébrer les amours interdites ou à tirer l'épée, ne compte plus ennemis et amis. Parmi ces derniers, il y a son tendre camarade le séduisant et ténébreux Jacques Vallée Des Barreaux, épicurien et licencieux. Parmi ses ennemis, il y a Marie de Médicis qui n'apprécie pas ses impertinences et les puissants Jésuites qui réagissent contre son libertinage. Il leur attribue les persécutions dont il est l'objet : dans son *Apologie*, il dit les avoir irrités en dévoilant les vices de l'un d'eux.

Accusé à la fois d'être huguenot et d'avoir commis des poèmes obscènes et impies, il fut exilé durant deux années en Angleterre où il écrivit une de ses plus belles odes, *Au Roi sur son exil* :

> Celui qui lance le tonnerre,
> Qui gouverne les éléments,
> Et meut avec des tremblements
> La grande masse de la terre;
> Dieu, qui vous mit le sceptre en main,
> Qui vous le peut ôter demain,
> Lui qui vous prête sa lumière,
> Et qui, malgré les fleurs du lis,
> Un jour fera de la poussière
> De vos membres ensevelis...

Il rentra, obtint sa grâce, se convertit, mais au moment où il pouvait se croire tranquille après des années d'errance, voilà que paraît, en 1623, *le Parnasse des poètes satiriques*, ce recueil collectif qui allait lui valoir tant d'ennuis. Il y trouve, sous le nom du « sieur Théophile » des vers qui ne sont pas de lui. Il a beau désavouer, poursuivre les libraires, faire interdire le volume, il n'en échappe pas cependant aux foudres du père Garasse, qui parle de lui en chaire et publie son injurieuse *Doctrine curieuse des beaux esprits de ce temps* que Théophile veut faire saisir, mais la Compagnie de Jésus est puissante.

Pendant l'instruction de son procès, il doit se cacher à Chantilly, chez le duc de Montmorency. Condamné pour crime de lèse-majesté divine, il devait être brûlé en place de Grève après avoir fait amende honorable, pieds nus et la corde au cou, devant Notre-Dame. Cette sentence eut lieu, en effigie seulement, accompagnée d'un autodafé de ses livres, le 19 août 1623. Il en fut de même pour les autres accusés.

Cinq ans plus tôt, un autre poète, Étienne Durand (1590-1618) avait connu le supplice d'être roué vif. Il avait vingt-huit ans et laissait à la marquise d'Effiat sa cousine un fils qui allait devenir Cinq-Mars. Il avait donné dans ses *Méditations* des poèmes élégiaques dignes de Lamartine et de Musset. Théophile de Viau a composé un poème sur sa mort. Notre contemporain, le poète Jean Tardieu, écrivant une étude sur lui dans *le Préclassicisme français* présenté par Jean Tortel, a su mettre en lumière, après Frédéric Lachèvre qui l'exhuma, la richesse et l'originalité de son talent. Ses *Stances de l'inconstance*, entre autres, contiennent des vers dignes de Théophile de Viau et de nos romantiques Louis XIII. Saluons sa mémoire.

Alors qu'il tentait de quitter la France, Théophile fut arrêté au Catelet, transféré à Saint-Quentin, puis à Paris dans le cachot de Ravaillac. La procédure dura deux années pendant lesquelles le poète résista à ses accusateurs, domina les débats, confondit les témoins. Dans Paris, on se passionna, on écrivit des pamphlets, certains défendirent sa cause. D'autres restèrent prudents. A sa *Prière aux poètes de ce temps,* qui faisait appel à Malherbe, Hardy, Porchères, Boisrobert, Saint-Amant et Maynard, aucun ne répondit. Seul Georges de Scudéry le défendit dans des billets en vers qu'il fit circuler. Finalement, la peine de mort fut commuée en bannissement perpétuel. Dans le même temps, un de ses adversaires, le père Voisin, était chassé de France par le roi. Théophile put vivre entre l'île de Ré, le Berry, Chantilly et Paris. Il mourut un an plus tard chez le duc de Montmorency, épuisé par sa vie dissolue, par la prison, les inquiétudes, les persécutions. Il devait mourir une seconde fois par un oubli progressif jusqu'à ce que les romantiques, puis les surréalistes le remettent en valeur.

Célébrer des fêtes.

Henri Thomas, pour parler de Théophile de Viau, sut se garder de l'idée du guignon mallarméen. Malgré quelques beaux cris, l'œuvre de Théophile se situe en marge de ses aventures humaines. C'est d'abord une sûreté de ton, notamment dans ses odes, qui n'a rien à envier à Malherbe, et surtout une sensibilité frémissante qui n'existe pas chez ce dernier.

Il apparaît comme un esprit plein de grâce, de légèreté. Il y a chez lui quelque chose de féminin, de ténu, d'impalpable, que ses persécuteurs imbéciles ne peuvent parvenir à saisir, à briser. C'est une fois de plus la justice impure à l'assaut de la rêverie féconde, jetant son vieux sac d'arguties et de médiocrités. Il faut pourtant qu'il se défende, qu'il se justifie pour garder la vie. Il le fait avec vigueur mais on sent qu'il aimerait répondre à tout cela par le silence ou le poème. Même l'angoisse, même la peur ne le feront pas dévier de sa ligne personnelle, ne l'amèneront pas à la confrontation métaphysique, au grand débat de l'homme et de la mort. Il reste toujours en marge parce que conscient que la vie est ailleurs. Il cherche à comprendre les attaques dont il est l'objet, mais reste étonné devant elles.

Ainsi en tout reste-t-il fidèle à lui-même. Est-il athée, sodomite, libertin, licencieux? Ces épithètes glissent sur lui. Simplement il vit en homme libre et sans préjugés, il célèbre ses fêtes par l'amour et le vin, il est Anacréon loin du combat des armes, il se laisse aller à la douceur du moment, il est poésie et rêve.

Dans son ode *Au roi sur son exil,* sa douleur s'exprime en une imagerie étonnante :

> J'ai choisi loin de votre Empire
> Un vieux désert où des serpents
> Boivent les pleurs que je répands
> Et soufflent l'air que je respire.
> Dans l'effroi de mes longs ennuis,
> Je cherche, insensé que je suis,
> Une lionne, en sa colère,
> Qui, me déchirant par morceaux,
> Laisse mon sang et ma misère
> En la bouche des lionceaux.

Et soudain, deux vers très simples, vibrants de vérité :

> Je souhaitais d'être coupable
> Pour être justement puni.

La nouvelle orientale de *Pyrame et Thisbé,* adaptée par Ovide, reprise au moyen âge, et qui devait inspirer Shakespeare et Gongora, a permis à Théophile de donner une œuvre plus lyrique et poétique que dramatique. L'amour et la mort des amants y sont exprimés avec finesse, élégance et préciosité.

C'est la nature et ses fêtes qu'il célèbre le mieux. Pour elle, il invente de nouvelles couleurs, qu'elle soit prise dans sa splendeur première ou civilisée comme dans sa *Maison de Sylvie*. La Bruyère dira que Malherbe fait l'histoire de la nature, ce qui paraît curieux, et que Théophile en fait le roman. C'est alors un roman minutieux, plein d'inventions gracieuses et de délicates touches anatomiques. Remy de Gourmont le montre ivre des beautés champêtres et amoureux du pays natal. L'expression est juste : il y a toujours chez lui une sorte d'enivrement devant les spectacles qu'il décrit et qui ajoute à la nature comme une gaze légère et enjouée.

Certaines de ses images ont pu paraître bizarres, voire contournées. Sainte-Beuve ne suit pas Théophile Gautier dans l'admiration qu'il porte à l'autre Théophile. Mallarmé, lui, sut l'apprécier. Aujourd'hui, après le surréalisme, on est à même d'admirer des expressions et des rencontres où il apparaît comme un précurseur. Jamais on n'avait aussi bien chanté *le Matin* :

> L'Aurore sur le front du jour
> Sème l'azur, l'or et l'ivoire
> Et le Soleil, lassé de boire,
> Commence son oblique tour.

> Ses chevaux, au sortir de l'onde,
> De flamme et de clarté couverts,
> La bouche et les naseaux ouverts,
> Ronflent la lumière du monde.

Des associations inattendues, des correspondances secrètes, pas toujours immédiatement perceptibles, des paysages magnifiés, un choix d'images bouleversantes :

> Sa dame, entrant dans les bocages,
> Compte les sangliers qu'elle a pris...

> Et l'œil du ciel, noyé de pleurs,
> Ne sait plus regarder la terre...

> La terre pour donner ses biens
> Se laisse fouiller jusqu'au centre...

> Les bêtes sont dans leur tanière
> Qui tremblent de voir le soleil...

> L'homme, remis par le soleil,
> Reprend son œuvre...

Et ceci encore, indéniablement beau :

> ...les vagues s'humilient
> Par tous les lieux de l'onde où nous voulons passer.

Dans cette lecture magnifique, exaltante, nous reconnaissons au passage bien des vers qu'un Paul Éluard ou un Jules Supervielle se seraient honorés de signer. Dans une de ses plus belles odes, l'emploi du temps présent donne à sa description un ton rapide et angoissé :

> Un corbeau devant moi croasse,
> Une ombre offusque mes regards ;
> Deux belettes et deux renards
> Traversent l'endroit où je passe ;
> Les pieds faillent à mon cheval,
> Mon laquais tombe du haut mal ;
> J'entends craqueter le tonnerre.
> Un esprit se présente à moi ;
> J'ois Charon qui m'appelle à soi,
> Je vois le centre de la terre.
>
> Ce ruisseau remonte en sa source ;
> Un bœuf gravit sur un clocher ;
> Le sang coule de ce rocher ;
> Un aspic s'accouple d'une ourse ;
> Sur le haut d'une vieille tour
> Un serpent déchire un vautour ;
> Le feu brûle dedans la glace ;
> Le Soleil est devenu noir ;
> Je vois la lune qui va choir ;
> Cet arbre est sorti de sa place.

Philosophe dans *la Mort de Socrate*, précieux dans *Pyrame et Thisbé*, grave dans ses *Odes*, il sait se plier avec mimétisme au genre qu'il sert. Son caractère se reflète dans ces deux vers qui ouvrent une *Ode à M. de Liancourt* :

> Entretiens la mélancolie
> Dont si joyeusement tu meurs.

Il sait oublier ses malheurs devant son travail de peintre de la nature, comme dans la première strophe de *la Maison de Sylvie* :

> Pour laisser, avant que mourir,
> Les traits puissants d'une peinture
> Qui ne puisse jamais périr
> Qu'en la perte de la Nature,
> Je passe des crayons dorés
> Sur les lieux les plus révérés
> Où la Vertu se réfugie,
> Et dont le port me fut ouvert
> Pour mettre ma tête à couvert
> Quand on brûla mon effigie.

Avec amour, il peint des lieux
>Où le Soleil est si discret
>Qu'il n'y force jamais les ombres.

des lieux auxquels, avant Versailles, les eaux apportent leurs jeux splendides :
>Les ondes, qui leur font l'amour
>Se refrisent sur leurs épaules.

Il est un de ceux avec lesquels il est doux de se laisser aller aux délices de la citation plutôt que du commentaire. Il existe un Théophile qui n'est pas si éloigné de Malherbe. D'ailleurs, il ne le déteste pas, mais il en veut aux « mille petits voleurs » qui le pillent. Il souhaite pour lui-même « la douceur de Malherbe et l'ardeur de Ronsard » mais il désire avant tout la voix de Théophile. Ses *Stances* ont une rigueur malherbienne :

>La frayeur de la mort ébranle le plus ferme :
>>Il est bien mal aisé
>Que, dans le désespoir et proche de son terme,
>>L'esprit soit apaisé.
>L'âme la plus robuste et la mieux préparée
>>Aux accidents du sort,
>Voyant auprès de soi sa fin tout assurée
>>Elle s'étonne fort.

Ses *Élégies* peuvent laisser augurer la frappe du classicisme :

>Unique confident de ma nouvelle flamme,
>Toi seul que j'ai laissé lire au fond de mon âme,
>Toi chez qui mon secret demeure sans danger,
>Qui sais comme tu dois me plaindre et me venger,
>Écoute, je te prie, une plainte forcée,
>Qu'un vif ressentiment arrache à ma pensée.

Et il sait avoir ces accents qu'on dira romantiques et qui n'étaient pas toujours si originaux puisque déjà chez les poètes de la Pléiade on a trouvé cette mélancolie lamartinienne des bois et des vallons :

>Proche de la saison où les plus vives fleurs
>Laissent évanouir leur âme et leurs couleurs,
>Un amant désolé, mélancolique, sombre,
>Jaloux de son chemin, de ses pas, de son ombre,
>Baisait au bord de Loire en flattant son ennui
>L'image de Caliste errante avecques lui.

Comme les romantiques, Théophile chante ses désespoirs amoureux, comme eux il aime à s'adresser à ses amis, comme eux il aime nommer ceux qui lui plaisent; ainsi dans ce quatrain adressé à Alexandre Hardy :

> Je marque entre les beaux esprits
> Malherbe, Bertaut, et Porchères
> Dont les louanges me sont chères
> Comme j'adore leurs écrits.

Il souhaite que « parmi de murmurants ruisseaux » paraisse « un océan de poésie ». Il est peintre avant tout. On le constate dans une adresse « au peintre » que fait Thisbé pour lui demander le portrait de Pyrame. Là, il se livre à une patiente anatomie du corps humain qui ressemble à ses anatomies de la nature. Plus loin il montre un berger prophète épris de liberté :

> Ici mon désir est ma loi,
> Mon entendement est mon roi,
> Je préside à mes aventures,
> Et, comme si quelqu'un des Dieux
> M'eut prêté son âme et ses yeux,
> Je comprends les choses futures.

S'il est à la guerre, il nous apporte des vers qu'on croirait tracés par Guillaume Apollinaire :

> Grâce à ce Comte libéral
> Et à la guerre de Mirande,
> Je suis poète et Caporal.
> Ô Dieux! que ma fortune est grande!
> Ô combien je reçois d'honneur
> Des sentinelles que je pose.

Compose-t-il un quatrain philosophique qu'on pense à l'auto-épitaphe de La Fontaine : « Jean s'en alla comme il était venu ». Théophile de Viau le précède :

> Je naquis au monde tout nu,
> Je ne sais combien je vivrai;
> Si je n'ai rien quand je mourrai
> Je n'aurai gagné ni perdu.

Bien sûr, il faudrait oublier que cet ancêtre du surréalisme a écrit dans *Pyrame et Thisbé* un distique si ridicule qu'on pourrait croire à une parodie des drames à effet du XIXe siècle :

> Le voilà ce poignard qui du sang de son maître
> S'est souillé lâchement : il en rougit le traître!

Oui, il y a bien çà et là quelques images contestables, quelques périphrases hasardeuses, mais ce n'est rien dans son ensemble.

La position de Théophile est bien particulière. D'une part, il est sévère envers Ronsard, louant certes son imagination et « mille choses comparables à la magnificence des anciens Grecs et Romains », mais déplorant ses extravagances et surtout d'avoir voulu « paraître docte ». D'autre part, il prend aussi ses distances avec Malherbe, disant « J'aime sa renommée et non pas sa leçon. » Cet hommage rendu, il s'en prend à ses disciples :

> J'en connais qui ne font des vers qu'à la moderne,
> Qui cherchent à midi Phébus à la lanterne,
> Grattent tant le français qu'ils le déchirent tout,
> Blâmant tout ce qui n'est facile qu'à leur goût;
> Sont un mois à connaître, en tâtant la parole,
> Lorsque l'accent est rude ou que la rime est molle.

Ce n'est pas dans la satire qu'il excelle, malgré sa force. Sa *Lettre à son frère* où il se confie est bien plus belle. S'il n'atteint pas toujours à la perfection formelle et à sa pompe, écrivant « la règle me déplaît », Théophile se distingue de ses contemporains par de hautes aspirations, une ambition poétique à l'égal des grands de la Pléiade, un art de donner à voir unique. Par-delà quelques excès rhétoriques ou précieux, on distingue l'homme sensible, se livrant aux plaisirs de la vie et suivant sa voie naturelle comme un La Fontaine.

Sa mélancolie a quelque chose de nervalien. Théophile Gautier l'a étudié avec soin : « Dans l'ode, il a le souffle, la période nombreuse, la belle conduite de la strophe, une noblesse sans emphase, des trouvailles de mots pleines de bonheur. Dans la description, il a souvent des détails rares, des couleurs vives, un sentiment vrai de la nature, des touches bien posées à leur place, de l'élégance et de la fraîcheur. » Parfois, au cours de tel passage de Théophile, Baudelaire ou Verlaine, Valéry ou Apollinaire se retrouvent. Nos contemporains ne l'omettent pas dans leurs anthologies.

Le temps n'est plus celui dont a parlé Saint-Évremond : « Dans ma jeunesse, on l'admirait, malgré ses irrégularités et ses négligences, qui échappaient au peu de délicatesse des courtisans de ce temps-là. Je l'ai vu décrié depuis par tous les versificateurs, sans aucun égard à sa belle imagination et aux grâces heureuses de son génie. »

Depuis, Théophile de Viau a reconquis sa place : celle d'un poète moderne, individualiste, anticonformiste, mêlant liberté baroque et naturalisme magique, avec un charme qui lui est propre.

2

Saint-Amant le joyeux

PAR bien des côtés, et surtout sous les signes de la joie de vivre et du bon vin, Marc-Antoine de Girard, sieur de Saint-Amant (1594-1661), ressemble à Théophile de Viau.

Ce fils de marin dont le père, quand il n'était pas prisonnier chez les Turcs, commandait une escadre de la reine d'Angleterre, est né à Rouen. Il eut une éducation négligée : pas de grec, pas de latin, mais plutôt que de s'en plaindre, il s'en vanta, car il se voulait moderne. Curieux d'esprit, intelligent, il sut former son goût dans la fréquentation des gens cultivés autant que des francs buveurs et profita de ses nombreux voyages pour apprendre l'anglais, l'espagnol et l'italien.

Il vint à Paris entre 1610 et 1613, fut attaché à des grands personnages comme le duc de Retz, le comte de Créqui, et surtout le comte d'Harcourt, à la fois grand seigneur et bon vivant. Il connut ce dernier par son secrétaire, Nicolas Faret (1596-1646), historien, poète et moraliste, et ils formèrent un joyeux trio, se désignant par sobriquets, Harcourt étant « le rond », Saint-Amant « le gros » et Faret « le vieux », union qui marqua dans les fastes bachiques du XVIIe siècle.

A Belle-Isle-en-Mer avec le duc de Retz, à Rome avec le comte de Créqui, en mer au large des côtes d'Espagne et d'Italie, et aussi bien à Londres, avec le comte d'Harcourt qu'il suit dans ses ambassades et ses grandes campagnes, le poète voyage. Et cela continue lorsque la reine de Pologne, Marie de Gonzague, le nomme gentilhomme de sa maison : il se rend en Suède, passe deux ans en Pologne avant de revenir en France où, sa pension

Saint-Amant le joyeux . 97

étant supprimée, il finira sa vie dans la gêne. Voilà pour les grandes lignes de son existence aventureuse, à la manière d'un jongleur médiéval, dont son œuvre est inséparable.

Pour le saisir dans sa savoureuse intimité, ses poèmes nous aident; ils nous éloignent aussi de quelques légendes trop bien accrochées. Il faut en effet, pour aborder le vrai Saint-Amant, déchirer un rideau de préjugés cachant les réalités profondes d'un homme que sa vie fait ranger parmi les poètes de cabaret par une critique pédante qui, sur les traces de Boileau, ignora combien il est un poète sérieux. Et Saint-Amant a non seulement le sérieux de Rabelais et de Mathurin Régnier, mais une dimension inédite en son temps.

L'Anacréon des goinfres.

Traçons une des images de Saint-Amant, aussi vraie que toutes les autres. Il est gros, gourmand. On l'appelle « l'Anacréon des goinfres ». Il est un des plus étonnants buveurs de son temps. On le trouve dans des hauts lieux de ripaille comme la Fosse aux Lions ou l'Épée royale, avec ses amis Faret (dont le nom rime avec cabaret, ce que Boileau ne manquera pas), Guillaume Colletet, Vion d'Alibray, Denis Sanguin de Saint-Pavin, Adam Billaut, Nervèze, Maricourt, Chateaupers, et autres « biberons » plus volontiers qu'à la jeune Académie française dont il fait partie.

Il ne dédaigne cependant pas le salon de Mme de Rambouillet où ce Falstaff de la poésie est « Sapurnius ». Il a sa place partout où il peut dispenser ses trésors de gaieté gauloise, ses saillies spirituelles, ses canulars et inventions bouffonnes. Tout cela a fait mettre en avant ses poèmes réalistes : *le Melon, la Vigne, le Fromage* ou *la Crevaille*. Et on voit en lui le fumeur de bouffarde et le videur de brocs plutôt que le grand poète élégiaque et fanstastique qu'il est avant tout.

Or, même ces poèmes que l'on peut trouver triviaux, grossiers, ont des qualités de couleur, comme ici où il se livre à des débauches fruitières dignes du *Ventre de Paris* sous le signe de Pomone :

> Ni le cher abricot que j'aime,
> Ni la fraise avecque la crème,
> Ni la manne qui vient du ciel,
> Ni le pur aliment du miel,
> Ni la poire de Tours sacrée,
> Ni la verte figue sucrée,

> Ni la prune au jus délicat
> Ni même le raisin muscat
> (Parole de moi bien étrange)
> Ne sont qu'amertume et que fange
> Au prix de ce melon divin,
> Honneur du climat angevin.

Il fait des peintures de cabaret avec de pauvres hères dignes du burin de Callot avant que vienne Toulouse-Lautrec :

> Un feutre noir, blanc de vieillesse,
> Garni d'un beau cordon de graisse,
> Troussé par devant en Saint-Roch
> Avec une plume de coq;
> Son pourpoint montre les dents,
> Non de fierté mais de douleur
> De perdre et matière et couleur.

Comme toujours, les pauvres poètes, les poètes crottés de l'époque, biberons ou goinfres, n'ont pas fin heureuse :

> Coucher trois dans un drap, sans feu, et sans chandelle,
> Au profond de l'hiver, dans la salle aux fagots,
> Où les chats ruminant le langage des Goths
> Nous éclairent sans cesse en roulant la prunelle;
>
> Hausser notre chevet avec une escabelle,
> Être deux ans à jeun comme des escargots,
> Rêver en grimaçant ainsi que des magots,
> Qui, bâillant au soleil, se grattent sous l'aisselle;
>
> Mettre, au lieu de bonnet, la coiffe d'un chapeau;
> Prendre, pour se couvrir, la frise d'un manteau,
> Dont le dessus servit à nous doubler la panse;
>
> Puis souffrir cent brocards d'un vieil hôte irrité,
> Qui peut fournir à peine à la moindre dépense;
> C'est ce qu'engendre enfin la prodigalité.

Il appartient bien à la lignée des *Grotesques* et Théophile Gautier le définit ainsi : « Ce n'était pas chez lui l'amour des pasquinades, des équivoques et des plaisanteries plus ou moins grossières, mais un sentiment pittoresque semblable à celui des Jean Steen, des Ostade, des Téniers et des Callot. Il a fait en ce genre de délicieux petits tableaux devant lesquels Louis XIV eût pu dire comme devant ceux des peintres flamands : Emportez ces magots. » Vu sous cet éclairage pictural, le Saint-Amant du cabaret prend déjà une autre dimension.

En fait, il apparaît comme un prototype de ces poètes réalistes, libertins, fantaisistes, extravagants, qui n'hésitent pas à glisser dans leurs poèmes toute la matière de leur vie, avec ses dérèglements, en ajoutant des exagérations et une ardeur cynique.

Le grotesque de ses portraits ne nuit pas à leur humanité. Burlesque plus volontairement on le trouvera dans son *Albion* ou dans sa *Rome ridicule* : il se gausse ici de l'Angleterre et là de la Rome ancienne et moderne. Poésie mineure, légère, trop à la mode pour durer :

> Il vous sied bien, monsieur le Tibre,
> De faire ainsi tant de façon;
> Vous en qui le moindre poisson
> A peine a le mouvement libre!
> Il vous sied bien de vous vanter
> D'avoir de quoi le disputer
> A tous les fleuves de la terre;
> Vous, qui comblé de trois moulins
> N'oseriez défier en guerre
> La rivière des Gobelins.

Il s'en prendra aux monuments de Rome avec le même manque de qualité et le même mauvais goût. On préfère l'autre Saint-Amant, l'inattendu, celui qui va du grand poème biblique à la fantasmagorie étrange des fantastiques.

Le Contemplateur.

On retient donc les poèmes naturalistes de Saint-Amant pour ce qu'ils valent, avec des réussites dans tout ce débraillé, ce gras, ce lourd à la mode de la Halle. Attention : derrière ses vins et son cidre, ses fruits et ses légumes, il existe un autre Saint-Amant, un poète racé, un homme entreprenant, capable d'être commissaire de l'artillerie de France ou industriel verrier, un esprit ouvert aux merveilles de la science et de la découverte, un musicien sachant jouer du luth dans un salon et parler dans un laboratoire avec Peiresc, Gassendi ou Galilée. Car Saint-Amant, voyageur, est un observateur passionné. Comme Théophile de Viau, il sait extraire de la nature ses plus sensibles images. Son poème *la Solitude*, écrit à Belle-Isle, pourrait être signé du plus passionné des romantiques et du plus sensible des symbolistes :

> Ô que j'aime la solitude!
> Que ces lieux sacrés à la nuit,
> Éloignés du monde et du bruit,
> Plaisent à mon inquiétude!
> Mon Dieu! que mes yeux sont contents

De voir ces bois, qui se trouvèrent
A la nativité du temps,
Et que tous les siècles révèrent,
Être encore aussi beaux et verts
Qu'aux premiers jours de l'univers.

Dans la suite du poème, on découvre un paysage à ce point romantique qu'on pense aux dessins à la tache d'encre de Victor Hugo :

Que j'aime à voir la décadence
De ces vieux châteaux ruinés,
Contre qui les ans mutinés
Ont déployé leur insolence!
Les sorciers y font leur sabbat;
Les démons follets s'y retirent,
Qui d'un malicieux ébat
Trompent nos sens et nous martyrent;
Là se nichent en mille trous
Les couleuvres et les hiboux.

L'orfraie, avec ses cris funèbres,
Mortels augures des destins,
Fait rire et danser les lutins
Dans ces lieux remplis de ténèbres.
Sous un chevron de bois maudit
Y branle le squelette horrible
D'un pauvre amant qui se pendit
Pour une bergère insensible,
Qui d'un seul regard de pitié
Ne daigna voir son amitié.

Son poème *le Contemplateur* est un des plus sensibles, des plus chargés de merveilleux et d'adoration qu'ait produits son époque. Certaines intonations le rapprochent de Théophile de Viau, son jeune ami, et de l'Alfred de Musset des *Nuits*. Dans ces images d'une île qu'à bon droit « on honore du nom de Belle », et où il est l'hôte du duc de Retz, il a aussi des accents à la Diderot ou à la Jean-Jacques :

Quelquefois, bien loin écarté
Je puise, pour apprendre à vivre,
L'histoire ou la moralité
Dans quelque vénérable livre;
Quelquefois, surpris de la nuit,
En une place, où pour tout fruit,
J'ai ramassé quelque coquille,
Je reviens au château, rêvant,
Sous la faveur d'un ver qui brille
Ou plutôt d'un astre vivant.

> Ô bon Dieu ! m'écrié-je alors,
> Que ta puissance est non pareille
> D'avoir en un aussi petit corps
> Fait une si grande merveille !
> Ô feu, qui toujours allumé,
> Brûles sans être consumé !
> Belle escarboucle qui chemines,
> Ton éclat me plaît beaucoup mieux
> Que celui qu'on tire des mines
> Afin d'ensorceler nos yeux.

Le fantastique d'Hoffmann est présent lorsqu'il se trouve en proie à ce qu'il appelle *les Illusions nocturnes*. On ne décrira pas mieux cet univers terrifiant de châteaux ruinés, de sabbats, d'animaux nocturnes, de chiens hurlants, d'arbres dégouttants de larmes, de cygnes que son imagination métamorphose en corbeaux nageant dans le sang, d'enterrements qui passent.

> Tantôt, saisi de quelque horreur
> D'être seul parmi les ténèbres,
> Abusé d'une vaine erreur,
> Je me feins mille objets funèbres.

Et quand naîtra l'apaisement, il pourra écouter dans le ravissement :

> Le bruit des ailes du silence
> Qui vole dans l'obscurité.

En soupant avec le duc de Retz, il saura retrouver la quiétude, être peu à peu illuminé par la vision totale de l'univers, aussi radieuse dans son mystère que chez les hermétistes, et cela lui dictera des images merveilleuses :

> Les métaux, ensemble fondus,
> Font des rivières précieuses.

Cette alchimie poétique le conduira au grand mythe, celui du Phénix :

> L'unique oiseau meurt pour toujours,
> La nature est exterminée,
> Et le Temps, achevant son cours,
> Met fin à toute destinée.
> Ce vieillard ne peut plus voler ;
> Il se sent les ailes brûler
> Avec une rigueur extrême ;
> Rien ne le saurait secourir ;
> Tout est détruit, et la Mort même
> Se voit contrainte de mourir.

Le « bucolique » et l'idylle héroïque.

Dans un petit chef-d'œuvre d'observation champêtre, il parle délicatement de *la Pluie*. Ou bien, il accorde quatre saisons à quatre lieux en quatre sonnets admirables : *le Printemps des environs de Paris, l'Été de Rome, l'Automne des Canaries, l'Hiver des Alpes*. Là, il admire les fruits, la canne à sucre ou la neige. Et l'on se demande si c'est bien le même poète qui les a chantés pour la seule gourmandise. S'il invite quelqu'un à boire avec lui, c'est à la Grande Ourse. Ses compagnes sont les Néréides. Ses rêves vont aux « belles îles solitaires ». La nuit et le jour, la terre et l'onde, la vie et la mort lui dictent des chants raffinés et doux :

> L'herbe sourit à l'air d'un air voluptueux ;
> J'aperçois de ce bord fertile et tortueux
> Le doux feu du soleil flatter le sein de l'onde.
>
> Le soir et le matin la Nuit baise le Jour ;
> Tout aime, tout s'embrasse, et je crois que le monde
> Ne renaît au printemps que pour mourir d'amour.

Dans son temps, en plus de ses odes et sonnets, une œuvre forte retint l'attention, le *Moïse sauvé* qui, parmi les épopées des années 1650, comme l'*Alaric* de Scudéry, le *Saint-Louis* de Pierre Le Moyne, *la Pucelle* de Chapelain, *Clovis* de Desmarets de Saint-Sorlin, se distingue par quelques passages remarquables dignes d'honorer le merveilleux chrétien. Comme dans tous ces poèmes épiques, la grande masse verbale est lourde et ennuyeuse mortellement. Boileau ne retint que cela pour sa critique :

> Ainsi tel autrefois, qu'on vit avec Faret
> Charbonner de ses vers les murs d'un cabaret,
> S'en va mal à propos, d'une voix insolente,
> Chanter du peuple hébreu la fuite triomphante ;
> Et poursuivant Moïse au travers des déserts,
> Court avec Pharaon se noyer dans les mers.

Boileau a oublié que le récit de Saint-Amant, idylle héroïque plus qu'épopée, est orné de trouvailles poétiques qui lui permettent souvent d'éviter le ton héroïque insupportable et la rhétorique ampoulée. Des passages comme le combat de Moïse et de l'Égyptien, le bain d'une princesse, la comparaison de la couleur et de l'oiseau peuvent encore se lire avec plaisir. Lorsque la jeune fille plonge dans la mer, elle « fait voir au fond de l'eau des feux ensevelis ». Les descriptions de nature sont rares dans ce type de grands poèmes. Or, Saint-Amant les fait apparaître avec mystère et beauté :

> Le fleuve est un étang qui dort au pied des palmes,
> De qui l'ombre plongée au fond des ondes calmes
> Sans agitation semble se rafraîchir
> Et de fruits naturels le cristal enrichir;
> Le firmament s'y voit, l'astre du jour y roule;
> Il s'admire, il éclate en ce miroir qui coule,
> Et les hôtes de l'air en ce miroir divers
> Volant d'un bord à l'autre y nagent à l'envers.

Le pauvre Saint-Amant.

On ne lit pas sans mélancolie les vers de la satire de Boileau où apparaît le pauvre Saint-Amant avec sur lui pour tout héritage son habit dans cette fin lamentable :

> Mais quoi, las de traîner une vie importune,
> Il engagea ce rien pour chercher la fortune,
> Et tout chargé de vers qu'il devait mettre au jour,
> Conduit d'un vain espoir il parut à la cour.
> Qu'arriva-t-il enfin de sa muse abusée?
> Il en revint couvert de honte et de risée;
> Et la fièvre, au retour terminant son destin,
> Fit par avance en lui ce qu'aurait fait la faim.

Dans sa préface aux *Satires,* Boileau reconnaîtra quelque génie à Saint-Amant :

Je veux bien aussi avouer qu'il y a du génie dans les écrits de Saint-Amant, de Brébeuf, de Scudéry, de Cotin même, et de plusieurs autres que j'ai critiqués. En un mot, avec la même sincérité que j'ai raillé ce qu'ils ont de blâmable, je suis prêt à convenir de ce qu'ils peuvent avoir d'excellent.

Le lecteur de poèmes comme *la Solitude, le Contemplateur, les Visions,* les odes, les sonnets éprouve des regrets devant les erreurs d'un siècle. Lorsque Boileau parle en prose de poésie, il apparaît plus juste qu'en vers. Aussi préfère-t-on cette opinion encore qu'elle soit incomplète et banalement exprimée : « Il avait assez de génie pour les ouvrages de débauche et de satire outrée, et aussi quelques fortunes heureuses dans le sérieux. » D'autres eurent de ces formules tièdes qui ne veulent pas dire grand-chose. Furetière fait de Saint-Amant « le bourgmestre de la province des idylles ». Tallemant des Réaux lui accorde du génie mais point de jugement. Toujours une vision rapide de l'homme efface celle de l'œuvre.

Reconnu aujourd'hui et situé dans la galerie des poètes mineurs, il mérite mieux. Théophile et Saint-Amant, ces gourmands, ces buveurs, sont aussi des navigateurs hardis qui cinglent vers les terres inconnues du romantisme. Aujourd'hui, nous savons mieux ce qu'est une poésie vivante où sont respectés les droits de la fantaisie, de l'imagination, de la liberté, et dans ces trois mots, Saint-Amant se retrouve.

3

Cyrano le Burlesque

Les portes de l'imaginaire.

Il faut pour aborder Hector Savinien de Cyrano de Bergerac (1619-1655) se séparer quelque peu de l'interprétation qu'en a donné en 1897 Edmond Rostand dans la comédie héroïque qui porte le nom du poète, non qu'elle soit totalement fausse, mais parce que, sous l'influence d'Alexandre Dumas et du *Ruy Blas* de Victor Hugo, elle met plus volontiers l'accent sur l'aspect de spadassin romantique du personnage que sur celui du poète burlesque, libertin et un peu fou, de l'inventeur plein d'imagination, du satirique plein de verve, et de l'homme de théâtre, il faut bien le dire, souvent contestable.

Certes, il fit montre dès son enfance, puis dans l'armée et dans la société parisienne, d'un caractère de vaillance gauloise empanachée fait pour plaire aux époques chauvines. Il est vrai qu'il appartint à la compagnie des gardes de Carbon de Casteljaloux, mais faux qu'il soit Gascon : ses parents étaient des bourgeois parisiens qui possédaient une propriété du nom de Bergerac dans la vallée de Chevreuse. Nous voici loin de l'idée du gentilhomme gascon type d'Artagnan ou capitaine Fracasse.

Comme eux, cependant, il eut de nombreux duels. Il fut blessé une première fois lors du siège de Mouzon en 1639 et une seconde fois lors de celui d'Arras l'année suivante. Un coup d'épée à la gorge mit fin à sa carrière militaire. Ajoutons qu'il était capable de provocations pittoresques : l'épisode où il interdit durant un mois la scène au comédien Montfleury est réel. Mais quittons le bretteur pour trouver le poète.

Il appartient à ces groupes de burlesques libertins qui fleurissent et a pour amis Tristan L'Hermite, Scarron, D'Assoucy, Chapelle. Il suit les cours de Gassendi, étudie Montaigne, Descartes, Copernic, Cardan, Kepler, Agrippa, Campanella et d'autres savants. Étonnant virtuose, son génie souple lui permet de s'adapter à tous les genres, avec fougue et un brin de folie imaginative : la tragédie avec *la Mort d'Agrippine,* la comédie avec *le Pédant joué,* le roman fantastique et d'anticipation avec *l'Autre Monde ou les États et Empires de la Lune et les États et Empires du Soleil,* l'art du message avec ses *Lettres,* la science avec ses *Fragments de physique.*

Avec *l'Autre Monde,* en prose, il ouvre en grand les portes de l'imaginaire. Empruntant à divers auteurs, d'Aristophane à Rabelais, et pour ses contemporains Charles Sorel et Tristan L'Hermite, s'inspirant des idées des savants et philosophes de sa fréquentation en même temps que des siennes propres, il se jette à corps perdu dans le merveilleux, sans jamais oublier des bases réalistes, car toutes ses théories scientifiques et philosophiques sont contenues dans un ensemble chaotique, touffu, désordonné, mais riche.

Des machines compliquées l'ayant transporté dans l'un ou l'autre des astres, il décrit la société, les gouvernements, les habitants et les mœurs en y mêlant des considérations métaphysiques et religieuses, des causeries burlesques, et, derrière une débauche d'idées apparemment gratuites ou folles, on découvre la plus fine et la plus juste des satires. Audacieusement, il critique les conformismes religieux, moraux et sociaux de la France, il expose des goûts rationalistes. L'outrance, le mélange de science et de bouffonnerie lui permettent de faire passer, habilement, l'exposé de thèses dangereuses, subversives, celles qui conduisent tout droit en place de Grève. Ses satires, on les voit notamment dans *l'Histoire des oiseaux* qui clôt le voyage aux États du Soleil. Sous le couvert de l'affabulation, de la fiction, du voyage à la Jules Verne ou à la Camille Flammarion, il offre au lecteur un panorama des spéculations libertines en vogue. Ce fou démontre qu'il est sage et que la folie est du côté de ceux qu'il combat.

N'est-il pas poésie ce grand rêve de l'homme de visiter les cieux ? Depuis les machineries médiévales reprises pour la plupart à l'Antiquité, on ne cesse de penser à des automatismes permettant ces voyages. Cyrano de Bergerac met beaucoup de soin à préparer sa sauterelle volante munie de fusées, petite sœur des chevaux de bois de la geste et du Chevillard de Cervantès. Mais quelle surprise pour le lecteur de trouver des livres parlants qui font penser à des magnétophones, de découvrir des maisons voyageuses, des oiseaux discourants, des arbres philosophes, des vapeurs nourrissantes, et pour rejoindre l'humour, les chasseurs ont des plombs qui tuent, plument et assaisonnent le rôti.

Il donne un nouveau départ aux voyages imaginaires. Le Voltaire de *Micromégas* et le Swift des *Voyages de Gulliver* perfectionneront le genre, avant notre époque si riche de science-fiction, d'anticipation, d'utopie et de fantaisie héroïque. Certes, il s'agit de prose, mais il faut avec *l'Autre Monde* insister sur un fait : un écrivain choisit les voies de l'imaginaire et non celles du raisonnement logique comme moyen de progression intellectuelle et de découverte scientifique. Cette forme de poésie est bien éloignée des consolations de Malherbe, mais plus durable.

L'homme de théâtre.

En vers, sa tragédie *la Mort d'Agrippine* est faible, mal construite. L'enflure, le maniement exagéré de l'hyperbole, les pauvretés de l'intrigue et des personnages sont évidents. On peut trouver chez lui des sources à Corneille, mais n'en existe-t-il pas chez tous les dramaturges de l'époque, aucun ne l'égalant ? Cyrano de Bergerac a parfois le sens de la tirade énergique :

> Ces enfants de l'effroi,
> Ces beaux rien qu'on adore, et sans savoir pourquoi,
> Ces altérés du sang des bêtes qu'on assomme,
> Ces dieux que l'homme a faits, et qui n'ont point fait l'homme,
> Des plus fermes États ce fantasque soutien,
> Va, va, Térentius, qui les craint, ne craint rien.

On ne fait pas une pièce de théâtre avec quelques bons passages. Mais Cyrano de Bergerac avait là encore un but d'engagement philosophique et libertin. Des impiétés passèrent sans que le public s'en aperçût, mais lorsque Séjan sur le point de tuer Tibère cria : « Frappons... voilà l'hostie ! » tout le parterre hurla, traitant Cyrano d'athée et de scélérat, ainsi que l'a rapporté Ménage.

Du Corneille chez lui ? Si peu. En revanche, son *Pédant joué* a inspiré Molière. Cyrano a pris pour personnage un nommé Grangier qui avait été son principal au collège de Beauvais et l'a appelé Granger (aujourd'hui il aurait un procès). C'est le type même du personnage odieux, pédant, laid, ridicule, avare, et quand même amoureux. Chacun sait les emprunts que lui a faits Molière, notamment la scène des *Fourberies de Scapin* où Géronte répète : « Mais qu'allait-il faire dans cette galère ? » *Le Pédant joué*, œuvre licencieuse, montre que Cyrano réussit mieux dans la comédie en prose que dans la tragédie en vers.

Le goût de la pointe.

Ses *Lettres,* comme l'a indiqué Faguet, mêlent « le mauvais goût à l'imagination aimable ». On y décèle sans cesse les amplifications littéraires, satiriques ou galantes d'un élève de rhétorique. On y découvre tout un répertoire d'images précieuses dignes de figurer dans le manuel de Des Rues ou dans la conversation des ruelles. Ainsi, un aqueduc est « un serpent liquide, un os dont la moelle chemine », un cyprès est « un lézard renversé qui pique le ciel et mord la terre », Pygmalion est « le seul homme qui ait épousé une femme muette », au printemps « il semble que chaque feuille ait pris la figure et la langue du rossignol ». Recherché, alambiqué, il arrive aussi qu'il ait des trouvailles dignes d'un Jules Renard.

Il fit peu de poèmes. Une mazarinade, *le Ministre d'État flambé,* lui permet une escrime politique et satirique :

> Ce fut lors que les délicats
> Virent bien votre perfidie,
> Que vous riiez à tour de bras
> Des farceurs dont vous faisiez cas,
> Pour quelque sotte comédie,
> Cependant qu'ailleurs nos soldats
> Jouaient leur propre tragédie.

Il aime la pointe et le dit :

> La pointe est l'agréable jeu de l'esprit, et merveilleux en ce point qu'il réduit toute chose sur le pied nécessaire à ses agréments, sans avoir égard à leur propre substance... Toujours on a bien fait pourvu qu'on ait bien dit. On ne pèse pas les choses; pourvu qu'elles brillent, il n'importe, et s'il s'y trouve quelques défauts, ils sont purifiés par le feu qui les accompagne.

Des défauts ? L'œuvre de Cyrano de Bergerac est loin d'en être exempte, mais sa verve, sa hardiesse de style, son délire imaginatif, son intelligence critique compensent ce qu'il a d'ampoulé, d'approximatif et d'excentrique. Il révère avant tout l'imagination comme en témoigne cet extrait d'une préface qu'il fit aux œuvres poétiques de son ami le poète Jean Le Royer :

> La Poésie étant fille de l'imagination doit toujours ressembler à sa mère, ou du moins avoir quelques-uns de ses traits, et que comme les

termes dont elle se sert s'éloignent de l'usage commun par les rimes et la cadence, il faut que les pensées s'en éloignent entièrement.

Cyrano de Bergerac mourut à la suite d'un accident survenu après une longue maladie. Valère Maxime a affirmé qu'Eschyle est mort parce qu'un aigle avait laissé choir une tortue sur sa tête. Pour l'auteur de deux voyages imaginaires, on prétendit qu'il reçut un morceau d'aérolithe sur le crâne. Cela paraît trop beau pour être vrai.

Avant que Charles Nodier le redécouvre en faisant son apologie, Boileau rendit en partie les armes devant lui :

> J'aime mieux Bergerac et sa burlesque audace
> Que ces vers où Motin se morfond et nous glace.

S'il n'est pas en vers un poète digne de se mesurer avec Théophile de Viau, Saint-Amant ou Tristan L'Hermite, il a tout le relief et toute la couleur de son temps, avec en plus une étonnante personnalité. Et sa prose imaginative est d'un poète.

4

Tristan le Précieux

Une jeunesse vagabonde.

Dᴜᴇʟʟɪsᴛᴇ, poète, auteur dramatique, prosateur, François Tristan L'Hermite (1601-1655) dit Tristan, fut attaché dès l'enfance à un bâtard de Henri IV, le marquis de Verneuil. A treize ans, il se bat en duel et doit s'exiler. Il se rend à Londres, en Écosse, en Norvège avant de revenir en France pour tenter de rejoindre l'Espagne.

Mais son voyage fut interrompu et il fut recueilli à Loudun par Scévole de Sainte-Marthe et sa famille. Il avait dix-neuf ans quand un seigneur de la cour le reconnut, demanda et obtint sa grâce. Beau début dans la vie. Son roman autobiographique, *le Page disgracié*, 1643, nous apprend tout cela, et aussi ses picaresques aventures de guerrier et de poète.

A vingt ans, il avait connu tout ce qui compose ordinairement la vie d'un aventurier : duels, intrigues, guerre, exil, amours, vagabondages, vie dissipée, contacts avec la société la plus variée. Est-il meilleure école ? On peut s'étonner de l'étonnante précocité d'un Ronsard, d'un Agrippa d'Aubigné, d'un Tristan L'Hermite.

On sait encore que Tristan éleva Philippe Quinault, et même qu'il lut sa première pièce aux acteurs de l'hôtel de Bourgogne en laissant croire qu'elle était de lui, de manière qu'on pût plus facilement la retenir. Il s'agissait des *Rivales* et « son fils », comme il appelait Quinault, lui doit beaucoup. Ajoutons que Tristan remplaça Colomby à l'Académie française. A partir de son âge mûr, les éléments biographiques sont peu nombreux. Pellisson dit : « Tout ce qu'on sait, c'est qu'étant poète, joueur de profession et gentilhomme de Gaston, duc d'Orléans, aucun de ces trois métiers ne l'enrichit. »

Une pureté racinienne.

Il a publié trois recueils de vers : *les Amours ou poésies galantes,* contenant *les Plaintes d'Acante,* 1638, *la Lyre, l'Orphée* et *Mélanges poétiques,* 1641, *Vers héroïques,* 1648.

Il s'y montre précieux et amoureux. Avec lui, grâce à ses accents personnels et sincères, on accepte de retrouver une fois de plus Clorinde et Philis. Il ne les chante pas en pédant, en ressasseur, mais en homme passionné, subtil. Il sait leur donner vie avec un charme et une pureté qui font présager Racine.

Sa poésie procède d'un lyrisme contenu, jamais déclamatoire. Son inspiration est faite de retenue, ses épanchements sont discrets. Il sait ciseler un poème et laisser, comme Théophile qui lui ressemble, filtrer sa mélancolie. Il cherche sa voix dans celles de la nature. La douceur de l'air, le murmure de l'onde, les jeux de la lumière sont traduits par des touches légères, impressionnistes, comme dans son *Promenoir des deux amants* :

> Auprès de cette grotte sombre
> Où l'on respire un air si doux,
> L'onde lutte avec les cailloux,
> Et la lumière avecque l'ombre.
>
> Ces flots, lassés de l'exercice
> Qu'ils ont fait dessus ce gravier,
> Se reposent dans ce vivier
> Où mourut autrefois Narcisse.
>
> C'est un des miroirs où le Faune
> Vient voir si son teint cramoisi,
> Depuis que l'Amour l'a saisi,
> Ne serait point devenu jaune.
>
> L'ombre de cette fleur vermeille,
> Et celle de ces joncs pendants
> Paraissent être là-dedans
> Les songes de l'eau qui sommeille.

Et se poursuit la plus tendre et imagée des descriptions de nature. Là, même les apparitions mythologiques n'ont rien d'artificiel.

Il se rapproche du Saint-Amant de Belle-Isle lorsque, dans *la*

Mer, il décrit d'une strophe à l'autre la splendeur marine aux différents moments de la journée. Voici comment il montre le temps du flux :

> Mais voici venir le montant :
> Les ondes demi-courroucées
> Peu à peu vont empiétant
> Les bornes qu'elles ont laissées.
> Les vagues d'un cours diligent
> A longs plis de verre et d'argent
> Se viennent rompre sur la rive,
> Où leurs débris font à tous coups
> Rejaillir une source vive
> De perles parmi les cailloux.

Aux passages effrayants de *la Solitude* de Saint-Amant, Tristan semble répondre par des *Terreurs nocturnes* :

> Ô cieux! quel fâcheux arrêt,
> Quel calice faut-il boire
> De passer une forêt
> Durant une nuit si noire?
> Il a plu sur ces ormeaux
> En entrant dans le bocage,
> Je rencontre des rameaux
> Qui m'aspergent le visage.
> Par un triste changement
> Que produisent les ténèbres,
> Les bois et les éléments
> Ont pris des habits funèbres.

Mais il est un poète de la clarté et chante la délivrance de l'aube :

> Passons! l'air tout éclairci
> Découvre à plein toutes choses
> Et pour chasser notre souci
> L'aurore épanche ses roses.
> Je t'attends avec ardeur,
> Clarté qui rassures l'âme
> Et détestant la noirceur
> D'une nuit digne de blâme
> Je bénis ta belle flamme
> Comme celle de mon cœur.

Tristan est si riche qu'il évoque les meilleurs de nos poètes. Sans facilité de comparaison, cette très curieuse *Négresse* ne fait-elle pas penser à la mulâtresse de Baudelaire?

> Beau monstre de nature, il est vrai, ton visage
> Est noir au dernier point, mais beau parfaitement,

Et l'ébène poli qui te sert d'ornement
Sur le plus blanc ivoire emporte l'avantage.

Ô merveille divine inconnue à notre âge
Qu'un objet ténébreux luise si clairement
Et qu'un charbon ardent brûle plus vivement
Que ceux qui de la flamme entretiennent l'usage,

Entre ces noires mains je mets ma liberté.
Moi qui fus invincible à toute autre beauté,
Une More m'embrase, une esclave me dompte,

Mais cache-toi, soleil, toi qui viens de ces lieux
D'où cet astre est venu, qui portes pour ta honte
La nuit sur son visage et le jour dans ses yeux.

De même, lorsqu'il cherche la beauté sous les guenilles de *la Belle gueuse,* nous trouvons un rapport étroit avec les vers de Baudelaire *A une mendiante rousse*. Identité encore avec le poète des *Fleurs du Mal* lorsqu'il chante la mort inexorable. Tristan mérite la place d'un précurseur.

Dans un même poème, il sait unir des considérations morales à une préciosité scintillante :

> Jamais le désir des richesses
> Ne troublera mes sentiments;
> La Nature et les Éléments
> Me feront assez de largesses;
> L'Or éclatant dont le Soleil
> Vient couronner à son réveil
> Le front orgueilleux des Montagnes,
> Et l'argent pur qui va coulant
> Sur l'émail fleuri des Campagnes,
> Me rendent assez opulent.
>
> La nuit, quand mille pierreries
> Lui donnent un peu de blancheur,
> Quand son silence et sa fraîcheur
> Flattent mes douces rêveries,
> L'Aurore avecque ses habits
> Dont les Saphirs et les Rubis
> Tentèrent l'âme de Céphale,
> Et l'Iris offrant à mes yeux
> Un Arc des couleurs de l'Opale,
> M'offrent tous les trésors des cieux.

Lorsqu'il répond à *la Belle Matineuse* de Malleville par *la Belle Crépusculaire,* ses vers amples et harmonieux le rapprochent de l'école malherbienne :

> C'est fait de mes destins; je commence à sentir
> Les incommodités que la vieillesse apporte,
> Déjà la pâle mort, pour me faire partir,
> D'un pied sec et tremblant vient frapper à ma porte.
>
> Ainsi que le soleil sur la fin de son cours
> Paraît plutôt tomber que descendre dans l'onde,
> Lorsque l'homme a passé les plus beaux de ses jours,
> D'une course rapide il passe en l'autre monde.
>
> Il faut éteindre en nous tous frivoles désirs;
> Il faut nous détacher des terrestres plaisirs
> Où sans discrétion notre appétit nous plonge.
>
> Sortons de ces erreurs par un sage conseil,
> Et, cessant d'embrasser les images d'un songe,
> Pensons à nous coucher pour le dernier sommeil.

Ici encore, grande poésie qui se situe au niveau du meilleur Ronsard ou d'Agrippa d'Aubigné, sans se séparer de thèmes chers à Théophile ou Saint-Amant :

> Je t'en viens conjurer par ton palais qui fume,
> Par le nitre embrasé, le soufre et le bitume
> De ces fleuves brûlants et de ces noirs paluds
>   Qu'on ne repasse plus;
>
> Par les trois noires Sœurs, ces compagnes cruelles
> Qui portent l'épouvante et l'horreur avec elles,
> Et qui tiennent toujours leurs cheveux hérissés
>   D'aspics entrelacés;
>
> Par l'auguste longueur de ton poil qui grisonne,
> Par l'éclat incertain de ta rouge couronne,
> Et par la majesté du vieux sceptre de fer
>   Dont tu régis l'Enfer.

La plupart de ses poèmes sont faits d'aisance et de spontanéité. Savant, il fait oublier sa science. Scarron pourra dire : « Tristan qui chante comme un ange. » Il règne chez lui une musique innocente et douce. Il a des caprices de plume inattendus et charmants. Dans son *Orphée,* il y a déjà quelque chose de l'*Adonis* de La Fontaine, et même du Chénier, ou du Mallarmé :

> Laisse dormir en paix les Nymphes de ces eaux.

Il a composé en vers et en prose des *Heures de la Sainte Vierge.* Voici le début de sa version du *De Profundis clamavi ad Te :*

> Du gouffre des ennuis dont mon âme est remplie,
> Et du milieu des maux dont je me sens presser

Ma voix s'adresse à toi, mon Dieu, je te supplie
De vouloir l'exaucer.

Tristan L'Hermite est un poète complet. On le voit encore dans son théâtre fleuri de bonne poésie.

Le théâtre Tristan.

Dans sa préface du *Page disgracié,* Marcel Arland a montré les richesses de Tristan dans son théâtre. Son plus grand succès est *la Marianne,* 1636, qu'Arland définit comme « la première tragédie française qui offre des lignes aussi simples, et la première qui fasse de l'objet d'une passion son objet essentiel ». Le caractère assez bien développé du roi Hérode, le talent du comédien Mondory qui jouait le rôle, le soutien des ennemis de Corneille en firent le succès, mais on se doit d'être réservé, car rien, ni la construction, ni l'intérêt ne se maintiennent. Simplement, la pièce est dans le goût de l'époque et elle présente avec celles de Racine et de Corneille de troublantes analogies. En 1731, Jean-Baptiste Rousseau la reprendra en la retouchant sans grand succès. Voltaire se servira du sujet.

Les autres pièces de Tristan sont *Penthée, la Mort de Sénèque, la Folie du Sage, la Mort de Crispe, le Grand Osman,* une pastorale arrangée d'après *Célimène* de Rotrou, *Amarillis,* une comédie, *le Parasite.* Signalons au passage deux volumes de prose, *Lettres mêlées* et *Plaidoyers historiques.*

Son *Parasite* tient de Molière et certaines rodomontades du matamore pourraient se retrouver chez lui. Marcel Arland a fait un rapprochement entre *la Mort de Sénèque* et Shakespeare. Il qualifie ainsi *la Folie du Sage* : « œuvre gauche et mal venue, fable qui nous laisse incrédules, mais œuvre étrange, complexe, chimérique, où l'on découvre parfois tels instants d'une grande œuvre. » Il cite un discours d'un vieillard à demi fou :

... Qui je suis? Je m'en vais te l'apprendre.
Un sujet merveilleux d'une âme et d'un corps,
Un pourceau par dedans, un singe par dehors;
Un chef-d'œuvre de terre, un miracle visible,
Un animal parlant, raisonnable et risible;
Un petit univers en qui les éléments
Apportent mille maux et mille changements;
Une belle, superbe et frêle architecture
Qui doit son ordonnance aux mains de la nature
Où des os tenant place de pierre et de bois
Forment les fondements, le faîte et la paroi;
Un mixte composé de lumière et de fange

> Où s'attachent sans fin le blâme et la louange;
> Un vaisseau plein d'esprit et plein de mouvements,
> Revêtu de tendons, de nerfs, de ligaments,
> De cuir, de chair, de sang, de moelle et de graisse,
> Qui se mine à toute heure et se détruit sans cesse,
> Où l'âme se retire et fait ses fonctions,
> S'imprime les vertus ou trompe aux passions,
> A qui toujours les sens, ses messagers volages,
> Des objets reconnus rapportent les images.

Si le Tristan des poèmes est infiniment supérieur à celui du théâtre, on peut remarquer l'abondance de sa verve déclamatoire et descriptive. Les poètes du temps aiment anatomiser les corps comme ils anatomisent la nature.

Romantique dans sa poésie, déjà classique dans son théâtre, Tristan L'Hermite, précieux, burlesque, baroque, montre les préoccupations de ces poètes préclassiques, la diversité de leur art, leur haute qualité.

Citons son frère Jean-Baptiste L'Hermite, auteur de bons sonnets, qui s'engagea avec sa femme et ses deux filles dans la troupe de Molière.

Tristan, s'il connut quelque gloire, resta pauvre. Selon Brossette, c'est de lui qu'il s'agit dans ces vers de Boileau que l'on verrait plutôt s'appliquer à Scarron, mais qui valent pour maints « poètes crottés » :

> Ce grand auteur dont la muse fertile
> Amusa si longtemps et la Cour et la ville,
> Mais qui n'étant vêtu que de simple bureau,
> Passe l'été sans linge, et l'hiver sans manteau.

Théophile de Viau et Saint-Amant, leurs cadets Cyrano de Bergerac et Tristan L'Hermite, ces quatre mousquetaires de la poésie, mais surtout ces quatre romantiques Louis XIII, ont laissé une œuvre considérable, peu connue, mal connue, pleine de trésors.

Un Cyrano, roi de la pointe, prince de l'imagination, nous étonne sans cesse. Un Théophile, un Saint-Amant, un Tristan, sachant mesurer leur préciosité, contenir leur lyrisme, être précis avec fantaisie, réalistes avec grâce, côtoyer les poncifs sans y sombrer, ont réalisé, d'un poème à l'autre, une union du lyrisme et de la verve, du précieux et du burlesque, de l'imaginaire et du réel, de l'éternel et du quotidien que bien des « Grands » pourraient leur envier.

Auprès d'eux, une foule diverse et colorée se presse : poètes petits, moyens ou grands, qui, du cabaret au salon, de la soupente à l'Académie ont tracé le portrait vivant des années du préclassicisme.

La poésie précieuse

I

La Préciosité

Ce premier tiers du XVIIᵉ siècle surprend : nous sommes dans une des périodes les plus riches et les plus variées. La poésie française, issue d'une recherche féconde, celle de la Renaissance, aurait pu être fatiguée, usée par tant de créations. Or, il n'en est rien, et à cette fécondité en répond une autre.

Dans ce salmigondis de toutes choses, chacun combat pour sa raison poétique, sans plan concerté, sans évidemment aucune idée de ce que sera l'avenir. Aucun ne sait si sa poésie triomphera ou celle du voisin. Nous avons vu Agrippa d'Aubigné puiser dans sa vie et dans sa foi ses forces épiques, François de Malherbe et François de Maynard découvrir et honorer la rigueur, Racan ouvrir une nouvelle voie à la poésie pastorale, Mathurin Régnier renouveler la satire, Théophile, Saint-Amant et Tristan aborder au mystère romantique, aux splendeurs nocturnes, Cyrano de Bergerac jouer de l'imaginaire, et tous, par de nouvelles formes, en poésie ou au théâtre, apporter une matière dont se serviront les grands classiques.

Ces mélanges dus au hasard, nés des types caractériels divers, au gré des influences, selon les fluctuations de l'histoire et de la société, ces jeux contradictoires, ces désordres, ces anarchies, ces luttes sont favorables au climat poétique. L'aventure de la poésie est en même temps celle de la vie, et il ne faut pas oublier que, à la même époque, Descartes, Pascal, Galilée et bien des savants vivent eux aussi une aventure dans les domaines de la pensée, de la religion, des sciences. Si subtiles que soient les interprétations, elles existent par les exemples de recherche et de progression, par les influences au niveau de la pensée dont la poésie doit se ressentir. La lunette d'approche de Galilée, la fixation du mouvement des planètes par Kepler, la découverte de la circulation du sang par Harvey, tous les progrès, les inventions, les découvertes, et aussi le règne politique de Richelieu, Mazarin, Louis XIV sont là pour infléchir certains mouvements de la littérature, de la poésie qui sont participantes de ces phénomènes de civilisation.

Jusqu'en 1660, et au-delà, deux genres proches vont se développer : le précieux, le burlesque qui est une forme de préciosité même quand il se veut anti-précieux. Il n'existe pas de ligne de démarcation toujours bien définie entre ces genres qui cohabitent chez le même poète, nous l'avons vu avec nos quatre romantiques Louis XIII extraits à dessein de cet ensemble.

A force de pratiquer l'élégance, la délicatesse, le raffinement, de rechercher le gracieux, le plaisant, le rare, et en poussant au plus loin cette recherche, nous trouvons la préciosité.

Ici la manière de dire finit par primer sur ce que l'on dit. C'est moins la parole au service de la pensée que la pensée au service de la parole. S'il est important que les choses soient bien dites, la pensée n'est pas absente cependant : simplement, elle est d'autant plus appréciable qu'elle peut faire naître une expression plus choisie. C'est le bien-parler poussé à l'extrême, le triomphe du langage de la cour sur celui de la ville. Comme on s'écoute parler, on se regarde écrire. La langue devient un bibelot, un objet d'art. Il faut piquer la curiosité, étonner, surprendre, en usant de la métaphore, de la pointe, de l'antithèse, de la périphrase, du paradoxe, dans un exercice de constante virtuosité. Cela peut laisser prévoir une évolution rapide, un apogée, et la mode se fatiguant, un déclin.

Bien que multipliée à l'infini, la comparaison ne suffit plus, et il faut compliquer la métaphore, créer des rapports de mots éloignés les uns des autres, mêler le concret à l'abstrait, unir par exemple un plaisir gourmand à un plaisir de l'esprit pour donner une expression comme « le régal de l'intelligence », jouer finement avec les vocables. Un petit garçon que nous avons connu disant : « La trottinette de vos sarcasmes roule sur le trottoir de mon indifférence » était précieux sans le savoir, et même fournissait une utile caricature, car, pour une belle perle baroque, la préciosité fournit beaucoup de bijoux en toc.

La préciosité, ce phénomène qui évoque quelque institut de beauté du langage, renaît de ses cendres à chaque époque. Bien avant l'hôtel de Rambouillet, elle existe. Nous l'avons rencontrée au moyen âge, chez un Charles d'Orléans par exemple, à la Renais-

La Préciosité . 121

sance, au temps des rhétoriqueurs, à celui de Marot, de la Pléiade, de l'avènement baroque, au début du XVIIe siècle chez maints poètes, et nous n'oublions pas le répertoire de Des Rues.

Au XVIIe siècle, dans la plupart des grandes villes de France, il existe des lieux de rencontre où des dames reçoivent, opposant politesse et bon ton à la rudesse guerrière. Après la reine Margot dont les réunions étaient à mi-chemin entre la petite cour et le salon littéraire, après la maréchale de Retz, une nouvelle société va fleurir : le siècle est celui des rencontres de beaux esprits s'aiguisant entre eux. La femme joue ici un rôle de premier plan : elle est l'hôtesse, le centre d'intérêt autour duquel gravitent des personnages choisis pour leur rang, mais plus encore pour leurs qualités à rendre une conversation vive et agréable, pour leur brillant et leur pouvoir de distraction dans le sens le plus élevé du terme.

Il ne s'agit pas, avec la préciosité, d'un phénomène purement français. L'euphuisme de John Lyly en Angleterre, le cultisme et le concettisme ou le gongorisme en Espagne, le marinisme en Italie montrent bien qu'il s'agit d'un phénomène européen dont les influences réciproques et les sources sont inextricables à ce point que seules des études historiques et sociologiques pourraient les démêler. La préciosité aristocratique ou bourgeoise déborde le simple fait littéraire et devient un phénomène social dont le burlesque sera la caricature et la satire née de son exaspération.

Ce n'est donc pas à l'hôtel de Rambouillet que naît la préciosité, mais c'est là qu'elle trouve son gîte le plus célèbre. Affable et belle, la marquise de Rambouillet reçoit dans sa fameuse chambre bleue qui est une révolution dans l'art du décor. Chapelain la célébra dans une ode. Aujourd'hui, on la mettrait dans les revues luxueuses de décoration. Il y eut une soirée mémorable : celle où un tel endroit, offert à la vue apporta un véritable ravissement.

Dès lors, l'hôtel de Rambouillet devient le lieu de réunion des écrivains et des gens de qualité. Auprès du duc d'Enghien ou de la duchesse de Longueville, on y trouve des habitués comme Malherbe et Voiture qui règnent chacun à sa façon, et toute une théorie de poètes qui forment une véritable anthologie : Rotrou, Ménage, Huet, Godeau, Conrart, Mairet, Patru, Pierre Corneille, Colletet... Plus tard, Julie d'Angennes, fille de la marquise, aidera sa mère à recevoir. L'hôtel est une seconde académie adjointe à la première. L'égalité y règne : le grand seigneur et l'humble poète sont reçus sur le même pied, le catholique côtoie sans gêne le protestant.

Bien d'autres salons fleurissent. Les hôtes sont à peu près les mêmes. On ne s'entretient que de choses rares et belles. Les métaphores fleurissent. Le bon ton est de dire « l'élément liquide » pour l'eau, « les habitants du royaume de Neptune » pour les poissons, « les commodités de la conversation » pour les fauteuils. Pour s'éloigner du vulgaire, on sombre dans le maniéré. Auprès de délices de culture et de bien-parler, il y a aussi du galimatias et de l'amphigouri.

Nous avons déjà rencontré quelques-uns de ces surnoms charmants. Comme Catherine de Rambouillet est *Arthénice*, Mlle de Scudéry est *Sappho*, Mme Aragonnais devient *la Princesse Philoxène*, Julie d'Angennes est *Ménalide* et son amoureux, platonique bien sûr, Montausier, *Ménalidès*. Pour Condé c'est *le Grand Cyrus*, et voici pour les poètes : Voiture est *Valère*, Balzac *Belisandre*, Conrart *Cléoxène*, Pellisson *Acante*, Godeau *le Mage de Sidon*, etc. Joachim Du Bellay qui déplorait les surnoms des Rhétoriqueurs, les Traverseurs et les Bannis de Liesse, dut se retourner dans sa tombe.

Dans cette société, on quitte les sommets pour faire des bouts-rimés et autres jeux de société. Tout est sujet à épigrammes et à contre-épigrammes, à madrigaux, papotages et badinages versifiés. La puce des dames des Roches a créé un précédent et tous les sujets sont bons : la mort d'un petit chien ou celle d'un caméléon, le perroquet de Mme Du Plessis et la fauvette de Mlle de Scudéry. Il y a même des journées historiques : sait-on que le 20 décembre 1653 fut la journée des Madrigaux ?

Une attraction est celle de *la Guirlande de Julie*. Le duc de Montausier, amoureux de Julie d'Angennes, en conçut le dessein. Ce florilège de madrigaux contient des pièces signées de Montausier, Arnauld d'Andilly, Antoine Arnauld, Arnaud de Corbeville, Arnaud de Briotte, Chapelain, Colletet, Conrart, Pierre Corneille, Desmarets de Saint-Sorlin, Godeau, Gombauld, Habert, Malleville, Pinchesne, Monmort, Racan, Scudéry, Tallemant des Réaux, le marquis de Rambouillet, chacun donnant une fleur pour le bouquet. L'idée est charmante ; on ne fit jamais rien de plus vain et de plus fade en poésie.

Cette dernière court un risque : ne va-t-elle pas devenir un simple jeu d'esprit, et le poète un enjoliveur de bagatelles ? Les sujets les plus plats et les plus absurdes sont prétextes à versifier : la migraine d'une dame, l'amie qui a peur d'une abeille, la demoiselle qui a un moucheron dans l'œil, etc. Que de sonnets pour célébrer Philis ou Iris, et cette querelle des jobelins et des uranistes, ce tournoi des belles, matineuses ou vespérales, ces énigmes, ces rondeaux tirés des *Métamorphoses* d'Ovide maltraité...

Des poètes vont se perdre dans ce flot, dans cette eau qui, à vingt degrés, fait semblant de bouillir. Et pourtant certains ont des qualités qui dépassent ce à quoi ils les emploient un peu trop. Il existe des surprises.

2

La Galerie précieuse

Le Roi Chiquito.

Avec Guez de Balzac pour la prose et Malherbe pour la poésie, l'hôtel de Rambouillet avait ses héros graves. Vincent Voiture (1598-1648), fils d'un fermier des vins qui suivait la cour, en fut le héros frivole et galant, le maître ès badinages et menus plaisirs.

Allant de l'hôtel de Rambouillet à Chantilly, du château des Condé à celui des Schomberg, de chez le duc de Liancourt à chez Mme d'Aiguillon, ne dédaignant pas la ruelle d'une précieuse bourgeoise, Mme Sainctot, il est partout et fait des envieux. Alors, on se venge. A cause de sa petite taille comparable à celle de Godeau, l'évêque nain de Vence, on le surnomme « El Rey Chiquito », ce dont il enrage. A cause du père marchand de vins, on fait rimer Voiture et roture, ce qui ne l'empêche pas de s'ajouter une particule et de porter l'épée. Écrit-il le sonnet d'*Uranie*, on lui oppose celui de *Job!* Fait-il une *Belle Matineuse,* on lui en jette une de Malleville dans les jambes!

Personnage singulier, il y a chez lui du brillant, du clinquant, du sautillant à l'italienne et du bravache à l'espagnole. Français à mollets de coq, il glisse, comme on le fera au XIXe siècle, des pointes médiévales dans ses vers et se donne le genre troubadour. En prose, il écrit fort bien, il donne à la langue un tour nouveau, léger, aisé, facile. Ses qualités sont multiples, mais il se disperse.

Il est « l'âme du rond » comme on l'appelle, le touche-à-tout de génie, celui qui doit animer, divertir, être maître de cérémonie. Sainte-Beuve l'a défini : « Il n'a été qu'un charme et une merveille de société, il a voulu plaire et il y a réussi; mais il s'y est consumé tout entier. » On ne sait jamais si Voiture va dire des vers ou souffler des bulles de savon. D'une même plume sémillante, il peut aller de questions de haute politique à de plats commérages. C'est un équilibriste. Le Jean Cocteau de l'époque, dirions-nous, si ce dernier n'avait pas fait de hautes œuvres. Il sait distraire, il sait étonner.

Ce brillant, ce côté badin-turlupin est-il tout chez Voiture? Non, il y a en lui de l'Horace et du Catulle, du Gongora et du Marini (Voiture appartient même à l'académie des Humoristes de Rome), mais un monde étroit fait mourir dans l'œuf l'élévation que l'on pressent. Il écrit : « Je passais ma vie entre dix et douze personnes, en cinq ou six rues et deux ou trois maisons. » Il trouve le temps de faire sonnets, épîtres, galanteries, compliments, madrigaux. Il y a du Marot en lui, mais combien plus impalpable.

On n'a pas oublié le rondeau de Charles d'Orléans : « Le temps a laissé son manteau... » Voiture reprend le genre, mais ne l'améliore pas :

> Ma foi, c'est fait de moi : car Isabeau
> M'a conjuré de lui faire un rondeau.
> Cela me met en une peine extrême.
> Quoi! treize vers, huit en eau, cinq en ème!
> Je lui ferais aussi tôt un bateau.
>
> En voilà cinq, pourtant en un monceau;
> Faisons en huit, en invoquant Brodeau,
> Et puis, mettons par quelque stratagème,
>   Ma foi, c'est fait.
>
> Si je pouvais encor de mon cerveau
> Tirer cinq vers, l'ouvrage serait beau.
> Mais cependant je suis dedans l'onzième,
> Et si je crois que je fais le douzième.
> En voilà treize ajustés de nouveau :
>   Ma foi, c'est fait.

Après tant de progrès poétique, cela navre. Parfois encore, Voiture devient rimeur de rues et non plus de ruelles et croit faire populaire en bêtifiant :

> L'on jugerait par la blancheur
> De Bourbon, et par sa fraîcheur,
>   Landrirette,
> Qu'elle a pris naissance des lys,
>   Landriry.

Ou encore, il réduit le mythe de Prométhée à des fadaises :

> Prométhée est à la chaîne,
> Et becqueté d'un vautour,
> Il ne meurt de cette peine;
> Et moi je me meurs d'amour.

Sans s'opposer au genre léger où d'autres savent réussir, on reste consterné par l'absence d'élargissement humain, de sincérité, de lyrisme. Indifférent au fond, Voiture ne cherche qu'à se griser de sa facilité. Il la déploie comme une forteresse de carton-pâte sans cesse défaite et reconstruite. Pour sa défense, disons qu'il ne publia rien et se soucia fort peu de la postérité. Il écrit à Mme de Rambouillet : « Vous verrez qu'il y aura quelque jour d'assez sottes gens pour aller chercher çà et là ce que j'ai fait, et après le faire imprimer : cela me fait venir quelque envie de le corriger. » C'est son neveu, Pinchesne, qui sera le sot en question, ne manquant pas d'ajouter ses propres œuvres à celles de son oncle. Boileau attaquera dur.

Lassé de ses effets faciles, le lecteur consciencieux finit par préférer chez lui le plus précieux, le plus maniéré, le plus pompeux même, et l'on verra plus loin que sa *Belle Matineuse* vaut tout de même mieux que ses plates rimailleries. Reconnaissons-lui encore d'avoir renouvelé l'art de la conversation. Tout n'est d'ailleurs pas déplaisant chez lui. On lui en veut simplement de disperser ses possibilités. Alexandre Arnoux tient pour un miracle la rencontre de Voiture et de l'hôtel de Rambouillet :

> Voiture nous apporte donc l'écho des rires délicats des marquises précieuses et le reflet de leur beauté. Ce dameret coquet, galant et friand est tout imprégné de leur grâce. Ses vers ont emprisonné leur sourire aimable. Son archaïsme un peu fripé, un peu fané, mais toujours piquant, s'offre à nous comme un véritable réconfort dans notre temps où les écrivains sont rogues et métaphysiciens.

Pris ainsi, on peut accepter Voiture, témoin de son temps, poète à la mode, rimeur de second ordre. Il dut être amusant et d'agréable compagnie. Cela peut être sans gravité parfois, et on pourrait le taire, ce poète des dimanches précieux, mais il fait partie des responsables de certaines dégradations qui se poursuivront au-delà du temps des classiques. Ne lui jetons pas la pierre, ils sont beaucoup comme lui.

Les deux batailles des sonnets.

Si le jeu nous était proposé aujourd'hui, choisirions-nous *la Belle Matineuse* de Voiture ? La voici :

> Des portes du matin l'amante de Céphale
> Ses roses épandait dans le milieu des airs,
> Et jetait sur les cieux nouvellement ouverts
> Ces traits d'or et d'azur qu'en naissant elle étale.
>
> Quand la nymphe divine, à mon repos fatale,
> Apparut, et brilla de tant d'attraits divers
> Qu'il semblait qu'elle seule éclairait l'univers
> Et remplissait de feu la rive orientale.
>
> Le soleil, se hâtant pour la gloire des cieux,
> Vint opposer sa flamme à l'éclat de ses yeux,
> Et prit tous les rayons dont l'Olympe se dore.
>
> L'onde, la terre et l'air s'allumaient alentour;
> Mais auprès de Philis on le prit pour l'aurore,
> Et l'on crut que Philis était l'astre du jour.

Ou bien élirions-nous, comme cela fut fait, l'autre *Belle Matineuse,* celle de Malleville? La voici :

> Le silence régnait sur la terre et sur l'onde,
> L'air devenait serein et l'Olympe vermeil
> Et l'amoureux Zéphyre, affranchi du sommeil,
> Ressuscitait les fleurs d'une haleine féconde.
>
> L'Aurore déployait l'or de sa tresse blonde,
> Et semait de rubis le chemin du soleil;
> Enfin ce Dieu venait au plus grand appareil
> Qu'il soit jamais venu pour éclairer le monde,
>
> Quand la jeune Philis au visage riant,
> Sortant de son palais plus clair que l'Orient,
> Fit voir une lumière et plus vive et plus belle.
>
> Sacré flambeau du jour, n'en soyez point jaloux,
> Vous parûtes alors aussi peu devant elle
> Que les feux de la nuit avaient fait devant vous.

Claude de Malleville (1596-1647) fut comme Voiture un des premiers membres de l'Académie française. Il a du brio, de l'habileté à versifier, c'est un bon « sonneur » de sonnets, un honnête fabricant de rondeaux. Il peut bien manier le vers, et avoir de forts accents, quand il paraphrase *les Psaumes* par exemple :

> Notre ennui fut si grand qu'il fit taire nos plaintes,
> Nos cœurs furent blessés des plus vives atteintes
> Qu'en ce bannissement ils pussent recevoir;
> Et nos luths, qui pendaient aux saules du rivage
> Ne se firent ouïr à ce peuple sauvage
> Que par le bruit du vent qui les faisait mouvoir.

Avant de rencontrer Benserade, revenons à Voiture le temps de citer son *Uranie* :

> Il faut finir mes jours en l'amour d'Uranie !
> L'absence ni le temps ne m'en sauraient guérir,
> Et je ne vois plus rien qui me pût secourir,
> Ni qui sût rappeler ma liberté bannie.
>
> Dès longtemps, je connais sa rigueur infinie !
> Mais pensant aux beautés pour qui je dois périr,
> Je bénis mon martyre, et content de mourir
> Je n'ose murmurer contre sa tyrannie.
>
> Quelquefois ma raison, par de faibles discours,
> M'invite à la révolte et me promet secours;
> Mais lorsqu'à mon besoin je me veux servir d'elle,
>
> Après beaucoup de peine et d'efforts impuissants,
> Elle dit qu'Uranie est seule aimable et belle,
> Et m'y rengage plus que ne font tous mes sens.

Et voici le sonnet rival, celui de *Job,* par Benserade :

> Job, de mille tourments atteint,
> Vous rendra sa douleur connue;
> Et raisonnablement il craint
> Que vous n'en soyez pas émue.
>
> Vous verrez sa misère nue :
> Il s'est lui-même ici dépeint;
> Accoutumez-vous à la vue
> D'un homme qui souffre et se plaint.
>
> Bien qu'il eût d'extrêmes souffrances,
> On voit aller des patiences
> Plus loin que la sienne n'alla.
>
> Il souffrit des maux incroyables,
> Il s'en plaignit, il en parla;
> J'en connais de plus misérables.

Entre jobelins et uranistes, ce fut une lutte courtoise mais animée. La duchesse de Longueville, les marquises de Montausier et de Sablé en tinrent pour *Uranie;* le parti de *Job* avait à sa tête le prince de Conti. Cela fit du tapage : parodies, épigrammes, sonnets jaillirent de toutes parts. Sarazin fit de *Job* une glose de quatorze stances, chacune se terminant par un des quatorze vers du poème. Corneille, dans un sonnet, renvoya aimablement dos à dos les deux parties. Il se terminait ainsi :

> L'un est sans doute mieux rêvé,
> Mieux conduit et mieux achevé;
> Mais je voudrais avoir fait l'autre.

Ces querelles, aujourd'hui, nous amusent à peine. Il faut les prendre à l'image d'une société polie, entretenant de vains soucis qui, après tout, valent autant que d'autres. Simplement, les deux sonnets n'en méritaient pas tant.

On continuera à se quereller sur Voiture longtemps après sa mort. Inspiré par Guez de Balzac, il y eut un farouche anti-Voiture nommé Girac et des défenseurs comme Martin de Pinchesne qui, comme Régnier pour Desportes, défend son oncle, ou encore son correspondant Pierre Costar. Ajoutons un gentil coup de chapeau de La Fontaine : « J'ai profité dans Voiture. »

Un Voiture prolongé.

L'auteur de *Job,* Isaac de Benserade (1612-1691), d'origine normande, à peine sorti du collège débuta par une tragédie, *Cléopâtre,* 1635, avant de donner encore *la Mort d'Achille, Iphis et Ianthe, Gustave, Méléagre,* toutes mauvaises, mais qui lui permirent de prendre un rang à la cour sous le signe des divertissements. Pendant vingt ans, il écrivit des ballets. On ne lui demandait que d'être ingénieux et délicat, de bien placer dans la bouche des princes qui prenaient part aux fêtes mythologiques de Versailles des propos naïvement pompeux. Pour ce courtisan frivole, le poème est un écrin à compliments et à flatteries. Afin de plaire à Louis XIV, il met Ovide en rondeaux et habille ses *Métamorphoses* de vêtements qui ne leur vont guère. Est-il ridiculisé par Chapelle dans un rondeau qu'il en compose un en forme d'errata pour se blâmer lui-même. Il a autant d'humour que d'absence de prétention. Voici sa *Création de l'homme :*

> Un peu de boue être de tant de poids!
> L'auteur du monde observant autrefois
> La terre encor neuve, inculte et sauvage :
> Ce n'est pas tout, dit cet esprit si sage,
> Il faut un maître à tout ce que je vois :
> Un animal doit imposer ses lois.
> Et là-dessus il prit entre ses doigts
> Je ne sais quoi qu'il trouve en son passage,
> Un peu de boue.

Nous sommes loin de La Fontaine avec qui Benserade voulut rivaliser en mettant Ésope en quatrains, entreprise souvent tentée et chaque fois manquée, la force de La Fontaine ayant été de transformer ces œuvres antiques en petits contes. Voici une des fables en pilules de Benserade :

> Un homme avait une oie et c'était son trésor,
> Car elle lui pondait tous les jours un œuf d'or.
> La croyant pleine d'œufs, le fou s'impatiente,
> La tue, et d'un seul coup perd le fonds et la rente.

Il est amusant de penser que Tallemant des Réaux ait pu dire : « On regardait alors comme originaux trois poètes du temps : Corneille, Voiture et Benserade. » Surtout si on lit encore *le Coche et la mouche* :

> Un chariot tiré par six chevaux fougueux,
> Roulait sur un chemin aride et sablonneux.
> Une mouche était là, présomptueuse et fière,
> Qui dit en bourdonnant : Que je fais de poussière !

Une mode fut de ressusciter de vieux genres bannis par la Pléiade : lais, virelais, rondeaux, ballades. Benserade voulut ressusciter le blason et le contre-blason. Il consacra vingt sonnets blasonnés à la beauté et à la laideur ; il y a celui de Bellebouche et de Laidebouche, de Bellegorge et de Laidegorge.

On reparlera des stances *Sur l'Amour d'Uranie avec Philis* à propos des poèmes saphiques de Charles Baudelaire, Octave Uzanne voulant faire, quelque peu rapidement, de Benserade un précurseur de l'auteur des *Fleurs du Mal*.

Benserade paraphrasa *les Psaumes*. Parce que c'était la mode, bien sûr, car il ne se présentait pas comme dévot. Il fit de son mieux et laissa même passer une nuance de sincérité et d'émotion. Ce courtisan peut aussi étonner. Après la paix de Rueil, sous le couvert d'un compliment apparent, il assena quelques vérités à **Mazarin**, remplaçant l'idolâtrie monarchique par un sentiment national. Une exception à sa légèreté.

Il est trop facile à critiquer pour qu'on ait envie de le faire. Imaginons-le plutôt préparant un ballet avec Molière et Lulli en y mettant, à défaut de génie, sa grâce et sa gentillesse de page. Il mourut à soixante-dix-neuf ans parce que son apothicaire qui le saignait confondit une artère avec une veine. « Un Voiture prolongé » dira Sainte-Beuve.

La préciosité mesurée de Gombauld.

Un compagnon de Benserade à l'Académie française, Jean Ogier de Gombauld (1570-1666), le battit en longévité. Ce Saintongeais de Saint-Just-de-Lussac écrivit un sonnet sur la mort de Henri IV, ce qui lui valut de Marie de Médicis une pension que Richelieu devait réduire. Il occupa un rang important dans la vie des lettres et fut estimé. Tallemant des Réaux le présente comme un vieillard « plein d'honneur qui ne ferait pas une lâcheté pour sa vie. » Dans sa jeunesse, fort bel homme, sa discrétion et sa haute taille le faisaient appeler « le beau ténébreux ». Saint-Évremond dit : « Gombauld la froide mine. »

Son roman, *Endymion,* 1624, fut apprécié, et aussi son *Amaranthe,* pastorale précieuse. Ses épigrammes sont bien faites et serrées. Il dut surtout sa gloire à ses sonnets, notamment les religieux, qui comptent parmi les réussites, bien que Boileau reste réservé :

> Un sonnet sans défauts vaut seul un long poème.
> Mais en vain mille auteurs y pensent arriver,
> Et cet heureux phénix est encore à trouver.
> A peine dans Gombauld, Maynard, et Malleville
> En peut-on admirer deux ou trois entre mille.

Passons sur la boutade et la nécessité de la rime qui affaiblit le pourcentage. Et citons l'un des sonnets de Gombauld choisi parmi plusieurs autres à peu près d'égale valeur :

> J'ai pris congé de vous, bois, montagnes et plaines
> Qui vîtes ma naissance et fûtes mon support;
> J'ai pris congé de vous comme si j'étais mort,
> Encore que je vive en ces rives lointaines.
>
> Tout s'oppose à mes vœux, mes poursuites sont vaines,
> Lorsque pour vous revoir je veux faire un effort.
> J'en accuse souvent les rigueurs de mon sort,
> Et, sans vous, ces douceurs me sont même inhumaines.
>
> C'en est fait, je vous perds, dont je meurs sans mourir;
> Ma patrie est ailleurs, et, pour me secourir,
> Du Sauveur que je sers la grâce est toujours prête.
>
> Son exemple est ma règle, et je ne puis changer;
> Il n'eut jamais de lieu pour reposer sa tête,
> Et partout où je suis je me sens étranger.

Cet « ornement des salons » sait mesurer sa préciosité. Souvent inspiré, ses meilleurs vers tendent à une tristesse, à un désespoir qui ne sont pas convenus mais puissamment ancrés dans sa nature. Dans tout ce qu'il écrit règne un air de majesté grave comme dans la poésie de Malherbe.

Gombauld, il est vrai, fut lié avec ce dernier. Ils avaient ensemble de longues discussions sur le style et la grammaire. Comme le réformateur, Gombauld se posa en arbitre de la langue et du métier poétique. L'Estoile en témoigne : « Malheur à tout homme qui fait des vers et qui n'est pas connu de M. Gombauld, de M. Ménage et de moi. » Et aussi Furetière qui l'appelle « le grand casuiste et législateur de l'Isle sonnante ou Terre des sonnets ». On a dit qu'il connaissait si bien cet art qu'il lui arrivait d'écrire le dernier vers d'un sonnet avant le premier.

On lui reprochera quelques afféteries, quelques clichés, mais par-delà les expressions attendues, on découvre une poésie harmonieuse et dense. Comme la plupart des poètes précieux, il fait oublier les fadeurs d'époque dès qu'il se mesure à la poésie spirituelle : la fin du siècle précédent a laissé de bons exemples.

L'étincelant Brébeuf.

Si maints poètes de ce temps « voiturisent », la qualité n'est pas absente et cette galerie précieuse contient ses portraits de maîtres. Que dit Boileau du Normand Guillaume de Brébeuf (1618-1661)? Dans *l'Art poétique* :

> Imitons de Marot l'élégant badinage,
> Et laissons le burlesque aux plaisants du Pont-Neuf.
> Mais n'allez point aussi, sur les pas de Brébeuf,
> Même en une Pharsale entasser sur les rives,
> De morts et de mourants cent montagnes plaintives.

Et ailleurs, dans une *Parodie burlesque* :

> Malgré son fatras obscur,
> Souvent Brébeuf étincelle.

Deux vers et l'homme est à jamais étiqueté. Puissant critique! Écoutons-le, mais sachons que Corneille et Chapelain admirèrent notre poète.

Guillaume de Brébeuf descendait d'une illustre famille normande. Son oncle, Jean de Brébeuf, missionnaire, martyrisé par les Iroquois, est connu au Canada. Sans fortune, Guillaume fut précepteur du futur maréchal de Bellefonds. Il connut la condition du rimeur à gages. Il se lia à Rouen avec Pascal, et à Paris avec Conrart, Mézeray, Chapelain, Corneille et Ménage. A la fin de sa vie, il quitta la cour et se retira auprès de son frère, le curé de Venoix, pour achever une *Défense de l'Église romaine* ainsi qu'un recueil de *Lettres* publiées après sa mort. Il connut une vie difficile, minée dès l'extrême jeunesse par la maladie.

Dans sa *Parodie du VIIe Livre de l'Énéide* et dans son *Lucain travesti,* sous des signes burlesques, il rivalise avec Scarron. Sa traduction de *la Pharsale* fut un événement littéraire que Boileau dégonfla. Un penchant à la gageure lui fit écrire cent cinquante et une épigrammes sur le sujet de *la Femme fardée*. Il célébra Fouquet, Mazarin et Louis XIV dans des *Éloges poétiques* et fit un *Panégyrique de la Paix*. Le meilleur de son œuvre lyrique est contenu dans ses *Entretiens solitaires.*

Il n'échappe à aucun des tics d'époque. Il semble même qu'il les multiplie à plaisir. Il donne des colifichets, œuvre dans le délicat et le galant. Il parodie avec emphase. Valant mieux que cela, on a l'impression qu'il le sait. Alors, comme Gombauld, il trace des vers très forts, très pleins, dignes du Corneille de *l'Imitation,* contenus comme chez Paul Valéry.

Ses *Entretiens solitaires* font de lui un Bossuet poète, doué d'un souffle inépuisable, d'une hauteur de vue philosophique et théologique constante. Des harmonies poétiques et religieuses s'extraient des dentelles précieuses. Il manie bien l'antithèse dans ce poème *De l'inconstance humaine* :

> Il veut, il ne veut pas, il accorde, il refuse,
> Il écoute la haine, il consulte l'amour ;
> Il assure, il rétracte, il condamne, il excuse,
> Et le même objet plaît, et déplaît tour à tour.

Un souffle puissant anime *De la Reconnaissance à Dieu* dont voici un dizain :

> Quelles grâces, Seigneur, quelles grâces vous rendre,
> Qui puissent m'acquitter envers tous vos bienfaits ?
> C'est une indignité que je ne puis comprendre
> De recevoir toujours, et ne rendre jamais.
> Je suis trop convaincu que l'impuissance humaine
> A cet oubli honteux est une excuse vaine,
>   Pour croire qu'on peut la souffrir ;
> Votre amour qui pour moi si constamment s'engage,
>   Ne peut que mon cœur en partage,
>   Et je balance à vous l'offrir.

Louant sa force, Joubert dira : « Dans le sens vulgaire, Lucain en eut plus que Platon, Brébeuf plus que Racine. » Et Marcel Arland : « S'il se montre souvent diffus ou parfois d'une préciosité baroque, il a de l'éloquence et de l'éclat; il atteint même à la grandeur. »

Le Chapelain décoiffé.

De l'honnête Jean Chapelain (1595-1674), Boileau dira : « Que n'écrit-il en prose? » Ce précepteur des enfants du grand prévôt de France, M. de La Trousse, sans encore avoir rien publié, jouissait d'une bonne renommée. Quelques odes bénignes, une traduction de *Guzman d'Alfarache* et il devient célèbre. Richelieu en fait un académicien, lui alloue une pension, le charge de tracer le plan d'un dictionnaire et d'une grammaire de l'Académie, de rédiger *la Critique du Cid*. On veut en faire le précepteur du jeune Louis XIV mais il refuse. Quand Colbert désire avoir la liste des écrivains dignes de gratifications, c'est à lui qu'il la demande et le poète la dresse honnêtement, y faisant même figurer ses ennemis. Il est bien l'honnête Chapelain.

Pendant vingt ans, il travaille opiniâtrement à *la Pucelle*. On attend cette épopée et la renommée de l'œuvre inconnue grandit avec l'attente. Il se hâte lentement : cinq années de préparation, vingt années d'exécution, quel sens du suspense! Finalement, elle paraît. D'autant plus dure est la chute. Malgré les recours à la théologie et à l'histoire, malgré la bonne volonté et l'application, on a rarement vu aussi navrant. Dès lors, la cruauté s'exerce sans cesse à son endroit. On a beau citer comme excellente son *Ode au Cardinal de Richelieu,* cela n'efface rien. Boileau s'en donne à cœur joie :

> ...ses vers sans force et sans grâces,
> Montés sur deux grands mots comme sur deux échasses,
> Ses termes sans raison l'un de l'autre écartés
> Et ses froids ornements à la ligne plantés.

Les pamphlets se succèdent : *le Chapelain décoiffé* ou *la Métamorphose de la perruque de Chapelain en comète*. Ces badinages ont pour auteurs Boileau, Chapelle, Furetière, peut-être même Racine : dans leurs réunions de la rue du Vieux-Colombier, lire quelques vers de *la Pucelle* est la punition de quiconque commet une faute contre les statuts. Plus tard, Joseph de Maistre se joindra à ce concert : « Pour juger *la Pucelle* de Chapelain, il faudrait l'avoir lue, et, pour la lire, il faudrait rester éveillé. »

Si médiocre poète qu'il soit, Chapelain a des intentions louables : il s'oppose à la frivolité, il a le sens de la grandeur et en appelle à l'exemple de Ronsard. S'il critique ce dernier comme c'est de mode, il lui accorde une considération rare dans son entourage : « Je trouve chez lui malgré cette affectation de vouloir paraître savant, toute autre noblesse que dans les afféteries ignorantes de ceux qui l'ont suivi. » La leçon de Malherbe, si elle apparaît dans une paraphrase des *Psaumes* n'empêche pas Chapelain de se livrer à des outrances : il dramatise hors de propos, jette de violents contrastes, fait tout flamboyer dans un délire baroque et caricatural.

Le Nain de la princesse Julie.

Les gens de petite taille se jalousent. Voiture parfois pâlit d'envie devant le succès et les galanteries d'Antoine Godeau (1605-1672) qu'on appelle « le Nain de la princesse Julie ».

Son parent Valentin Conrart l'introduit dans les salons où il brille d'un éclat particulier. Académicien français à trente ans, il est le premier à sacrifier à la tradition de l'éloge du prédécesseur. Il dédie à Richelieu la paraphrase d'un *Psaume* et reçoit en récompense l'abbaye de Grasse. S'il rime des galanteries du genre de la *Guirlande de Julie,* on trouve plus grave dans ses œuvres religieuses : *Saint Paul* ou *les Fastes de l'Église,* en plus de quinze mille vers où se côtoient le meilleur et le pire, ses paraphrases des *Psaumes* et des *Cantiques,* en particulier celui d'Ézéchias :

> Sortez de mon esprit, espérances frivoles,
> Honneurs, pompes, trésors qui fûtes mes idoles,
> Objets vains et trompeurs de mes jeunes désirs ;
> La beauté de mes jours s'écoule comme un songe,
> Et dans ces tristes lieux où la douleur me plonge,
> Le jour ne luit jamais, non plus que les plaisirs.

Deux de ses vers sont célèbres grâce à Corneille qui les lui a empruntés pour les stances de *Polyeucte :*

> Et comme elle a l'éclat du verre,
> Elle en a la fragilité.

Son rival Voiture eut raison de le renvoyer aux psautiers. Gombauld l'encouragea vivement. Chapelain le loua. Il professait pour Malherbe une grande admiration qui se traduisit par un *Discours* sur ses œuvres. On trouve chez lui du mauvais goût et du bavardage, mais une partie de son œuvre mérite d'être sauvée. Il a sa place dans le trésor religieux de la poésie française.

Le Charmeur des forêts.

Jean Regnault de Segrais (1624-1701), de Caen, retient l'attention. Collaborateur ou « nègre » des œuvres romanesques de son temps, parfois injustement blâmées, il est resté dans l'ombre. A vingt ans, ayant composé une tragédie, *la Mort d'Hippolyte,* il est remarqué par le comte de Fiesque qui en fait le secrétaire de Mlle de Montpensier. Il se livre à ce qu'on appelle aujourd'hui un travail de *rewriting* sur les œuvres de Mademoiselle qui pèchent par les abus de conjonctions : *la Relation de l'île imaginaire* et *la Princesse de Paphlagonie* paraissent même sous son nom. Disgracié, il entre chez Mme de La Fayette et participe à la composition de *Zaïde* et de *la Princesse de Clèves* qui paraissent encore sous son nom. Les nègres alors connaissaient de curieuses destinées. Tout cela appartient à la petite histoire du roman.

Segrais est un poète de nature. On assiste à un mélange de réalisme d'origine campagnarde et d'afféterie venue des salons. La nouvelle géographie courtoise lui fait écrire des stances *Sur la Carte de Tendre* et *Athys,* poème pastoral. Il voyage dans l'artifice de manière si convaincue que Boileau l'épargne, écrivant : « Que Segrais dans l'églogue en charme les forêts », ce qui est anodin et sans arrière-pensée.

A condition d'avoir l'âme bucolique, *Athys* se lit très bien encore :

> Sur les rives de l'Orne, une forêt obscure
> Cachait un vieux rocher creusé par la nature ;
> Dans cette grotte sombre un berger amoureux
> Déplorait à l'écart son destin malheureux :
> Athys était son nom ; sa douce mélodie
> Eût pu le disputer aux concerts d'Arcadie ;
> De toute la contrée il était l'ornement,
> Sage et discret berger et plus discret amant.

En attendant *le Sang d'Atys* de François Mauriac, on entre dans les aventures du berger et de la bergère Ardeine comme dans un roman et *l'Astrée* est là qui se dissimule derrière ces chants qui ne font de mal à personne et non plus à la poésie.

Certes l'union de l'Orne avec le Pinde et l'Idumée a ses curiosités, mais le candide Normand est sincère, marie Virgile et Racan. Comme il admire Malherbe, il conduira l'églogue amoureuse vers l'églogue historique en composant une *Ode sur les victoires du duc d'Enghien* ou un chant sur *la Paix des Pyrénées.* Là, on rencontre un homme dépassant l'éloge conventionnel pour trouver un citoyen qui participe aux maux de la France. Il oublie la préciosité ou la contourne. Il finira ses jours à Caen, restaurant les Palinods, grand bourgeois lettré et académique.

Étienne Pavillon le sage.

Un avocat général au parlement de Metz, Étienne Pavillon (1632-1705) quitta cette charge pour vivre dans le monde des beaux esprits, devenir académicien, écrire de faciles *Poésies,* louer Louis XIV :

> Il protège toutes les langues
> Et parle le français en roi.

On le considère comme le continuateur de Voiture. Il rime sur des riens, et voilà qu'il se raconte dans des vers sans prétention qui gardent une valeur de témoignage sur l'esprit épicurien du temps :

> Dans ma maison des champs, sans chagrin, sans envie,
> Je passais doucement la vie
> Avec quelques voisins heureux,
> Peu guerriers et fort amoureux.
> Ma bergère, mes prés, mes bois et mes fontaines,
> Ou faisaient mes plaisirs, ou soulageaient mes peines.
> J'allais à Paris rarement;
> Mais Paris quelquefois venait dans mon village;
> J'entends quelques amis qui venaient bonnement
> Me voir et manger mon potage.
> Je les traitais fort sobrement;
> Mes pigeons, mes poulets, tout leur semblait charmant;
> On parlait de l'amour et jamais de la guerre.
> Je plaignais le roi d'Angleterre
> Sans dessein de le soulager;
> Je laissais aux héros le soin de le venger.
> La gloire et les honneurs n'étaient pas ma faiblesse;
> Et je me piquais de noblesse
> Seulement pour ne pas payer
> La taille et les impôts que paie un roturier.

Et le poème de notre bourgeois privilégié se poursuit sur le même ton tranquille, prenant la rime aux hasards de la fourchette, nous donnant sans le savoir un témoignage social pas bon du tout, mais plus révélateur que les vers aussi mauvais qu'il aurait pu envoyer à Iris.

La Mesnardière le mélancolique.

Si inconnu qu'il soit, ce médecin de Richelieu nommé Hippolyte-Jules Pilet de La Mesnardière (1610-1663), membre de l'Académie française, a retenu notre attention par ses poèmes. Loué en son temps, ses œuvres sont oubliées. A propos de l'affaire des possédées de sa ville de Loudun, il a écrit un *Traité de la mélancolie* qui lui valut l'estime du cardinal. Il traça une *Poétique* sur la tragédie et l'élégie et une suite sur *le Caractère élégiaque,* avant de donner les tragédies ennuyeuses de *la Pucelle d'Orléans,* une fois de plus maltraitée, et d'*Alinde.* Parmi ses poèmes, certains témoignent de personnalité, comme ce *Désespoir* :

> Ombres des malheureux qui, pâles et sanglantes,
> Du séjour de la mort aimez les tristes lieux,
> Et, cachant votre peine à la clarté des Cieux,
> Errez durant la nuit par les tombes relentes.
>
> Mânes, dont les clameurs lugubres et dolentes
> Transissent les mortels et détestent les Dieux,
> Et qui, près du Cocyte au rivage odieux,
> Souffrez loin de vos corps cent douleurs violentes.
>
> Esprits, larves, démons, spectres, fantômes vains,
> Haines des Immortels et terreur des humains,
> Recevez cet esprit dans l'horreur éternelle.
>
> Amaranthe eut pour lui des sentiments plus doux.
> Mais puisque sa rigueur le bannit d'auprès d'elle,
> Démons, tout son bonheur c'est d'être avecque vous.

Selon son idée, « les poètes doivent parer leurs ouvrages des ornements légitimes ». L'homme de science rejoint le poète précieux dans ce curieux sonnet intitulé *les Premières Perspectives* ou *les Machines du Petit-Bourbon* :

> Merveilles du compas et de la portraiture,
> Justes alignements qui, d'un point découvert,
> De vos cieux azurés, de vos bocages verts,
> Poussez loin de nos yeux la fuyante peinture.
>
> Invisibles ressorts qui, malgré la nature,
> Tenez aux corps massifs les deux pôles ouverts,
> Et, des hommes volants dans le vague des airs,
> Suspendez mollement le poids et la figure.
>
> Beaux-arts, pères féconds de mille changements
> Par vos charmants tableaux, par vos prompts mouvements,
> Vous nous montrez l'esprit de la nouvelle Rome.

On adore à Paris vos miracles divers.
Mais j'admire bien plus un ange en forme d'homme
Qui de son cabinet fait mouvoir l'univers.

La Poésie selon Paul Pellisson.

Quelques poèmes de Paul Pellisson (1624-1693) glissés dans un *Recueil de pièces galantes* de la comtesse de La Suze (1618-1673), la Doralise des précieuses, ne peuvent en faire un poète. Célèbre pour avoir été entraîné dans la disgrâce de Fouquet et surtout pour son séjour en prison où il apprivoisa une araignée, ce qui dicta à Delille un épisode de *l'Imagination,* il fut encore surnuméraire des Quarante pour être admis à l'Académie à la première vacance. Ce prosateur, lorsque mourut son ami Sarazin, préfaça ses *Œuvres* en le situant dans la chronologie poétique en en faisant le plaidoyer d'une certaine forme de poésie :

La poésie française avait été gaie et folâtre du temps de Marot et de Mellin de Saint-Gelais; et quoique depuis elle eût paru quelquefois avec le même visage, néanmoins les grands génies de Ronsard, de Du Bellay, de Belleau, du cardinal Du Perron, de Desportes, de Bertaut et de Malherbe, plus graves et plus sérieux, l'avaient emporté par-dessus les autres, et nos Muses commençaient à être aussi sévères que ce philosophe de l'Antiquité qu'on ne voyait jamais rire...

Pellisson parle ensuite de Voiture qui se souvint de « la liberté de notre ancienne poésie » et qui « dégoûta même en quelque sorte la cour et les dames des choses plus fortes et plus sérieuses » et il termine son habile discours ainsi :

Qu'eût fait M. Sarazin qui vint dans le monde un peu après lui? Quand son inclination l'aurait éloigné de ce même genre d'écrire, je m'assure qu'il l'aurait forcée pour s'accommoder au temps. Mais, je m'imagine, au contraire, qu'il rendit grâces à la fortune de l'avoir fait naître en un siècle dont le goût était si conforme au sien, et qu'il lui était si aisé de satisfaire. Il se mit donc à écrire en ce style libre...

Ce texte, sympathique par sa lucidité et sa franchise, montre que les poètes du temps gardaient la conscience de ce qu'ils faisaient. Leur dépendance envers la société ne leur déplaisait nullement, mais parfois ils se souvenaient des grandes lignes de la haute poésie, d'où ces allées et venues constantes du badinage de salon à la spiritualité du poème religieux.

A l'époque, la société ne songe qu'à rimer. On pourrait oublier tout cela et le renvoyer à quelque histoire des jeux d'esprits, mais si l'on ouvre ces recueils de poètes souvent inconnus, il n'est pas rare de recevoir le choc de stances éblouissantes qui pourraient être signées des meilleurs.

Du Bois-Hus le somptueux.

Aussi peu connu que La Mesnardière, le Nantais Du Bois-Hus semble faire comme tout le monde en publiant un poème sur Louis XIV qu'il intitule, *la Nuit des nuits, le Jour des jours, le Miroir du destin*, 1640. Lorsqu'il oublie le panégyrique, il est capable d'images de nature d'une rare beauté, de trouvailles somptueuses, allant du précieux au baroque, dont la poésie est incontestable, comme en témoignent ces passages glanés en divers endroits du poème :

> Déjà l'Air orphelin arrose de ses pleurs
> La face des campagnes,
> Et les larmes du soir tombent dessus les fleurs...

> Le Silence vêtu de noir
> Retournant faire son devoir
> Vole sur la mer et la terre,
> Et l'Océan joyeux de sa tranquillité
> Est un liquide verre
> Où la face du ciel imprime sa beauté...

> Les feux du Ciel sans peur nagent dedans la mer,
> Et les poissons sans crainte
> Glissent parmi ces feux qui semblent les aimer...

> Riche et miraculeuse Nuit
> Qui sans bouche et sans aucun bruit
> Enfantes pourtant la PAROLE...

> Ruisseaux, délicieux serpents
> Qui vous glissez à pas rampants
> Parmi les herbages des plaines,
> Grossissez-vous des pleurs qui mouillent ce beau corps,
> Ces deux riches Fontaines
> De vos flots roturiers en seront des trésors.

Précieux, galants, petits-maîtres et histrions.

Honorat Laugier de Porchères (1572-1653) écrivant un sonnet *Sur les beaux yeux de la duchesse de Beaufort* montre comment l'emphase peut rejoindre le mauvais goût. Courteline, dans *la Conversion d'Alceste* en fera le deuxième sonnet d'Oronte. Auparavant,

Porchères, dans *l'Histoire comique de Francion,* de Charles Sorel, aura été le poète Musidore. Il écrivit des stances et un volume de *Cent lettres d'amour.* En 1612, il célébra les fêtes du Carrousel, ce qui chagrina son confrère François de Rosset (1570-1630) qui les raconta sous forme allégorique. Provençal, Rosset, lorsqu'il ne traduisit pas l'Arioste ou Cervantès, donna *les Douze beautés de Philis et autres œuvres poétiques,* stances et sonnets amoureux.

Hercule de Lacger (1600-1670), de Castres, fut un amoureux. C'est pour Henriette de Coligny, comtesse de La Suze qu'il écrivit les sonnets et madrigaux de *Vers pour Iris.* Il aima la belle Ninon de Lenclos, ce qui lui valut un duel avec le marquis de Sévigné qu'il tua, d'où son exil en Suède auprès de la reine Christine. Frédéric Lachèvre le place « à côté de Malleville et de Benserade et pas très loin de Voiture et de Sarazin ». En effet, mêlerait-on leurs œuvres amoureuses qu'il serait difficile de les reconnaître. Les appas y sont « divins », la fortune « cruelle » et on attend vainement une épithète originale de cet amoureux languide au ton exagéré et peu sincère :

> Je souffre les enfers, et pendant votre absence
> Une éternelle nuit voile mes plus beaux jours,
> Je voudrais que la mort en terminât le cours,
> Tant l'ennui sur mon âme usurpe de licence.

Deux frères, Germain Habert de Cérisy (1615-1654) et Philippe Habert (1605-1637), l'un et l'autre de l'Académie, ont collaboré à la fameuse guirlande. Le premier a trouvé un joli titre (qui inspirera Florian) pour une pièce légère et affectée : *la Métamorphose des yeux de Philis en astre.* Chargé d'examiner la versification du *Cid,* il fut tellement élogieux qu'on se rabattit sur Chapelain. Il paraphrasa des *Psaumes* avec art. L'aîné, Philippe Habert, inspiré par le trépas de la première femme du maréchal de La Meilleraye, son protecteur, donna un fort noble *Temple de la Mort.* Leur cousin, Henri-Louis Habert de Montmort (1634-1679), lui aussi académicien, n'a écrit qu'un poème, *le Cheval de bronze.*

Un nom plus sévère apparaît avec Esprit Fléchier (1632-1710). Le célèbre prédicateur fréquenta l'hôtel de Rambouillet et écrivit en octosyllabes une *Relation de l'autre monde* à laquelle répondit Mme de La Vigne (1634-1684) dans le même mètre. Rien à ajouter à ce qu'a dit Taine : « Un agréable poète français. »

Quittant l'armée pour les lettres, le Gascon Georges de Scudéry (1601-1667) y apporta du tempérament. Il donna des tragédies, prit mal le triomphe de Corneille et écrivit des *Observations sur le*

Cid qui déclenchèrent la fameuse bataille. Sorte de capitan ou de Fracasse des lettres, ce Sarraïdès des précieuses fit l'épopée *Alaric ou Rome vaincue* pas tout à fait dénuée d'intérêt. Il eut le courage de publier les œuvres de Théophile de Viau. Ses vers sont déclamatoires, matamoresques. A côté de la galanterie, on trouve des accents patriotiques et héroïques avec toute l'emphase du Midi et beaucoup de sincérité. L'histoire de sa vie, ses reparties, ses gasconnades littéraires, sa vanité naïve, son panache aussi, en auraient fait un bon personnage pour Alexandre Dumas. Mais s'il chante *la Fontaine de Vaucluse,* il se montre romantique dans ses vers :

> Les vents même, les vents qu'on entend respirer
> Et parmi ces rochers et parmi ces ombrages,
> Eux qui nous font aimer ces aimables rivages,
> Ont appris de Pétrarque à si bien soupirer.
>
> Les flots même, les flots qu'on entend murmurer
> Avec tant de douceur dans ces lieux si sauvages,
> Imitent une voix qui charmait les courages
> Et parlent d'un objet qu'on lui voit admirer.

On place naturellement près de lui sa sœur, la célèbre Madeleine de Scudéry (1607-1701), la reine de Tendre, l'auteur de ces longs romans précieux aux innombrables clés qui eurent tant de succès en France et à l'étranger, et que personne ne lit plus. Comment n'aurait-elle pas écrit quelques poèmes? Il s'agit de bleuettes à la mode.

Dans cette troupe précieuse, on trouve à la tête Charles de Saint-Maure de Montausier (1610-1690) l'homme de *la Guirlande,* le modèle de l'Alceste de Molière. Il y a De Bouillon (mort en 1662) qui rima portraits et mascarades, chansons et contes comme celui de *Joconde* imité de l'Arioste qu'on voulut opposer à La Fontaine qui avait pris le même titre. Boileau s'en mêla et, dans une étude comparative, le pauvre Bouillon fut remis à sa place. Il y a le Métrobate des précieuses, René de Bruc de Monplaisir, maréchal de camp et poète d'amour, et aussi Tallemant des Réaux (1619-1692), le précieux auteur des *Historiettes,* qui fait la tragédie d'*Œdipe* et rime dans les salons.

Louis de Neufgermain (1574-1662) se qualifie lui-même de « poète hétéroclite ». Comme l'écrit Bayle, « sa méthode favorite était de vers qui finissaient par les syllabes du nom de ceux qu'il louait », comme ici le duc d'Uzès :

> Savant in supremo gra*du*
> Toujours il lit : livres *usés*

> Sont reconnus (tant assi*du*)
> Appartenir au *duc d'Usez*.
>
> Il va par un chemin ar*du*
> De vertu, sans cheveux fri*sés*
> Et comme n'est poupin, do*du*
> Mars n'est musquin le *duc d'Usez*.

Ce rhétoriqueur ressuscité se livra à d'autres jeux qui pourraient tenter l'étude des phonéticiens ou de l'Ouvroir de Littérature Potentielle, faisant courir des noms de rime en rime comme on vient de le voir, multipliant loufoqueries, calembours, jeux de chiffres et de lettres, onomatopées, cocasseries, amusettes, charades. Il sut divertir Voiture par ses portraits en rimes et comme lui, si longtemps après Molinet, on se remit à jouer avec les mots. Gaston d'Orléans ne dédaigne pas d'écrire un quatrain dans ce genre, de même que le chevalier de Bueil, le sieur de Boissac, le prédicateur Jean Dubois, avant que plus tard Lefranc de Pompignan s'en mêle à son tour.

Boileau rendit célèbre l'abbé Charles Cotin (1604-1682), prédicateur et poète, par les attaques qu'il lui porta, et auxquelles Cotin répondit par *la Satire des Satires* :

> Je n'ai pas, comme lui, pour faire une satire,
> Pillé dans les auteurs ce que j'avais à dire.

Les auteurs en question étaient, bien sûr, Horace et Juvénal. Ce bonhomme se spécialisa dans les énigmes. Devenu le Trissotin des *Femmes savantes*, Molière lui assena un coup dont il ne se releva pas. Perrault, Bayle, puis Théophile Gautier dans ses *Grotesques* tentèrent de le montrer estimable. Il en valait bien d'autres, il ne valait pas mieux qu'eux.

L'abbé François Le Metel de Boisrobert (1592-1662) est plus connu par trois vers sur les lenteurs proverbiales de l'Académie que par l'ensemble de son œuvre :

> Depuis dix ans dessus l'F on travaille
> Et le destin m'aurait fort obligé
> S'il m'avait dit : tu vivras jusqu'au G.

Cet aimable histrion fut introduit à la cour par le cardinal Du Perron et se plut à divertir Richelieu jusqu'à ce que ce dernier fût choqué par sa conduite licencieuse. Mais comme Boisrobert seul le faisait rire, on le lui recommanda comme un remède et il ne le mit pas en disgrâce. Gui Patin l'a montré comme « un prêtre qui vit en goinfre, fort déréglé et fort dissolu ». Il aimait par-dessus tout la comédie et le comédien Mondory. A l'hôtel de Bourgogne, on l'appelait « l'abbé Mondory ». Il travailla aux pièces de Richelieu et écrivit lui-même dix-huit œuvres théâtrales : *Pyrandre et Lisimène, la Folle gageure, la Belle invisible,* un roman, des épîtres en vers, des poésies faciles chantant Iris ou Philis, sans oublier *l'Hiver de Paris* et des paraphrases de *Psaumes* bien accordées à la leçon de Malherbe.

Un long règne à l'hôtel de Rambouillet fut celui de Gilles Ménage (1613-1692). Qu'en retenir d'autre que les bons mots recueillis dans les *Menagiana ?* Le souvenir d'un érudit et compilateur, d'un satirique qui se ferma l'Académie pour l'avoir raillée en vers dans sa *Requête des Dictionnaires,* d'un bagarreur des lettres et d'un pédant dont Molière fit le Vadius des *Femmes savantes,* ce qui n'empêcha pas notre Ménage de l'admirer. Il tenait tous les mercredis un bureau d'esprit fréquenté par Chapelain, Furetière, Bautru, Conrart, Pellisson, Linières, Perrot d'Ablancourt, Sarazin, Perrault, Galland, où il régnait par la parole et les échos d'une culture internationale et d'une immense mémoire. Ses contestations, ses luttes contre Gilles Boileau, Molière, d'Aubignac, Bussy-Rabutin, Tallemant des Réaux qui le fustigea d'une *Historiette,* Montmaur, etc., furent célèbres. Sa *Requête des Dictionnaires,* en octosyllabes à la manière des marotiques, s'en prend à ses contemporains à grand renfort de coq-à-l'âne, leur demande de ne point s'occuper de vocabulaire et de grammaire. Sa probité littéraire est constante. Jacques Brosse le loue : « Ménage a été un savant de grande valeur et malgré Boileau et Molière, il convient de ne pas sous-estimer le rôle qu'il joua dans la fixation et la correction de la langue française . »

Théophile Gautier a fait une place dans ses *Grotesques* pour « le Titan du Baroque », le père Pierre de Saint-Louis (1626-1684). Bon religieux, déplorable poète, il donna un poème à la gloire d'Élie, patron de l'ordre du Carmel, intitulé *l'Éliade* et un autre, *la Madeleine.* Pour le divertissement, voici un extrait de *la Madeleine interroge l'écho :*

> Ayant suivi le monde et son feu d'artifice
> Qu'ai-je bien pu gagner en courant dans ma lice ?
> — malice.
> Auprès de si grands maux ès lieux plus évidents
> Quels furent donc mes yeux à ceux des regardants ?
> — ardents.
> Après tout son désordre et sa cajolerie
> Comment pour ses malheurs doit paraître Marie ?
> — marrie.
> Je la serai toujours à mes propres dépens;

> Répandrai-je des pleurs puisque je m'en repens ?
> — répands !

Pour Théophile Gautier, il pousse le ridicule jusqu'à son comble, il est aux extrêmes limites de la sottise humaine, mais le joyeux Gautier lui reconnaît des anagrammes très belles et poétiques. Il ajoute que « le suprême mauvais est aussi utile à connaître que le suprême beau », ce qui excuse que nous en parlions.

Urbain Chevreau (1613-1701), fils d'un peintre verrier, voyagea durant la première partie de sa vie et devint l'ordonnateur des fêtes de la reine Christine avant de revenir à sa ville natale de Loudun, comme La Mesnardière avec qui il offre des traits de ressemblance. Sa vaste culture lui permit d'œuvrer dans tous les genres, et notamment le théâtre. Comédies, tragédies, romans, essais, histoire, il tâta de tout. Comme La Bruyère, il sut observer, et il versifia la satire. Il fit aussi de bonnes *Poésies chrétiennes*. Cet homme de lettres disait faire « plus d'état de six anémones et de six tulipes bien panachées que de toutes les fleurs de la rhétorique ». A signaler ses *Remarques sur la poésie de Malherbe* et ses propres poèmes influencés par le Cavalier Marin, cet italien illustre et controversé, avec ses métaphores bizarres, son style affecté et ampoulé, mais aussi sa vive imagination, qui fut reçu avec honneur à l'hôtel de Rambouillet. Mais chez Urbain Chevreau, un ton malherbien vient atténuer la préciosité qu'il dispense seulement à bon escient, par exemple dans une épigramme sur le sonnet d'*Uranie*.

C'est par ses romans comme *Polexandre, Alcidiane* ou *la Cithérée* que Martin Le Roy de Gomberville (1600-1674) trouve place dans la galerie précieuse. Mais dès quatorze ans, il est poète avec un *Éloge de la vieillesse* en cent dix mauvais quatrains. Il sera académicien, fera une campagne contre la conjonction *car,* se ridiculisera un peu, défendra avec bonheur les *Odes* de Malherbe, rimera de plats sonnets, et, plus tard, se retirera à Port-Royal en disant ses regrets d'avoir écrit des romans.

Il appartint à un groupe de poètes réunis autour d'Antoine Brun (né en 1600), auteur de *Délices* et de *Muses en deuil* bien attardées. Chez lui se rencontraient Claude-Gaspard Bachet de Méziriac (1581-1638), savant, grammairien, critique, académicien et poète contestable de *Chansons dévotes,* le Franc-Comtois Chifflet, Guillaume Colletet que nous retrouverons. Cette troupe de poètes affecta une langue et un style venus du passé.

Au XVIIe siècle, comme au XVIIIe, l'épigramme sera le petit poignard des salons. Jacques de Cailly (1604-1673) en fit sa spécialité et défendit le genre :

> J'ai mieux aimé m'arrêter à ces petits poèmes qu'à d'autres de grande étendue, tant parce que je les fais en me divertissant et sans aucune attache que parce qu'ils sont plus à l'usage de notre nation, qui assez souvent s'impatiente ou s'endort sur les pièces qui sont de longue haleine.

Pour lui, l'épigramme est l'occasion de courtes peintures de caractères, de moralités comme on en trouve à la fin de certaines fables de La Fontaine, de traits ironiques, par exemple dans ce *Moyen de se contenter* :

> Rien ne te semble bon, rien ne saurait te plaire ;
> Veux-tu de ce chagrin te guérir désormais ?
> Fais des vers ; tu pourras ainsi te satisfaire ;
> Jamais homme n'en fit qu'il ait trouvés mauvais.

Comme lui, La Giraudière limite ses ambitions et ses *Joyeuses épigrammes* pourraient procéder de la poéticothérapie recommandée par son confrère.

Que de poètes ! Dans la *VIIe Satire*, Boileau en nomme :

> Je rencontre à la fois Perrin et Pelletier,
> Bonnecorse, Pradon, Colletet, Titreville,
> Et pour un que je veux, j'en trouve plus de mille.

Ces poètes, dans d'autres éditions, il les remplacera aisément par d'autres, et l'on rencontre alors Bardou, Mauroy ou Boursault.

Pierre Perrin (1620-1675) qui composa des livrets d'opéra, passa pour le fondateur du genre. Pierre Du Pelletier (mort en 1668), auteur de mazarinades, a été surnommé par Boileau « le portier du Parnasse » parce qu'il composait des sonnets sur les œuvres nouvelles. Balthasar de Bonnecorse (mort en 1706) répliqua au *Lutrin* de Boileau par un *Lutrigot*. Nicolas Pradon (1632-1698) et Edme Boursault (1638-1701) ont aussi rompu des lances avec le critique. Nous les retrouverons, et aussi Guillaume Colletet. Sont peu connus Titreville, Mauroy et Jean Bardou (1621-1668) qui fit des poésies légères.

Gabriel Gilbert (1620-1680), le Gallus des précieuses, écrivit des pastorales, des poèmes et des pièces pour la reine de Suède dont il était secrétaire. Chapelain l'applaudit. Émailleur et poète, Jean Grillet loue la beauté des dames et les exploits des guerriers. Joyel, de Douai, ami de Théophile de Viau, fait la pastorale de *Florival et Orcade*. Félix de Callencas, dans *le Portrait de la coquette*, sourit des précieuses, et Ninon de Lenclos croit se reconnaître. Le Breton René Gentilhomme de L'Espine (1610-1671) prédit la naissance du futur Louis XIV, prend la maîtresse du duc d'Orléans et doit s'exiler, laisse un fade *Temple des Poètes*.

Et puisque nous parlons de temple, rappelons celui d'*Astrée* de Louis Le Laboureur (mort en 1679), auteur épique d'un *Charlemagne* qui vaut un peu mieux que *la Pucelle* de Chapelain, ce « pauvre Chapelain » qu'admira pourtant le poète Charles Le Pul (1681-1713) au point de le placer à côté de... Sappho!

A part Chapelain, la Pucelle d'Orléans, après Christine de Pisan et Martial d'Auvergne dans les temps lointains, a inspiré plusieurs poètes du XVIIe siècle : J. Jolly, de Nevers, Charles Du Lys, descendant du frère de l'héroïne, I. Roussel, avocat au parlement, et le libraire Edme Martin (1613-1688) qui édita les inscriptions et poésie à la gloire de Jeanne d'Arc écrites par les poètes nommés, en ajoutant des œuvres du XVIe siècle : d'Étienne Pasquier, de Jacques Dorat, neveu de Jean Dorat, d'Alexandre Bouteroue, de Julien Pilieu dit Peleus, et de contemporains comme Malherbe, Marie de Gournay, et, bien sûr, Chapelain.

Des idées inattendues apparaissent. Nicolas Piédevant dédie à Mme de Longueville la précieuse *Métamorphose des Nymphes des bois d'Acquigny*. Il s'agit de jeunes filles du village du poète qui refusèrent de recommencer une danse devant la grande dame. Punition du poème : elles seront transformées en truites saumonées.

Le Dijonnais Pichou métamorphose *l'Astrée* en comédie. René Bordier se spécialise dans les ballets. L'abbé mondain Mathieu de Montreuil (mort en 1691) fait mignardises et madrigaux. Pierre Lalane (mort en 1661) envoie des *Stances* à Ménage pour lui conseiller de vivre à la campagne. Certains ne se distinguent pas des petits poètes légers de leur temps, mais plus connus parce que mieux en cour : Charles-Claude Genest (1639-1719) qui mêle poésie et prose dans *les Divertissements de Sceaux* quand il ne chante pas en vers le cartésianisme dans ses *Principes de philosophie;* Raymond Gaches (né en 1615) avec ses stances et poèmes de circonstance; Antoine Hallé (1595-1675), ami de Ménage, qui s'affirme meilleur poète latin que français; Antoine Pomme, le Benserade de la Provence, bien accueilli au château de Grignan; l'étrange abbé François-Timoléon de Choisy (1644-1724), celui qui se déguisait en femme comme il le confie dans ses célèbres *Mémoires,* et qui faisait comme tout un chacun des vers libertins. Enfin, le marquis de Maulévrier jette ses chansonnettes dans les salons tandis que Nicolas

Renouard, plus sérieux, traduit Ovide, Virgile et l'Arioste, que Bertrand-François Barrême (mort en 1703), l'auteur des « comptes faits » et dont le nom sera commun, dans un *Cayer curieux* rédige *l'Éloge de l'argent* en mauvais alexandrins, que Charles Dupérier, poétaillon vaniteux, se fait traiter de « rimeur furieux » par Boileau.

La critique de la préciosité.

Avant Boileau, avant Molière, la critique de la poésie précieuse et du fait précieux est déjà contenue chez Claude-Emmanuel Lhuillier, dit Chapelle (1626-1686) parce que né à La Chapelle Saint-Denis près de Paris. Il fit bonne figure dans le monde et devint l'ami des plus importants : Molière, Racine, Boileau.

Son nom, toujours voisin de celui de François Le Coigneux de Bachaumont (1624-1702), évoque naturellement *le Voyage de Chapelle et Bachaumont* qui eut un vif succès et que Voltaire appellera « un charmant badinage ». Cette bleuette, en vers et en prose, contient parmi d'autres choses souriantes, une satire sur les auteurs du temps. Dans l'aimable relation du voyage des deux amis dans le midi de la France, une anecdote des Précieuses de Montpellier jette une pointe critique, mais tout cela reste plein de charme et de légèreté. D'aimables épicuriens font une randonnée agréable où il s'agit de bien boire, bien manger, bien rire. On y ajoute un soupçon de sentiment. Ce n'est pas une grande œuvre poétique, mais elle est le départ d'un genre illustré par La Fontaine, Regnard, Hamilton, Le Franc de Pompignan, Desmahis, Voltaire, Boufflers, Bertin, Parny. Au XIXe siècle, Charles Nodier la rééditera. Ajoutons qu'il ne faut point confondre, comme on le fit, notre Chapelle avec le successeur de Furetière à l'Académie française, le plat traducteur de Catulle et de Tibulle, l'auteur de pièces médiocres qu'est Jean de La Chapelle (1655-1723).

Le monde précieux est foisonnant et divers. Il a ses ailes droite et gauche. Quant à sa doctrine, elle reste vague. On y trouve des signes de retrait et d'impertinence. Ce qui apparaît, c'est le dédain du vulgaire, plus marqué encore que chez Ronsard et les siens, le désir de lutter contre un langage usé, de créer de nouvelles manières de s'exprimer, si fugitives soient-elles.

C'est un retour aux traditions chevaleresques, à la courtoisie, à la galanterie. Il n'y manque qu'une sincérité profonde. Il s'agit avant tout de ne pas être comme tout le monde, de s'opposer aux Anciens jugés pédants à leur manière et au langage courant qu'on trouve provincial. On épure la langue de grossièretés, on cherche à l'enrichir de tournures habiles, d'ingénieux mariages de mots, d'un style élégant, raffiné et policé. Mais l'écueil est justement l'excès de recherche, le désir d'être applaudi, de connaître des succès immédiats et flatteurs.

Et l'on vit des gens intelligents, de qualité, glisser vers des luttes puériles. Par ennui, on inclina la poésie vers le jeu de salon, le jeu d'esprit. L'étonnant est qu'il y eut d'incontestables réussites, des flots d'images curieuses se glissant un peu partout, et que cette époque a ses richesses, et que la préciosité mérite considération.

Les précieux ne sont ridicules que dans l'exagération. Ils promènent souvent sur eux-mêmes un regard critique et amusé. Ménage a rapporté que tout l'hôtel de Rambouillet, la marquise en tête, applaudit aux *Précieuses ridicules*. Sur le plan poétique, le lyrisme profond, la générosité, la sincérité reculent devant la légèreté, la verve, l'esprit. La préciosité, vaincue en tant que genre, subsistera, car elle est un penchant de la personnalité humaine. Dans notre province, elle aura exploré quelques domaines, et, même, assuré sa propre critique, ne serait-ce que par ses inclinations au burlesque dont nous allons parler.

La préciosité burlesque

I

Le mode burlesque

Si une poésie galante, raffinée, ampoulée, précieuse, tient le haut du pavé, d'autres formes, triviales, cohabitent avec elle : une poésie plus directe, plus franche d'allure, réaliste avec agressivité, naturaliste, bouffonne au besoin, cynique et crue parfois comme chez un Mathurin Régnier, qui semble apporter une révolte du bon sens populaire contre les subtilités de salon, et qui, en fait, est tout aussi élaborée et procède d'une préciosité à un autre niveau.

On parle alors de grotesque ou de burlesque, et aucun de ces mots ne définit parfaitement l'ensemble des tendances vivantes de l'époque. Pour l'un, il faudrait dire frondeur, ironique, joyeux, narquois, goguenard; pour l'autre, familier, fantaisiste, comique, ou encore libertin, ou réaliste. On verra que le burlesque caractérise autant le fond que la forme. Ces poètes, on peut les voir dans l'esprit de Théophile ou de Saint-Amant, et ils ont pour caractère commun l'esprit, la couleur, la gaieté, l'indépendance, la vérité. Ce sont en général de francs lurons fréquentant les célèbres cabarets de l'époque, de l'antique *Pomme de pin* à la toute nouvelle *Croix de Lorraine*, en passant par *le Cormier, la Fosse aux lions, la Croix de fer, le Bel Air, l'Écu d'argent, le Panier fleuri, les Bons Enfants, le Chêne vert, le Petit More*, etc., et cherchant l'inspiration dans le vin généreux et les rencontres amicales.

Il n'existe pas entre eux et les plus précieux une ligne de démarcation bien nette. Tel peut fréquenter le cabaret et le salon, comme aujourd'hui un poète peut se rendre du *Lipp*, du *Flore* ou des *Deux Magots* au salon de quelque moderne égérie. De même, un poète peut unir le ton burlesque et le ton précieux dans la même œuvre : voir Cyrano de Bergerac et Tristan L'Hermite, Brébeuf et Cotin. Car le burlesque est au fond un précieux qui, prenant conscience des excès de la préciosité, en saisit le ridicule, en choisit le contre-pied ou le pousse à l'extrême, pour en assumer la critique et se moquer de lui-même ou d'autrui.

Désireux de faire naître rire et dérision, le poète burlesque crée des contrastes : la trivialité du style est appliquée à des situations graves, tendues, à des personnages dignes; les grands sentiments sont ramenés à de vulgaires passions. On travestit, on déguise, on baisse tout de plusieurs tons. On s'arrange pour que le masque ne dissimule pas tout à fait le visage, de manière qu'on ne sache pas très bien s'il faut rire du masque ou du visage. On rit des antithèses et il faut qu'elles soient fortes. C'est une revanche de l'esprit rabelaisien contre une littérature collet monté. Mais le burlesque est assez subtil pour se tenir aux limites de la grosse bouffonnerie. Il s'agit avant tout d'une intelligence critique tempérant les excès du sérieux facile.

Il existe d'ailleurs chez certains poètes précieux un burlesque inconscient; et chez le poète burlesque un précieux qui connaissant son travers cherche à le vaincre en le raillant. Dès lors, il se fait amphigourique avec exagération pour se rire de l'amphigouri; il emploie des métaphores pour se moquer de la mode métaphoristique; il pousse l'affectation à son comble pour la détruire; il s'invente un langage surprécieux qui amuse. La pointe de salon devient le coq-à-l'âne marotique ou rabelaisien; les jeux de style sont jeux de mots à la mode des grands rhétoriqueurs; les antithèses se veulent clinquantes comme du fer-blanc; les périphrases, de subtilité en subtilité, atteignent aux logographes; la syntaxe prend des allures clownesques; l'acrobate devient homme volant; la préciosité devient farce. C'est *Helzapoppin* en poésie!

Soulignons cette curiosité d'une critique s'exerçant contre un genre non par des arguments, non par un nouvel art poétique, mais par la parodie, le pastiche et la caricature. Peu à peu, comme pour la Préciosité, les ressources du burlesque s'épuiseront, en même temps que sa nécessité, son pouvoir et sa mode. Pour faire survivre un genre qui s'amenuise, on travestira Homère et Virgile, plus gratuitement, sans les raisons d'une critique profonde, par jeu, et contre eux, on se brisera. En voulant se maintenir, s'ériger en mode indépendant, cette littérature perdra son emploi. Dès lors, on retiendra surtout ce qu'elle provoque : les foudres d'un Boileau et l'union de poètes sous le signe du classicisme.

Le genre burlesque, déjà annoncé par les fatrasies et coq-à-l'âne médiévaux, par les poètes macaroniques, par la satire de Mathurin Régnier, a des sources et des équivalents étrangers nombreux : Lope de Vega, Gongora, Tassoni, Mauro, Capitoli, Amelunghi, Bracciolini, Boccalini. L'archaïsme parodique, le travestissement mythologique, l'extraction du ridicule quotidien, la stylisation du langage populaire et la popularisation du langage stylé sont ses armes. Le poète burlesque emploie un vocabulaire exclu de la conversation mondaine et de la littérature de salon : termes techniques, mots du dialecte, mots étrangers francisés ou non, néologismes, mots familiers et « bas », termes brutaux, dont Francis Bar a dressé l'important répertoire. Le poète fait des plaisanteries sur la forme des mots, cherche la surprise, les dissonances, le cocasse, l'inattendu, le bariolé, la bigarrure, usant de toutes les possibilités de la versification et de la rhétorique.

Le burlesque est une autre préciosité et la préciosité est de tous temps comme l'a montré René Bray qui la trouve de Thibaud de Champagne à Jean Giraudoux en passant, pour les plus récents, par Chénier, Gautier, Banville, Mallarmé, Valéry, Apollinaire, Max Jacob, Éluard ou Aragon. Quant au burlesque, ne le retrouvera-t-on pas avec Offenbach sous le second Empire, dans nombre d'œuvres récentes signées Jarry, Max Jacob, Prévert, Queneau...

Ajoutons qu'on trouve des résurgences de l'esprit médiéval au XVIIe siècle dans une préciosité dont l'esprit reste proche de celui des cours d'amour, dans un burlesque se rapprochant des fabliaux. Les deux sont nés d'un excès d'intelligence et de civilisation. La préciosité, exigence esthétique, et le burlesque, exigence critique, n'ont pas si mal cohabité.

2

La troupe burlesque

Fait comme un Z, Scarron.

Du burlesque, il est le Prince. Paul Scarron (1610-1660), petit abbé, mena tout d'abord une existence vouée aux plaisirs, puis, à vingt-huit ans, une infirmité le cloua sur sa chaise basse jusqu'à la fin de ses jours. Pendant vingt-deux ans, jusqu'à son dernier souffle, il animera et divertira la société. Il a laissé son autoportrait :

J'ai eu la taille bien faite, quoique petite ; ma maladie l'a raccourcie d'un bon pied ; ma tête est un peu grosse pour ma taille... Mes jambes et mes cuisses ont fait premièrement un angle obtus, puis un angle égal, et enfin un angle aigu ; mes cuisses et mon corps en font un autre, et ma tête se penchant sur mon estomac, je ne ressemble pas mal à un Z. J'ai les bras raccourcis aussi bien que les jambes, et les doigts aussi bien que les bras ; enfin, je suis un raccourci de la misère humaine...

Enfin, il se dit « colère », paresseux, gourmand, ne haïssant personne, aimant la compagnie, mais aussi la solitude, et supportant patiemment ses maux.

Frustré d'un héritage, il chercha à vivre par sa plume. Il obtint une pension du cardinal Mazarin, une autre de la reine dont il se disait « le malade en titre ». Frondeur, il perdit ces revenus, se fit pensionner par Fouquet, tira de quoi vivre de ce qu'il appelait son « marquisat de Quinet » : Quinet était son éditeur. Il s'amusa toute sa vie, même en dédicaçant un ouvrage à la chienne de sa sœur qu'un erratum transforme en « sa chienne de sœur ».

Sa demeure fut un rendez-vous d'écrivains : Segrais, Boisrobert, Ménage, Sarazin, Pellisson, Marigny, etc., de gens du monde : le maréchal d'Albret, le duc de Vivonne, le comte de Villarceaux, le duc de Gramont, etc., de dames : Madeleine de Scudéry, Mme Deshoulières, Ninon de Lenclos, la marquise de Sévigné, Mme de Lesdiguières, la comtesse de La Suze, la baronne de Neuillant. Cette dernière amena chez lui une jeune fille de treize ans, Françoise d'Aubigné : il l'épousa aussitôt, lui donnant pour dot, selon son mot, l'immortalité. Elle devait la conquérir d'une autre manière en devenant Mme de Maintenon, l'épouse de Louis XIV. Quand il mourut, Scarron dit à ceux qui pleuraient à son chevet : « Je ne vous ferai jamais autant pleurer que je vous ai fait rire. » Tel est l'homme, telle est sa vie. Venons-en à ses œuvres.

La plus significative du burlesque est *le Virgile travesti*, 1648, 1653. Scarron n'a pas inventé le genre, car en 1633 l'Italien Giambattista Lalli avait déjà travesti l'*Énéide*, mais le Virgile de Scarron est plus délectable, à condition toutefois d'accepter le ton iconoclaste, les plaisanteries triviales, les rimailleries et un ricanement un peu lassant. Guizot qui a défendu cette œuvre signale qu'elle « scandalise les faibles ». Toutes réserves prises, on trouve de la verve et des traits piquants. Et puis surtout, derrière les extravagances et les déformations, on découvre, en même temps qu'une critique de l'œuvre travestie, un jugement moral sur les événements du temps.

Ce livre connut un tel succès que, pendant des années, une partie de la littérature s'engagea dans la même voie, donnant le jour à un grand nombre d'œuvres : *les Amours d'Énée et de Didon*, de Furetière, *l'Enfer burlesque* de Charles Jaulnay, *l'Énéide en vers burlesque* de Dufresny, *la Guerre d'Énée en Italie* de Barciet, *l'Énéide enjouée* de Brébeuf, *le Virgile goguenard* de Claude Petit Jehan, et bien d'autres travestissements comme celui des frères Perrault, avec ces vers célèbres si souvent attribués à Scarron :

> Tout près de l'ombre d'un rocher,
> J'aperçus l'ombre d'un cocher
> Qui, tenant l'ombre d'une brosse,
> Nettoyait l'ombre d'un carrosse.

Virgile fut traité ainsi dans divers patois, dans les grandes langues européennes, et la parodie continua jusqu'au début du XIXe siècle, au besoin pour critiquer la Révolution française et Napoléon.

Au XVIIe siècle, P. Richer s'en prit à Ovide, et aussi d'Assoucy qui parodia ainsi Claudien. H. Picou se saisit avec le même enthousiasme d'Homère et d'Horace. Lucain fut la proie de Brébeuf et Juvénal de François Colletet. En attendant le siècle suivant où Marivaux et l'abbé Faure s'en prendront à Homère, Monbron à *la Henriade* et Jonquières à *Télémaque,* les abus sont nombreux. Citons *la Guerre burlesque* de La Frenaye, *Paris en vers burlesques* de François Berthod, *le Tracas de Paris en vers burlesques* de François Colletet, *Paris ridicule* de Claude Le Petit, *la Foire Saint-Germain* de Scarron, *la Ville d'Amsterdam en vers burlesques* de P. Le Jolle, *le Voyage de Brême en vers burlesques* de Clément, *l'Herculéide* de M. Nouguier, *le Démon travesti* de Jacques Jacques, etc.

De cet engouement, Boileau a fait la critique :

> Au mépris du bon sens, le burlesque effronté
> Trompa les yeux d'abord, plut par sa nouveauté.
> On ne vit plus en vers que pointes triviales.
> Le Parnasse parla le langage des Halles.
> La licence à rimer alors n'eut plus de frein.
> Apollon travesti devint Tabarin.
> Cette contagion infecta les provinces,
> Du clerc et du bourgeois passa jusques aux princes.
> Le plus mauvais plaisant eut ses approbateurs;
> Et jusqu'à Dassoucy, tout trouva des lecteurs.

Ledit d'Assoucy eut du mal à se remettre de ce dernier vers et s'indigna : « Moi qui me serais mis en quatre pour sa gloire! » Avec *le Virgile travesti* de Scarron, Boileau connut certains agacements : son ami Racine ne le lisait-il pas avec délices! Le critique sévère fut aussi burlesque à sa manière lorsqu'il parodia *le Cid* avec son *Chapeau décoiffé*. L'ouvrage de Scarron resta inachevé, mais les continuateurs ne manquèrent pas, ce qui fut aussi le cas pour son *Roman comique,* car son chef-d'œuvre n'est pas en vers mais en prose. *Le Roman comique,* histoire d'une troupe de théâtre ambulante, roman picaresque procédant par courtes scènes, les unes vivantes et drôles, les autres plus lourdes, a le mérite d'une grande originalité. Théophile Gautier y puisera le baron de Sigognac, dit *le Capitaine Fracasse.*

Pour revenir sur les travestissements, il est juste d'indiquer que Scarron avait une entière conscience de leur vanité. Lassé de ce jeu dans lequel il entraîna malgré lui tant d'imitateurs, il mit toute sa verve à se critiquer dans une dédicace du *Virgile travesti :*

> Tous ces travestissements de livres, et de mon *Virgile* le tout premier, ne sont pas autre chose que des coyoneries, et c'est un mauvais augure pour ces compilateurs de mots de gueule, tant ceux qui se sont jetés sur *Virgile* et sur moi, comme sur un pauvre chien qui ronge un os, que les autres qui s'adonnent à ce genre d'écrire-là, comme au plus aisé; c'est, dis-je, un très mauvais augure pour ces très brûlables grotesques, que

cette année, qui en a été fertile, et peut-être aussi incommodée que de hannetons, ne l'a été en blé.

Et Scarron espère que le prochain « burlesque relaps » sera condamné aux travaux forcés à perpétuité sur le Pont-Neuf.

Boileau laisse à l'admiration de la province le poème bouffe en cinq chants, *le Typhon ou la Gigantomachie*, 1644. Son théâtre n'est pas sans intérêt. Parmi ses comédies, *Jodelet ou le Maître valet* mit à la mode un nouveau type de personnage, *l'Écolier de Salamanque* fit aimer ce Crispin appelé à une belle fortune. *La Précaution inutile* sera imitée par Michel-Jean Sedaine dans *la Gageure imprévue* après que Molière y aura pris l'intrigue de *l'École des femmes*. Scarron dépasse les *Scarroniana*, il a de l'imagination et il inspire, il est imité.

Une de ses meilleures œuvres théâtrales est *Don Japhet d'Arménie*, comédie en cinq actes. S'ajoutent *les Trois Dorothées, l'Héritier ridicule, le Gardien de soi-même, le Marquis ridicule, la Fausse Apparence, le Prince corsaire*, toutes pièces contenant des éléments et des procédés solides qu'on retrouvera chez tant d'auteurs, jusqu'à Edmond Rostand. On ne joue plus Scarron. Le comique de mots et de situations ne manque pas chez lui, et de jeunes troupes pourraient encore y trouver de bons passages. Mais Molière lui a pris ses valets, parfois ses intrigues, et a fait mieux que lui. Il n'empêche, comme l'a souligné Lintilhac, que « le rire en cinq actes » date de Scarron.

Peut-on lire encore *les Boutades du Capitan Matamore* qui comprend des stances, odes et élégies, ou *le Mariage de Matamore* sur une seule rime en *ment*? Pour la curiosité, oui. Et aussi *les Nouvelles tragi-comiques* dont l'une fournit à Molière une scène du *Tartuffe*, ou une satire, *la Baronade*, ou l'ode burlesque *Léandre et Héro*, ou *la Relation du combat des Parques et des Poètes sur la mort de Voiture*.

Il composa aussi *la Gazette burlesque* et sans doute *la Mazarinade*, l'éclatant pamphlet de la Fronde. Au moment où Paris fut pris d'une folie héroï-comique, les frondeurs se réunissaient volontiers chez Scarron. Des milliers d'écrits satiriques fleurissaient. On ne s'abordait que par couplets contre le Mazarin. Jamais ministre ne fut à ce point insulté. *La Mazarinade*, si elle est de Scarron, ne lui ajoute pas grand-chose et tout cela procède de la petite histoire.

Enfin, Scarron publia des *Poésies diverses*. Tous les genres y étant réunis, il n'y a pas là que burlesque. S'il compose une requête, c'est en bon disciple de Marot :

> Reine, dont la compassion
> Me rend depuis trois ans mes malheurs supportables,

> Faites-moi mettre aux incurables,
> Ou faites-moi bientôt payer ma pension.
>
> Pour servir Votre Majesté,
> Je fais ce que je puis pour être bien malade;
> Je mangerai poivre et salade
> Si vous trouvez encor que j'ai trop de santé.

Ou bien, il emploie ces octosyllabes sautillants dans lesquels il réussit assez bien :

> Scarron, par la grâce de Dieu
> Malade indigne de la reine,
> Homme n'ayant ni feu ni lieu,
> Mais bien du mal et de la peine :
> Hôpital allant et venant,
> Des jambes d'autrui cheminant,
> Des siennes n'ayant plus l'usage,
> Souffrant beaucoup, dormant bien peu,
> Et pourtant faisant par courage
> Bonne mine et fort mauvais jeu,
>
> Prie humblement Sa Majesté
> De se remettre en la mémoire,
> Qu'au commencement de l'été,
> Alors que la cour devint noire,
> Il fut son malade avoué...

Ses chansons bachiques, pleines d'entrain, ressemblent à ce qu'écrira un certain Victor Hugo fantaisiste :

> Et d'estoc et de taille
> Parlons comme des fous.
> Qu'un chacun crie et braille
> Hurlons comme des loups!
> Jetons nos chapeaux et nous coiffons de nos serviettes
> Et tambourinons de nos couteaux sur nos assiettes.

Dans une requête au roi après la mort de Richelieu qui lui avait fait une promesse, il mêle la drôlerie et l'émotion :

> Je suis depuis quatre ans atteint d'un mal hideux
> Qui tâche de m'abattre;
> J'en pleure comme un veau, bien souvent comme deux,
> Quelquefois comme quatre.
>
> Pressé de mon malheur, je voulus présenter
> Au Cardinal requête;
> Je fis donc quelques vers, à force de gratter
> Mon oreille et ma tête.

> Ce grand homme d'État ma requête écouta
> Et la trouva jolie;
> Mais là-dessus survint la mort qui l'emporta
> Et ne m'emporta mie.

Ses dons satiriques se donnent libre cours dans *l'Épître chagrine à monsieur d'Elbène* où il fait parler un fâcheux. On reconnaît la voix de Mathurin Régnier et de ses disciples, et aussi ce personnage criant de vérité qu'on rencontre encore de nos jours dans les milieux littéraires ou qui se veulent tels :

> Il me questionna de toutes les manières :
> « Êtes-vous visité de Monsieur de Linières?
> Me dit-il; ce qu'il fait est satirique et beau,
> Et je le croirais bien comparable à Boileau.
> Qu'estimez-vous le plus de *Clélie* ou *Cassandre*?
> Quant à moi, le vers fort me plaît plus que le tendre.
> Tout ce que fait Quinault est, ma foi, fort galant.
> Mais, qu'est-ce donc, monsieur, qu'*Œdipe* a d'excellent?
> Je l'ai lu plusieurs fois : mais j'ose bien vous dire
> Que je n'y trouvai pas le moindre mot pour rire :
> Quelque bruit qu'il ait fait, Corneille a fort baissé,
> Et la cour, cependant, l'a bien récompensé.
> Boisrobert se retranche au genre épistolaire.
> C'est un digne prélat. J'estimais fort son frère.
> J'ai relu mille fois ses contes ramassés,
> Et n'ai rien vu de tel dans les siècles passés.
> Nous ne voyons plus rien du docte Ménardière.
> Colletet m'a fait boire avec Furetière,
> J'ai fumé quelquefois avecque Saint-Amant.
> N'achèverez-vous point votre joli roman?...

Scarron, maître de la conversation, décèle, avant Gustave Flaubert, ses idées reçues. La satire est le genre où il réussit le mieux. Sa critique bonhomme de la société annonce Molière; il y a du Boileau dans ses portraits littéraires. Il est dommage qu'il n'ait pas davantage écrit dans ce goût. Malheureusement, il a plus travaillé pour la librairie que pour la littérature. Réclamait-on du burlesque qu'il avait contribué à mettre à la mode? Il en pondait jusqu'à ce qu'il en fût lui-même saturé.

Cyrano de Bergerac s'étonna de ce que chez lui « les vingt-quatre lettres de l'alphabet se peuvent assembler en tant de façons sans rien dire ». Grimm est violent : « Ses farces remplies d'inepties et d'ordures n'ont de comique que leur extravagance et leur imbécillité. » Mais pour Théophile Gautier, il est « l'Homère de l'école bouffonne », une école qui a droit d'existence.

Malgré les critiques méritées, Scarron doit recevoir justice : dans la poésie et le théâtre, son rang est honorable; dans la prose, son *Roman comique* reste avec *la Vraie Histoire comique de Francion* de Charles Sorel, *le Page disgracié* de Tristan L'Hermite et *le Roman bourgeois* de l'abbé Antoine Furetière, un des grands romans réalistes de son siècle.

Le Singe de Scarron.

Charles Coipeau d'Assoucy (1605-1674) étonne par sa précocité. A neuf ans, il fuit la maison paternelle pour échapper aux sévices d'une servante-marâtre, garde les dindons, porte la livrée de valet, se rend en Angleterre. A son retour en France, il plaît à la bonne société par ses talents de poète-bouffon, de joueur de luth et de théorbe. La fille du roi Henri IV, Madame Royale, le prend quelque temps à son service. Ensuite, il part, son luth sur l'épaule, pour donner des concerts de ville en ville, accompagné de deux pages, ce qui le fait accuser d'immoralité. Ses épigrammes, son esprit satirique, son genre particulier lui valent bien des désagréments et il connaît la prison à Montpellier, à Rome, à Paris, avant qu'on reconnaisse son innocence.

Ce trouvère égaré au XVIIe siècle, cet ancêtre des hippies, se donna lui-même un titre : « Empereur du Burlesque, premier du nom. » On l'appellera plutôt « le Singe de Scarron ». Nous avons cité le vers où Boileau l'accable de mépris, mais pour d'Assoucy, lié à Corneille et Molière, le critique n'est qu'un « stoïque constipé ». Un court exemple de son style :

> Vous qu'un grand Peuple morfondu
> Dans ces lieux a fort attendu,
> Soyez le bienvenu dans Rome.
> Savant abbé, docte et congru,
> Qui ne dînez pas d'une pomme
> Ni d'un cœur d'artichaut tout cru;
> On dit ici que grande somme
> Vous apportez en maint écu
> Clair et comptant : ô l'honnête homme
> Soyez le bienvenu dans Rome,
> Seigneur, soyez le bienvenu!

Il joue ainsi de la rime chansonnière pendant des strophes bavardes, absurdes, qui tiennent du burlesque.

Il a su raconter sa vie de bohème en prose et en vers : ses *Aventures*, série de mémoires, sont pittoresques, riches de vrais tableaux de nature, bons témoignages d'époque. Il a composé une sorte d'opéra bouffe, *les Amours d'Apollon et de Daphné,* parodié d'Ovide et de Claudien.

Étant le plus fidèle de tous au genre burlesque, ayant des idées singulières, en poésie, il reste plat. Il a une immense considération pour lui-même, malgré les attaques répétées de Chapelle, Cyrano de Bergerac, ou même Jean Loret ce pâle auteur d'une *Muse historique.* Les plus burlesques refusent cet empereur qui s'est lui-même couronné.

Le Singe de Voiture.

Les auteurs de singeries ont leurs singes. Pour Voiture, c'est René Le Pays (1636-1690), directeur des gabelles de Provence et de Dauphiné jusqu'à sa disgrâce. Dans une lettre à un ami, il a défini, avec de mauvaises raisons, les rapports de Boileau avec les poètes qui suscitent sa critique :

> Il est bon qu'il y ait de méchants auteurs pour donner de l'éclat aux illustres. Il est nécessaire que je fasse des vers avec un grand nombre d'autres poètes afin de donner matière aux satires de M. Boileau. Si nous n'avions rien écrit de méchant, il n'eût peut-être jamais rien dit de bon.

Ses poèmes sont à la fois précieux et burlesques. Charmant fantaisiste, il amuse Philis, Iris, Climène ou Sylvie par de menus propos plutôt que par des galanteries. Il cherche des images, dédiant un sonnet « A Iris qui mangeait ordinairement des fleurs » ou écrivant « La bouche et les yeux en querelle ». Spirituel, il remercia Boileau lorsque celui-ci publia :

> Le Pays, sans mentir, est un bouffon plaisant.

Pour lui, tout est pour le mieux dans le meilleur des mondes possibles. Il a écrit aussi un roman : *Zélotide, histoire galante* qu'on admira beaucoup à Grenoble, ce qui n'est pas si mal. Le « Singe de Voiture » était aussi quelque peu « le Singe de Balzac ».

Amilcar rival de Voiture.

L'Amilcar des précieuses, plus burlesque que précieux, Jean-François Sarazin (1604-1654) fut protégé par divers princes, surtout par Conti dont il devint secrétaire des commandements. Comme, selon Segrais, « il faisait ce qu'il voulait de son esprit », il apporta, avec ses bons mots et sa joyeuseté, le soleil dans cette illustre maison. Est-il vrai qu'il mourut d'un coup de pincettes à la tempe asséné par le prince de Conti dans un mouvement de colère? Fut-il assassiné par un mari jaloux? Encore une énigme pour les passionnés de petite histoire.

A Chantilly, il remplit le même rôle que Voiture à l'hôtel de Rambouillet, avec moins de dignité cependant, se trouvant tantôt aux ordres comme un domestique, tantôt étant traité en ami, selon les humeurs. Intrigant, divertissant, il y a en lui du Figaro. Selon la commande, il peut tout écrire, tout imiter, prêcher à la manière d'un capucin ou d'un cordelier si cela peut plaire à Mme de Longueville. Maniant l'ode, il divinise Condé et étonne : dans un mouvement baroque et précieux, ses vers savent prendre des accords de luth et de hautbois, des sonorités de trompette, et cela sous des apparences légères. Il peut vraiment tout faire : le bon rarement, le mauvais souvent, et il est capable d'étonner.

Il fut historien et, dans ce domaine, Victor Cousin fait figurer ses pages au nombre des plus belles du temps. Poète, on vit en lui le rival de Voiture qu'il ne supplanta pas. Ses sonnets, épîtres et madrigaux ont toujours un tour agréable. Ses odes ont de l'allure. Certains quatrains font penser à Guillaume Apollinaire, ou plutôt le contraire : le bon Guillaume, nous l'avons déjà vu, connaissait bien ses lointains prédécesseurs. Mais n'y a-t-il pas aussi un peu de Cocteau ici?

> Ne crains point de montrer au jour
> L'excès de l'ardeur qui te brûle;
> Ne sais-tu pas bien que l'amour
> A fait un des travaux d'Hercule?

> Toujours les héros et les dieux
> Ont eu quelques amours en tête;
> Et Jupiter, en mille lieux,
> En a fait plaisamment la bête.

> Achille, beau comme le jour,
> Et vaillant comme son épée,
> Pleura neuf mois sur son amour,
> Comme un enfant pour sa poupée.

Dans son *Rollon conquérant* passe le souvenir de la geste. Il aime à chanter une villanelle, à louer le pays de Caux au cours d'une *Ballade du Pays de Cocagne*, à écrire pour Conrart une *Ballade du Goutteux sans pareil*. Le sort de l'Europe le touche et il déplore ses misères dans le cadre d'un sonnet. Il sait être attachant et mérite de sortir du purgatoire. Dans *De la mode*, La Bruyère a écrit : « Voiture et Sarazin étaient nés pour leur siècle, et ils ont paru dans un temps où il semble qu'ils étaient attendus; s'ils s'étaient moins pressés de venir, ils arrivaient trop tard. »

Autour de Voiture, de Scarron, de Sarazin.

Un des ouvrages de Sarazin a pour titre : *Dulot vaincu ou la Défaite des Bouts-rimés*. Selon Ménage, ce Dulot aurait inventé ou mis à la mode les bouts-rimés. C'est vers 1648 que ce jeu fut en faveur. Le nommé Dulot, toujours selon Ménage, se plaignit du vol de trois cents sonnets. Comme on s'étonnait du nombre, il indiqua qu'il s'agissait de rimes préparées à l'avance. Ces chèques en blanc sur la poésie furent sans grande provision. De vrais poètes s'y livrèrent par jeu : à la fin de sa *Comtesse d'Escarbagnas*, Molière donna un sonnet ainsi composé; Mme Deshoulières, Piron et Marmontel en firent; Alexandre Dumas, plus tard, devait fonder un concours et réunir tout un recueil. Dulot eut des précurseurs comme Tabourot des Accords lorsqu'il imita Rabelais, mettant en rimes les réponses du Fredon aux questions de Panurge.

Le « Goutteux » à qui Sarazin envoya une ballade qui eut sa réponse, est Valentin Conrart (1603-1675), aimable satirique, qui eut une part importante dans la vie de société, recevant chez lui Gombauld, Chapelain, son cousin Godeau, Philippe Habert, Malleville, Giry, Boisrobert. Ces réunions furent à l'origine de l'Académie française dont il fut secrétaire perpétuel. Homme charmant, cultivé, de jugement sûr, il reçut les louanges de ses contemporains, à l'exception de Tallement des Réaux et de François de Linières. Écrivant peu de vers, il courut peu de risques, et Boileau l'a raillé sans rudesse :

> Ainsi, craignant toujours un funeste accident,
> J'imite de Conrart le silence prudent.

Comme Sarazin, il fut historien et Victor Cousin a puisé chez lui. Au témoignage de Racan sur Malherbe, il a ajouté des *Anecdotes inédites*. Facile et de peu d'intérêt, sa poésie est faite pour *la Guirlande de Julie*. Sa fable *la Poule et le renard* annonce La Fontaine, qui pour écrire *la Fille* puisera dans une épigramme de Conrart. Le père Bouhours dit : « Il y a, dans tout ce qu'il fait, un certain air d'honnête homme qui me plaît infiniment. »

Il n'est pas étonnant que François Payot de Linières (1626-1704), ami burlesque de Scarron et de Cyrano de Bergerac, ait attaqué Conrart : ce libertin caustique ne vivait que de querelles, exerçant sa plume à l'épigramme grinçante. *La Pucelle* de Chapelain lui ayant fourni une cible facile, il étendit son attaque aux amis de ce dernier, non seulement Conrart, mais aussi Furetière, Ménage, Pellisson, Gombauld, Madeleine de Scudéry, sans oublier Pierre Costar (1603-1660), un poète du Mans qui envoyait à ses amis parisiens « chapons et gelinottes ». Fier de sa facilité, Linières se moqua de Boileau qui travaillait lentement. Voici la réponse :

> J'entends déjà d'ici Linières furieux,
> Qui m'appelle au combat, sans prendre un plus long terme.
> De l'encre, du papier! dit-il; qu'on nous enferme!

Linières riposta, Boileau se mit en colère, l'appela « le poète idiot de Senlis », fit, aux deux sens de l'épithète, une méchante épigramme, et dit que la meilleure action de son ennemi était d'avoir bu toute l'eau d'un bénitier parce qu'une de ses amies y avait trempé les doigts. Les épigrammes de Linières firent la joie des ruelles, même quand il attaquait les pédants et les « savantasses » comme il disait.

Le neveu de Voiture, et son éditeur avec l'aide de Conrart et de Chapelain, Étienne-Martin de Pinchesne (1616-1680) ne manque pas de féliciter Linières lorsqu'il l'invite à un grand repas. Ami de Pierre Costar, il fonda avec lui une académie gastronomique et bachique et ils eurent toute une correspondance mêlée de vers et de prose formant *la Chronique des chapons et gelinottes* que Frédéric Lachèvre a publiée.

A propos de neveux, notons au passage que bien des oncles poètes sont à l'origine de bien des vocations : Lemaire de Belges est le neveu de Molinet, d'Escorbiac celui de Du Bartas, Desplanches celui de Bernier de La Brousse, Colomby celui de Malherbe, Pinchesne celui de Voiture, Fontenelle celui de Corneille, Campenon celui de Léonard...

Un correspondant de Sarazin est Charles-Louis de Faucon du Ry, seigneur de Charleval (mort en 1693), Cléonyme pour les précieuses. Sarazin lui adressa un sonnet indiquant qu'Ève fut la seule femme fidèle, et pour cause! Charleval invitant son ami à dîner le fait avec des stances :

> Sarazin, quand je t'aperçois,
> Mon cœur ressent mille allégresses,
> Et si tu viens manger chez moi,
> Je te mangerai de caresses.

Cet homme généreux donna dix mille livres aux Dacier pour qu'ils puissent continuer de vivre à Paris. Les riens de circonstance qui composent son œuvre ont été perdus par ses héritiers rougissant d'avoir un poète dans leur famille. Il fut le courtisan de Ninon de Lenclos et de Mme de Courcelles. Scarron dit que sa muse n'était nourrie « que d'eau de poulet et de blanc-manger ».

Denis Sanguin de Saint-Pavin (1595-1670) imite Scarron, Voiture ou Benserade, se fait disciple de Théophile de Viau, lance des épigrammes, participe aux jeux d'esprit. Langoureux, il ne cesse de mourir pour Célimène, Iris ou Caliste, bien qu'il se vante d'être appelé « Roi de Sodome ». Mondain, il donne dans la galanterie mythologique et ne montre quelque sincérité que lorsque l'amitié prend les déguisements conventionnels de l'amour : c'est qu'il s'adresse alors à Mme de Sévigné et à sa fille. Libertin, impie, il ne se cache pas, il participe à de joyeuses compagnies d'épicuriens. S'il croise le fer avec Boileau, il s'en tire avec honneur. Goutteux comme Conrart, il finit dans un fauteuil comme Scarron et resta comme lui gai et optimiste. Parmi ses poésies légères, on peut retenir quelques sonnets, surtout quand ils prennent un tour épigrammatique, comme ici où l'on peut facilement identifier celui qu'il attaque :

> Cléon monté sur le Parnasse,
> Avant que personne en sût rien,
> Trouva Régnier avec Horace
> Et rechercha leur entretien.
>
> Sans choix et de mauvaise grâce,
> Il pilla presque tout leur bien;
> Il s'en servit avec audace
> Et s'en para comme du sien.
>
> Jaloux des plus fameux poètes,
> Dans ses satires indiscrètes,
> Il choque leur gloire aujourd'hui;
>
> En vérité je lui pardonne;
> S'il n'eût mal parlé de personne,
> On n'eût jamais parlé de lui.

Les poètes biberons.

Venons-en à quelques pochards, quelques bâfreurs, comme l'ami de Saint-Amant et Faret-Cabaret, Charles Vion d'Alibray (vers 1600-1655) qui choisit de vivre au-dessus d'une taverne. Gros et rond, il dit dans ses vers qu'il emplit son logement. Ses poèmes sont galants ou bachiques dans sa jeunesse, moraux et religieux plus tard, si bien qu'il est digne à la fois du florilège léger et de l'anthologie grave. Voici pour le vin et la belle vie :

> A peine suis-je à moi revenu que voilà
> Un valet qui me sert de quoi faire carousse;
> Vin blanc ou vin clairet, liqueur piquante ou douce.
> Voudrais-je avecque toi trancher ici du fin?
> Un poète jamais n'est ennemi du vin,
> Et je n'habite pas en ce lieu de franchise,
> Ainsi qu'un huguenot près d'une belle église,
> Je m'apaise, je ris, je bois cinq ou six coups
> De vin blanc ou clairet, de vin vieux ou vin doux.

Et, à l'opposé, pour la fin et la belle mort :

> Songe, songe, mortel, que tu n'es rien que cendre
> Et l'assuré butin d'un funeste cercueil;
> Porte haut les desseins, porte haut ton orgueil,
> Au gouffre du néant, il te faudra descendre.
>
> Qu'est enfin un César, et qu'est un Alexandre
> Dont les armes ont mis tant de peuples en deuil?
> Ils sont où les grandeurs doivent toutes se rendre
> Et toutes se briser comme sur un écueil.
>
> Que ces exemples donc ton esprit humilient,
> Et que tes vanités sous de tels rois se plient;
> Ils furent dans leur temps plus que tu n'es au tien.
>
> Cependant, il n'en reste, après tant de merveilles
> Qui furent des humains la perte ou le soutien,
> Qu'un peu de poudre au vent et de bruit aux oreilles.

Allant de Saint-Amant à Malherbe, avec les pensées de Montaigne ou de Bossuet, ce poète de cabaret, dès qu'il trouve repentance, se rapproche des classiques, mais ne sommes-nous pas au temps ou tout poète connaissant son métier peut faire du bon Malherbe?

Un professeur de grec au Collège Royal, Pierre de Montmaur (1576-1648), bon homme au fond, mais pédant et parasite, vint à la poésie pour cultiver l'anagramme et des jeux de mots qu'on appela « montmaurismes ». Les victimes de ce pique-assiette finirent par se grouper contre lui et il devint la tête de Turc idéale. De ces factums, Sallengre au début du siècle suivant composa un volume. Vion d'Alibray fut le plus virulent et le plus inspiré des anti-Montmaur avec soixante-treize épigrammes et deux satires. On le transforme en perroquet, en cheval, en marmite comme le fit Vion d'Alibray qui découvrit chez son confrère bedonnant, une sorte de Vitellius, et surtout la matière de sa *Métamorphose de Gomor en marmite,* une vive satire.

Un autre poète dodu est Jacques Carpentier de Marigny (mort en 1670), petit-fils d'un mercier, « le gros Marigny », jovial, spirituel, grand raconteur d'histoires. Ami du cardinal de Retz, pendant la Fronde, il combat plume en main, nul n'allant aussi vite que lui pour composer une mazarinade. Il reçut beaucoup de coups de bâton, jeta des imprécations contre les marguilliers de Saint-Paul dans *le Pain bénit,* octosyllabes vengeurs contre ces gens qui s'engraissent des frais de funérailles, dans un ton proche de Marot ou de Rabelais quand il s'en prend aux bigots. Nous sommes dans la facilité, mais elle a de la grâce, qu'il s'attaque au coadjuteur ou à un gros mangeur parasite. On le voit précieux :

> Si l'amour est un doux servage,
> Si l'on ne peut trop estimer
> Les plaisirs où l'amour engage,
> Qu'on est sot de ne pas aimer.

On le voit mêler la fantaisie à la galanterie comme dans ces *Étrennes pour la marquise de Sévigné* :

> Adorable et belle marquise,
> Plus belle mille fois qu'un satin blanc tout neuf,
> Au premier jour de l'an six cent soixante-neuf,
> Je vous présenterais de bon cœur ma franchise ;
> Mais les charmes que vous avez
> Depuis quelque temps me l'ont prise :
> Je ne sais si vous le savez ?

Revivant à cette époque, Joachim Du Bellay aurait sans doute écrit sa *Défense et Illustration* avec plus de vigueur critique encore.

Un autre chopineur est le Parisien Guillaume Colletet (1598-1659), admirateur de Ronsard dont il finit par habiter la maison. On le trouve assez érudit pour réunir sous le titre d'*Art poétique,* 1658, divers traités, assez fraternel pour écrire une *Vie des poètes français* dont le manuscrit fut malheureusement détruit en 1870, mais dont des parties avaient été publiées dans des recueils, assez protégé par Richelieu pour être académicien, assez bon mari pour faire passer pour poète sa femme Claudine Le Nain, buveuse « comme un templier », dit Tallemant qui ne la ménage pas. Après la mort de Colletet, comme par hasard, elle n'écrivit plus rien. La Fontaine en fit une épigramme commençant ainsi :

> Les oracles ont cessé ;
> Colletet est trépassé.
> Dès qu'il eut la bouche close

> Sa femme ne dit plus rien;
> Elle enterra vers et prose
> Avec le pauvre chrétien.

Avant de mourir, Colletet avait prévu cette extinction d'inspiration en composant une dernière pièce dans laquelle Claudine déclarait qu'elle renonçait à la poésie :

> Pour ne plus rien aimer, ni rien louer au monde,
> J'ensevelis mon cœur et ma plume avec vous.

Chapelain a dit de Colletet : « Il a passé sa vie entre Apollon et Bacchus, sans souci du lendemain. » Il est à l'école de Ronsard, prenant soin de ses vers, mais n'évitant pas la redondance et la trivialité de ses compères. On peut lire ici des *Amours de Claudine :*

> Claudine, avec le temps, tes grâces passeront,
> Ton jeune teint perdra sa pourpre et son ivoire;
> Le ciel qui te fit blonde, un jour te verra noire,
> Et comme je languis, tes beaux yeux languiront.

Il intitule un autre sonnet *les Poètes amis :*

> Que Malherbe nous charme et ravisse nos rois;
> Que Racan s'éternise éternisant leur gloire;
> Que Métel sacrifie aux filles de Mémoire;
> Qu'Urfé fasse parler les antres et les bois.
>
> Que l'ardent Théophile échauffe les plus froids;
> Que Maynard entretienne et la Seine et la Loire;
> Que D'Audiguier embrasse et les vers et l'histoire;
> Que Saint-Amant élève et son luth et sa voix.
>
> Que L'Estoile et qu'Ogier fassent briller la muse,
> Que Garnier la conduise aux champs de Syracuse;
> Qu'Habert et Malleville éclatent à la cour;
>
> Que Serizay nous montre un rayon de sa veine;
> Cloris je m'étudie à vous faire l'amour,
> Et s'ils ont tout l'honneur, j'aurai toute la peine.

On le verra burlesque, bachique dans *le Trébuchement de l'Ivrogne,* galant dans *les Amours de Claudine,* satirique, critique, érudit, poète de circonstance, religieux sur ses vieux jours. En plus de ses recueils *Divertissements,* 1631, *le Banquet des Poètes,* 1646, *Épigrammes,* 1653, *Poésies diverses,* 1656, il a écrit une tragi-comédie pastorale, des ballets, peut-être deux romans signés Jean de Lannel qui lui sont attribués. Il est un digne héritier des douceurs de la Pléiade.

Aîné de vingt-quatre enfants, selon Théophile Gautier « le roseau le plus long de cette flûte de Pan », Guillaume Colletet eut d'une de ses épouses (avant la blonde Claudine, il en eut deux, et toutes étaient servantes), Marie Prunelle, un fils, François Colletet (1628-1680) qui fut le poète burlesque avec lequel Boileau a été très dur :

> Tandis que Colletet, crotté jusqu'à l'échine,
> S'en va chercher son pain de cuisine en cuisine.

et que l'on confond souvent avec son père. Il lui est inférieur, mais digne fils d'un tel père, il fréquente les cabarets où il rencontre de médiocres rimeurs, pauvres hères, poètes crottés comme lui, qui sont Du Pelletier, Charles de Beys, Jean Loret ou François Berthod, auxquels il ressemble, chantant comme eux les hauts lieux de la ripaille et du vin, sous le signe du burlesque citadin. Ses recueils, *Noëls nouveaux, la Muse coquette, les Muses illustres,* comme son *Tracas de Paris* peuvent intéresser les amateurs de folklore littéraire et urbain.

On a longtemps eu du mal à admettre que le père cordelier François Berthod eût écrit *la Ville de Paris en vers burlesques* et *la Passion de Jésus-Christ en vers burlesques.* Comme dans le premier de ces poèmes il ressemble à François Colletet, on a émis l'hypothèse, abandonnée aujourd'hui, qu'ils ne faisaient qu'un. Revêt-il un intérêt, ce *Paris burlesque?* On le lit sans ennui, car les tableautins d'un Paris quotidien oublié abondent. L'amoureux de la capitale, dans de mauvais vers, parvient à donner à rêver.

De Jean Loret, nous avons rencontré *la Muse historique.* Elle est naïvement burlesque. Ces « lettres en vers » destinées à la duchesse de Nemours n'ont d'autre objet que de donner « des nouvelles du temps » entre 1650 et 1665. A sa mort, Loret aura des continuateurs avec La Gravette de Mayolas, Robinet, Boursault, Laurent et consorts. Qu'en retenir de poétique? Rien. Mais on trouve des renseignements sur la manière d'être de trois lustres et plus.

On soupçonna un de ces compagnons bachiques, Charles de Beys (1610-1659), d'avoir écrit *la Miliade,* satire anti-Richelieu. Cela lui valut la Bastille. Il se disculpa. On attribua aussi cette œuvre à Favreau et à D'Estelan. Beys satirisa de façon moins dangereuse la jalousie. Une de ses pièces, *l'Hôpital des fous,* fut reprise dix-sept ans après sa création. Ce disciple de Bacchus, cet homme sans souci qui rimait dès l'âge de quatorze ans a laissé un curieux sonnet mettant en parallèle l'art du pâtissier Ragueneau, poète et petit acteur chez Molière, et celui du menuisier poète Adam.

Cet Adam n'est autre qu'Adam Billaut (1600-1662), le fameux auteur des *Chevilles de Maître Adam* et d'autres recueils aux titres artisanaux. Ce menuisier de Nevers composa toutes sortes de poèmes, airs bachiques, épigrammes, stances plus graves, qu'il chantait ou récitait à l'atelier avec ses compagnons et ses apprentis, faisant entendre la voix du peuple dans un temps où on ne l'écoutait guère. Cet autodidacte, ce poète ouvrier fut bientôt à la mode, Paris le réclama, Richelieu le pensionna, Corneille l'honora d'un sonnet, les poètes le recherchèrent. Il fut admiré, raillé aussi : on l'appela « le Virgile du rabot ». Il ne renia jamais son état et y trouva sa meilleure source d'inspiration comme dans ces *Stances sur la retraite* adressées à Marigny :

> Je ne recherche point cet illustre avantage
> De ceux qui tous les jours sont dans des différends
> A discuter l'honneur d'un fameux parentage,
> Comme si les humains n'étaient pas tous parents.
> Qu'on sache que je suis d'une tige champêtre,
> Que mes prédécesseurs menaient la brebis paître,
> Que la rusticité fit naître mes aïeux;
> Mais que j'ai ce bonheur, en ce siècle où nous sommes,
> Que, bien que je sois bas au langage des hommes,
> Je parle quand je veux le langage des dieux.

Fier de ses origines, fier de son métier, il tranche sur le précieux et le burlesque et sa présence est originale et sympathique. Flatté par la cour, il garde sa sagesse entière :

> Les révolutions font des choses étranges :
> Et par un saint discours digne d'étonnement,
> L'ange le plus parfait qui fût parmi les anges
> N'a-t-il pas fait horreur dedans son changement?
> Va, ne me parle plus des pompes de la terre;
> Le brillant des grandeurs est un éclat de verre,
> Un ardent qui nous trompe aussitôt qu'on y court.
> Ce n'est pas qu'en passant je ne te remercie :
> Mais pourtant tu sauras que le bruit de ma scie
> Me plaît mille fois mieux que le bruit de la cour.

D'autres artisans de son époque furent poètes : auprès de Maître Adam, du pâtissier Cyprien Ragueneau que Rostand prendra pour personnage dans son *Cyrano,* il y a le serrurier Réault, le verrier Gillet, le colporteur devenu marchand de draps David Rigaud, l'hôtelier Monglas qui recevait les poètes biberons, le potier Antoine Dorival, l'émailleur Jean Guillet capable de rédiger une facture en vers, le maître maçon Alexandre dont on chante les chansons dans les rues. Artisans, petits commerçants, ouvriers, tous ces hommes, de tendance optimiste, ont exploité, parfois avec art, toujours avec une saine verve populaire, une des provinces amicales de la poésie.

Biberon ou pas, on peut placer auprès d'eux Philippot, dit « le Capitaine Savoyard » (1595-1670), gueux, chanteur de rues et mendiant, qui, comme autrefois Jehan de l'Espine se plaçait au Pont-Alais, se tenait sur le Pont-Neuf, attirant les badauds par des discours de bateleur, et d'une voix forte, chantait des couplets amoureux, bachiques ou patriotiques, se moquant au besoin de ses auditeurs, Aristide Bruant du XVIIe siècle, dans des vers de ce genre :

> Je suis l'Orphée du Pont-Neuf.
> Voici les bêtes que j'attire :
> Vous y voyez l'âne et le bœuf
> Et la nymphe avec le satyre...

N'oublions pas Gautier-Garguille (1574-1634). Il jouait dans les farces avec Turlupin et Gros-Guillaume des rôles de vieillard. Ses vers licencieux, grossiers, farcis de burlesque et de galimatias, laissent parfois passer un éclair poétique. N'oublions pas que le royaume d'Argot apporte son rude et savoureux langage à la poésie populaire, souvent orale, comme en témoignent des études du temps : *Vie généreuse des matois, gueux, bohémiens, cagoux, contenant leurs façons de vivre, subtilités et gergons,* 1622, par Péchon de Ruby; *Jargon et langage de l'argot,* 1660.

Le tendre ami de Théophile de Viau, Jacques Vallée Des Barreaux (1599-1673) est toujours cité avec un sonnet commençant par un vers célèbre :

> Grand Dieu, tes jugements sont remplis d'équité

qui a une résonance malherbienne. Pour Voltaire ce poème serait non de Des Barreaux, mais de l'abbé de Lavau. Tallemant des Réaux maltraite notre poète, le dit ivrogne et insolent, en fait un grand débauché. Affichant une attitude impie, son idéal s'inscrit dans ce vers « N'être ni magistrat, ni marié, ni prêtre », il écrivit des poèmes sentimentaux et élégiaques pour Marion de Lorme et le Gascon Pierre de Marcassus (1584-1664) chanta leur couple. Ici, Des Barreaux pleure ses amis :

> Ce Sarazin est mort, il est mort ce Voiture,
> Et Blot qui me fut cher de toute ancienneté;
> Hélas! ils sont tous trois dedans la sépulture!

Le troisième, c'est Claude Blot, baron de Chauvigny (1610-1655) que ses amis appelaient l'Esprit, jugement ratifié par

Mme de Sévigné à propos de ses chansons : « Elles ont le diable au corps; mais jamais je n'ai vu tant d'esprit. » Il fit aussi des mazarinades.

Pellisson qui loua avec exagération les premiers académiciens a gratifié Nicolas Faret (1600-1646) de vifs éloges, parlant de pureté et de netteté dans le style à son propos. Amène, obligeant, combattant l'affectation, prêchant une grâce naturelle, ce fils de cordonnier se plaignit de la rime Faret avec cabaret. Plus que ses vers, on retient son manuel *l'Honnête homme ou l'Art de plaire à la cour*. L' « honnête homme » : l'expression était lancée, le chevalier de Méré pourra en être le théoricien, le XVIIIe siècle la reprendra.

Être le fils de Vauquelin de La Fresnaye n'empêcha pas Nicolas Vauquelin Des Yveteaux (1567-1649) d'écrire des vers. Il ne l'égala pas, mais fit montre de singularités. Il faut l'imaginer, des journées entières, dans son jardin de la rue du Vieux-Colombier, habillé en berger d'Arcadie, la houlette à la main, disant des vers à quelque belle. Il savait aussi se déguiser en satyre ou en dieu. Chez lui, une dame jouait de la harpe en permanence, Ninon de Lenclos apportait son luth, Saint-Amant et Des Barreaux récitaient leurs vers. Selon le cas, l'hôte se faisait coiffer à l'espagnole, à la romaine ou à la française pour la dame déguisée en reine, déesse, nymphe ou bergère.

Voluptueux, jouisseur, c'est pour Chaulieu « le parfait philosophe », autrement dit l'épicurien. Sa vie choqua la cour où il avait eu de belles entrées comme précepteur du duc César de Vendôme, bâtard de Henri IV, pour qui il écrivit un poème d'éducation, *l'Institution au Prince* qui contient des traits satiriques. Pour lui la vie est un joyeux festin, son idéal est « Avoir peu de parents, moins de train que de rente », ainsi qu'il le dit en imitant Christophe Plantin dans un sonnet. Un autre sonnet le rapproche de Dieu :

> C'est le brûlant amour du Maître que je sers,
> Qui m'a paru si vif aux maux que j'ai soufferts
> Qu'au lieu d'en être las, je veux souffrir encore.

Même le ton douloureux a ses artifices. Ses autres poèmes sont peu originaux. Rien chez ce berger qui vaille *les Foresteries* ou *les Idillies* de son père.

Burlesques parfois involontaires.

Une œuvre connut une destinée parallèle à celle de *la Pucelle* de Chapelain, c'est *Saint Louis ou la Sainte couronne conquise sur les Infi-*

dèles, 1653, long poème en dix-huit chants d'un jésuite, le père Pierre Le Moyne (1602-1672). Alors qu'on attendait une épopée nationale, on trouva une œuvre plus burlesque que ne l'avait voulu son auteur. Pascal eut beau jeu de railler la manière profane et coquette de la piété de ce petit maître aux grandes ambitions. Et la postérité retint pour ses sottisiers des vers comme ceux-ci :

> Les deux yeux de Cnémon, de deux flèches percés,
> Jusque dans le cerveau lui furent enfoncés.

Et aussi :

> Et la nuit lui survint par les portes du jour.

Le poème est ampoulé, extravagant, pompeux, mais non dénué d'imagination. Il y a même quelques beaux moments quand le roi parle ou quand l'auteur décrit les Pyramides. Corneille n'y a pas été insensible, et Boileau, parodiant des vers de ce dernier, jugea ainsi :

> Il s'est trop élevé pour en dire du mal,
> Il s'est trop égaré pour en dire du bien.

Décidément, depuis le moyen âge, la tête épique s'est perdue. Au *Saint Louis* de Pierre Le Moyne et au *Charlemagne* de Louis Le Laboureur, d'autres ajoutèrent bien des tentatives infructueuses et l'on peut citer Cellot, Baro, Millien, Godeau, Scudéry, Chapelain, Le Brun, Coras, Carel de Sainte-Garde, Desmarets de Saint-Sorlin, Charles Perrault. Le rêve d'une épopée française continue de hanter les poètes. Hélas! pour quelques fleurs poétiques çà et là, que de moments accablants!

Pierre Le Moyne, dans son *Hiver burlesque,* est lui-même dépassé par ses enflures, à ce point qu'on se demande si elles sont voulues ou naturelles. Il en est de même pour ses sonnets, ainsi celui où l'Ange parle à Judith à propos d'Holopherne :

> Ton captif ne doit pas te donner de la peur,
> Et ton bras sans danger pourra couper la tête
> D'un homme à qui tes yeux ont arraché le cœur.

Retenons parfois une gentille description de nature. René Rapin écrit à propos de *Saint Louis* : « Nous n'avons aucun ouvrage en notre langue où il y ait tant de poésie », tout en formulant cependant une réserve : « mais l'auteur n'est pas assez retenu : il se laisse aller à son esprit, et son imagination le mène toujours trop loin. » En effet, on ne vit jamais de telles boursouflures se mêler à des passages d'authentique poésie.

Fort content de lui fut Jacques Corbin (1580-1653). Il exalta sa propre *Franciade* ou *Vie de saint François* en douze chants :

A genoux, Énéide, à genoux, Iliade!
Adorez toutes deux ma sainte Franciade.

Il honora aussi sainte Geneviève et saint Bruno en alexandrins et n'eut d'admirateur que lui-même puisque Boileau le cite parmi les auteurs oubliés de leur temps.

Plus connu est Jean Desmarets de Saint-Sorlin (1595-1676), mais son *Clovis ou la France chrétienne,* en vingt-six chants ramenés à vingt chants par la suite, sa *Marie-Madeleine,* son *Esther,* son *Triomphe de Louis et de son siècle,* pèchent par les mêmes défauts que les épopées de ses comparses : manque de construction et d'unité, style ampoulé, ennui. Seul Richelieu apprécia *Clovis* où Desmarets, chantant les origines de la monarchie chrétienne, voulait démontrer que la vraie poésie émane du christianisme, jetant ainsi un défi des Modernes aux Anciens. Malheureusement, le ciel qui l'inspira le trahit. « Un froid historien d'une fable insipide », juge Boileau. Il a raison : les facilités, les négligences, le prosaïsme y sont constants.

Sur le conseil de Richelieu, Desmarets a écrit des nombreuses œuvres dramatiques : *Aspasie,* puis *Mirame* avec la collaboration du cardinal, *Scipion, Roxane, Erigone* en prose, *Europe,* allégorie qu'on attribua à Richelieu. Son plus grand succès fut *les Visionnaires,* suite de scènes où sont représentées des dames, Mmes de Sablé, de Rambouillet, de Chavigny, et des personnages de l'époque. Pendant quarante ans on joua avec succès cette pièce à clés qui annonce *les Précieuses ridicules.*

Avec de mauvaises œuvres, Desmarets est toujours quelque peu le précurseur de quelque chose de plus grand. Ainsi, son dialogue apologétique en vers, *les Délices de l'esprit,* ouvre les voies à une forme de christianisme littéraire où Chateaubriand excellera. Dans un immense fatras de vers, il est difficile de trouver chez Desmarets des merveilles; alors l'anthologiste s'en tient toujours à *la Violette* et aux *Lys* de *la Guirlande de Julie.* Même *l'Office de la Vierge* et *les Psaumes,* paraphrases malherbiennes, ont un air de salon.

Pourtant, vers la fin de sa vie, Desmarets connut une sorte d'illuminisme, ou, selon Chapelain, de « mystiquerie ». Il oublia les joyeux amis, tomba dans la dévotion, combattit les jansénistes, s'en prit à Port-Royal et aux hérétiques dans plusieurs œuvres.

Il rédigea des *Défenses,* celle du poème épique, celle de la poésie et de la langue françaises, contre Boileau. Son importance littéraire est surtout de s'être placé à la tête de la lutte des Modernes contre les Anciens. Ses intentions étaient grandes, ses réalisations sont plates.

Claude Le Petit et les petits Burlesques.

Quarante-quatre ans après Étienne Durand, l'ami de Théophile, le Normand Claude Le Petit (1638-1662) fut, lui aussi, assassiné sur les mêmes lieux, la place de Grève où on le brûla après l'avoir étranglé au poteau de supplice. Sous l'anagramme de Pilette, il avait écrit *l'Heure du berger, demi-roman comique ou roman demi-comique,* dans lequel il racontait burlesquement une aventure impie et licencieuse. Le crime de lèse-majesté divine et humaine n'était pas pardonné. C'est de lui que Boileau parle dans ces vers :

> Toutefois n'allez pas, goguenard dangereux,
> Faire Dieu le sujet d'un badinage affreux.
> A la fin tous ces jeux que l'athéisme élève
> Conduisent tristement le plaisant à la Grève.

A la manière de Scarron, il a peint un de ces poètes crottés comme on en trouvait tant et qu'on peut encore rencontrer sous d'autres noms :

> Quand vous verrez un homme avecque gravité
> En chapeau de clabaud promener sa savate
> Et le col étranglé d'une sale savate,
> Marcher arrogamment dessus la chrétienté,
>
> Barbu comme un sauvage et jusqu'aux reins crotté,
> D'un haut-de-chausse noir sans ceinture et sans patte,
> Et de quelques lambeaux d'une vieille buratte,
> En tous temps constamment couvrir sa nudité,
>
> Envisager chacun d'un œil hagard et louche
> Et mâchant dans les dents quelque terme farouche,
> Se ronger jusqu'au sang la corne de ses doigts,
>
> Quand, dis-je, avec ces traits vous trouverez un homme,
> Dites assurément : c'est un poète françois!
> Si quelqu'un vous dément, je l'irai dire à Rome.

Le même pittoresque se retrouve dans son *Paris ridicule.* « C'est, a observé Paul Lacroix, un poème satirique plein de traits audacieux qui n'épargnaient ni le gouvernement, ni la religion, ni le roi, ni ses ministres, ni Dieu, ni diable, selon l'expression de l'auteur, et qui, par cela, présentait un caractère dangereux de rébellion contre tout ce qui devait être respecté. »

On lit cette suite de poèmes burlesques comme le guide pratique et satirique du Paris de l'époque. Sur le Louvre, il souhaite qu'on indique « Maison à louer pour l'hiver » et que la chapelle de ce palais reçoive « tous les Limousins de Limoges ». Il apporte aussi une critique digne d'un urbaniste et d'un architecte aux Tuileries, au Carrousel, au Pont-Neuf, il attaque le Pilori, décrit les Halles et fait une épigramme du Cimetière des Innocents. C'est un merveilleux document.

Il en est de même pour les *Paris* de Berthod, Collet, Scarron, auxquels il faut ajouter *les Embarras de Paris* de Boileau, les anonymes *Cris de Paris*, les rimailleries de *Paris ou la description succincte de cette grande ville* par Michel de Marolles qui crut inventer le poème mnémotechnique et, cherchant le sérieux, fut burlesque et ridicule à son insu.

Jean-Gilbert Durval décrit lui aussi des paysages urbains, mais en limitant son ton burlesque. Il donne aussi des tableaux de nature et sait animer ses poèmes par la présence de personnages pleins de vie. Dans des poèmes comme *la Matinée*, il a des délicatesses dignes de Théophile de Viau :

> Cette nuit a versé des pleurs,
> Et dessus le tapis des fleurs,
> On voit comme des perles fines,
> Qui se forment de la fraîcheur,
> Et que le plumage des cygnes
> N'égale pas même en blancheur.

David Ferrant écrit en dialecte normand. Dans *la Muse normande*, il fait preuve de joyeuseté, de culture et de solide bon sens. Qu'il soit satirique et récréatif comme un auteur de fabliaux, quasi loufoque dans son *Discours apologétique en faveur de l'instinct et naturel de l'éléphant*, en bon Normand, il sait rester assez concret pour que son œuvre apporte maints renseignements historiques, politiques, économiques et sociaux touchant à son temps. On trouve le même réalisme dans *les Diversités poétiques* de Duvieuget, ce satirique qui laissait augurer Saint-Amant.

Plus original que burlesque fut Claude de L'Estoile (1597-1652), fils du mémorialiste des règnes d'Henri III et d'Henri IV, Pierre de L'Estoile. Il se plaçait « au-dessus de Malherbe », ne travaillait qu'à la chandelle, même le jour, après avoir tiré ses rideaux, ne tenait compte que de l'avis critique de sa servante, ne se nourrissait que de confitures, ce dont il mourut, dit-on, comme le relate Tallemant des Réaux. Collaborant aux pièces de Richelieu, académicien, il va du précieux des vers galants au burlesque de cabaret :

> Les cabarets et les brelans
> Sont les paradis de la terre.

Il fit des ballets : *le Naufrage heureux*, ballet *Dansé au mois de Mai par le Roi*, puis des vers sur ces sujets : *le Sérieux et le Grotesque*, des pièces comme *la Belle Esclave* ou *l'Intrigue des filous*.

Dans cette abondance de poètes burlesques ou singuliers, il faut limiter les citations. Faut-il dire que De Beaumont-Harlay envoya à Vauquelin des Yveteaux une *Ode à Cléomède*? Que le Bourguignon François Bailly, ami de Faret et Colletet, rima dans sa province? Que le médecin Claude Du Four de La Crespelière traduisit Boccace et donna *le Poète goguenard* et *les Récréations poétiques*? Que Jean Du Teil, l'ami de Saint-Amant, auteur de mazarinades et de *la Belle Escurie* fit suivre ses œuvres d'un *Traité des règles de la poésie française*? Que le chanoine d'Embrun, Jacques Jacques, en plus de son *Démon travesti, découvert et confus*, a donné des livres de piété et de morale aux titres bizarres : *le Faut Mourir* ou *l'Ami sans fard qui console les affligés*? Que Charles Jaulnay attaqua Molière dans son *Enfer burlesque*? Que Jean Nicolas, en bon Dijonnais, collabora aux *Ragoûts de carnaval* en y insérant des poèmes savoureux sur la perdrix et l'orange? Que Humbert Goulat de La Garenne fit *les Bacchanales*? Que le Normand de Valdavid, dans ses *Poésies cavalières*, place un poème sur la mort de Scarron? Que l'académicien Jean Baudoin, auteur des *Larmes d'Héraclite*, traduisit un *Voyage fait au monde de la Lune* que connut Cyrano de Bergerac?

Et les auteurs de mazarinades comme La Valise, auteur de *la Famine ou les putains à cul*, les connaît-on? Non, bien sûr, et signalons que les grandes bibliothèques parisiennes recèlent des milliers de mazarinades, que la bibliothèque de Leningrad en possède six mille réunies en cent trente-sept gros volumes. Le cardinal de Retz témoigne : « Il y a plus de soixante volumes de pièces composées dans le cours de la guerre civile, et je crois pouvoir dire avec vérité qu'il n'y a pas cent feuillets qui méritent qu'on les lise. »

Un dernier regard nous montre de Bourneuf et son *Algouazil burlesque* imité des visions de Quevedo y Villegas, grand burlesque espagnol, et prolongé par un *Jardin burlesque*. Jean Duval (mort en 1680), le plus sale des poètes crottés, fit *le Parlement burlesque de*

Pontoise, le Calvaire profané ou le Mont-Valérien usurpé par les Jacobins réformés.

Barbier d'Aucour (vers 1641-1694) écrit un *Onguent pour la brûlure ou secret pour empêcher les Jésuites de brûler les livres*, en 1 800 octosyllabes à rimes plates, une des plus ingénieuses satires burlesques. Il critiqua *les Entretiens d'Ariste et d'Eugène* du père Bouhours que nous rencontrerons. Colbert lui confia l'éducation de son fils. Les derniers vers du *Lutrin* de Boileau font allusion à cet avocat de pauvre parole : « Le nouveau Cicéron, tremblant, décoloré... »

Burlesque, Hélie Lecordier l'est involontairement avec *la Pontevesque*, seize chants dédiés à Mademoiselle, certains traitant de la fabrication du cidre et des fromages. *Le Panthéon et temple des oracles* de François Hervé est, dans le même esprit, divertissant, et aussi celui de Pierre Duverne, *les Veilles curieuses* où ce Dijonnais étudie en vers cinq cent huit auteurs et leurs œuvres, et encore *les Poésies nouvelles sur le sujet des bottes sans couture* de Nicolas Lestage. Le Frison Michel Noé composa dans sa Hollande *Plusieurs énigmes et descriptions énigmatiques*. Jean Le Myère de Basly intitula *Seria et Joci* un piquant recueil latin et français. Quant au malheureux Jacques Cassagne (1636-1679), il fut tellement persécuté par Boileau qu'il en mourut.

Nous pourrions n'en pas finir, et déjà nous avons constamment anticipé, nous avons dépassé les barrières chronologiques des chapitres qui vont suivre. N'oublions pas que burlesques et précieux cohabitent avec les grands classiques de nos études de lettres. Là encore, pas de ligne frontière bien établie : des signes classiques se manifestent depuis Malherbe, et même avant lui, qu'on retrouve chez des poètes aux conceptions apparemment éloignées du classicisme, tandis que des signes précieux, burlesques, et surtout baroques, subsistent chez La Fontaine, Molière, Corneille ou Racine qui ont su puiser l'eau de leurs fleuves à de petites sources. Le disant ici, nous rendons hommage à ces dernières en les quittant.

*Pierre Corneille
et l'épanouissement
de la tragédie*

I

Avant Corneille

APRÈS les œuvres remarquables de la Renaissance, *la Cléopâtre* de Jodelle, *les Juives* de Robert Garnier qui font penser à une ébauche de Corneille, la voie était ouverte à un théâtre français d'inspiration tragique.

La plupart des poètes français, au début du XVIIe siècle, s'y essaient, et nous avons cité bien des titres, sans trop nous y arrêter, car ils n'ont de valeur que le témoignage de lents tâtonnements. Dans plusieurs de ces pièces, à travers les défauts d'époque, percent les premiers balbutiements de la tragédie classique. Les deux auteurs chez qui des accents plus forts se révèlent sont Antoine de Montchrestien et Alexandre Hardy.

Antoine de Montchrestien, sieur de Vatteville (1575-1621) à la qualité de poète joint celle d'économiste. Corneille cite sa *Sophonisbe* en cinq actes avec chœurs comme la première tragédie faite en France sur ce sujet avant celle de Mairet. Des *Lacènes ou la Constance*, 1599, *David*, 1600, *Aman*, 1602, *Hector*, 1603, à *l'Écossaise*, 1605, on ne trouve rien qui tienne sans la référence de Corneille. Ce dernier n'eût-il pas porté le genre à son sommet qu'on aurait oublié ce théâtre sans vigueur et sans action, monotone, montrant parfois un sens mélodique du vers, des grâces alanguies, une influence élisabéthaine, avec sorcières, prophètes, furies et hallucinations.

Au contraire de Corneille, Montchrestien eut une vie mouvementée à laquelle son époque se prêtait. Duelliste, calviniste, nous avons vu, en parlant de sa poésie, les aventures de sa vie et la tragédie de sa mort.

Alexandre Hardy (vers 1560-1632) a-t-il écrit six cents pièces en vers comme on l'a affirmé ? Sans doute est-ce exagéré, mais des *Chastes et loyales amours de Théagène et Chariclée,* formant huit pièces, 1601, au *Triomphe d'Amour,* 1623, nous pourrions en citer une quarantaine. Il travailla sur le terrain : attaché à une troupe de comédiens, puis au théâtre du Marais, il fournissait les pièces à la demande avec une rapidité extraordinaire. Aucune d'elles n'est méditée ni polie. Son public n'est pas savant, mais populaire, aussi, au ton élevé ou déclamatoire il substitue le naturel, la variété, l'intérêt, mêle les figures antiques aux grotesques d'époque, est simple jusqu'à la trivialité, grossier jusqu'aux crudités les plus fortes, n'oublie pas les ornements du temps. Les situations sont empruntées non seulement aux Anciens, comme l'ont fait Jodelle et Garnier, mais aussi aux Italiens et aux Espagnols. Parfois, dépassant les gaucheries et les archaïsmes, Alexandre Hardy, parce qu'il a la pratique du métier, montre un sens de l'architecture théâtrale. Son mérite est de donner un public à la tragédie et de préparer ainsi l'attention qui se reportera sur ses succcesseurs.

Les modèles espagnols ont encore inspiré les tragi-comédies de Théophile de Viau, Jean de Schelandre, Scudéry, et d'autres dont nous avons parlé, apportant de riches contributions. Les modèles italiens, de même que *l'Astrée,* apparaissent dans la pastorale qui fleurit chez Hardy, Racan, Gombauld ou Mairet.

L'imagination et le sens poétique sont présents chez ces poètes qui multiplient les événements et les péripéties réclamés par un public gourmand de romanesque outré. L'action, fort lente, peut se dérouler durant des années, dans les pays les plus divers, elle peut aussi se multiplier, mêler les intrigues. Il s'agit non d'ignorance mais de conceptions théâtrales délibérées. Un Jean de Schelandre les défendra, prétendant s'adresser à « un peuple impatient et avide de changement et de nouveauté » et non à celui d'Aristote sur qui s'appuient les tenants de la règle des trois unités, unité d'action, unité de temps, unité de lieu.

Cette règle était connue de longue date. Jules-César Scaliger (1484-1558), auteur d'une œuvre capitale, *Poetices libri VII,* donnait déjà les grandes lignes d'une doctrine classique reprise par Jean de La Taille : « Il faut toujours représenter l'histoire ou le jeu dans le même jour, en même temps et dans un même lieu. » On ne se rallia pas sans combat à cette esthétique, mais peu à peu, un monde épris de raison, d'ordre, de vraisemblance, l'emporta. La tragédie était d'ailleurs le genre théâtral qui pouvait le mieux s'accommoder du cadre étroit de telles règles.

En 1633, on joua l'*Hercule mourant* de Jean de Rotrou (1609-1650) que Corneille, cependant plus âgé que lui de trois ans, appelait son père. En 1634, ce fut la *Sophonisbe* de Jean Mairet (1604-1686) qui donna la première tragédie française conçue selon les règles du classicisme. Richelieu, dramaturge lui-même, influencé par Chapelain, chargea Mairet de tracer les voies et les desseins nouveaux du théâtre. Cette *Sophonisbe* apportait déjà un modèle à Corneille. On peut même y trouver une source à l'imprécation de Camille :

> Cependant, en mourant, ô peuple ambitieux,
> J'appellerai sur toi la colère des cieux :
> Puisses-tu rencontrer, soit en paix, soit en guerre,
> Toute chose contraire et sur mer et sur terre;
> Que le Tage et le Pô contre toi rebellés,
> Te reprennent les biens que tu leur as volés;
> Que Mars, faisant de Rome une seconde Troie,
> Donne aux Carthaginois tes richesses en proie;
> Et que, dans le peu de temps, le dernier des Romains
> En finisse la race avec ses propres mains!

Dans *Sophonisbe*, durant l'espace d'une journée, le roi de Numidie s'empare de Cirta, épouse la reine et meurt avec elle. Suivront les pièces d'autres auteurs, *la Mort de Mithridate* de La Calprenède, la *Mariamne* de Tristan L'Hermite, la *Lucrèce* de Du Ryer, déjà le départ classique est donné.

Le génie de quelques grands s'alimentera au travail de tous. Les doctes, les poètes, la cour, les mondains dictent le bon ton. Le besoin de clarté, de régularité, de hiérarchisation l'emportent. Nous sommes au siècle de Descartes. La tragédie française a trouvé sa forme avant Corneille qui n'est encore l'auteur que de quelques comédies. Il ne manque à cet art que la haute qualité et les dimensions qu'on dit aujourd'hui cornéliennes, action morale, opposition du sentiment et du devoir, noblesse, amples mouvements... Se détachant des nombreux auteurs dramatiques de son temps, Corneille va donner à toutes leurs recherches leur aboutissement et leur épanouissement.

2

De Mélite au Cid Campeador

Les débuts.

PIERRE CORNEILLE (1606-1684) naquit à Rouen d'une famille de robe où la tradition voulait que l'aîné reçût toujours le prénom de Pierre. Son père, maître particulier des Eaux et Forêts en la vicomté de Rouen, ne fut anobli qu'en janvier 1637, au moment du succès du *Cid*. Le jeune Pierre fut élevé au village, à Petit-Couronne, puis, élève des jésuites, une traduction en vers français de *la Pharsale* le fit remarquer; il eut aussi un prix de rhétorique. Il étudia le droit et aurait plaidé sans un bredouillement de parole et surtout une absence de goût pour les affaires. Il y renonça tout en restant dans le domaine de la jurisprudence puisqu'il fut avocat général à la table de marbre du Palais, et avocat du roi aux sièges généraux de l'Amirauté.

Il débuta par un sonnet en l'honneur d'une demoiselle Millet, jeune Rouennaise, qui devait être à l'origine de sa carrière théâtrale. Il se termine ainsi :

> C'est donc avec raison que mon extrême ardeur
> Trouve chez cette belle une extrême froideur,
> Et que sans être aimé je brûle pour Mélite.
>
> Car de ce que les dieux, nous envoyant au jour,
> Donnèrent pour nous deux d'amour et de mérite,
> Elle a tout le mérite, et moi j'ai tout l'amour.

Ce ne serait que galanterie ronsardisante si Corneille n'avait eu l'idée d'encadrer son sonnet d'une pièce de théâtre, et ce fut vers 1625, selon Fontenelle, *Mélite ou les Fausses Lettres* qui connut un succès dû à la prétendue simplicité du plan et au naturel du style. L'époque gardait l'habitude des situations embrouillées. Si l'on y regarde aujourd'hui, on s'aperçoit que la pièce est tout le contraire : le plan est compliqué et le style chargé d'afféteries. Or Corneille demande grâce pour sa façon « d'écrire simple et familière » qui « fera prendre ses naïvetés pour des bassesses ». La pièce fut jouée simultanément à l'hôtel de Bourgogne et au théâtre du Marais.

Imbroglio encore dans sa deuxième pièce, une tragi-comédie, *Clitandre ou l'Innocence délivrée*, 1632, mélodrame en vers, avec assassins masqués, archers, combats singuliers, déguisements, coups de théâtre. L'argument « succinct » de Corneille couvre huit grandes pages. La pièce ne connut pas le succès, mais fut pour le poète l'occasion d'exposer ses idées sur le nouveau théâtre. Selon lui, le théâtre antique a trop sacrifié à l'action. Or, rien dans *Clitandre* ne laisse pressentir le théâtre classique. On retient cependant la verve foisonnante, la variété, l'harmonisation d'une nature véhémente avec une intrigue désordonnée, la rutilance de la prosodie, la fermeté des traits, avec quelques fautes de goût flagrantes.

Suivront des comédies comme *la Veuve*, 1633, qui permet à Scudéry, Mairet, Boisrobert, Du Ryer, Rotrou, et d'autres amis de Corneille de composer un hommage poétique. Rotrou se déclare vaincu par son rival. Scudéry s'écrie : « Le soleil s'est levé, retirez-vous, étoiles! » Pour tous, *la Veuve* dépasse toutes les héroïnes de théâtre. Mairet compare Corneille à Plaute et à Térence. Ils sont vingt-six pour l'encenser. Le dramaturge reconnaît avoir méconnu la règle des trois unités, mais le public ne s'en soucie pas : la pièce répond à ses goûts.

La Galerie du Palais ou l'Amie rivale, 1633, a encore plus de succès. C'est le film réaliste de la vie quotidienne du temps. Un monde réel, bien connu de tous, apparaît. Nous nous trouverons dans la célèbre galerie parmi les boutiques des marchands, libraires, merciers ou lingères dont le tableau est fidèlement restitué. On put choisir des vers pour les placer sous une gravure d'Abraham Bosse :

> Ici faisant semblant d'acheter devant tous
> Des gants, des éventails, du ruban, des dentelles,
> Les adroits courtisans se donnent rendez-vous,
> Et pour se faire aimer galantisent les belles.

Dans *la Suivante*, 1634, Corneille mêle encore de trop nombreuses intrigues, mais la construction est plus régulière : chaque acte compte exactement trois cent quarante vers. L'auteur indique « qu'il y a une action principale à laquelle tout aboutit, que le lieu n'a point plus d'étendue que celle du théâtre, et que le temps n'est pas plus long que celui de la représentation, que toutes les scènes ont de la liaison ».

Mais c'est *la Place Royale* qui lui vaudra de renouveler le succès de *la Galerie du Palais*. Le Parisien, de tout temps, a aimé à retrouver ses lieux, et « les endroits les plus fameux de la ville de Paris » apparaissent. Déjà, le public sent le procédé, les femmes se jugent maltraitées, et il doit trouver pour excuses d'autres pièces où il les soutient.

Si, plus tard, la grande période de ses chefs-d'œuvre tragiques effacera cette première partie de sa vie, les comédies ne sont pas négligeables. Elles apportent du nouveau. Un homme de théâtre laisse de côté les gros traits de la farce populaire, les bergeries conventionnelles, pour montrer un univers conforme à la société, à la vie quotidienne, aux tendances du temps qu'il précède parfois comme un romancier attentif. Malgré les artifices démodés, aujourd'hui peu acceptables, son réalisme, qu'il faut situer dans un moment historique, a de la qualité.

S'il crée des situations inextricables ou singulières, c'est pour disserter sur les cas sentimentaux qui en naissent. Si les complications de l'intrigue semblent prendre le pas sur l'analyse psychologique, on n'en retient pas moins la différenciation des personnages, passionnés ou rusés, luttant toujours pour rejoindre la vérité essentielle de l'amour, à travers les difficultés et labyrinthes, par-delà les barrières de l'expression et de la communication.

Et tous ces amoureux parlent en vers sur un ton agréable, intelligent, racé, avec esprit, avec humour. A certains tournants, imprévue, la force poétique du trait émerveille. Malgré ce qui nous paraît fade ou trop recherché, Pierre Corneille reste à mi-chemin entre un langage familier et châtié de jeunes gens bien élevés et la splendeur qu'il affectionne. Il mesure son lyrisme et reste loin de cette emphase qu'on lui a souvent reprochée. Enfin, dans ces méandres, il se montre habile et sans aucune lourdeur.

Le lecteur qui distingue un vague Corneille à travers de fastidieux souvenirs scolaires doit chausser des lunettes neuves pour bien le considérer. Comme dit Kléber Haedens, « il est une des grandes victimes de l'enseignement secondaire, un des poètes couronnés et raidis sous la pierre de leur tombeau ». On le voit noble et chenu comme don Diègue, or il est juvénile et ardent comme Rodrigue. Il montre des personnages ivres de jeunesse, il crée des situations nouvelles, il appartient à l'avant-garde. L'actualité lui fournit ses sujets, le monde qui l'entoure apparaît fourmillant de vie. Comme chez Marivaux, les problèmes de l'amour sont confrontés avec les niveaux sociaux. En toutes circonstances, il exalte le sentiment, ses insatisfactions, ses cheminements, ses sincérités et ses hypocrisies, ses ruses et ses paradoxes. Il n'est pas le poète officiel et pompeux que nous imaginons.

Il fut, on le sait, un de ces cinq écrivains, avec L'Estoile, Rotrou, Colletet et Boisrobert, qui sous la baguette de chef d'orchestre de Richelieu, mécène actif, composèrent des pièces de théâtre. Il travailla à *la Comédie des Tuileries,* 1635, et à *l'Aveugle de Smyrne,* 1637, sans grand enthousiasme et le cardinal lui reprocha son manque d'esprit de suite. Il se déroba sous le prétexte d'affaires de famille à Rouen.

Il donne *Médée,* 1635, où il imite Sénèque. Cette première tragédie de Corneille se rapproche des conceptions de Robert Garnier, et, en dépit d'un style plus net, d'un progrès et d'une affirmation de sa personnalité, ne dépasse pas tellement la *Mariamne* de Tristan L'Hermite ou la *Sophonisbe* de Mairet. Perce son goût de la pompe héroïque. Le grandiose de l'auteur du *Cid,* son orgueil transparaissent dans ce vers :

Dans un si grand revers que vous reste-t-il? — Moi!

Certaines stances ont déjà l'ampleur de *Polyeucte* ou du *Cid.* C'est la marche ascendante qui va lui permettre peu à peu de dominer son siècle.

Le Corneille du Cid.

Or, la pièce qui suit semble amorcer un recul. Il s'agit de *l'Illusion comique,* 1636, œuvre fort curieuse, qui en fait est de haute qualité et lui donne son essor. Corneille définit ainsi cette sorte de monstre : « Le premier acte n'est qu'un prologue; les trois suivants font une comédie imparfaite, le dernier est une tragédie; et tout cela cousu ensemble, fait une comédie. » Écrite sous des influences espagnoles, cette pièce est un prélude au *Cid.*

L'héroïsme y apparaît dans un personnage de capitaine Matamore, un des rares qu'il emprunte à la farce, dont les rodomontades et les exagérations peuvent faire sourire mais qui ne manque pas de grandeur. Nous sommes dans une tradition. Le capitaine fanfaron, *le Miles Gloriosus* de Plaute qui est *le Brave* de Baïf, qu'on trouve sous des formes différentes dans la Commedia dell'Arte, dans *les Jaloux* de Larivey ou *les Contents* d'Odet de Turnèbe, qui sera Émile dans l'*Amélie* de Rotrou, Taillebras dans *le Railleur* de Mareschal, et, après Corneille se retrouvera encore chez Rotrou sous le nom de Rhinocéronte, chez Desmarets sous celui d'Artabaze, chez Cyrano de Bergerac sous celui de Châteaufort, chez Tristan L'Hermite et Scarron où il redevient Matamore, chez Gautier où il joue Fracasse, ce personnage éternel du glorieux et du hâbleur chez Corneille a le gigantisme qui convient, et l'on pense parfois aussi aux gabs du *Pèlerinage de Charlemagne* médiéval :

> Le seul bruit de mon nom renverse les murailles,
> Défait les escadrons et gagne les batailles.
> Mon courage invaincu contre les empereurs
> N'arme que la moitié de ses moindres fureurs.

Comique en moins, la situation de Rodrigue ne sera pas si éloignée de celle du Matamore. Quand don Diègue parle, il dit des vers proches de ceux que nous citons et que Boileau n'hésitera pas à reprendre dans son *Épître au Roi* :

> Condé, dont le seul nom fait tomber les murailles,
> Force les escadrons et gagne les batailles.

Déjà, comme Robert Brasillach, comme Jean Schlumberger, on peut prendre « plaisir à Corneille », mais c'est le *Cid*, l'admirable *Cid* qui marque le vrai départ, l'envolée du « tragédien ». Quelques mois seulement après *l'Illusion,* dans les derniers jours de 1636, on joue ce que Corneille appelle une tragi-comédie et qui connaît l'admiration sans bornes des spectateurs, fait éclore la jalousie chez les rivaux étonnés de tant de gloire, ouvre la fameuse bataille qui figure parmi les grandes pages de l'histoire littéraire du siècle, marque l'ascension et le triomphe de Corneille, clôt aussi la première partie de sa vie puisque trois ans de repos suivront avant la naissance des autres grandes œuvres, *Horace, Cinna, Polyeucte, la Mort de Pompée, Nicomède.*

La magnifique fierté, l'héroïsme du Cid Campeador, par l'intermédiaire de Guillèn de Castro (1569-1631) viennent du moyen âge espagnol pour rejoindre l'orgueil du lion normand épris de noblesse d'âme, de sentiments extrêmes et emphatiques. Il imitera donc Guillèn de Castro, auteur de *las Mocedades del Cid* (les Enfances du Cid) et de *las Hazañas del Cid* (les Entreprises de jeunesse du Cid), trouvant un modèle dans la première de ces pièces. Castro est lui-même l'héritier d'une tradition poétique du Cid comparable à celle de Roland, qui ne cessera pas d'apparaître en Espagne et dans d'autres littératures jusque chez Victor Hugo, Leconte de Lisle et José-Maria de Heredia.

Il serait vain de rappeler les lignes de cette tragédie qui se joue entre Chimène et Rodrigue, le comte de Gormas, don Diègue et don Sanche, le roi Ferdinand et l'Infante : qui ne les connaît? On pourra chercher à Corneille les querelles que nous allons relater, l'accuser de plagiat à une époque où il était de tradition d'emprunter et de tenter d'améliorer, la réussite étant l'excuse, l'œuvre reste originalement cornélienne, ne peut être comparée à aucune autre, comme Voltaire l'a souligné :

> On n'avait encore su parler au cœur chez aucune nation; cinq ou six endroits très touchants, mais noyés dans la foule des irrégularités de Guillèn de Castro, furent sentis par Corneille comme on découvre un sentier couvert de ronces et d'épines.

Molière et La Fontaine aussi prendront chez d'autres sans s'en cacher et feront des chefs-d'œuvre.

Le Cid déplut à Richelieu dramaturge amateur autant qu'à Richelieu homme politique. Cherchons quelques-unes des raisons. Le cardinal pouvait-il admettre cet hommage rendu à l'Espagne ennemie encore? Et cette apologie du duel contre lequel il sévissait avec vigueur et rigueur, pouvait-elle lui convenir? Et ce portrait d'un roi souverain régnant sans Premier ministre? Il pouvait prendre ces particularités comme des attaques personnelles. Doit-on ajouter à cela une jalousie d'auteur?

On l'a tenu pour entièrement responsable de la bataille du *Cid,* poussant ses troupes en avant : le bouillant Scudéry et ses *Observations sur le Cid* d'une injustice touchant au ridicule, Boisrobert, Mairet, Chapelain, Jean Claveret qui venait d'introduire l'unité de temps dans la comédie, etc. Fut-il, comme l'a indiqué Lanson prisonnier de « toutes les passions mesquines d'un raté »? Ces jugements sont sommaires et l'on ne peut oublier que Richelieu anoblit la famille de Corneille aussitôt après *le Cid,* qu'il accorde une pension de quinze cents livres à Corneille sur sa cassette personnelle.

Les libelles « pour » et « contre » *le Cid* se croisent. Corneille, qui n'a pas le triomphe modeste, engage le fer et rend coup pour coup. Convaincu de son génie, il écrit dans son *Excuse à Ariste* des vers où il se place au-dessus de tout ce qui prétend avoir quelque réputation :

> Je sais ce que je vaux et crois ce qu'on m'en dit...
> Je ne dois qu'à moi seul toute ma renommée

> Et pense toutefois n'avoir point de rival
> A qui je fasse tort en le traitant d'égal.

Finalement, la jeune Académie française fut engagée par le cardinal à donner son avis. La conclusion fut

> que le sujet du Cid ne soit pas bon; qu'il pèche dans son dénouement; qu'il est chargé d'épisodes inutiles; que la bienséance y manque en beaucoup de lieux; qu'il y a beaucoup de vers bas et de façons de parler impures.

Ces réserves faites, Chapelain rédigeant *les Sentiments de l'Académie sur le Cid* oublia les critiques dures. Le cardinal dit : « Il fallait y jeter quelques poignées de fleurs », faisant ainsi un alexandrin presque parfait. Décidément, Chapelain pouvait, pour effacer des sottises académiques, déclarer la pièce un chef-d'œuvre. Le public, lui, avait jugé : on disait « beau comme *le Cid*. »

Partant d'un argument touffu, Pierre Corneille donne une idée de ce qu'est l'ordre classique. A l'aise dans ses propres imbroglios, il démêle ceux d'un autre. On peut lui reprocher certains tics d'écriture :

> Ce sang qui, tout sorti, fume encore de courroux
> De se voir répandu pour d'autres que pour vous.

qui se rapprochent de ce qu'il écrivait dans *Clitandre* à ses débuts :

> Coule, coule, mon sang, en de si grands malheurs,
> Tu dois avec raison me tenir lieu de pleurs.

On peut lui reprocher le personnage de l'Infante qui reste étranger à l'action. On peut chercher çà et là dans l'emphase des traces ridicules ou burlesques en les séparant malhonnêtement du contexte, il n'empêche que jusque-là, en France, aucune pièce n'avait réuni tant de qualités. Le miracle du *Cid* fait de Corneille le père du théâtre français. Rien n'est hasardeux et ses buts, ses idées sont soulignés en de nombreuses proses. Il faut faire naître l'intérêt. Dans le *Premier Discours sur le poème dramatique,* il écrit que le seul but est le plaisir du spectateur. Il précise : « Cléopâtre dans Rodogune est très méchante... mais tous ses crimes sont accompagnés d'une grandeur d'âme qui a quelque chose de si haut qu'en même temps qu'on déteste ses actions, on admire la source dont elles partent. » Les caractères sont, dans le bien ou le mal, tranchés, poussés à leur extrême, dépassant ce que peut ressentir l'homme courant. A ces héros exceptionnels, il faut de nobles passions. Celles de l'amour ne suffisent pas toujours : « La dignité de la tragédie demande quelque grand intérêt d'État ou quelque passion plus noble et plus mâle que l'amour, telles que sont l'ambition et la vengeance », mais tout devant être vrai, il faut puiser parmi les situations exceptionnelles de l'histoire : « Il n'y a aucune liberté d'inventer la principale action. » Tel est pour Corneille le point de départ de la tragédie.

Le Cid est le héros rêvé : il lui offre des situations hors du commun et matière à de fortes argumentations. L'avocat qui a « la plume féconde et la bouche stérile » trouve une infinité de porte-voix pour transmettre ses qualités oratoires. Ce sont des répliques vives, rapides, condensées comme des maximes :

> Je suis jeune, il est vrai ; mais aux âmes bien nées
> La valeur n'attend pas le nombre des années.

Une impression de mouvement physique est donnée par un rythme qui est celui de l'action :

> — Retire-toi d'ici.
> — Marchons sans discourir.
> — Es-tu si las de vivre ?
> — As-tu peur de mourir ?

D'un vers à l'autre, grandit une force de propulsion qui tient en haleine. Jamais de trous, de temps morts. Le style d'action se rapporte à l'enthousiasme. Corneille n'écrit pas à hauteur d'homme, il élève l'homme à la hauteur de ce qu'il écrit. Il ne fait pas de ses héros les acteurs d'une unique passion, mais le siège de passions contradictoires, la plus forte devant l'emporter en créant ainsi le tragique du renoncement.

Grandeur humaine et grandeur tragique, exaltation de la volonté, moteur de la supériorité morale domptant les misères des sens, glorification de l'effort, emphase arrachant le spectateur aux médiocrités de la nature humaine, Corneille jette son énergie dans le siècle. Le héros vertueux triomphe du pleutre. Il triomphe de lui-même, de ses aspirations au bonheur. Si, pour la commodité de l'intrigue, il faut transformer l'histoire, Corneille s'y emploie sans gêne. La seule valeur qu'il respecte est la vérité politique. Il a ses idées chères : son patriotisme lui fait exiger un pouvoir absolu, une autorité sans faille, mais non sans humanité.

Son caractère entier l'incline vers l'apologie du pouvoir personnel. Mais l'homme est double. Il doit se diviser entre ses personnages, mettre une immense flamme dans chaque argumentation et la plupart sont en opposition. Le combat est entre les êtres. Aucun dieu n'intervient dans leurs affaires. Chacun mène une guerre solitaire. Ces forts sont souvent en proie à la faiblesse, à une sorte d'arrière-tremblement humain qu'il faut réprimer. Et la lutte se livre, chacun mettant toutes ses forces dans la bataille. Dans cette œuvre, le monarchiste pourra puiser ses raisons, le révolutionnaire aussi : il suffit de choisir les endroits. Stendhal fera de Corneille un jacobin. On peut lui découvrir d'autres visages.

3

Du Cid à Suréna

Les Romains cornéliens.

Après *le Cid* et sa bataille, Pierre Corneille resta quelque temps absent de la scène. En 1640, il épousa Marie de Lempérière qui lui donna des enfants. Aux intrigues de ses ennemis, il répondit par des chefs-d'œuvre. Boileau pourra écrire justement : « Au Cid persécuté Cinna dut sa naissance. »

En 1640, il se lance dans la bataille avec *Horace, Cinna, Polyeucte.* L'Antiquité romaine lui apporte l'humanité supérieure qu'il recherche. Le Romain idéalisé par Tite-Live, Lucain et Sénèque lui fournit des héros. Il n'est que de les situer dans la tradition et la langue françaises, de les mettre au niveau du théâtre. En même temps qu'il édifie la tragédie française, le poète devient le peintre de la Rome royale : *Horace,* républicaine : *Sophonisbe, Nicomède, Sertorius, Pompée,* ou impériale : *Cinna, Othon, Tite et Bérénice, Polyeucte, Théodore.* Pour Henri Clouard, ses Romains « sont plus que romains, ils sont Romains de propagande, Romains cornéliens ».

Il s'agit surtout de création psychologique et dramatique. En partant de caractères individuels exemplaires, on montre le triomphe de la volonté. Comme les Romains dans leur architecture multipliaient les dimensions grecques, il agrandit l'homme et trouve des sentiments et une psychologie adaptés à sa nouvelle mesure. Chaque tragédie, du même coup, devient l'exposé d'un glorieux combat, d'un combat de géants de l'esprit, entre eux et contre eux-mêmes. C'est la guerre civile intérieure en même temps que l'opposition au destin, à la fatalité.

Avant la représentation d'*Horace,* Pierre Corneille avait lu la pièce dans les salons, chez Boisrobert, devant ses amis et ses rivaux, recevant mal les observations, surtout celles de Chapelain, répondant avec mauvaise humeur aux conseils de remaniement. Trois auteurs, le Français Pierre de Laudun d'Aygaliers, l'Italien l'Arétin, l'Espagnol Lope de Vega ont déjà traité le sujet. Corneille le dégage de ses complications. Le patriotisme intervient parmi les sentiments familiaux ou amoureux; père et fils, frère et sœur sont jetés dans des situations paroxystiques. C'est la tragédie du sublime se situant dans la famille romaine, dans la cité romaine, avec leurs vertus et leurs institutions. C'est le lieu du « Qu'il mourût! », des grands mouvements oratoires, des imprécations, des épanchements, du pathétique. Peut-être Corneille en fait-il un peu trop, abusant de l'amplification oratoire, de l'emphase. Lorsque Sabine et Camille raisonnent à propos de faits aussi tragiques, il en naît quelque platitude :

> Parlez plus sainement de vos maux et des miens :
> Chacun voit ceux d'autrui d'un autre œil que les siens.
> Quand il faut que l'un meure et par les mains de l'autre,
> C'est un raisonnement bien mauvais que le vôtre.

Quelques mois plus tard, se joue *Cinna.* Comme *Horace* était dédié au cardinal de Richelieu, *Cinna* l'est au financier de Montoron assimilé à Auguste, faveur qui, dit-on à l'époque, lui coûte assez cher. Commérages sans doute. Un double mouvement anime la pièce : au début, exaltation de la liberté, ensuite le pouvoir se fait absoudre par sa magnanimité jusqu'à être presque divinisé dans sa clémence. On voit grandir Auguste et Cinna diminuer. La tragédie, bien construite, triomphe par la puissance de son langage.

Et c'est *Polyeucte.* Corneille lit la pièce dans le salon de la précieuse Julie dont il a embelli la fameuse guirlande de trois fleurs. Dans cette tragédie, il tendait à renouer avec une tradition nationale en oubliant les sujets grecs ou romains, ce qui était hardi. Voiture fut chargé de lui faire savoir que « son christianisme surtout avait déplu ». Pour une fois, Corneille fut tremblant et sensible aux critiques. Aux grandes beautés du sentiment chrétien répondent des faiblesses d'ordre dramatique, des vers sans la puissance qui lui est habituelle. Là où intervient la grâce et son arbitraire, la place des passions et du triomphe est plus limitée.

Pour l'énergique Pierre Corneille, le combat continue. Il y a ses comédies dont nous parlerons, *Pompée,* 1643, que gâte vraiment trop d'emphase, *Rodogune,* même date, où il pousse la terreur aux limites du drame. Pour donner un pendant féminin à *Polyeucte*, il fait naître sa *Théodore, vierge et martyre*, 1645, qui connaît une chute sans appel. « On ne put souffrir, dit Fontenelle, la seule idée du péril de la prostitution. » Dans *Héraclius*, il embrouille comme dans ses premières comédies et Boileau parle de logogriphe.

Élu en 1647, l'année de son mauvais *Héraclius*, à l'Académie française, il collaborera deux ans plus tard au *Triomphe de Louis le Juste* pour relever le pouvoir royal. Peu à peu son activité théâtrale ralentira. Il appellera des succès, mais aussi des échecs retentissants comme avec son médiocre *Pertharite*, 1652. Encore des œuvres : *Andromède*, 1651, tragédie mais aussi drame lyrique et ballet aux décors somptueux, *Don Sanche d'Aragon*, 1651, qu'un jugement sévère de Condé détourne du succès, *Nicomède*, 1651, sursaut tragique, œuvre forte où il peint « la politique des Romains au-dehors », *Œdipe*, 1659, entreprise sur l'indication du surintendant Fouquet, *la Toison d'Or*, 1660, tragédie à machines somptueusement montée. Mais Corneille est fait pour la passion et la politique, non pour les légendes. C'est l'échec et encore l'échec avec *Agésilas*, 1666, puis *Attila*, 1667. On connaît l'épigramme de Boileau :

> Après l'Agésilas,
> Hélas!
> Mais après l'Attila,
> Holà!

Cet *Attila*, Voltaire l'a souligné, a eu le tort de naître la même année que l'*Andromaque* qui annonçait la série des grandes œuvres de Racine. Quand, en 1670, Corneille donna la pièce héroïque de *Tite et Bérénice*, on la prit comme « le fruit malencontreux d'un concours secrètement établi par Henriette d'Angleterre entre Corneille et Racine ». Or elle est bonne, de grandes beautés de texte faisant passer le côté laborieux de l'intrigue. Si la *Bérénice* de Racine tue cette pièce en 1670, on peut voir aujourd'hui qu'elle soutient la comparaison.

La tragédie-ballet *Psyché*, 1671, une des représentations théâtrales les plus délicieuses qui soient, montre sa collaboration avec Molière qui l'a appelé pour composer un acte. C'est fort curieux : Molière se rapproche de Corneille par la noblesse du ton et Corneille de Molière par la vivacité et la tendresse, certains vers étant d'une grande beauté plastique ainsi que d'un lyrisme personnel étonnant.

Sur le tard, Corneille montre qu'il n'est pas vide ni desséché. Il donne *Pulchérie*, 1672, que Mme de Sévigné goûte très vivement. Puis c'est *Suréna*, 1674, que l'auteur croit digne de *Cinna* tout comme *Othon*, pièce psychologique et politique née de Tacite dix ans plus tôt. Terminer avec *Suréna* n'est pas déchoir. La jeunesse préservée de Corneille apparaît dans ce chant d'amour désespéré.

Dans le temps des grandes tragédies, Pierre Corneille écrivit *le Menteur*, 1643, et *la Suite du Menteur*, 1644. La première pièce est imitée d'Alarcon, la seconde de Lope de Vega. Ces pièces comiques, supérieures à ses premières tentatives, par leurs grâces, leurs inventions, leur entrain, leurs traits, leur fantaisie, leur souplesse de style suffiraient à la gloire d'un auteur. Pierre Corneille, ici, et avec *l'Illusion comique*, donne au théâtre français la comédie de caractère et ouvre une voie à cette veine.

Les sursauts de l'homme vieillissant.

Il est indéniable, et seuls les spécialistes fanatisés le nieront, que Pierre Corneille a eu des fléchissements, mais en aucun cas il ne s'est agi d'une décadence accélérée ou due à l'âge. Il y eut, comme on dit, des hauts et des bas. Cependant, même dans les pièces manquées ou à demi manquées, comme *Pompée, Rodogune, Sertorius, Sophonisbe, Suréna* ou *Attila*, on trouve des passages de qualité et des vers très forts dans le sens de la tragédie classique.

Le « Corneille vieilli » de Boileau a de vifs sursauts. Si sa tendance le pousse à disserter, discourir, raisonner dans le domaine amoureux comme dans le domaine politique, s'il n'a de génie que par intermittence, on peut se l'expliquer par un dévouement au public qui l'amène à suivre les évolutions du goût qui ne correspondent pas toujours à son caractère. Souvent, il complique, jette de lourdes galanteries, fait ployer la tragédie sous les cuirasses de ses héros.

Cependant, jusqu'à l'*Andromaque* de son rival Racine, il domine le théâtre de son temps de toute son admirable stature. Mais il existe d'autres aspects de Corneille qui, poétiquement parlant, ne sont pas les moins intéressants.

Pour le théâtre, le XXe siècle a vu de nombreux efforts en faveur de Pierre Corneille qui est toujours présent. On peut redire avec Mme de Sévigné : « Vive notre vieil ami Corneille! Pardonnons-lui de méchants vers, en faveur des divines et sublimes beautés qui nous transportent, ce sont des traits de maître qui sont inimitables », mais on peut préférer garder l'image du jeune Corneille, celui qui ressemble à Rodrigue et aux acteurs fougueux qui, comme un Gérard Philipe, l'ont incarné.

4

Pierre Corneille plus intime

Comme ses héros répriment certains mouvements de leurs passions, Corneille semble refuser la part la plus secrète de lui-même par la volonté classique. Il reste maître et dominateur de sa propre humanité, déguise ses cris les plus profonds, semble nous dire avec son Auguste : « Je suis maître de moi comme de l'univers. »

Mais parfois, nous pénétrons dans son secret qu'il le veuille ou non. C'est que le lyrisme personnel perce, que la grande image poétique jaillit au cœur de la perfection tragique, et cela devient admirable de réalité sensible. Dans *le Cid,* on trouve des vers pleins de pureté ne devant rien à l'action :

> Je cherche le silence et la nuit pour pleurer.

Ou bien l'admirable :

> Cette obscure clarté qui tombe des étoiles.

Cela reste infiniment plus évocateur que bien des tirades et prosopopées emphatiques, que des vers comme il en jette en abondance, de ce genre :

> Même soin me regarde et j'ai pour m'affliger
> Ma gloire à soutenir et mon père à venger.

Si l'on ne peut séparer l'histoire du théâtre versifié de celle de la poésie, on a souvent l'impression qu'il s'agit d'autre chose et je ne connais pas une anthologie où cette gêne ne se ressente. Mais il existe chez Corneille, intra et extra théâtre, un poète qui a une place très haute sur le plan lyrique. Bien des poèmes font penser qu'on aurait aimé quelques tragédies de moins, quelques recueils de poésies diverses de plus. Ses pièces éparses ne doivent pas être citées comme des curiosités, mais comme des œuvres à part entière.

Au cœur même de son théâtre, il n'oublie pas l'importance particulière du vers. Il n'est que de voir ses corrections successives. Écrit-il de manière archaïque ces vers :

> Je viens de le trouver, ravi, transporté d'aise,
> D'avoir eu les moyens de déclarer sa braise.

qu'il les transforme en ceci :

> Je viens de le trouver, tout ravi, dans son âme,
> D'avoir eu les moyens de déclarer sa flamme.

De même :

> Je suis Romaine, hélas! puisque mon époux l'est,
> L'hymen me fait de Rome embrasser l'intérêt.

va devenir :

> Je suis Romaine, hélas! puisque Horace est Romain,
> J'en ai reçu le titre en recevant sa main.

Malherbe aurait approuvé. Cette conscience est souvent dictée par le désir de se mettre au goût du jour, mais on sent en presque tous les endroits de ses pièces un long et sûr travail artisanal du vers.

Les œuvres parallèles.

On fut souvent bien dédaigneux de son *Imitation de Jésus-Christ* traduite et paraphrasée en vers français. Comme on eut tort! En fait, on n'attendait pas cela de lui et on s'interrogea. Pour son neveu Fontenelle, c'est parce qu'il était « rebuté de théâtre ». Pour d'autres, il s'agissait d'expier une chanson licencieuse dont on s'aperçut qu'elle était parue dix ans plus tard. L'explication la meilleure est la plus simple. L'ancien élève des jésuites, comme au temps où il se penchait sur *la Pharsale,* se donna le plaisir de revenir au sacré, ce qui ne pouvait que plaire à ses anciens maîtres, sans doute choqués par tant de théâtre profane.

Les entreprises de traduction de quelques psaumes chez les uns et les autres pâlissent devant l'ampleur de la tâche de Corneille qui fut récompensé par un succès prodigieux.

Au départ, cette tentative hardie pouvait paraître contestable :

le charme, la simplicité, la beauté naïve de l'œuvre n'allaient-ils pas se perdre dans la pompe cornélienne ? Transformer les versets de l'œuvre latine en tirades, les cadences médiévales en celles du grand siècle comportait des dangers auxquels le poète n'échappa pas toujours.

Il tint cependant la gageure, multipliant les mètres, mettant toute sa force, sa sincérité, sa noblesse, sa souplesse, son savoir-faire dans l'entreprise. Il triompha par bien des endroits. Chaque fois qu'il prit des libertés, qu'il s'éloigna apparemment de l'original, chaque fois que, dans la paraphrase, il libéra sa propre voix de chrétien déchiré entre sa faiblesse et la grandeur espérée, il trouva la réussite. Si cette *Imitation* s'écarte du texte, elle est pleine de beauté et d'émotion :

> Parle, parle, Seigneur, ton serviteur écoute,
> Je dis ton serviteur, car enfin je le suis,
> Je le suis, je veux l'être, et marcher dans ta route
>   Et les jours et les nuits.
>
> Remplis-moi d'un esprit qui me fasse comprendre
> Ce qu'ordonnent de moi tes saintes volontés,
> Et réduis mes désirs au seul désir d'entendre
>   Tes hautes vérités.
>
> Mais désarme d'éclairs ta divine éloquence,
> Fais-la couler sans bruit au milieu de mon cœur :
> Qu'elle ait de la rosée et la vive abondance
>   Et l'aimable douceur.
>
> Vous la craigniez, Hébreux, vous croyiez que la foudre,
> Que la mort la suivît, et dût tout désoler,
> Vous qui dans le désert ne pouviez vous résoudre
>   A l'entendre parler.

Sous l'influence des pères jésuites, il traduisit encore *les Louanges de la Sainte Vierge, l'Office de la Sainte Vierge,* avec *les Sept Psaumes de la Pénitence, les Vêpres et Complies du Dimanche* et *les Hymnes du bréviaire romain,* enrichissant le domaine de la poésie religieuse par des poèmes où « la vérité parle au-dedans du cœur ».

Ainsi, durant une grande partie de sa vie, parallèlement à son œuvre théâtrale, il fit ces longues paraphrases qui exigèrent beaucoup de temps et beaucoup de peine et que l'histoire littéraire a dédaignées fort injustement.

Il a cultivé à ses moments perdus la poésie galante et précieuse, chantant, comme tout le monde, Iris, avec pour refrain « Un galant de cinquante ans », pris la tulipe, la fleur d'orange et l'immortelle blanche pour Julie, avant de dépasser en précision tous les poètes mineurs de son temps avec les célèbres *Stances à Marquise,* c'est-à-dire l'actrice Du Parc, où la fierté, la satire, la gracieuseté font si bon ménage :

> Marquise, si mon visage,
> A quelques traits un peu vieux,
> Souvenez-vous qu'à mon âge
> Vous ne vaudrez guère mieux.
>
> Le temps aux plus belles choses
> Se plaît à faire un affront,
> Et saura faner vos roses
> Comme il a ridé mon front.
>
> Le même cours des planètes ;
> Règle nos jours et nos nuits :
> On m'a vu ce que vous êtes ;
> Vous serez ce que je suis.
>
> Cependant j'ai quelques charmes
> Qui sont assez éclatants
> Pour n'avoir pas trop d'alarmes
> De ces ravages du temps.
> . . . .
> Chez cette race nouvelle
> Où j'aurai quelque crédit,
> Vous ne passerez pour belle
> Qu'autant que je l'aurai dit.
>
> Pensez-y, belle Marquise :
> Quoiqu'un grison fasse effroi,
> Il vaut bien qu'on le courtise
> Quand il est fait comme moi.

Se mêlant de la querelle de *Job* et d'*Uranie,* il fait un sonnet-pirouette qui remet les choses à leur juste place. Compose-t-il une épitaphe, comme celle d'Élisabeth Ranquet, elle est parfaite :

> Ne verse point de pleurs sur cette sépulture,
> Passant : ce lit funèbre est un lit précieux,
> Où gît d'un corps tout pur la cendre toute pure ;
> Mais le zèle du cœur vit encore en ces lieux.
>
> Avant que de payer le droit de la nature
> Son âme, s'élevant au delà de ses yeux,
> Avait au Créateur uni la créature ;
> Et marchant sur la terre elle était dans les cieux.

Les pauvres bien mieux qu'elle ont senti sa richesse ;
L'humilité, la peine étaient son allégresse ;
Et son dernier soupir fut un soupir d'amour.

Passant, qu'à son exemple un beau feu te transporte ;
Et, loin de la pleurer d'avoir perdu le jour,
Crois qu'on ne meurt jamais quand on meurt de la sorte.

Il traduit en français des vers latins du jésuite Charles de La Rue (1643-1725) consacrés aux conquêtes de Louis XIV (La Rue écrivit aussi une tragédie, *Sylla*, approuvée par Corneille). Dès 1650, le prologue d'*Andromède* avait prévu la grandeur du roi-soleil. Dans le poème traduit de Charles de La Rue, il fait l'étalage d'hyperboles, embellit l'histoire et regrette de ne pas être assez grand pour le sujet. Selon une méthode éprouvée, parfois éprouvante, il convie les héros anciens à contempler le héros nouveau qui les efface. Il joue de l'apostrophe grandiose, fait défiler noms d'hommes et de villes en jouant de leurs sonorités. Les événements l'inspirent dans un certain nombre d'*Épîtres au roi*. Il le remercie d'avoir fait représenter ses principales œuvres à Versailles, réclame la même faveur pour les autres en se parodiant lui-même :

Achève. Les derniers n'ont rien qui dégénère,
Rien qui les fasse croire enfants d'un autre père.

Lorsque le roi se voit refuser par Paris l'argent nécessaire à la guerre, il s'en tire par une habile réponse que Corneille immortalise dans une nouvelle épître. La campagne de 1676, le traité de Nimègue montrent qu'il peut dépasser en qualité tout poète national.

Revenons à certains passages de ses tragédies. Le monologue d'Auguste dans *Cinna*, les imprécations de Camille dans *Horace*, le combat de Rodrigue dans *le Cid*, le monologue de *Polyeucte*, extraits du contexte dramatique et de la progression, forment des poèmes d'une grandeur rare.

La diversité des dons de Pierre Corneille apparaît lorsqu'il sait quitter l'emphase et donner des vers d'un accent incomparable. Ainsi, lorsque *Psyché* s'adresse à l'Amour :

Qu'un monstre tel que vous inspire peu de crainte !
Et que s'il a quelque poison,
Une âme aurait peu de raison
De hasarder la moindre plainte
Contre une favorable atteinte
Dont tout le cœur craindrait la guérison !

> A peine je vous vois que mes frayeurs cessées
> Laissent évanouir l'image du trépas,
> Et que je sens couler dans mes veines glacées
> Un je ne sais quel feu que je ne connais pas.

Les appréciations.

Pierre Corneille mourut à un âge avancé rue d'Argenteuil, à Paris, après avoir vu trépasser ses enfants, connu la ruine par de longs procès et des suppressions fréquentes de sa pension.

Racine le loue sans réserve, le comparant « aux Eschyles, aux Sophocles, aux Euripides ». La Bruyère le salue bien bas : « Il n'est pas au-dessous d'Auguste, de Pompée, de Nicomède, d'Héraclius ; il est roi, et un grand roi ; il est politique, il est philosophe ; il entreprend de faire parler des héros, de les faire agir ; il peint les Romains : ils sont plus grands et plus Romains que dans leur histoire. » Voltaire rapporte que « Molière disait de Corneille qu'il y avait un lutin qui tantôt lui faisait ses vers admirables, et tantôt le laissait travailler lui-même. »

Napoléon Ier le fait père des destins héroïques réels : « La France doit à Corneille une partie de ses belles actions. » Il s'exclame : « S'il vivait, je le ferais prince ! » Anna de Noailles semble lui répondre : « Le génie de Corneille vaut des provinces. » Pour Brasillach, il est notre Shakespeare. Roger Caillois parle de « l'acceptation souriante et affirmative du destin, où Nietzsche aussi parviendra, et par le même sentier de chèvre ». Jean Schlumberger reconnaît « une sorte d'orthodoxie héroïque, magnifique et vital contrepoids à l'orthodoxie chrétienne ». Et on ne saurait oublier les travaux de Lanson, Faguet, Léon Lemonnier, Nadal, Adam, Couton, Bray, Madaule, la plupart entièrement favorables.

En nommant Pierre Corneille premier des grands classiques, on n'oublie pas que la doctrine du siècle de Louis XIV s'est élaborée à partir de son œuvre.

Il est le vainqueur d'un difficile combat, d'un combat incessant et multiple. Il ne se plia pas sans peine à la règle des trois unités. Les contemporains voulaient que la tragédie fût le support de la morale. Il résista. Même un caractère criminel, s'il est puissamment élaboré, développe l'intérêt du tragique. Ces héros qu'on voudrait toujours très vertueux peuvent être « très méchants ». Il ne craint pas l'invraisemblance. Au contraire, si elle peut éveiller l'intérêt au spectacle des passions, il la prône. Face aux doctes, il se soumet parfois, se révolte souvent, s'impose au besoin par la ruse, et finit par dire ce qu'il a envie de dire.

On trouve chez Pierre Corneille l'action, la volonté, l'héroïsme, les sentiments sublimés, mais aussi, tout en ayant, comme le dit Sainte-Beuve, « un génie déjà profondément chrétien », des germes de rationalisme, une morale supérieure à son acception habituelle, un sens de la nature accordé à l'humain, une conception du sacré dépassant la religion.

Si la part de poésie est étouffée par les abus d'éloquence de l'avocat normand, elle apparaît dès qu'il y a monologue ou dialogue s'insérant, presque à la façon d'intermèdes, dans la progression dramatique. Là, il touche au plus haut lyrique. Enfin, il a le sens de la fête, de la communion avec un public respecté. La fréquentation de son œuvre oblige à un certain dynamisme et, malgré quelques vieilleries qui font sourire, nous sommes élevés vers les hautes régions du sublime.

5

Les autres « tragiques »

Thomas ou le reflet du frère.

THOMAS CORNEILLE (1625-1709) avait dix-neuf ans de moins que l'auteur du *Cid*. Jamais deux frères ne furent plus unis : ils avaient mêmes goûts, mêmes mœurs, même vie. Ils suivirent la même carrière, épousèrent deux sœurs, vécurent dans la même demeure durant vingt-cinq ans. Quand Pierre mourut, Thomas lui succéda à l'Académie française. Racine, répondant à son discours, parla d'une « amitié qu'aucun intérêt, non pas même aucune émulation pour la gloire, n'avait pu altérer » et ajouta, après un éloge du grand Corneille : « Vous auriez pu mieux que moi rendre à Pierre Corneille les honneurs qu'il mérite, si vous n'eussiez appréhendé qu'en faisant l'éloge d'un frère avec qui vous aviez tant de conformité, il ne semblât que vous fissiez votre propre éloge. »

Comme Pierre Corneille, il commença par des comédies, *les Engagements du hasard*, 1647, ou, en concurrence avec Scarron et Boisrobert, *les Illustres Ennemis* et *le Geôlier de soi-même*, encore en concurrence avec Scarron.

Ses tragédies connurent un grand succès : Louis XIV se déplaça de Versailles pour assister à la représentation de *Timocrate*, 1656, au théâtre du Marais où cette tragédie tint durant six mois l'affiche. Puis ce furent *Bérénice*, 1657, tirée du *Cyrus* de Madeleine de Scudéry, *Commode* qu'aima le roi, *Stilicon* moins goûtée. Sa meilleure pièce, *Ariane*, composé en dix-sept jours, eut, en 1672, autant de succès que le *Bajazet* de Racine. Voltaire, plus tard, fit son éloge. Mais Boileau bouda. Un vers comme « Je la tue, et c'est vous qui me le faites faire » ne pouvait plaire au critique, et il s'exclama : « Ah! pauvre Thomas, tes vers, comparés avec ceux de ton frère, font bien voir que tu es un cadet de Normandie. »

Thomas Corneille donna ensuite *le Comte d'Essex,* 1678, tragédie de la pitié à l'action vague et aux personnages falots. On en retient un vers qui est resté dans les mémoires :

> Le crime fait la honte et non pas l'échafaud.

La veuve de Molière pria Thomas de mettre en vers *le Festin de Pierre*. Il s'y employa bien et la pièce occupa longtemps les théâtres de Paris.

Le jeune Corneille a traduit Ovide avec bonheur, comme en témoigne cette élégie dont la manière est proche de celle de son aîné :

> Enfin ma patience est lasse,
> C'est trop, c'est trop languir, sous d'orgueilleuses lois.
> Sors de mon cœur, amour, la vengeance a ses droits,
> Il est temps qu'en ce cœur elle règne à ta place.
>
> C'en est fait, j'ai brisé mes fers,
> L'objet qui me charma n'a plus rien qui me dompte,
> Et ces ingrats rebuts que je souffrais sans honte,
> Je rougis aujourd'hui de les avoir soufferts.
>
> La révolte me rend ma gloire,
> Tout ce que j'eus d'amour, je viens de l'étouffer.
> Si le dépit m'en fait un peu tard triompher,
> C'est toujours, quoique tard, remporter la victoire.

Il reçut son neveu Fontenelle à l'Académie française, participa aux travaux du Dictionnaire en donnant un complément, *le Dictionnaire des termes d'art et de sciences*, qui fut à la base de ceux de Chambers et de Diderot. Il laissa à ses contemporains le souvenir d'un homme de bonne compagnie, amoureux de la gloire mais sachant applaudir aux succès de ses rivaux.

Enfin, auprès de ceux qu'on appelle « les deux Corneille » se place un troisième frère, Antoine Corneille (1611-1657), chanoine, poète, qui ne triomphe qu'aux Palinods de Rouen, notamment avec un *Chant royal sur Saint Augustin,* patron de son ordre. Cet amateur fut une fois cornélien dans sa vie : en paraphrasant *le Stabat mater* sur le rythme du *Cid*.

La Rime Quinault.

Le protégé de Tristan L'Hermite, Philippe Quinault (1635-1688) invente la tragédie tendre à l'intention du public de Madeleine de Scudéry désireux de retrouver sur scène les aventures de héros galants et de dames moins fougueuses que les « adorables furies » de Pierre Corneille. Il fit des comédies, *les Rivales,* 1653, *la Mère coquette,* 1665, agréables et plates, des tragédies languissantes, *Amasalonte,* 1658, *Agrippa,* 1660, *Astrate,* 1663, dont se moque Boileau :

> La raison dit Virgile, et la rime Quinault.

Sans cesse, Quinault fut accusé de plagiat : par Boisrobert, par Scarron, par Jean Donneau de Visé. Mais qui ne plagiait pas ? Il aurait fallu placer en épigraphe devant toutes les pièces l'avis de Scudéry : « Ce qui est étude chez les Anciens est volerie chez les Modernes. »

Mondain, fêté, il connut en 1670 les honneurs académiques, en 1674 ceux des Inscriptions. Le tragédien de l'amour douceâtre trouva sa véritable voie en écrivant les intermèdes de *Psyché,* ce fruit délicieux d'une éclatante collaboration. Pendant quinze ans, il travailla avec Lulli pour l'opéra, lui apportant les vers prosaïques, mais harmonieux, qui convenaient. Car on peut dire avec La Harpe : « Quinault n'a sans doute ni cette audace heureuse des figures, ni cette éloquence de passion, ni cette harmonie savante et variée, ni cette connaissance profonde de tous les effets du rythme, tous les secrets de la langue poétique : ce sont là les beautés du premier ordre, et non seulement elles ne lui étaient pas nécessaires, mais, s'il les avait eues, il n'eut point fait d'opéras, car il n'aurait rien laissé faire au musicien. »

Ainsi, la poésie dut souvent se soumettre aux nécessités musicales, et en écoutant les grands musiciens de tous temps, dans le domaine de l'opéra, il ne faut point trop s'arrêter aux paroles. Comme Lulli, Rameau fera des chefs-d'œuvre de goût à partir de fadeurs.

Le premier des opéras auxquels collabora Quinault, *les Fêtes de l'Amour et de Bacchus,* 1672, est un mélange bouffon et sans relief d'éléments volés à diverses comédies de l'époque. *Cadmus,* 1674, comédie mythologique, est gracieuse et fade. Dans *Alceste,* 1674, et *Thésée,* 1675, l'intrigue paraît mieux conduite, mais un comique frigorifié uni à des galanteries pour soubrettes gâche tout. Puis, ce furent *Atys,* 1676, apprécié par Mme de Maintenon, *Isis,* 1677, *Proserpine,* 1680, qui montre des progrès dans la versification, et dont Voltaire admira des vers peu admirables :

> Ces superbes géants, armés contre les dieux,
> Ne nous donnent qu'épouvante.
> Ils sont ensevelis sous la masse pesante
> Des monts qu'ils entassaient pour attaquer les cieux,
> J'ai vu tomber leur chef audacieux
> Sous une montagne brûlante.
> Jupiter l'a contraint de vomir à nos yeux
> Les restes enflammés de sa rage mourante.
> Jupiter est victorieux,
> Et tout cède à l'effort de sa main foudroyante.

Toute la faiblesse de Quinault est dans ces vers plats et bourrés d'épithètes de remplissage faites pour mal rimer.

Que d'œuvres encore! *Le Triomphe de l'Amour,* 1681, ballet destiné à adresser des compliments en vers aux gens de cour, *Phaéton,* 1683, *Amadis,* 1684, *Roland,* 1685, tiré de l'Arioste, *Armide,* 1686, tiré du Tasse, *l'Amant indiscret,* proche de *l'Étourdi* de Molière, *la Comédie sans comédie* réunissant divers genres. On ne saurait tout citer, il y en a trop. Quinault a puisé partout, chez les Anciens et les Modernes, chez les étrangers et les Français contemporains.

D'autres musiciens voulurent sa collaboration, comme Philibert et Le Camus. Au siècle suivant Gluck et d'autres s'inspireront de ses livrets. Après la mort de Lulli, il s'essaya à la poésie religieuse avec *l'Hérésie détruite,* œuvre inachevée. Boileau, sur le tard, revint sur ses premières rigueurs. *Le Poème de Sceaux* a quelques beautés. Que faut-il retenir? *Amadis, Roland, Armide* peut-être, et surtout le nom d'un homme d'aimable talent qui tenta d'élever l'opéra au niveau de la poésie. Bien des œuvres dans ce domaine lyrique, et les plus célèbres, ont une matière verbale d'une si incroyable médiocrité qu'on apprécie l'effort de Quinault, si modeste qu'il soit.

Le « Père » de Corneille.

Philippe Quinault prit à Jean de Rotrou (1609-1650) *les Deux Pucelles* pour en faire *les Rivales.* Rotrou, un des cinq auteurs de l'équipe Richelieu, le dépassa par de belles réussites, et deux de ses pièces, *Saint Genest* et *Venceslas* sont encore lisibles.

On sait que Corneille l'appelait son père. Voltaire en fit « le véritable fondateur du théâtre français ». Il donna très tôt ses premières pièces : *l'Hypocondriaque*, 1628, à dix-neuf ans, *Cléagénor et Doristhée*, 1630, à vingt et un ans. Sa carrière théâtrale fut parallèle à celle de Corneille. L'année du *Cid*, ce sont *les Deux Sosies*, avant *Horace* il donne *Antigone*, que Racine imite dans sa *Thébaïde*, l'année de *Polyeucte* on joue *Iphigénie en Aulide*, l'année de *Théodore*, c'est *la Sœur*. Mais c'est dix ans après *le Cid* qu'il apporte ses grandes œuvres. En fait, celui qui en faisait son père fut son maître, et il l'avoua quand sortit *la Veuve* de Corneille :

> Juge de ton mérite, à qui rien n'est égal,
> Par la confession de ton propre rival.

Il mourut jeune à Dreux d'une « fièvre pourprée ». Il avait vécu pleinement, se partageant entre le théâtre, les plaisirs et le jeu, et ses fonctions de lieutenant particulier et civil de sa ville. En ce temps où l'on était fou de théâtre, il a laissé une œuvre considérable dont nous ne retenons que les pièces les plus significatives.

Le sujet de *Saint Genest* est tiré de *la Feinte devient vérité* de Lope de Vega. Cette tragédie est traitée avec des souvenirs de *Polyeucte*. Comme Polyeucte, saint Genest, comédien et martyr, dit adieu au monde dans des stances, comme lui il repousse les instances d'une dame. Le pittoresque, le mélange des tons et des genres lui donne un aspect romantique plus que classique. L'idée de l'acteur jouant du théâtre dans le théâtre est très moderne. Certains passages sont riches de force et de précision.

Francisco de Rojas lui a fourni *Venceslas*, tiré de *On ne peut être père et roi*. Des quiproquos invraisemblables aident au ressort tragique. Les rapports entre père et fils sont cornéliens. Les situations dramatiques, les coups de théâtre abondent jusqu'à l'ultime sacrifice de Ladislas, le fils passionné et courageux. Sans cesse on pense au *Cid*. L'ensemble a tant de défauts, longueur, détails vicieux, qu'on chargea Marmontel d'en débarrasser la pièce : il l'assassina.

Corneille sera le seul à le dépasser en force, grâce à une langue plus neuve et à plus de génie. Chez Rotrou, si l'on passe sur trop d'emprunts à la préciosité française et espagnole, sur des surcharges d'intrigues, sur trop de péripéties sanglantes, et qu'on ne retienne que l'animation concrète des vers, les images harmonieuses, les trouvailles, la frappe poétique, on salue cet auteur qui emprunta mais à qui on emprunta aussi : en écrivant *Cosroès*, il fournit quelque exemple à Corneille pour son *Nicomède*. De tous les contemporains de l'auteur du *Cid*, il est le meilleur.

Les autres « tragiques ».

Ils sont foule qui exploitent tous les sujets du domaine de la tragédie et ils ne manquent pas. Déjà, entre 1628 et 1658, on a compté 147 poètes auteurs d'environ 450 œuvres théâtrales. Mais qui se souvient des pièces de La Calprenède ou des frères Montbesnard où l'on trouve des vers tragiques réjouissants?

> Soldats, empoignez-le par jambes et par bras,
> Lui faisant avaler pour sa cruelle peine,
> Une tasse de sang de taureau toute pleine.

De même, le Gallus des précieuses, Gabriel Gilbert (1620-vers 1680), un des plus féconds, est oublié. Sa *Rodogune* est proche de Corneille, et aussi son *Hippolyte* où l'on trouve :

> Va chez les scélérats, les ennemis des cieux,
> Chez ces monstres cruels, assassins de leurs mères,
> Ceux qui se sont souillés d'inceste, d'adultères;
> Ceux-là te recevront...

Racine transformera d'un habile coup de pouce :

> Va chercher des amis dont l'estime funeste
> Honore l'adultère, applaudit à l'inceste;
> Des traîtres, des ingrats, sans honneur et sans foi,
> Dignes de protéger un méchant tel que toi.

Gabriel Gilbert écrivit encore *la Vraie et fausse Précieuse, Huon de Bordeaux, Héro et Léandre, Théagène*, la pastorale des *Amours d'Ovide*. En dehors du théâtre, rappelons *les Poésies diverses, l'Art de plaire* imité d'Ovide. Chapelain l'appréciait beaucoup.

L'abbé François d'Aubignac (1604-1676) dans sa *Pratique du théâtre*, en fervent d'Aristote et des trois unités, loua Pierre Corneille avant de l'attaquer pour une blessure d'amour-propre. Auteur de médiocres tragédies comme *Zénobie*, il fut un critique épris de moralité, réclamant la censure et se montrant partisan des sacro-saintes règles.

Pierre Corneille fut beaucoup imité. Ainsi de Chillac donna une suite au *Cid* où Gormas est vengé et Chimène punie d'avoir épousé, comme dira Georges Fourest, « l'assassin de papa » : *l'Ombre du Comte de Gormas et la mort du Cid*. Lorsque le Provençal Arnaud imite Sénèque dans *Agamemnon*, 1642, il est influencé par Corneille, et aussi Marthe Cosnard (née en 1614) dans *les Chastes martyrs* que son maître salue en vers, parlant d'un effort « qui couronne ton sexe et fasse honte au nôtre ». En revanche, Troterel (mort en 1620) donna un modèle pour *Polyeucte* avec la tragédie de *Sainte Agnès*, 1615.

La religion inspira maints auteurs de second ordre. Dans *la Mort de Théandre ou la sanglante tragédie de Jésus-Christ*, où un personnage parle de la poudre à canon, dans *le Combat de l'âme* de François Davesne, dans *la Mort de Balthazar*, 1662, du sieur de Charenton, dans *le Royal Martyr*, 1664, de Les Isles Le Bas qui finit dans un taudis de la rue qu'on appellera de La Harpe, dans *le Triomphe de l'amour divin*, 1671, dédié par Alexandre Legrand à la reine de Suède, dans *Sainte Catherine* ou *Thomas Morus, le Sac de Carthage, Climène et Thésée* de Jean Puget de La Serre (né en 1593), tragédies faites entre 1642 et 1644. Une curiosité : Jobert dans *Balde, reine des Sarmates*, montre un héros antireligieux nommé Voltare...

Cardin, dans *le Progrès de Martel*, 1647, a recours à l'histoire de France. Guillaume Le Riche dans *les Amours d'Angélique et de Médor* s'inspire du Tasse. C. Chabrol tente de se libérer des rigueurs de la versification dans *l'Orizelle*, 1633. Jean de La Forge met en scène les grandes dames de l'époque, Mmes de Rambouillet, de Sévigné, de Maintenon dans *le Cercle des feux savants*, 1663. Antoine de La Fosse, seigneur d'Aubigny (1653-1716) donne un *Manlius*, selon La Harpe digne de Corneille, qu'on jouera durant tout le XVIIIe siècle. L'abbé Gaspard Abeille (1648-1718) est plus connu par les anecdotes se rapportant à ses pièces que par *Argélie, Soliman* ou *Hercule*. Jean Magnon (mort en 1662), ami de Molière, compose une demi-douzaine de tragédies avant d'entreprendre *la Science universelle*, poème encyclopédique de deux cent mille vers dont une partie est publiée.

Nous terminons sur un Belge, Blaise-Henri de Corte de Walef (1661-1734), disciple de Boileau qui s'étonnait et s'émerveillait qu'un « homme nourri dans le pays de Liège » pût « deviner tous les mystères de notre langue ». Ce capitaine, ce condottiere, donna des épîtres, odes, poèmes épiques, et surtout des tragédies, *Bajazet, Électre, Annibal*, mais, parlant de ces derniers dramaturges, nous mordons déjà dans le siècle suivant.

Malgré des similitudes, des effets heureux d'influences réciproques, aucun des héros de ces tragédies ne se hausse au niveau du personnage cornélien. Fort justement, Verdun L. Saulnier a écrit : « Corneille fait vivre le généreux de Descartes, la grandeur d'âme de La Rochefoucauld. » Aujourd'hui, si les dissertations politiques datées, si la Rome baroquisée de Corneille s'éloignent de nous, on retient une leçon de haute tenue littéraire, et si la psychologie est traduite à gros traits, elle reste vraie et solide. La génération de la Fronde aima le panache, la générosité aussi. Elle admira celui qui, selon Mme de Sévigné, « transportait les âmes. »

Une autre génération souhaita les hommes plus proches de leur vérité et de leurs nouvelles aspirations : Racine était là pour les leur montrer.

Jean de La Fontaine

I

Le Papillon du Parnasse

Les Enfances La Fontaine.

Tandis que l'art dramatique requiert les poètes importants, l'un d'eux fait exception, ne donnant accessoirement que quelques courtes pièces. Il se nomme Jean de La Fontaine (1621-1695) et devant un tel poète, on voudrait dire : chapeau bas, voici le plus original des lyriques français de son temps.

Il est le plus lu, le plus connu de tous puisque toute enfance fut bercée par ses fables, et qu'il n'existe que peu de gens qui n'en connaissent de mémoire au moins quelques fragments. Hautement apprécié par les uns, rejeté par les autres, il reste, malgré sa renommée immense, à découvrir. Il est le maître incontesté de la fable et beaucoup s'en tiennent à quelques souvenirs scolaires de récitations à apprendre et à bien réciter. Il est aussi le poète d'autres lieux de la poésie moins connus.

Il naquit à Château-Thierry d'une famille bourgeoise bien établie. Son père était maître particulier de ces « Eaux et Forêts » dont bruiront ses poèmes. A vingt ans, après des études moyennes, il entra chez les oratoriens de Reims pour étudier la théologie. Après dix-huit mois de cet enseignement, il changea d'idée et quitta une voie qui l'aurait conduit vers les bénéfices ecclésiastiques dont ont vécu tant de poètes. Il préféra se livrer aux délices de la liberté. Reims fut le premier théâtre de ses exploits, qui consistèrent en une heureuse dissipation, en une vie de plaisir qu'il n'abandonnera plus. L'école buissonnière le tenta sans cesse.

La lecture de l'*Ode sur la mort de Henri IV* de Malherbe serait à l'origine de son génie poétique, mais sans doute ne l'avait-il pas attendue pour se livrer au charme. En 1645, il se rendit à Paris pour étudier le droit. Il se lia avec le chanoine François de Maucroix qu'il connaissait depuis Reims, traducteur de Platon et poète, avec le doux Paul Pellisson, l'ami des précieuses, Antoine Furetière qui écrira *le Roman bourgeois,* l'orateur François Charpentier, le savant François Cassandre, poète et misanthrope, le Perpétuel de l'Académie François Conrart, Jean Chapelain, Olivier Patru, avocat et grammairien, Tallemant des Réaux et Nicolas Perrot d'Ablancourt.

Ayant conquis le titre d'avocat à la cour du parlement de Paris, il songea à tout autre chose, par exemple à lire beaucoup, non seulement Malherbe ou Voiture, mais aussi les vieux poètes comme Villon, Marot et Rabelais dont il est un des rares admirateurs en son temps, les conteurs français, et les Anciens, Sénèque, Platon, surtout Horace :

> Horace, par bonheur, me dessilla les yeux.

En 1647, son père, pour réagir contre son tempérament volage, son goût outré pour la flânerie, le jeu, la chasse, les filles, le maria avec Marie Héricart, jeune fille de quatorze ans, cousine de Racine, dont il devait bientôt se détacher. Il reprit ses habitudes de papillonnage (« Il aime où il peut », dit Tallemant des Réaux), et finit par se séparer de biens avec sa femme. Ne réussissant pas mieux dans l'administration que dans le mariage, il reçut de Colbert une admonestation.

Il débuta par une comédie tirée de Térence, *l'Eunuque,* 1654, pièce languissante qu'il n'améliora guère. En 1657, l'oncle de sa femme et Pellisson le font connaître au surintendant Fouquet pour qui il écrit des pièces de vers. L'année suivante son père mourut. C'est aussi en 1658 qu'il présenta à Fouquet, son mécène, l'*Adonis.* A l'apogée de sa fortune, le surintendant faisait travailler Le Nôtre et Lebrun, recevait les deux Corneille, Molière, Quinault, Perrault, Scarron, tout ce qui comptait dans le monde des lettres. L'hommage d'*Adonis* étant agréé, La Fontaine, pensionné, se fixa dans cette société brillante où il se plaisait.

Les premières œuvres.

Pour son *Adonis,* La Fontaine s'était souvenu de certains passages des *Métamorphoses,* et aussi du Cavalier Marin qui conta les amours du jeune chasseur et de Vénus. Dans cette mythologie galante, avant Racine, La Fontaine trouvait des accents nouveaux et cette exquise musique qui séduira Paul Valéry :

> Elle trouve Adonis près des bords d'un ruisseau;
> Couché sur des gazons, il rêve au bruit de l'eau.
> Il ne voit presque pas l'onde qu'il considère :
> Mais l'éclat des beaux yeux qu'on adore en Cythère
> L'a bientôt retiré d'un penser si profond.
> Cet objet le surprend, l'étonne et le confond;
> Il admire les traits de la fille de l'onde :
> Un long tissu de fleurs, ornant sa tresse blonde,
> Avait abandonné ses cheveux aux Zéphirs;
> Son écharpe qui vole au gré de leurs soupirs,
> Laisse voir les trésors de sa gorge d'albâtre.

De délicieux vers qui font penser aux préraphaélites, mais aussi quelques prosaïsmes et des facilités que le cours charmant du poème fait oublier. Le portrait de Vénus est tout de grâce :

> Rien ne manque à Vénus, ni les lis, ni les roses,
> Ni le mélange exquis des plus aimables choses,
> Ni ce charme secret dont l'œil est enchanté.
> Ni la grâce plus belle encor que la beauté.

Il présenta à Château-Thierry en 1660, *les Rieurs du Beau Richard,* ballet qu'il joua lui-même, et qui a des allures de chanson alerte :

> J'ai de l'argent, j'ai du bonheur,
> Aux mieux fournis je fais la nique;
> Et si j'avais un petit cœur,
> J'aurais de tout dans ma boutique.

Auparavant, il avait composé des odes, ballades, épîtres, madrigaux et toutes sortes de minces piécettes de circonstance. Dans son récit du *Songe de Vaux,* en vers et en prose, pour célébrer les merveilles artistiques du domaine du surintendant, il a recours au merveilleux mythologique. Il cite ses sources, le songe du *Roman de la Rose,* le songe de Scipion de *la République* de Cicéron, *le Songe de Poliphile* de Francesco Colonna. Les personnages réels empruntent des noms poétiques : Oronte pour Fouquet, Ariste pour Pellisson, Sylvie pour la femme de Fouquet, Acante pour lui-même. La prose est farcie de vers de sept, huit et douze pieds. Il mêle des mètres comme dans ses fables qu'un poème annonce : *Aventures d'un saumon et d'un esturgeon.*

En 1662, quelque temps après la chute de Fouquet, *l'Élégie aux Nymphes de Vaux* fut imprimée clandestinement. Dans les soixante

vers de ce poème de la fidélité, il donne le meilleur de lui-même
en des accents qui font penser à André Chénier :

> Remplissez l'air de cris en vos grottes profondes;
> Pleurez, Nymphes de Vaux, faites croître vos ondes,
> Et que l'Anqueuil enflé ravage les trésors
> Dont les regards de Flore ont embelli ses bords.
> On ne blâmera point vos larmes innocentes;
> Vous pouvez donner cours à vos douleurs pressantes :
> Chacun attend de vous ce devoir généreux;
> Les Destins sont contents : Oronte est malheureux.

Déjà, il demande l'indulgence du monarque. Il écrira encore une *Ode au Roi* de peu de valeur. La disgrâce du surintendant en entraîna d'autres comme celle du substitut Jannart, parent de La Fontaine qui l'accompagna dans son exil à Limoges. De là, il écrivit à sa femme six longues lettres badines en prose truffée de vers comme *le Voyage* de Chapelle et de Bachaumont. Parlant de sa randonnée à travers l'Orléanais, le Blésois, la Touraine, il montre un sens excellent de la description burlesque.

Protectrices, protecteurs et amis.

Après Fouquet, il trouva d'autres protecteurs : le prince de Condé, les princes de Conti, le duc de Vendôme, et, plus tard le duc de Bourgogne à qui Fénelon avait fait connaître les *Fables*. Parmi ses nombreuses protectrices, citons chronologiquement la duchesse de Bouillon, la nièce de Mazarin, Marie-Anne Mancini, que l'affaire des poisons avait exilée à Château-Thierry. Elle guida le poète vers les récits légers et licencieux à la manière italienne. Il lui dédia les premiers *Contes, Adonis, Psyché*, et le poème du *Quinquina*, fébrifuge à la mode. Se succédèrent ensuite Henriette d'Angleterre, Marguerite de Lorraine, Mme de Montespan et ses sœurs, puis Mme de La Sablière qui le recueillit maternellement et pendant vingt ans le préserva des soucis de la vie matérielle. Cette tutelle le maintint en état de perpétuelle enfance. Elle disait : « J'ai congédié tout mon monde; je n'ai gardé que mon chien, mon chat et mon La Fontaine. » Quand elle se retira du monde, Mme d'Hervart prit sa succession et La Fontaine passa chez elle ses vieilles années.

Il ne fréquenta pas que les salons. Avec ses amis Boileau, Molière et Racine, il forma une société à laquelle se joignaient Chapelle et Furetière, sous le signe d'une complicité amicale et littéraire, avec un goût commun pour le vin du *Mouton blanc* ou de la *Pomme de pin,* cabarets bien connus. C'est ainsi que se forma l'univers classique de 1660. Dans les premières lignes des *Amours de Psyché et de Cupidon*, La Fontaine présente ainsi la société des quatre amis :

Quatre amis, dont la connaissance avait commencé par le Parnasse, lièrent une espèce de société que j'appellerais académie si leur nombre eût été plus grand, et qu'ils eussent autant regardé les muses que le plaisir. La première chose qu'ils firent, ce fut de bannir d'entre eux les conversations réglées, et tout ce qui sent sa conférence académique. Quand ils se trouvaient ensemble et qu'ils avaient bien parlé de leurs divertissements, si le hasard les faisait tomber sur quelque point de science ou de belles-lettres, ils profitaient de l'occasion : c'était toutefois sans s'arrêter trop longtemps à une même matière, voltigeant de propos en autre, comme des abeilles qui rencontreraient en leur chemin diverses sortes de fleurs. L'envie, la malignité, ni la cabale, n'avaient de voix parmi eux. Ils adoraient les ouvrages des Anciens, ne refusaient point à ceux des Modernes les louanges qui leur sont dues, parlaient des leurs avec modestie, et se donnaient des avis sincères lorsque quelqu'un d'eux tombait dans la maladie du siècle, et faisait un livre, ce qui arrivait rarement.

Puisse la lecture de ce texte montrer que nos classiques n'étaient pas les « raseurs » qu'on imagine.

La Fontaine se lia aussi avec les gassendistes, et surtout François Bernier (1625-1688) qui lui fournira des détails scientifiques sur *le Quinquina*, comme il renseignera Molière pour son *Malade imaginaire*. On voit encore La Fontaine avec Chaulieu, Chapelle, La Fare ou Saint-Évremond. Il eut également des relations avec Port-Royal.

Il ne lui manqua qu'une faveur, celle du roi qui resta froid devant lui. Refusait-il l'ami de Fouquet? Tenait-il la fable pour un genre inférieur? La licence des *Contes* lui déplaisait-elle? Lorsqu'en 1684 le fauteuil de Colbert fut vacant et que l'Académie élut le poète à sa place, Louis XIV refusa de donner son agrément. Ce n'est que lorsque Boileau fut élu à un autre fauteuil que La Fontaine put occuper le sien.

A la fin de sa vie, La Fontaine paraphrasa psaumes et chants d'Église, composa des stances pieuses assez banalement. Au cours de sa vie, en vers, il loua Condé pour la bataille de Senef, attaqua au virelai ces Hollandais qui nous tenaient tête, adressa deux épîtres louangeuses à Turenne, et aussi bien chanta la Révocation de l'édit de Nantes comme un exploit. Ce n'est pas le meilleur. Vers 1669, Gabriel Guéret écrivait déjà : « Il n'y a que ses fables et que ses contes que l'on puisse louer hardiment, parce que cette nature d'ouvrage tombe dans le propre caractère de son esprit. » Il est vrai que s'il exerça son talent dans tous les genres, il reste aujourd'hui pour ses *Fables* et ses *Contes,* mais nous ne dédaignons pas le reste. Avant de parler de l'œuvre, reprenons un court autoportrait de La Fontaine :

> Papillon du Parnasse, et semblable aux abeilles,
> A qui le bon Platon compare nos merveilles,
> Je suis chose légère et vole à tout sujet,
> Je vais de fleur en fleur et d'objet en objet;
> A beaucoup de plaisir je mêle un peu de gloire.

Contre ennemis, Molière disait : « Nos beaux esprits ont beau se trémousser, le bonhomme ira plus loin que nous. » Ceux de la génération de 1660 l'estimaient. « Il ne faut point qu'il sorte du talent qu'il a de conter », écrit Mme de Sévigné. Et Fénelon fit ainsi son panégyrique : « Il n'est plus, et avec lui ont disparu les jeux badins, les ris folâtres, les grâces naïves et les doctes muses. Pleurez, vous tous qui avez reçu du ciel un cœur et un esprit capables de sentir tous les charmes d'une poésie élégante, naturelle et sans apprêts. »

2

Contes et œuvres diverses

L'homme envahi par la poésie.

Pour les gens peu avertis, le portrait idéal du Poète est vaguement celui qu'on prête à La Fontaine en vertu de quelques clichés bien enracinés. Le fabuliste était-il, comme on l'a dit, distrait, irrésolu, modeste, naïf ? Était-il, pour simplifier, toujours « dans la lune » ?

Un homme qu'on trouve « distrait »» est surtout un homme attentif aux choses essentielles. Observateur, La Fontaine se concentre sur les objets successifs de son intérêt. Irrésolu ? Il est au contraire un des poètes les plus tenaces qui soient, même si la fantaisie vient tempérer cette ténacité. Modeste ? Tout mais point cela. Il aime recevoir

> Un peu de cet encens qu'on recueille au Parnasse
> Et que j'ai le secret de rendre exquis et doux.

Est-il naïf ? Est-il « le bon La Fontaine » ? Le cours de sa vie le montre plutôt cynique, un peu veule, à coup sûr trop égoïste pour être bon. Il n'est que de voir la manière dont il se détache de tout ce qui le gêne, famille ou société. Il lui arrive d'abandonner toute dignité, de louanger à tort et à travers, de simuler. Simple, bon, bienveillant, modeste, sont des épithètes qui ne lui conviennent pas. Il est un monstre d'égoïsme et a des faiblesses d'enfant.

Mais que nous font ses flagrantes immoralités et ses défauts ? Il est l'objet de ce phénomène rare : il est l'homme habité par la poésie. Pour elle, il peut se déprendre de lui-même, pour se métamorphoser en toutes sortes d'êtres, d'objets, de mythes, devenir l'homme-poésie. Il ne vit finalement que pour son art, lui subordonnant tout. S'il a peu de chances de connaître l'indulgence de ceux qui se préoccupent de morale quotidienne, il devrait en trouver auprès de ceux qui placent plus haut que tout le phénomène poétique.

Reprenant le flambeau des opposants à La Fontaine, Paul Éluard l'a résolument écarté d'une anthologie, écrivant dans sa préface :

> La Fontaine plaide, dans ses fables, pour le droit du plus fort; il en fait une morale et, pour prouver, il joue très habilement de son ignorance, de son faux bon sens. Il se refuse cyniquement à voir plus loin que l'ombre animale.

Et le poète ajoute superbement : « Éloignons-le des rives de l'espérance humaine. » Que la position d'Éluard soit humainement recevable, elle ne peut être poétiquement acceptée. Nous n'éloignerons pas La Fontaine des rives de la poésie, en aurions-nous, par quelque droit sacré, le pouvoir. S'il présente des aspects désagréables, nous devons faire l'effort de nous situer en son temps et d'essayer de comprendre ses raisons, en imaginant aussi que le bonhomme était capable d'humour.

Les Contes en vers.

Les quatre premiers volumes des *Contes* parurent en 1664, 1665, 1671, 1675, et le cinquième volume dix ans plus tard. Cette partie de son œuvre réunit soixante-quatre pièces de vers.

Certaines sont tirées de l'Arioste, comme *Joconde* et *la Coupe enchantée*. Un grand nombre est dû à Boccace comme *Richard Minutolo* et *le Cocu battu et content*. Il puise chez Hérodote, Apulée, Pétrone, *les Cent nouvelles nouvelles,* Martial d'Auvergne, *l'Heptaméron,* Scarron, *la Mandragore* de Machiavel, l'Arétin, Brusoni, Berni, Anacréon, Guillaume Crétin, Rabelais, Bonaventure Despériers, Charles Sorel, etc. C'est en quelque sorte une anthologie métamorphosée. Il marie d'une manière unique l'obscénité à l'élégance, la verdeur à la grâce.

Parmi ses contes, il place la comédie de *Clymène* qui pour lui n'est pas destinée à la scène. On peut en dire autant de *Daphné, Galatée, Astrée, Achille* qui restent manuscrites ou ne connaissent qu'un succès modéré. Son record, c'est dix représentations avec *Ragotin* inspiré par *le Roman comique* de Scarron. Kléber Haedens s'est plu à citer la parodie de la tragédie classique qui y est contenue. Le passage, fort réjouissant, vaut toutes les critiques. C'est le songe de Cléopâtre :

> J'ai songé cette nuit un songe épouvantable :
> En tombant mon miroir s'est cassé sur la table;
> Mon lacet s'est rompu, mon collier défilé.
> Antoine, étant venu chez moi, s'en est allé;
> Je me suis mise au bain, l'eau paraissait bourbeuse;
> Le ciel brillait d'éclairs, la mer était grondeuse;
> De funestes oiseaux frappaient l'air de leurs cris;
> J'ai vu des loups-garous, des hiboux, des esprits;
> Octave s'est rendu maître d'Alexandrie;
> Moi, pour me dérober à sa juste furie,
> J'ai couru me cacher dans ces fameux tombeaux
> Où de feu mes aïeux sont les tristes lambeaux...
> Tu me suivais partout, lorsque, las de combattre,
> Antoine m'a crié : « Je me meurs, Cléopâtre !
> Et vite à moi, je suis vilainement blessé;
> D'un grand coup de canon j'ai l'intestin percé :
> A séparer nos cœurs, le sort têtu s'acharne. »
> J'ai mis, à ces grands cris, la tête à la lucarne :
> Charmion, qu'ai-je vu ? J'ai vu ce conquérant,
> Ce héros, invalide, affreux, pâle et mourant,
> Ranimer à mes yeux ses forces languissantes,
> Sangloter, et vers moi tendre ses mains sanglantes.
> Que te dirai-je enfin ? Tes soins officieux
> Ont réduit en cordon nos voiles précieux;
> On l'en a garrotté : les chemises trempées,
> A le tirer à nous nous étions occupées;
> Courbant sous ce fardeau, les ampoules aux mains,
> Chacun, en maugréant, accusait les destins
> De voir en l'air pendu ce grand foudre de guerre,
> Quand la corde se rompt : crac, pouf, il tombe à terre.
> Voilà mon songe.

Ainsi La Fontaine fait pour le héros tragique ce que Molière fait pour les Précieuses. Pour le théâtre, il a composé encore une pièce satirique, *le Florentin* afin de se venger de Lulli qui lui avait préféré Quinault, en 1674, pour *Daphné*. La Fontaine, peu fait pour le théâtre, sut y glisser des vers pittoresques, faciles et intelligents.

Pour en revenir à ses *Contes,* certains ne sont que des épigrammes tandis que d'autres ont des dimensions de nouvelles. Le poète les présente ainsi :

> Les nouvelles en vers dont ce livre fait part au public, et dont l'une est tirée de l'Arioste, l'autre de Boccace, quoique d'un style bien différent, sont toutefois d'une même main... L'auteur a voulu éprouver lequel caractère est le plus propre pour rimer des contes. Il a cru que les vers

irréguliers ayant un air qui tient beaucoup de la prose, cette manière pourrait sembler la plus naturelle, et par conséquent la meilleure... D'autre part aussi, le vieux langage, pour les choses de cette nature a des grâces que celui de notre siècle n'a pas.

La Fontaine n'invente rien, il se contente d'adapter, de rimer avec habileté. Il fait chanter la prose en la coulant dans des vers de toutes mesures rimant entre eux. Il donne aussi à savoir qu'il écrira d'autres nouvelles si les premières parues plaisent. Elles plurent, il continua. Cela ne cède pas à d'autre exigence que ce désir de contenter le public qui fut aussi constamment le souci de Pierre Corneille.

Un examen sommaire suffit à montrer dans ces *Contes* des négligences de style, des longueurs, des facilités. On doit retenir le premier essai suivi d'assouplissement de la forme prosodique pour la situer au niveau de la narration. Un balancement rythmique, une musique nouvelle tempèrent la rigueur du vers et la monotonie de la prose, même s'il reste quelque chose d'insuffisant dans ce mélange bâtard. Il donne, selon Faguet, « un véritable modèle de narration élégante, fine et gracieuse ».

La Fontaine, tenant compte de la liberté prosodique qu'il se donne et des limites qui restent imposées, fait mieux que tous les autres et fait un tour de force. Assouplissant le poème et le conduisant aux limites du prosaïsme, il crée du neuf, et comme il dit dans *Clymène* :

> Il me faut du nouveau, n'en fût-il plus au monde.

Plus tard, Guillaume Apollinaire, Jules Supervielle, Jacques Prévert, Paul Éluard montreront quel parti poétique on peut tirer d'une apparence prosaïque lorsque la perfection dans la simplicité, la précision dans le langage atteignent leur plus parfaite adéquation. La langue, ramenée à son expression la plus naturelle, harmonieuse et juste, sans un mot à ajouter ou à retirer, musicale et pure, rejoint la poésie.

Auprès du récit lyrique du *Songe de Vaux,* on peut placer *les Amours de Psyché et de Cupidon,* roman et poème en même temps puisque La Fontaine passe de ce qu'il appelle le « langage ordinaire » au langage rimé chaque fois qu'il s'agit d'élever la description, chaque fois qu'interviennent déesses et prêtres. La Fontaine réussit toujours parfaitement ses mariages de prose et de vers.

Artiste du vers.

Dans la lignée des grandes œuvres comme *Adonis,* on trouve *le Poème de la captivité de Saint Malc,* 1673, emprunté aux *Saints Pères des Déserts* traduits par Arnauld d'Andilly. Ce poème à la gloire de la chasteté et de la vertu, s'il a des allures de travail à la commande, laisse passer des vers de cette pureté qu'on dit racinienne.

Fort curieux est le didactique *Quinquina* qui fait penser à quelque publicité rimée de laboratoire pharmaceutique. La Fontaine traduit en vers des théories médicales, parle de la circulation du sang et des causes de la fièvre avec un merveilleux aplomb de savant connaissant bien son sujet. Ce diable d'homme est capable de faire de la poésie avec tout. Lui donnerait-on des théorèmes mathématiques à mettre en vers qu'il triompherait des difficultés de langage et offrirait de la pureté. Mais ce *Quinquina,* panacée du temps, reste assez froid.

On préfère cependant que La Fontaine imite Théocrite avec *Daphnis et Alcimadure,* ou Ovide avec *Philémon et Baucis* et *les Filles de Minée.* Là, il se trouve à son aise, et fait oublier les artifices par des morceaux enlevés. S'il dit « Mon imitation n'est pas un esclavage », elle lui apporte quand même quelques contraintes.

Dans les poésies légères (chansons, ballades, sonnets, madrigaux, épigrammes, épithalames, épitaphes, rondeaux, épîtres) comme dans les plus élevées (paraphrases, élégies, odes, épilogues, satires), on trouve des idées ingénieuses, des améliorations et des mises en valeur de ce qui vient d'autrui. Certains poèmes sans prétention vont de l'impromptu à la plus fine élaboration. On le voit dans l'œuvre de circonstance, l'élégie pour quelque belle, la lettre en vers, les poèmes « à la manière de », les spirituelles épitaphes, les « inscriptions » pour les prises des villes.

L'image apparaît d'un La Fontaine avant tout artiste du vers, jongleur à qui les rimes servent de balles ou de quilles, homme-orchestre agitant ses grelots et battant ses cymbales, jouant d'un instrument ou de l'autre quand ce n'est pas de tous à la fois. Il sait s'amuser à des jeux comme celui *Sur la prise de Philisbourg* où il imite le poète hétéroclite Louis de Neufgermain :

> Va chez le Turc et le Sophi,
> Muse, et dis, de Tyr à Cadis,
> Que, malgré la ligue d'Augsbourg,
> Monseigneur a pris Philisbourg.

Il utilise le vers de neuf pieds, l'impair cher à Verlaine, avec bonheur :

> On languit, on meurt près de Sylvie :
> C'est un sort dont les rois sont jaloux.
> Si les dieux pouvaient perdre la vie,
> Dans vos fers ils mourraient comme nous.

La Fontaine peut aussi bien faire résonner les notes graves du *Dies Irae* :

> Dieu détruira le siècle au jour de sa fureur.
> Un vaste embrasement sera l'avant-coureur,
> Des suites du péché long et juste salaire.
> Le feu ravagera l'Univers à son tour;
> Terre et cieux passeront; et ce temps de colère
> Pour la dernière fois fera naître le jour.
>
> Cette dernière aurore éveillera les morts :
> L'ange rassemblera les débris de nos corps;
> Il les ira citer au fond de leur asile.
> Au bruit de la trompette en tous lieux dispersé,
> Toute gent accourra. David et la Sibylle
> Ont prévu ce grand jour, et nous l'ont annoncé.
>
> De quel frémissement nous nous verrons saisis!
> Qui se croira pour lors du nombre des choisis?
> Le registre des cœurs, une exacte balance
> Paraîtront aux côtés d'un Juge rigoureux.
> Les tombeaux s'ouvriront; et leur triste silence
> Aura bientôt fait place aux cris des malheureux.

Divers, sa fantaisie et son originalité l'éloignent des doctrines rigoureuses. Contrairement aux autres grands classiques, il ne se limite pas, il saute d'un genre à l'autre. Ce sont les lecteurs qui, choisissant ses fables parmi son œuvre nombreuse, le spécialiseront.

Ce touche-à-tout se méfie de la grandeur et de l'approfondissement. Il connaît tous les secrets de Malherbe, les dépasse et joue avec eux. S'il se hisse au sublime, il se donne comme une élégance de ne pas s'y maintenir :

> Les longs ouvrages me font peur.
> Loin d'épuiser une matière,
> On n'en doit prendre que la fleur.

Toujours l'idée de l'abeille butineuse revient. Ailleurs, il critique les versificateurs qui pullulent, car ces frelons sont les assassins de la poésie :

> Il est vrai que jamais on n'a vu tant d'auteurs :
> Chacun forge des vers ; mais pour la poésie,
> Cette princesse est morte, aucun ne s'en soucie.
> Avec un peu de rime, on va vous fabriquer
> Cent versificateurs en un jour, sans manquer.

Il se prend parfois pour objet de son observation, ou, à son insu, trace son propre portrait caractériel :

> Oh ! combien l'homme est inconstant, divers,
> Faible, léger, tenant mal sa parole !
> J'avais juré hautement en mes vers
> De renoncer à tout conte frivole...

Il dit son goût de la lecture :

> Je chéris l'Arioste et j'estime le Tasse.
> Plein de Machiavel, entêté de Boccace,
> J'en parle si souvent qu'on en est étourdi.
> J'en lis qui sont du Nord et qui sont du Midi.

Il a aussi lu Ésope, Phèdre, Planude, les fabliaux, les ysopets, les livres d'histoire naturelle. Il a prêté l'oreille aux contes rapportés par les voyageurs en pays lointains. Il a observé la nature, fût-elle déformée par les artifices précieux des « bergers ». Cela nous vaudra le trésor des fables qui occupent une place originale et irremplaçable dans notre littérature. On y revient toujours, aux époques de lassitude, avec un vif plaisir.

3

Le Trésor des Fables

La Fable selon La Fontaine.

L E genre de la fable prend naissance très loin dans l'histoire des littératures, très profond dans l'âme des peuples. Elle existe déjà dans les apologues des moralistes de l'Inde antique, le *Pantcha-Tantra* de Vichnou-Sarma, les *Avadânas,* en Chine, au Tibet, en Perse, chez les Arabes, chez les Grecs et les Latins, avec Ésope, Babrius, avec Phèdre, Aphthonius, Avianus, Apulée, chez l'Italien Astémius. Au moyen âge, nous l'avons trouvée chez Marie de France et Rutebeuf, dans les ysopets et les romans de Renart, au XVIe siècle chez Clément Marot, Habert, Corrozet, Haudent, Guéroult, au XVIIe siècle chez Mathurin Régnier. A la source des fables, on trouve la sagesse des peuples et l'imagination : leur mariage crée le miracle de ces pièces délicieuses.

Cette fable existante dans toutes les littératures, comment Jean de La Fontaine la définit-elle?

La fable, écrit-il, est un petit récit qui cache une moralité sous le voile d'une fiction, et dans lequel les animaux sont d'ordinaire les personnages.

Aristote voulait limiter le genre au règne animal. La Fontaine a recours aussi bien aux arbres et aux plantes, aux hommes et aux allégories, aux éléments et aux objets. Il secoue ainsi un joug contraignant et donne vie aux choses inanimées. Le fabuliste (c'est lui qui a créé le mot) poursuit ainsi :

L'apologue est composé de deux parties, dont on peut appeler l'une le corps, l'autre l'âme : le corps est la fable; l'âme la moralité.

Il restera à savoir si chez La Fontaine le corps n'est pas plus beau que l'âme, mais l'un et l'autre ne sont pas séparables. Il dit encore :

> Ces badineries portent dans le fond un sens très solide. Par les raisonnements et les conséquences que l'on peut tirer de ces fables, on forme le jugement et les mœurs... L'apparence en est puérile, je le confesse; ces puérilités servent d'enveloppe à des vérités importantes...

Il définit encore le genre en vers :

> Les fables ne sont pas ce qu'elles semblent être :
> Le plus simple animal nous y tient lieu de maître.
> Une morale nue apporte de l'ennui,
> Le conte fait passer le précepte avec lui.
> En ces sortes de feinte, il faut instruire et plaire.

Il précise encore, en les situant dans leur ensemble, ce que sont ses fables :

> Une ample comédie à cent actes divers
> Et dont la scène est l'univers.
> Hommes, dieux, animaux, tout y fait quelque rôle.

Ésope, connu dans le temps de La Fontaine par le recueil de Nevelet, lui fournit la plus importante part de son inspiration. Il puise aussi chez les auteurs plus haut cités, et aussi dans le fait d'actualité, ou encore chez Racan et Bonaventure Despériers, chez les Italiens Gabriele Faerno, Lorenzo Valla ou Verdizzoti, chez le sage indien Pilpay.

L'intérêt pour les fables au XVIIe siècle est vif, si l'on en juge par les nombreuses éditions : *Mythologia Aesopica* (1610, puis 1660) par Isaac-Nicolas Nevelet; *XXV Fables des animaux* (1618) par Étienne Perret; *Selectiones Aesopi fabulae* (1625, puis 1650); *Aesopi fabulae gallicae, latinae, graecae* (1629, puis 1641, 1650, 1656) par J. Meslier; *Phaedri Fabularum aesopiarum* (1599, puis 1600, 1671) par Nicolas Rigault; *Fables d'Ésope* (1631 et neuf rééditions, la dernière en 1701) par Jean Baudoin; *Fables de Phèdre* (1647, puis 1661, 1664, 1694) par Lemaistre de Sacy; *Fables d'Ésope* (1646) par Pierre Millot; *Fables héroïques* (1648) par Audin; *Phaedri Fabulae* (1657, puis 1673) par Tanneguy Le Fèvre; *Phaedri Fabularum aesopiarum* (1663) par François Guyet; *Phaedri fabulae* (1664) par J. Freinsheim; *Phaedri fabularum aesopiarum* (1667) par J. Laurentius; *Fables de Phèdre* (1669) par Olivier de Varennes; *Fabularum aesopiarum* (1675) par Pierre Danet; *L'Ésope du temps* (1677) par L.-S. Desmay; *Fables d'Ésope en quatrains* (1678) par Benserade; *Fables nouvelles en vers*

(1687) par La Barre; *les Fables d'Ésope, comédie,* contenant plusieurs fables d'Ésope (1690) par Edme Boursault.

Les titres bien connus.

En 1668 paraît le premier volume des *Fables* divisé en six livres et connaît un immense succès. Le second (cinq livres) sort des presses à partir de 1678. Le premier volume fut dédié à Monseigneur le Dauphin :

> Je chante les héros dont Ésope est le père,
> Troupe de qui l'histoire, encor que mensongère,
> Contient des vérités qui servent de leçons.
> Tout parle en mon ouvrage, et même les poissons.
> Ce qu'ils disent s'adresse à tous tant que nous sommes ;
> Je me sers d'animaux pour instruire les hommes.

Ici se trouvent les fables bien connues : *la Cigale et la fourmi, le Corbeau et le renard, la Grenouille qui se veut aussi grosse que le bœuf, le Loup et le chien, le Rat de ville et le rat des champs, le Loup et l'agneau, le Renard et la cigogne, le Chêne et le roseau, le Lion et le moucheron, le Meunier, son fils et l'âne, le Pot de terre et le pot de fer,* etc.

Dès ce volume, son art est posé et ses réussites suffiraient à justifier sa réputation. Nous ne citons pas d'extraits puisqu'ils sont dans toutes les mémoires.

Le second volume fut dédié à Mme de Montespan. Le poète indique dans son avertissement : « J'ai cherché d'autres enrichissements et étendu davantage les circonstances de ces récits, qui d'ailleurs me semblaient le demander de la sorte. »

C'est là qu'on peut lire *les Animaux malades de la peste, la Laitière et le pot au lait, les Deux Pigeons, le Chat, la belette et le petit lapin, le Savetier et le financier, l'Huître et les plaideurs, le Vieillard et les trois jeunes hommes,* etc.

Ces fables ont plus d'ampleur que celles du début, elles ne sont pas meilleures. En effet, comme l'indique Taine dans *La Fontaine et ses fables,* La Fontaine avait fini par y voir surtout un cadre commode à pensées, à sentiments, à causeries, et il est exact que la fable, plus libre en son cours, tourne et dérive, tantôt à l'élégie et à l'idylle, tantôt à l'épître et au conte : c'est une anecdote, une conversation, une lecture, élevées à la poésie, un mélange d'aveux charmants, de douce philosophie et de plainte rêveuse.

La fable caricaturale.

Dans les *Fables,* à partir d'un éparpillement heureux selon la nature fantaisiste du « fablier » La Fontaine, se forme une fresque où revit l'humanité avec ses idées généreuses et égoïstes, sa somme d'expériences et son retard de pensée, ses cadres de vie, ses lois, ses institutions, si imparfaits soient-ils, ses multiples langages sociaux et les différents états de la vie courante.

Les animaux permettent de faciles caricatures, du gros éléphant à la fourmi menue, du lion superbe au chétif insecte. Chacun, comme chez les hommes, est content de lui et prêt à juger autrui, à donner des leçons. Dans les diverses situations, on trouve matière à traits mordants, répliques vives, descriptions à l'emporte-pièce, scènes amusantes. Où que La Fontaine prenne ses sujets, il les conduit à la perfection, car il les débarrasse de pédantisme, les allège et en retient la ligne essentielle.

Les fables antiques, auprès de celles de La Fontaine, paraissent maigres, sèches et froides. C'est que le poète, essentiellement conteur, sait les nourrir, leur apporter une sève, les réchauffer, n'oubliant pas d'ajouter sa note de lyrisme personnel rare chez les classiques. Ses mini-drames, ses mini-comédies ont un charme constant. Du récit didactique, il fera un tableau vif et coloré. Pour camper un personnage, quelques mots suffisent : un geste exprime un caractère, un portrait physique évoque un portrait moral, une description de nature éveille le climat mélancolique recherché, un mouvement prosodique correspond à un mouvement du corps, et tout cela est tracé avec un art sans faille, une précision de tout instant.

Un naturaliste y trouverait des défauts, du serpent devenu insecte à la cigale carnivore en passant par le scarabée assez puissant pour briser les œufs de l'aigle. On ne peut cependant dénier à La Fontaine le sens de la nature. Il décrit parfaitement ce qu'il a observé, le « héron au long bec emmanché d'un long cou », le « coq en sentinelle », « Dame Belette au long corsage », « la tortue allant son train de sénateur », le « dogue gras et poli », et autres images comme un Jules Renard saura en trouver.

Il passe de l'apologue allégorique à l'incarnation d'une qualité ou d'un défaut humain chez l'animal. Les traditions littéraires y ont leur part, et le goupil, qu'il soit Gascon ou Normand, lui vient de l'Antiquité en passant par le moyen âge de Renart. Si l'animal lui permet le portrait d'un souverain, il peut le faire débonnaire ou tyran. Il est dans la tradition des fabliaux et des satires. Comme un Rutebeuf, il s'en prend aux mauvais prêtres, magistrats véreux, charlatans, fourbes et hypocrites.

Morale et pédagogie.

Par-delà les trouvailles descriptives et poétiques, le charme et la légèreté, on en vient à juger de la valeur morale des fables. Tout n'est pas bon, tout n'est pas mauvais non plus. Pour être juste, il faut connaître tous les buts de La Fontaine, ce qu'on néglige trop souvent.

La fabuliste, ou le fablier (selon l'expression de la duchesse de Bouillon : « Un fablier qui portait des fables, comme un pommier porte des pommes »), montre ce qui est, veut instruire, ne dit pas toujours ce qui doit être. Il appartient au lecteur de tirer la leçon des faits, mais y est-il toujours bien préparé? Là se situe un problème pédagogique.

L'enfant à qui l'on donne certaines fables à apprendre peut y trouver les plus mauvais exemples qui soient. Jean-Jacques Rousseau en défendant à son Émile de lire des *Fables* « qui le porteraient plus au vice qu'à la vertu », Lamartine définissant leur philosophie « dure, froide, égoïste » et disant « Ce ne sont pas des vers, ce n'est pas de la prose, ce sont les limbes de la pensée », Vigny, Éluard, maints surréalistes, les refusant, si sincères qu'ils soient, témoignent de sévérité. Il faut être aveuglé pour ne pas distinguer dans les *Fables* une comédie humaine englobant le mal et le bien, ne montrant pas comme au patronage la vertu récompensée et le vice puni. Recommande-t-il, désapprouve-t-il la moralité qu'amènent certaines comédies? Le plus souvent il se contente d'exposer un fait, sans lui donner trop fortement la direction de son propre jugement.

Lorsqu'il écrit :

> Grippeminaud le bon apôtre,
> Jetant des deux côtés la griffe en même temps,
> Mit les plaideurs d'accord en croquant l'un et l'autre.

donne-t-il raison au juge? Montre-t-il au contraire tout ce qu'on peut attendre d'un arbitre? Met-il en garde? Se moque-t-il des plaideurs? Au lecteur de juger lui-même.

Et dans ce vers qui choque les sensibles :

> La raison du plus fort est toujours la meilleure

il dépeint un fait en observateur, y met de l'ironie, mais n'indique nullement un précepte à suivre.

S'il souligne la conclusion à tirer du récit, il lui arrive aussi de laisser au lecteur le soin de dégager la leçon. Il existe un malentendu chez ce La Fontaine dont on veut absolument qu'il soit ce qu'on en veut faire. Il est vrai, comme le prétend Jean-Jacques Rousseau, que *la Cigale et la fourmi* enseigne la dureté, *le Corbeau et le renard* la ruse, *le Loup et l'agneau* la cruauté, mais il n'est que d'être préparé à bien lire et à juger soi-même ces pièces. Le corbeau est un imbécile qui ne mérite pas autre chose et une sagesse pratique nous est enseignée :

> Apprenez que tout flatteur
> Vit aux dépens de celui qui l'écoute.

Le poète ne nous dit pas de prendre le parti de la fourmi, ou du loup. La morale qu'il enseigne est au niveau de la sagesse quotidienne. Elle n'est pas l'exposé du triomphe de l'idéal généreux. On peut le regretter, mais on n'a pas le droit de faire semblant de ne pas comprendre.

Si Descartes fait de l'animal une parfaite machine, La Fontaine s'insurge. Il montre dans *les Souris et le Chat-huant* inspiré d'un fait reconnu : l'oiseau estropiant les souris vivantes pour les empêcher de fuir, que la bête, intelligente, n'est ni une montre ni une machine. Reste la cruauté : il l'expose et ne l'invente pas.

Il est lucide et réaliste dans sa peinture du panier de crabes où le fort brise le faible, où le puissant a toutes les raisons. Ce serait déprimant si le ton même des œuvres n'incluait la condamnation des vices. Il dit :

> Qu'il faut faire aux méchants guerre continuelle.

La Fontaine s'adresse à des lecteurs d'esprit adulte et prévenu, il leur offre l'humanité réelle et cela vaut mieux que tous les déguisements.

Les préceptes.

Son côté matois, après trois siècles, peut agacer. Il invite par trop à la méfiance, à la prudence, à la vieille sagesse. Mais essayons de nous reporter au XVIIe siècle et à son climat et l'on pourra mieux le comprendre. Il s'exprime en cent et cent préceptes :

> En toute chose il faut considérer la fin.

La méfiance est mère de la sûreté.

Il n'est pour voir que l'œil du maître.

Plutôt souffrir que mourir.

On a souvent besoin d'un plus petit que soi.

Amour, amour, quand tu nous tiens,
On peut bien dire : Adieu prudence!

Ne forçons point notre talent;
Nous ne ferions rien avec grâce.

Un Tiens vaut, ce dit-on, mieux que deux Tu l'auras.

Plus fait douceur que violence.

Rien ne sert de courir; il faut partir à point.

La mort ne surprend point le sage.

Lorsqu'il prêche les bons sentiments, on regrette qu'il promette une récompense à qui les pratique. Il n'invite pas au dépassement de soi-même, au renoncement, à la générosité gratuite. Il reste un peintre réaliste et un philosophe épicurien. Tenant compte des limites de l'homme, il ne cherche pas à les briser. Mais ses leçons sont celles du « constaté ». Il a la morale bonhomme, il ignore l'élan romantique, fougueux, de la jeunesse généreuse. C'est en cela qu'on peut comprendre les réserves de l'éducateur, mais alors qu'il fasse son choix. Comme chez Corneille, on trouve de tout et ses adeptes ou ses détracteurs peuvent puiser des arguments contradictoires et décisifs. Pris dans son ensemble, l'homme selon La Fontaine, tantôt bon, tantôt méchant, est en moyenne « passable », comme le jugera Voltaire.

Un poète original.

Dans un domaine strictement poétique, prosodique, les fables n'appellent pas de réserves. Rompu à l'équilibre et à la symétrie classiques, il brise les vers, adapte les longueurs aux sujets, joue à changer de mètres, utilise l'enjambement, le rejet, use de l'harmonie imitative, crée des effets de rythmes et de rimes, délivre une musique légère, subtile, donne des ailes au langage.

En même temps, il sait être le chroniqueur de la société du XVIIe siècle, son peintre, son philosophe, son moraliste, sans jamais cesser d'être un artiste. Il sait être précieux, burlesque, baroque. Il sait être tragique, comique, épique, lyrique, satirique. Il unit tous les genres séparés de la poésie française. On ne peut oublier la qualité du dessin des êtres, la mise en scène, l'art de suggestion, la puissance d'évocation, la richesse des décors, les impressions sensorielles.

Malgré son goût pour la solitude, La Fontaine n'est pas indifférent à son temps. Jean-Pierre Collinet observe justement : « Les vicissitudes de la guerre et de la paix, l'opposition de la richesse et de la misère, les progrès du commerce et du luxe, l'évolution générale des mœurs, le mouvement des idées trouvent dans les *Fables* leur écho. » Il est vrai que « de la politique internationale au plus fugace des faits divers, toute l'actualité se reflète en cette libre chronique d'un temps où il n'existe encore d'autre presse ».

La structure du poème est établie le plus souvent sur l'alexandrin auquel se mêlent tous les mètres longs et courts :

> Ne t'attends qu'à toi seul : c'est un commun proverbe.
> Voici comme Ésope le mit
> En crédit.

> La cigale ayant chanté
> Tout l'été

Une succession de rimes plates, croisées, embrassées ou redoublées, des séries aussi de vers symétriques, apportent des nuances nouvelles. Les mots choisis pour leur sens et leur musicalité sont adroitement unis. Le vocabulaire est riche d'expressions savoureuses et de mots imagés, de tournures familières qui agrémentent des bouquets colorés.

Ses mots, il les prend partout, dans le vert moyen âge, chez les vigoureux conteurs de la Renaissance, dans les dialectes provinciaux, dans la langue précieuse, dans le langage bucolique. Il a recours au langage judiciaire : *dépens, défaut,* etc., aux termes paysans ou artisanaux : *patis, plan vif, planches, carreau, ressort,* à ceux de la fauconnerie : *poing, leurre,* au commerce, à l'industrie. Il puise dans la mythologie et dans l'histoire, dans la philosophie et la théologie. Comme au temps de la Pléiade, il compose des mots : *grippe-souris, ronge-maille, trotte-menu.*

Son œuvre parle par mille voix, il crée la langue multiple qui convient au genre protéiforme qu'il a édifié. On ne s'ennuie jamais. Aux enfants, s'il ne donne pas toujours la morale, il donne l'émerveillement. La plus vaste comédie est offerte grâce à l'art mimétique du poète et de ses bestiaires. De correspondance en correspondance, on passe des dieux aux hommes, des hommes aux bêtes, aux plantes, aux minéraux, et les termes les plus abstraits prennent une valeur concrète. Tout se résout dans cette unité qu'est le tempérament du poète. Car cet homme qui ne sut jamais se fixer, s'attacher, trouva dans ses poèmes narratifs le genre qui lui convenait le mieux.

Les *Fables* lui permettent de se renouveler sans cesse. Dans le deuxième volume et dans le livre XII qui le complète, là où les tournures familières sont moins utilisées et le récit plus développé, il se laisse aller à l'épanchement, à l'émotion, à la sensibilité. Les fables où la politique a un rôle sont plus nombreuses, sa philosophie s'affirme davantage. Rien n'est lourd. Qu'il s'empare d'un système de pensée, qu'il aille d'Épicure à Gassendi, de Démocrite à Descartes, qu'il traite de métempsycose ou de religion, il s'exprime toujours avec simplicité. L'homme vieillissant La Fontaine ne perd pas son état de spontanéité.

Ce qu'ils en pensent.

« C'est Anacréon, c'est Horace », dit Fénelon. « Il ne faut point qu'il sorte du talent qu'il a de conter », observe Mme de Sévigné. Maucroix témoigne : « C'était l'âme la plus sincère, la plus candide que j'aie jamais connue : jamais de déguisement; je ne sais s'il a menti dans sa vie. » Charles Perrault, le partisan des Modernes, salue son opposant : « Jamais personne n'a mieux mérité d'être regardé comme un original et comme le premier de son espèce. »

Taine affirme : « C'est La Fontaine qui est notre Homère. » André Gide juge : « Sage comme Montaigne, sensible comme Mozart. » Kléber Haedens s'accorde à lui : « Maître absolu de la langue française qu'il plie entre ses doigts comme un roseau de jonc, il en a tiré des comédies très dures qu'il nous abandonne, les yeux mi-clos, avec un long sourire, laissant échapper vers le ciel un grand vol d'oiseaux et de fleurs. » Paul Guth le dit « Machiavel gai ».

Georges Mongrédien, en réunissant les textes et documents du XVIIe siècle relatifs à La Fontaine, comme il l'a fait pour Corneille et Molière, a montré le vif intérêt des *Fables* en leur temps.

Saint-John Perse a magnifié le genre qu'il a choisi. Après Hélène Henry, citons cet extrait de *Vents* :

Et le poète lui-même sort de ses chambres millénaires,
Avec la guêpe terrière et l'hôte occulte de ses nuits
Avec son peuple de servants, avec son peuple de suivants
Le Puisatier et l'Astrologue, le Bûcheron et le Saunier,
Le Savetier, le Financier, les Animaux malades de la peste
L'Alouette et ses petits et le Maître du champ
Et le Lion amoureux...

Des légions de fabulistes.

La fable existe dans d'autres pays. Gay et Dodsley en Angleterre ; Hagedorn, Lichtwer, Burkard Waldis, Gleim, Gellert, Pfeffel, Lessing, en Allemagne ; Thomas de Iriarte et Samaniego en Espagne ; Alberti, Capaccio, Marco, Verdizotti, Baldi, Passeroni, Gherardo de Rossi, Pignotti, Roberti, Bertola, Casti, en Italie ; Krasicki en Pologne ; et enfin en Russie Kriloff qui est avec La Fontaine un de ceux qui ont le mieux réussi dans le genre.

De son vivant, La Fontaine eut nombre d'imitateurs : le chevalier de Saint-Gilles, Mme de Villedieu, Eustache Le Noble, Sénecé, etc. Après lui viendront des légions de fabulistes : Houdar de La Motte, Florian, Dutremblay, Boisard, Bouhours, Lebailly, Arnault, Andrieux, Viennet, en vers, et en prose Fénelon, de même qu'une foule d'autres que nous retrouverons au temps de Florian. Plus tard, Jules Supervielle fera naître une poésie très proche de la nature et des bêtes, mais sans didactisme et moralité.

Malgré les réserves morales ou pédagogiques, malgré les discussions qu'il ne cesse et ne cessera de susciter, La Fontaine, l'original, le « bonhomme », cet esprit peut-être trop français pour ne pas agacer ses concitoyens, a sa place dans l'histoire de notre poésie comme un des plus originaux.

*Molière et le siècle d'or
de la comédie*

I

Molière le Poète

Un seul Molière.

LE sentiment poétique est présent dans la grande prose du grand siècle. Un Bossuet introduit dans ses oraisons de véritables strophes lyriques. Un Pascal, par sa précision, par la beauté et le naturel de son style, a souvent des airs de poète. L'harmonie prônée par Descartes revit chez Corneille. Il y a du La Fontaine chez La Bruyère. Fénelon montre le rôle civilisateur de la poésie « plus sérieuse et plus utile que le vulgaire ne le croit ».

Il serait vain, par facilité ou par commodité, de montrer ici le Molière versifiant et d'oublier le Molière du théâtre en prose. Cela pourrait faire sourire M. Jourdain. Sous le signe de la fête et du spectacle, il s'agit ici et là de poésie. On ne peut parler de *l'Étourdi, Sganarelle, l'École des femmes, le Tartuffe, Amphitryon, le Misanthrope* ou *les Femmes savantes,* et délaisser *les Précieuses ridicules, Don Juan, l'Avare, les Fourberies de Scapin* ou *le Bourgeois gentilhomme.* Chacune de ces pièces a trouvé la forme qui lui convenait. Molière a aimé aussi mêler vers et prose dans ces pièces mêlées de musique et de danse qui sont *la Princesse d'Élide, les Amants magnifiques, le Malade imaginaire* ou la *Psyché* due à une si éclatante collaboration. Cela ne nous empêchera d'ailleurs pas de considérer Molière poète en vers dans le théâtre et hors le théâtre.

La Vie de Molière.

Jean-Baptiste Poquelin, dit Molière (1622-1673) naquit à Paris rue Saint-Honoré, fut baptisé à Saint-Eustache. Son père, Jean

Poquelin, riche tapissier, fut plus tard valet de chambre du roi. Par parenthèse, disons que ce poète, cet auteur dramatique, ce comédien, cet homme si célèbre en son temps, malgré une intense vie publique, a laissé peu de renseignements biographiques. Son existence est cernée de légendes, la plupart accréditées par Grimarest, Tallemant des Réaux, Brossette, Le Boulanger de Chalussay, et plus tard Loiseleur, Soulié, Fournier et Paul Lacroix, moliéristes trop imaginatifs.

Il reçut une éducation complète chez les jésuites du collège de Clermont, auprès de Gassendi, le philosophe sensualiste et épicurien qui réunissait autour de lui Chapelle, Bernier, Hesnault, La Fontaine, Cyrano de Bergerac. Avec Jean Hesnault, il traduisit Lucrèce. Il obtint sa licence de droit à Orléans. On ne sait guère comment il aborda le théâtre. Aussi fait-on maintes suppositions que nous préférons oublier. Toujours est-il qu'il s'engage dans une troupe théâtrale, chose courageuse à l'époque puisque cela le place en marge de la société et lui fait encourir l'excommunication.

Le 30 juin 1643, il signe avec les frères Béjart et leur sœur Madeleine, qui tient une si grande place dans sa vie, le contrat de fondation de « l'Illustre Théâtre ». Rompant avec la société bourgeoise, il prend le pseudonyme de Molière qui avait été le nom d'un poète et romancier, auteur de *la Polixène,* François de Molière (1599-1624) mort assassiné. La troupe joua la tragédie et la tragi-comédie à Paris, mais fit faillite. Molière, arrêté pour dettes, passa quelques jours en prison au Châtelet.

Sans se décourager, pendant douze ans, de 1646 à 1658, il fait des tournées en province avec Madeleine Béjart et des rescapés de sa troupe, à Nantes, Limoges, Toulouse, Narbonne, Lyon, Pézenas, Béziers, Avignon, Grenoble, et aussi, selon certains, Le Mans où Scarron aurait trouvé un modèle pour son *Roman comique.*

Enfin, en 1658, après un passage à Rouen, les comédiens devenus ceux de la « troupe de Monsieur » s'installent à Paris et jouent devant le roi *Nicomède* de Corneille et *le Docteur amoureux,* une farce de Molière dont le manuscrit s'est perdu. Comme la farce est bien accueillie, Molière est autorisé, un peu en parent pauvre, à disposer de la salle du Petit-Bourbon les jours où les comédiens italiens n'y donnent pas de représentation. Les rapports avec ces derniers sont bons et Molière observe leur jeu pour s'en inspirer. A Paris, il a retrouvé ses amis les gassendistes et il fréquente un vieux philosophe sceptique, La Mothe Le Vayer.

Sa troupe est faite pour le comique plus que pour le tragique. Lorsqu'en 1659, sont jouées *les Précieuses ridicules,* on s'en aperçoit bien. Louis XIV soutient ce nouveau théâtre contre les cabales et Molière a l'honneur de voir le monarque devenir le parrain de son premier enfant tandis qu'Henriette d'Angleterre en est la marraine. C'est que Molière s'est marié, non pas avec Madeleine, mais avec Armande Béjart, officiellement sœur de cette Madeleine de vingt-cinq ans son aînée, mais peut-être sa fille. Les grandes années de production de Molière se situent entre 1658 et sa mort en 1673. C'est la plus glorieuse époque du théâtre comique français.

Dans l'affaire du *Tartuffe,* le roi défend Molière. La troupe accède à l'honneur de s'appeler « troupe du roi », avec six mille livres de pension, le 15 avril 1665. C'est l'époque où Molière se brouille avec Racine qui lui a donné à jouer la pièce d'*Alexandre* tout en la portant secrètement aux acteurs de l'hôtel de Bourgogne, ce qui lui semble plus flatteur.

A ce moment-là, Molière a donné des chefs-d'œuvre. Après *les Précieuses ridicules,* ce sont *Sganarelle,* 1660, *Dom Garcie de Navarre,* 1661, *les Fâcheux,* 1661, *l'École des femmes,* 1662, *la Critique de l'École des femmes,* 1663, *l'Impromptu de Versailles,* 1663, *le Tartuffe,* 1664, *Don Juan,* 1665. Pour *le Tartuffe,* les trois premiers actes ont été joués en 1664 devant le roi, mais les ennemis de Molière font reculer de trois ans la représentation publique.

Homme de théâtre complet, comme l'était Jodelle à la Renaissance, organisateur, régisseur, metteur en scène, comédien, il ne cessa de produire. Comme comédien, « une voix sourde, des inflexions dures, une volubilité de langage qui précipitait trop sa déclamation », selon M^(lle) Poisson, le desservirent dans la tragédie et l'aidèrent dans le comique. Atteint de hoquet chronique, de toux, il sut en tirer parti, notamment dans *l'Avare.* Le metteur en scène fut le meilleur du temps, ce qui lui valut l'admiration et l'amitié de ses comédiens, prêts à le suivre dans toutes les aventures du théâtre. Les membres de cette troupe de qualité partagent sa célébrité, les Béjart (Joseph, Madeleine, Geneviève, Louis, Armande), les de Brie, les Du Parc, Charles Dufresne, Du Croisy, La Grange, etc.

D'autres pièces furent *l'Amour médecin,* 1665, *le Misanthrope,* 1666, *le Médecin malgré lui,* 1666, *Amphitryon,* 1668, *l'Avare,* 1668, *George Dandin,* 1668, *Monsieur de Pourceaugnac,* 1669, *les Amants magnifiques,* 1670, *le Bourgeois gentilhomme,* 1670, *Psyché,* en collaboration avec Quinault, Lulli, Corneille, 1671, *les Fourberies de*

Scapin, 1671, *la Comtesse d'Escarbagnas*, 1671, *Les Femmes savantes*, 1972, *le Malade imaginaire*, 1673.

Cette dernière pièce, Molière, malade de la poitrine, en proie à des quintes de toux dont se moquaient cruellement ses ennemis, la joua quatre fois. Pressé par les siens de prendre du repos, il s'y refusa, pour ne pas priver de leur salaire ceux qui vivaient de son théâtre. A la quatrième représentation, le 17 février, il tenta de déguiser une convulsion en éclats de rire. Cette fin pathétique et glorieuse mérite un immense respect.

On sait le reste. L'archevêque de Paris qui l'avait excommunié lui refusa la sépulture. Il fut permis de le transporter de nuit au cimetière Saint-Joseph. Cela se fit sous les huées de gens ignorants conditionnés par une propagande stupide et partisane. Passe encore que l'Académie lui ait été refusée, mais la sépulture... Il faut le rappeler, car de tels scandales se peuvent perpétuer sous d'autres formes.

L'homme Molière et les hommes.

Celui qui fit tant rire, selon les témoignages d'époque, était le plus sérieux et le plus digne des êtres. On a parlé de sa physionomie méditative et mélancolique. Dans *le Roman comique* de Scarron, le chef de troupe, Destin, « ce comédien de campagne qui a une si parfaite connaissance de la véritable honnêteté » n'est-il pas Molière ? Jamais on n'avait été aussi dévoué à la cause théâtrale. Molière lui offrit tout son zèle, toute son énergie, donnant ainsi un modèle à des générations de directeurs de troupe, chacun gardant en lui la leçon de cet ancêtre.

Le succès lui apporta une fortune qu'il dispensa largement car il aimait le luxe et se montrait généreux. On a parlé de sa brusquerie de caractère et aussi de sa bonté.

Pour revenir au comédien, il trouva dans toutes ses pièces des rôles qui lui convenaient. Il fut Mascarille, Scapin, Sosie, Sganarelle, George Dandin, M. de Pourceaugnac, M. Jourdain, Arnolphe, Harpagon, Orgon, Alceste. *Le Mercure* de 1673 nous renseigne :

> Molière était tout comédien depuis les pieds jusqu'à la tête. Il semblait qu'il eût plusieurs voix : tout parlait en lui, et d'un pas, d'un sourire, d'un clin d'œil et d'un remuement de tête, il faisait plus concevoir de choses que le plus grand parleur n'aurait pu en dire en une heure.

Selon le témoignage de Mlle Poisson, « quand il lisait ses pièces aux comédiens, il voulait qu'ils y amenassent leurs enfants pour tirer des conjectures de leurs mouvements naturels. » Vivant parmi la société dégagée de bien des préjugés du monde comédien, il prit ses modèles dans la nature humaine comme pouvaient le lui recommander ses lectures et ses fréquentations : Térence, Rabelais ou Gassendi. Sa filiation bourgeoise, entre le peuple et l'aristocratie, l'avait doté d'un bon sens et d'une santé morale robustes le poussant plus volontiers à railler pour réformer qu'à plaindre platoniquement.

Dans *la Critique de l'École des femmes,* il définit son art :

Lorsque vous peignez les hommes, il faut peindre d'après nature; on veut que ces portraits ressemblent, et vous n'avez rien fait si vous n'y faites reconnaître les gens de votre siècle.

Dans la préface de *Tartuffe,* il parle des buts réformateurs du théâtre :

Le théâtre a une grande vertu pour la correction. Les plus beaux traits d'une sérieuse morale sont moins puissants le plus souvent que ceux de la satire, et rien ne reprend mieux la plupart des hommes que la peinture de leurs défauts.

Ces hommes, l'homme Molière ne cesse de les observer et son confrère Donneau de Visé l'a surpris dans la boutique d'un marchand de dentelles « les yeux collés sur trois ou quatre personnes de qualité » :

Il semblait par le mouvement de ses yeux qu'il regardait jusques au fond de leurs âmes pour y voir ce qu'elles ne disaient pas. Je crois même qu'il avait des tablettes et qu'à la faveur de son manteau il a écrit, sans être aperçu, ce qu'elles ont dit de plus remarquable... C'est un dangereux personnage.

Les trois buts de la comédie de Molière sont peindre, distraire, instruire. D'ailleurs, ses ennemis croient lui faire insulte en l'appelant « le peintre ». Il donne en effet à ses personnages les traits de son entourage ou de lui-même, faisant tousser, selon le comédien La Grange, Harpagon de sa propre toux.

Il puise ses modèles dans le peuple dont les caractères sont le plus souvent issus de la paysannerie, dans la petite bourgeoisie ambitieuse, dans celle, aisée, qui veut imiter les aristocrates, dans la noblesse provinciale ou celle, plus ou moins corrompue, de la cour. On voit aussi bien défiler les valets et les soubrettes, matois et malicieux, que les Orgon, les Chrysale ou les Jourdain, ou les tenants des professions diverses qui depuis le moyen âge ont tenté les poètes : marchands, huissiers, médecins, et encore les Dorante ou les dom Juan.

A travers les apparences, manières, langage, costumes, comportements, il cherche à rejoindre le fond de la nature humaine, son conditionnement, et ces hypocrites, ces habiles, ces avares, ces pédants, déjà tant de fois entrevus ailleurs, apparaissent dans une lumière nouvelle, plus vrais que la vérité, et correspondant à ce que leur époque les fait. Prisonniers d'eux-mêmes, pour qu'ils se révèlent pleinement, ces personnages seront placés dans des situations extrêmes, propres à faire ressortir leurs tares et ridicules. Comme La Fontaine, son ami, il tend un miroir à son temps.

Il ne méconnaît pas les œuvres existantes dans lesquelles il trouve un support. Comme tous ses contemporains, il prend ailleurs. Chez Plaute : *Aulularia* suscite *l'Avare*. Chez Térence ; *les Adelphes* correspondent à *l'École des maris* et *Phormion* aux *Fourberies de Scapin* dont *le Pédant joué* lui fournit une scène. Comme il emprunte chez Cyrano de Bergerac, il se sert chez Boisrobert : *l'Avare* a des rapports avec *la Belle Plaideuse,* chez Desmarets de Saint-Sorlin dont *les Visionnaires* lui suggèrent la Bélise des *Femmes savantes*. Les Italiens donnent de bons modèles et *Sganarelle* est proche de *il Cornuto per opinione, Dom Garcie* d'une œuvre de Cicognini. *Le Vilain mire,* farce médiévale inspire *le Médecin malgré lui* et *le Grand Cyrus* la pastorale *Mélicerte*.

Ses sujets, il sait les mettre à la mode du temps et surtout à celle de Molière. Il les rehausse de son génie et de sa création personnelle. Il peut mêler plusieurs caractères et ses personnages sont faits de vérité. C'est surtout le spectacle quotidien de la vie qui surgit. Qu'une querelle oppose Ménage à l'abbé Cotin, et voilà que naissent Trissotin et Vadius devenus types éternels.

L'épitaphe de La Fontaine est significative :

> Sous ce tombeau gisent Plaute et Térence
> Et cependant le seul Molière y gît.

Les Armes de la comédie.

L'homme de théâtre utilise tous les éléments du comique : les mots et calembours assez rarement, les jargons pédants ou professionnels, les incorrections, les patois, les gestes de la farce, soufflets et coups de bâton, signes et mimiques, seringues d'apothicaires et autres instruments, postures ridicules, costumes. Il joue des répétitions comme celle de la « galère », des interruptions où l'on voit des personnages en proie à l'idée fixe empêcher leurs interlocuteurs de terminer leurs phrases. Il utilise les contrastes allant du compliment aux injures, du comique au dramatique, de la caresse au bâton, il excelle à opposer les genres et les costumes, les langages précieux et triviaux.

Il montre le ridicule qui naît lorsque les défauts prennent le pas sur la nature. Ses personnages dominés, prisonniers, si l'on sait bien voir et entendre, ont du pathétique dans leur comique. L'avarice d'Harpagon, la vanité de M. Jourdain, la crédulité d'Orgon, l'extravagance des précieuses, gardent une dimension humaine, ne sont pas Avarice, Vanité, Crédulité, Extravagance, puissances abstraites, comme dans l'allégorie. Ici l'homme peut réunir plusieurs défauts mis au service du principal d'entre eux.

Dans les passages les plus satiriques, la gaieté l'emporte sur ce qui pourrait amener au pessimisme. Le spectateur ne peut prendre parti pour les mauvais ridiculisés, mais il lui est permis de les comprendre. La jeunesse d'esprit de Molière apparaît sans cesse : il est favorable aux amoureux qui finissent toujours par être unis lors du dénouement.

Comme La Fontaine, il a du bon sens pratique. Il veut avertir l'homme des dangers qu'il court et qui viennent de lui-même autant que des autres. Il invite à se méfier des charlatans, des beaux parleurs, des fanatiques, des intolérants, des jeteurs d'anathèmes. Ce guérisseur se méfie aussi de la bonne conscience qui manie la satire avec sectarisme et puritanisme. Comme Rabelais, il offre le rire, mais un rire tout différent, comme une panacée qui met en garde contre la méchanceté critique et contre la molle indulgence.

Il faut pour Molière rester honnête homme, ne pas quitter la voie tracée par la nature, n'être ni athée ni faussement dévot, repousser les vices. Il prêche l'équilibre, le juste milieu. Il n'est pas politique, sa morale reste individuelle, réformatrice au niveau de la vie familiale et sociale. Il met parfois une pointe de conformisme dans des tableaux qui sont un souriant art de vivre.

Le style du poète.

Les puristes ont vivement critiqué son style. Or, ce prétendu classique l'est moins que tout autre. La Bruyère, peut-être secrètement jaloux d'un tel peintre de caractères, lui reproche « le jargon et le barbarisme ». Fénelon, se référant à ses propres goûts et à ses œuvres, préfère chez lui la prose poétique aux vers, regrette « les phrases les plus forcées et les moins naturelles », ce qui est injuste. Vauvenargues aussi parle des « expressions bizarres et impropres ».

Les classiques du XVIIe siècle, habitués à l'ampleur, à la pompe malherbienne ou cornélienne, au tour périodique, habituels à la poésie, préférèrent la prose de Molière à ses vers. Or, si l'on va des vers pleins d'éclat et de relief de *Dom Garcie, Sganarelle, les Fâcheux* ou *Amphitryon*, à la prose savamment rythmée du *Sicilien ou l'amour peintre*, on s'aperçoit qu'il s'agit d'un faux problème car la poésie est d'égale qualité ici et là. Boileau lui rend justice, s'étonne de la rare et fertile veine de ce rare et fameux esprit, de sa facilité à trouver la rime et à la mettre à sa place sans embarras ni détours. Quant à l'emploi des termes de métiers, de la langue particulière aux professions, aux arts et aux jeux, des jargons et provincialismes, il sait toujours les inclure et les situer au niveau de son art avec une suprême habileté. Marmontel, Voltaire et Chamfort le défendront des défauts reprochés par La Bruyère, Fénelon et Vauvenargues.

Dans une œuvre aussi abondante, écrite parfois avec tant de rapidité, car le roi n'aimait pas attendre, on peut trouver à critiquer. En isolant des passages, en oubliant qu'il s'agit avant tout de l'efficacité du langage de la comédie, on rencontre des vers moins forts, des périodes plus confuses, des accumulations de métaphores inutiles, mais cela n'apparaît qu'accidentellement. Loin de la pompe classique, ce qu'il voulait avant tout, comme son ami La Fontaine, c'est le naturel :

> Ce style figuré, dont on fait vanité
> Sort du bon caractère et de la vérité;
> Ce n'est que jeu de mots, qu'affectation pure,
> Et ce n'est point ainsi que parle la nature.

Malgré de très beaux vers, on voit des passages dans lesquels le sentiment poétique est absent, tout simplement parce que ce n'est pas là le but de l'auteur.

Cependant, si les situations dramatiques, la narration, des dialogues, l'astreignent au prosaïsme, on doit lui reconnaître des réussites poétiques d'un autre ordre. La nécessité théâtrale l'a amené à assouplir le vers français sans s'éloigner de sa symétrie pour le plier aux inflexions d'échanges verbaux vifs et animés. Ce langage poétique lui permet aussi de fixer des expressions courantes en les plaçant dans les beautés du rythme :

> Couvrez ce sein que je ne saurais voir.

> Que diable allait-il faire dans cette galère ?

> Nul n'aura de l'esprit hors nous et nos amis.

La contrainte de la rime l'oblige à des tricheries, des détours, des chevilles flagrantes que l'envolée comique fait passer, à moins qu'il n'ait l'habileté d'en tirer parti au passage. Il étonne Boileau :

> Dans les combats d'esprit savant maître d'escrime,
> Enseigne-moi, Molière, où tu trouves la rime.

Dans *le Sicilien ou l'amour peintre,* on trouve une grande quantité de vers blancs, et il s'en présente aussi dans *George Dandin* et dans *l'Avare.* On peut en conclure que Molière voulait mettre ces pièces en vers et que ces vers blancs attendaient un remaniement pour recevoir la rime. Mais il est plus juste de penser que Molière, poète, a cherché dans cette prose mesurée un élément d'harmonie. Toujours est-il qu'elle a ses délices :

> Le ciel s'est habillé ce soir en Scaramouche
> Et je ne vois pas une étoile
> Qui montre le bout de son nez.

Il faut ajouter que Molière poète n'a pas cherché son lyrisme dans les féeries et les enchantements, mais dans un univers familier et bourgeois, et que cette poésie il l'a vraiment créée, allant la chercher même dans l'antipoétique.

L'auteur des *Satires* et du *Lutrin* aima beaucoup ce Molière contre qui s'unirent tant de haine et d'envie. Il fut pour lui un critique vigilant, le guidant vers les hauteurs du *Misanthrope* et l'éloignant des tréteaux de la foire où Géronte reçoit des coups de bâton. Il lui reproche d'avoir « sans honte à Térence allié Tabarin », mais tout en ayant tort, il le préserve de trop d'excès dans ce domaine. Molière ne voulait pas quitter l'honneur de la farce. Lorsque Louis XIV demandera à Boileau le nom du plus grand écrivain de son règne, le critique répondra sans hésiter : Molière.

Sur le plan de la poésie satirique, les deux hommes sont parents. Les vers de Molière savent être soignés, nets, clairs, mais il a quelque chose que n'a pas Boileau et que seul La Fontaine comme lui possède : la sève, l'originalité, l'ampleur, la vivacité, le primesautier qui ne renie pas la profondeur.

Sa représentation de la vie n'est pas seulement peinture, elle porte aussi cette poésie qui prend germe dans la nature. L'imagination étant libre et sans frein, Molière retrouve le charme et la grandeur de la comédie grecque. Dépassant tous modèles, il hausse les tréteaux, qu'ils soient ceux de la foire ou de la Commedia dell'Arte. Il peint rapidement, à fresque comme les Italiens, force la réussite avant que l'enduit ait eu le temps de sécher.

Universel, il plaît à la ville et à la cour. Il trouve son lyrisme personnel non dans les grandes périodes oratoires, mais dans le jet bouillonnant de sa verve, dans les éclats de sa mordante gaîté, dans la mise en mouvement d'une philosophie active, dans l'étincellement de son rire contagieux.

Poète ailleurs qu'au théâtre.

Si par quelque mauvaise foi ou absurdité, nous gardions des doutes sur sa vocation poétique, nous pourrions quitter le créateur de *l'Étourdi, Tartuffe, le Misanthrope* ou *les Femmes savantes,* et nous référer à des poésies diverses, par exemple à *la Gloire du dôme du Val-de-Grâce,* poème didactique sur le plafond de Mignard, en même temps que traité d'art pictural :

> Tu te tais, et prétends que ce sont des matières
> Dont tu dois nous cacher les savantes lumières,
> Et que ces beaux secrets, à tes travaux vendus,
> Te coûtent un peu trop pour être répandus;
> Mais ton pinceau s'explique, et trahit ton silence;
> Malgré toi de ton art, il nous fait confidence;
> Et, dans ses beaux efforts à nos yeux étalés,
> Les mystères profonds nous en sont révélés.
> Une pleine lumière ici nous est offerte;
> Et ce dôme pompeux est une école ouverte,
> Où l'ouvrage, faisant l'office de la voix,
> Dicte de ton grand art les souveraines lois.
> Il nous dit fortement les trois nobles parties
> Qui rendent d'un tableau les beautés assorties,
> Et dont, en s'unissant, les talents relevés
> Donnent à l'univers les peintres achevés.

Ces « trois nobles parties », l'invention, le dessin, le coloris, sont très finement analysées par ce Molière inattendu, exégète et critique d'art comme Baudelaire et Valéry, un peu embarrassé par la technique, mais plein de chaleur. Parmi d'autres pièces on trouve un *Remerciement au roi,* un sonnet en bouts-rimés sur *le Bel-Air,* des quatrains ou cette *Consolation* à son ami La Mothe Le Vayer, son Du Périer à lui, sur la mort de son fils :

> Aux larmes, Le Vayer, laisse tes yeux ouverts :
> Ton deuil est raisonnable, encor qu'il soit extrême;
> Et, lorsque pour toujours on perd ce que tu perds,
> La Sagesse, crois-moi, peut pleurer elle-même.
>
> On se propose à tort cent préceptes divers
> Pour vouloir d'un œil sec voir mourir ce qu'on aime;

> L'effort en est barbare aux yeux de l'univers,
> Et c'est brutalité plus que vertu suprême.
>
> On sait bien que les pleurs ne ramèneront pas
> Ce cher fils que t'enlève un imprévu trépas;
> Mais la perte, par là, n'en est pas moins cruelle.
>
> Ses vertus de chacun le faisaient révérer;
> Il avait le cœur grand, l'esprit beau, l'âme belle,
> Et ce sont des sujets à toujours le pleurer.

Il aurait pu, on le voit, être un très honorable poète d'œuvres lyriques dans son siècle. Il préféra donner tout son art et toute son énergie au théâtre. Ce fut sa manière de concilier vie, action et poésie.

Positions et propositions.

« Fléau du ridicule » selon La Bruyère, Molière est un poète-comédien pour Bossuet qui s'exclame : « Malheur à vous qui riez, car vous pleurerez. » Voltaire le voit philosophe dans la théorie et la pratique. Rousseau qui l'admire met en garde contre « une école de vice et de mauvaises mœurs ».

Les libelles du temps sont presque toujours dictés par la jalousie. L'auteur anonyme de *la Critique de Tartuffe* tente d'expliquer le succès par le scandale :

> Un si fameux succès ne lui fut jamais dû,
> Et s'il a réussi, c'est qu'on l'a défendu.

Une cabale tenta de lui opposer le médiocre Montfleury et sa *Femme juge et partie* en l'accompagnant d'un prologue :

> Molière plaît assez, c'est un bouffon plaisant,
> Qui divertit le monde en le contrefaisant;
> Ses grimaces souvent causent quelques surprises;
> Toutes ses pièces sont d'agréables sottises.
> Il est mauvais poète et bon comédien:
> Il fait rire, et, de vrai, c'est tout ce qu'il fait bien.

Nous verrons combien Molière fut injurié, calomnié, imité par une foule d'autres comiques. Des pièces infâmes s'en prennent à ses œuvres, à sa vie, à sa personne, à ses chagrins intimes, à sa maladie, à sa mort espérée même. On l'appelle Élomire, anagramme de Molière, dans les satires ou Belphégor chez les dévots qui retiennent *l'Enfer burlesque* de Charles Jaulnay où il porte ce nom, et auquel s'ajoute un ignoble quatrain du même auteur.

Le président Charles de Brosses voyait juste en indiquant que les bonnes pièces de Molière sont excellentes pour toute l'Europe. Goethe qui n'a cessé de le saluer dit : « S'il y a quelque part une poésie comique, Molière doit être mis au rang le plus glorieux. » L'acteur anglais Kemble en fait « le dieu de la Comédie ». L'allemand Schlegel le trouve seulement bon dans la farce. Hegel a étudié la comédie à travers lui. Goethe qui le juge dans ses comédies proche de la tragédie est en accord avec Alfred de Musset lorsqu'il écrit :

> Quelle mâle gaieté, si triste et si profonde,
> Que lorsqu'on vient d'en rire, on devrait en pleurer.

Victor Hugo le tient pour un écrivain de grande race. Sainte-Beuve lui rend un long et vibrant hommage :

> Aimer Molière, c'est être guéri à jamais, je ne parle pas de la basse et infâme hypocrisie, mais du fanatisme, de l'intolérance et de la dureté en ce genre, de ce qui fait anathémiser et maudire... Aimer Molière, c'est être également à l'abri et à mille lieux de cet autre fanatisme politique, froid, sec et cruel, qui ne rit pas, qui sent son sectaire, qui, sous prétexte de puritanisme, trouve moyen de pétrir et de combiner tous les fiels et d'unir dans une doctrine amère les haines, les rancunes et les jacobinismes de tous les temps... Aimer Molière, c'est n'être disposé à aimer ni le faux bel esprit, ni la science pédante... c'est aimer la santé et le droit sens de l'esprit chez les autres comme pour soi.

Honoré de Balzac, s'il suppose une société parfaite, en fait le législateur sublime. Stendhal l'admire tandis que Théophile Gautier, Joseph de Maistre et Renan font des réserves, mais les critiques du XIXe siècle, en général, lui rendent justice, que ce soient Taine, Nisard ou Brunetière.

Plus près de nous, Abel Lefranc, Gustave Michaut, Ramon Fernandez, René Jasinski, Georges Mongrédien, René Bray, Émile Henriot, Maurice Rat, Pierre Brisson, Antoine Adam, Paul Bénichou et cent autres lui ont consacré des pages pertinentes, souvent en opposition, mais aidant plus que par le passé à sa lucide découverte. Le philosophe Masson-Oursel en a fait un devancier de Kant. Pour Mauriac, il a osé relever le défi de Pascal. Ramon Fernandez, en rappelant le titre d'un de ses ballets, celui des *Incompatibles* dit que ce titre « illustre la vision de sa vie ». Mme Dussane a souligné que cet « homme de combat » fut nourri « des exigences particulières à ce métier de comédien qu'il ne voulut jamais renoncer ». Tous les grands animateurs de théâtre le servent, dégagent à leur manière le sens de chaque œuvre dont apparaissent les multiples facettes, les infinies possibilités de lecture et de jeu, des Jouvet, Dullin, Barrault, Vilar à la jeune avant-garde. Lorsque l'Académie française repentante fit placer son buste dans ses locaux, le poète dramatique du XVIIIe siècle Bernard-Joseph Saurin trouva pour l'illustrer le vers le plus juste :

Rien ne manque à sa gloire; il manquait à la nôtre.

2

Auteurs de comédies au XVIIe siècle

Malfaçons et parodies.

L'ÂGE d'or de la comédie en France est le fait d'un seul homme : Molière. Pourtant, que de tentatives, que d'imitations, que de succédanés !

Le satirique Antoine Baudeau de Somaize (auteur spécialiste des précieuses, puisqu'il publie *le Grand dictionnaire des Précieuses*) réplique médiocrement aux *Précieuses ridicules* par *les Véritables précieuses,* 1660, en prose, et, bien qu'ennemi de Molière qu'il appelle Mascarille, met en vers *les Précieuses ridicules* parce qu'il s'y trouvent « de bien bonnes choses volées par Mascarille à l'abbé de Pure ». En effet, l'abbé Michel de Pure (1634-1680), en dehors d'œuvres historiques ou biographiques, avait publié *la Précieuse ou le Mystère des ruelles.* Auteur aussi d'une malheureuse tragédie, *Ostorius,* il n'est guère connu que par ses démêlés avec Boileau.

Nous avons parlé de *la Critique de Tartuffe,* libelle dramatique en un acte, d'un anonyme. *La Cocue imaginaire* est une imitation de *Sganarelle* due à un admirateur de Molière. *L'École des femmes* donne l'occasion à Philippe de La Croix de composer *la Guerre comique ou la Défense de L'École des femmes* et à Edme Boursault (1638-1701) *le Portrait du peintre.* Chez ce dernier, le polémiste apparaissait toujours bien volontiers, contre Racine, Boileau ou Molière à qui il rendit hommage plus tard.

L'acteur J. de Villiers qu'il ne faut pas confondre avec son confrère et homonyme Claude Deschamps de Villiers, auteur d'un *Festin de pierre,* et non plus avec Pierre de Villiers (1648-1728) que

Boileau appelait « le Matamore de Cluny », auteur de traités sur la tragédie et la satire, J. de Villiers donc a répondu à *l'Impromptu de Versailles* par *la Vengeance du marquis,* tandis qu'Antoine Jacob, dit Montfleury, le fils de ce comédien obèse victime de Cyrano de Bergerac et de Molière, répondait par un *Impromptu de l'hôtel de Condé.*

On s'acharne contre Molière, que ce soit le comédien Marcel, avec *le Mariage sans mariage* ou Le Boulanger de Chalussay avec une plate comédie en vers, *Élomire hypocondre ou les Médecins vengés,* 1670, où Molière-Élomire est accusé d'avoir épousé sa fille, de se montrer d'une impiété digne du bûcher et de n'avoir jamais rien écrit de bon. Cette accusation d'avoir épousé avec Armande, la fille qu'il aurait eue de Madeleine Béjart, empoisonna la vie de Molière.

Jean Donneau de Visé (1639-1710), fondateur du *Mercure galant,* fut l'auteur, parmi d'autres comédies comme *la Mère coquette,* 1665, *la Veuve à la mode,* 1667, *les Intrigues de la loterie,* 1670, et de tragédies à machines, sans oublier ses *Mémoires,* écrivit une pièce anti-Molière qui ne fut pas jouée, *Zélinde ou la véritable critique de l'École des femmes.*

On ne peut que citer pour mémoire tous les poètes dramatiques qui suivent et imitent Molière. Deux d'entre eux sont comme lui auteurs, acteurs, directeurs de troupe : Nicolas Drouin, dit Dorimond, donne un *Festin de pierre* et une *École des cocus,* et Du Perche *l'Ambassadeur d'Afrique.*

Le Normand Anne Mauduit de Fatouville écrivit de nombreux *Arlequins* pour le théâtre italien. L'avocat Denis composa une comédie satirique sur les mœurs du Palais. Chauvin fit *l'Écolier libertin.* Avant tout cela, le Dijonnais Gougenot avait donné l'occasion à Georges de Scudéry de reprendre son titre, *la Comédie des Comédiens.* Mais nous sommes déjà loin du farceur Bruscambille et de tous ceux qui léguèrent à Molière le goût de la farce.

Jean-François Regnard.

Un intérêt spécial doit être réservé à un poète et auteur de comédies de la fin du siècle, Jean-François Regnard (1655-1709) qui se place tout de suite après Molière sur le plan du théâtre comique, et dont le nom est souvent plus connu par ses relations de voyage comme le fameux *Voyage en Laponie.*

Comme Molière, il est né dans le quartier des Halles de riches commerçants, comme lui il a fait de bonnes études, comme lui il a eu très tôt le goût d'une existence vagabonde. Ayant perdu son père à l'âge de vingt ans, il résolut de voyager et commença par Constantinople. A Bologne, tombé amoureux d'une Provençale, il s'embarqua avec elle et son mari pour la France. Le navire fut pris par les Barbaresques et les passagers vendus à Alger comme esclaves. Après deux ans de captivité, Regnard obtint de sa famille les douze mille livres nécessaires à sa rançon et à celles de la dame et d'un valet de chambre. Quant au mari, on le crut mort, mais il réapparut. Regnard reprit donc ses voyages en Flandre, en Hollande, au Danemark, en Suède et en Laponie avec deux gentilshommes français. Il se rendit ensuite en Pologne, en Turquie, en Hongrie, et revint en France par l'Autriche et la Bavière en 1683, date à laquelle il commença à écrire pour le théâtre.

Sa demeure de la rue de Richelieu, sa campagne du château de Grillon, près de Dourdan, furent des lieux de rencontre fameux où l'hôte charmait par son esprit et les relations de ses voyages. Condé et le prince de Conti, entre autres seigneurs, y venaient volontiers. Dans une épître imitée d'Horace, Regnard a décrit sa maison et ses plaisirs. On dit que cet épicurien, ce joueur impénitent, mourut d'indigestion.

Nous n'avons pas à parler ici de ses *Voyages* en prose, bien qu'un *Voyage en Normandie* soit mêlé de vers, mais on y trouve parfois un ton romantique. Il a écrit des *Poésies diverses,* des *Épîtres,* des *Satires* dont une *Satire contre les maris* pour répondre à celle contre les femmes, ce qui lui valut l'inimitié de Boileau. Placé par lui parmi les mauvais écrivains, sa riposte fut *le Tombeau de M. Boileau-Despréaux* avant qu'on ne se réconcilie.

Tout ce que l'homme avait d'enjoué, de spirituel et de gai se retrouve dans ses comédies. Le théâtre italien fut pour lui « l'école de la joie » et il suivit la tradition gauloise comme Mathurin Régnier et Scarron. Mais son vrai maître fut Molière, et c'est avec vérité que Voltaire a écrit : « Qui ne se plaît point aux comédies de Regnard, n'est point digne d'admirer Molière. » Joubert fut plus cruel : « Regnard est plaisant comme le valet, et Molière comique comme le maître. »

La bonne comédie était morte depuis quatre lustres quand il donna *le Joueur.* Ici le jeu est plus fort que l'amour. Regnard a saisi merveilleusement les ridicules d'une passion et les a peints au cours d'une intrigue vive et entraînante. Il écrit ses vers un peu vite, se montre négligent, multiplie les fautes prosodiques, mais on l'oublie dans le feu roulant de la comédie. Il pousse assez loin la bouffonnerie, ne tire pas de conclusions, ne s'indigne pas, ne songe qu'à plaire, ne vise pas au plus profond. Il a pris chez

Molière une bonne leçon de composition et de clarté, il n'en a pas le génie comique, il n'a pas le sens d'observation des caractères, la puissance de création originale de son maître. On rit, on prend plaisir et on oublie dès que le rideau tombe.

Le Légataire universel, 1708, est soutenu lui aussi par la verve et l'entrain. Tout tourne autour du personnage de Crispin qui invente des comédies, rédige un étonnant testament. La véritable nature de Regnard, homme à faire rire, y apparaît pleinement. Pendant vingt ans, on jouera Regnard au Théâtre-Français, chez les Italiens, au théâtre de la Foire. Il y a le Distrait en vers (où il reprend le Ménalque de La Bruyère), pièce qui fut mal accueillie à sa sortie et admirée trente ans plus tard, un ennuyeux Démocrite en vers, le Retour imprévu, en prose, Les Folies amoureuses, en vers, les Ménechmes, en vers, d'après Plaute, Attendez-moi sous l'orme, la Sérénade, le Divorce, la Descente d'Arlequin aux enfers, en prose, et de nombreuses pièces où il met en scène des amoureux, des valets, des héros en général peu scrupuleux, légers, qui apparaissent comme dans un feu d'artifice, et finissent toujours par sauver plus ou moins bien la pièce par les ressorts comiques, les stratagèmes bouffons et les pirouettes.

Qu'il puise sa Sérénade dans l'Avare, son Bal dans Monsieur de Pourceaugnac, que ses Ménechmes se souviennent d'Amphitryon et son Légataire universel du Malade imaginaire et de l'Avare, il reste toujours inférieur à son modèle.

Il saisit et peint les ridicules avec vivacité, il sait nouer et dénouer une intrigue à plaisir, il dispose d'un fonds inépuisable de saillies, traits plaisants, bouffonneries, dont il abuse. Il sait faire rire, c'est déjà beaucoup, mais il ne sait pas faire penser. Ayant peint les vices et les passions, il ne se soucie pas de juger, ni même d'indiquer une direction de jugement, il est indifférent à la morale, baigné de scepticisme épicurien. En fait, il n'est pas bon poète, mais il rachète ses défauts par de l'aisance et du naturel. Ses dialogues ne sont jamais lourds.

Généreux, il laissait volontiers sa part de recette aux comédiens. Léger, insouciant, libertin, aimant fêtes, théâtre, musique, festins, sacrifices à Bacchus, sa vie fut fort éloignée de celle de Molière, soumise aux tracas de toutes sortes. Peut-être est-ce pour cela que sa vive allégresse reste sans profondeur, qu'il y a un aspect « trois petits tours et puis s'en vont » dans ses pièces. On peut faire de lui le second poète comique après Molière, mais assez loin derrière lui.

Dancourt et Dufresny.

L'ami et rival de Regnard, Charles Rivière Dufresny (1648-1724) dont nous reparlerons, a montré dans ses comédies son incapacité à diversifier les types humains. Il leur prête à tous un même esprit, un même langage, une même verve : les siens. Ses procédés sont déjà ceux du vaudeville à quiproquos qui connaîtra tant de succès. Il paya ses dettes envers sa blanchisseuse en l'épousant, ce qui inspirera à Le Sage un passage du *Diable boiteux* et à Jean-Marie Deschamps une comédie-vaudeville, *Charles Rivière Dufresny ou le mariage impromptu*. Il paraît que Dufresny vendit à Regnard *Attendez-moi sous l'orme* et que son ami lui chipa encore l'idée du *Joueur*, mais il fit *le Chevalier joueur* sur le même sujet. Il n'émerge pas grand-chose d'une vingtaine de pièces en vers ou en prose qui font de lui un sous-Regnard et le placent très loin par conséquent au-dessous de Molière.

Parce qu'il épousa une théâtreuse, Florent Carton Dancourt (1661-1725) devint acteur, interprétant avec succès *le Misanthrope*, puis directeur de troupe, ce qui l'amena à écrire des comédies, une soixantaine, presque toutes en prose. Créant le genre villageois, on peut le regarder, selon Palissot comme « le Téniers de la comédie ». Il s'est attaché aussi aux chevaliers d'industrie, aux financiers et gens en place peu sympathiques dont il dit la chronique scandaleuse. La Harpe en fait le père du vaudeville moderne. Tout reste fort léger, et si, à la fin de sa vie toute à la dévotion, il paraphrasa les *Psaumes* c'est sans la moindre originalité.

Non, décidément, Molière à la fin du siècle est bien le grand maître de la comédie française et il le restera. Ce n'est pas Jean Palaprat (1650-1721) et son collaborateur David-Augustin de Brueys (1640-1723), auteurs du *Concert ridicule*, qui pourront l'égaler. Si le sieur de Hauteroche, acteur et auteur, se souvient de lui avec *Crispin médecin*, et aussi Michel Baron, son compagnon de théâtre avec *l'Homme à bonnes fortunes*, sa meilleure comédie, aucun, et non plus au siècle suivant Barthe, d'Allainval ou Desmahis, ne renouvellera le miracle unique de Jean-Baptiste Poquelin, dit Molière.

Jean Racine

I

De la Thébaïde à Phèdre

Formation et tentatives.

Jean Racine (1639-1699) a rendu célèbre le lieu de sa naissance, La Ferté-Milon. Son nom est inséparable d'un autre lieu, Port-Royal, qui marque toutes les époques de son existence. Qu'il affirme sa fidélité aux jansénistes ou qu'il rompe avec ses maîtres, c'est toujours autour de ce pôle que gravite sa vie, il est marqué par Port-Royal d'un sceau indélébile.

Appartenant à une famille de petits fonctionnaires des finances où l'on trouve plusieurs contrôleurs de greniers à sel, à un an il perd sa mère, Jeanne Sconin, son père à trois ans. Élevé par ses grands-parents maternels, il a les meilleurs maîtres de l'époque. Il apprend le latin au collège de Beauvais. Un sacristain de Port-Royal le met rapidement en état de lire dans le texte Euripide et Sophocle. Sa tante Agnès est religieuse de Port-Royal. Sa grand-mère, après la mort de son mari, y entre aussi. Sa grand-tante est elle-même religieuse du dehors.

Racine, ayant fait sa seconde et sa rhétorique à Beauvais, ayant passé trois années aux Granges, à partir de 1656, alors que nombre de solitaires de Port-Royal doivent se cacher, vit dans la célèbre maison presque déserte, compose des essais de poésie pieuse et des traductions d'hymnes d'Église, écrit sept odes sur les promenades et le paysage de Port-Royal.

En 1658, il suit un cours de logique au collège d'Harcourt. Il fréquente alors un cousin de son père, Nicolas Vitart, secrétaire du duc de Luynes, et sa femme, couple libre et gai. C'est le temps de la montagne Sainte-Geneviève et des rencontres avec les amis joyeux et bons vivants qu'on glacera un jour du nom de grands classiques. Son goût pour la poésie, et aussi pour la méditation solitaire qui est chez lui le pendant de la bonne compagnie, l'éloigne alors du barreau ou des ordres.

Il compose une ode malherbienne et pompeuse, *la Nymphe de la Seine,* sur le mariage de Louis XIV et de Marie-Thérèse, qui est jugée la meilleure de toutes celles composées pour la circonstance. Il pense au théâtre. Déjà, il est bien loin des ambitions de sa famille.

Son goût pour la poésie et les succès mondains inquiètent les jansénistes. On l'envoie à Uzès, chez son oncle Sconin, vicaire général de l'évêque, qui pourrait lui laisser son bénéfice ecclésiastique. Il étudie la théologie, sans oublier ses chères amours, comme en témoigne une lettre à La Fontaine : « Je passe mon temps avec mon oncle, l'Arioste, saint Thomas et Virgile. » Il fait des extraits des poètes grecs, lit Plutarque, Platon, Sophocle, Euripide, Héliodore. Il rêve de revenir à Paris, ce qui se produit lorsque l'oncle subit des revers de fortune et des procès qui familiarisent le futur auteur des *Plaideurs* avec le monde chicanier.

L'arbitre du Parnasse, Chapelain, avait recommandé le jeune Racine à Colbert lors de sa première ode et cent louis étaient arrivés au jeune poète de la part du roi. Une nouvelle gratification va lui donner « le moyen de continuer son application aux belles-lettres ». Elle récompense une ode, *la Renommée aux Muses,* assez majestueuse et flatteuse pour plaire au roi et à son ministre, composée à l'occasion de l'établissement des trois Académies :

> C'est en vain qu'autrefois les lions et les arbres
> Vous suivaient pas à pas :
> La Fortune, toujours plus dure que les marbres,
> Ne s'en émouvait pas.
>
> Mais ne la craignons plus : Louis contre sa haine
> Vous protège aujourd'hui;
> Et près de cet Auguste, un illustre Mécène
> Vous promet son appui.

Son succès le met en relation avec deux grands de l'époque : Molière et Boileau. L'un et l'autre sont pour lui de bons conseillers et critiques et l'influence du parfait auteur comique est aussi importante que celle du critique. Si Racine ne tarda pas à se brouiller avec Molière, celui-ci eut le temps de lui donner ses idées d'homme de théâtre expérimenté.

Non, le premier essai de Racine au théâtre, une pièce tirée du roman d'Héliodore, *Théagène et Chariclée,* ne vaut rien. Qu'il choisisse un sujet moins obscur et plus théâtral! L'hôtel de Bourgogne s'apprête à monter *la Thébaïde* du fécond et peu estimé Claude Boyer (1618-1698), celui que Boileau et Furetière accableront d'épigrammes, celui dont Racine se raillera quand Saint-Cyr montera *Jephté* en 1692 et *Judith* en 1695. La mode est de rivaliser dans les mêmes domaines. Molière propose à Racine d'écrire une *Thébaïde* qu'il jouera en 1664 au Palais-Royal. Il l'aide à tracer un plan plus net. Pour le style et le détail de la composition, le débutant s'inspirera de l'*Antigone* de Rotrou qui date d'un quart de siècle, ce qui provoquera une accusation de plagiat qui se renouvellera pour toutes les pièces de Racine. Pierre Corneille apporte aussi de bons modèles.

L'harmonie de Racine tempérera les excès d'un langage forcé par les déclamations politiques et les sentiments violents de cette pièce jonchée de sept cadavres. La pièce échoue. Il ne s'agissait là que de promesses raciniennes et la troupe de Molière était, nous l'avons dit, mal faite pour le tragique. On trouve déjà :

> A quoi te résous-tu, princesse infortunée,
>   Ta mère vient de mourir dans tes bras;
>   Ne saurais-tu suivre ses pas,
>   Et finir, en mourant, ta triste destinée?
> A de nouveaux malheurs, te veux-tu réserver?
> Tes frères sont aux mains, rien ne peut les sauver
>   De leurs cruelles armes.
> Leur exemple t'anime à te percer le flanc;
>   Et toi seule verses des larmes,
>   Tous les autres versent du sang.

Ainsi, décevant Port-Royal, le jeune homme lié avec La Fontaine, Boileau et Molière, fréquentant aussi Chapelle et Chapelain, Perrault et Furetière, hante les cabarets, préfère *la Croix de Lorraine* et *le Mouton blanc* aux demeures jansénistes, se consacre au théâtre.

Il récidive avec *Alexandre,* 1665, que joue Molière, mais que Racine porte à l'hôtel de Bourgogne en choisissant bien ses acteurs. En même temps que la pièce, il enlève la belle Du Parc dont il fait sa maîtresse. Rien ne peut vexer plus profondément un directeur de troupe. Le froid ne cessera plus entre les deux hommes. Si, par probité, ils se rendront réciproquement justice dans les débats littéraires, rien désormais ne pourra les rapprocher.

Imitant Corneille.

Dans *Alexandre,* Racine imite encore son aîné Corneille. La clémence d'Alexandre est celle d'Auguste dans *Cinna*. Une tendresse amoureuse à la Quinault tempère la tragédie. Saint-Évremond reprochera à Racine de méconnaître le véritable esprit des héros antiques. Il conseillera aussi à Corneille d'adopter le jeune homme comme son successeur. Le viril auteur du *Cid* ne le prend pas ainsi. Pour lui, et il l'a écrit, l'amour est une passion trop chargée de faiblesse pour être la dominante d'une tragédie. Et puis, le lion normand ne rêve pas d'un héritier. Cependant, *Alexandre,* bien accueilli par le public, fait déjà des ennemis au jeune auteur auréolé par le succès.

La rupture avec Molière est un incident littéraire. Plus grave est la séparation avec Port-Royal. Elle ne va pas sans quelque traîtrise chez un Racine passionné, susceptible, prêt à utiliser les armes les plus cinglantes. Il prend pour lui cette appréciation de Pierre Nicole dans sa première *Visionnaire* : « Un faiseur de romans et un poète de théâtre est un empoisonneur public. » Dès lors, Racine écrit des lettres insolentes à ces messieurs de Port-Royal. Nous sommes à l'opposé de cette *Louange à Port-Royal :*

> Saintes demeures du silence,
> Lieux pleins de charmes et d'attraits,
> Port où, dans le sein de la paix,
> Règnent la grâce et l'innocence.

Sa *Deuxième Lettre à Port-Royal* donne le ton de ses répliques dures et spirituelles :

> Surtout louez vos messieurs et ne les louez pas avec retenue. Vous les placez justement après David et Salomon; ce n'est pas assez; mettez-les devant. Vous ferez un peu souffrir leur humilité; mais ne craignez rien : ils sont accoutumés à bénir ceux qui les font souffrir.

Si une première lettre fut publiée, la seconde, son ami Boileau l'arrêta. Pour le critique, elle faisait plus honneur à son esprit qu'à son cœur. Chez Racine, excessif, la barrière entre tendresse et méchanceté était fragile. Plus tard, il manifestera son repentir.

La révolution d'Andromaque.

Dès *Andromaque*, 1667, il abandonne l'imitation de Corneille et de Quinault. Ayant trouvé la formule qui lui convient, il s'y tiendra désormais. Finie l'emphase héroïque. Dans ce chef-d'œuvre qui inaugure toute une lignée de chefs-d'œuvre, les passions règnent avec un cortège d'élans et d'émotions de toutes sortes, les transports viennent de la destinée :

> Je me livre en aveugle au transport qui m'entraîne.

Ainsi parle Oreste, ainsi pourrait se définir le personnage racinien. L'amour-passion apparaît sur la scène française. Les sujets sont complexes, les revirements nombreux, les personnages se rapprochent, s'éloignent, se cherchent. Ici la femme est reine, qu'elle soit la lumineuse Andromaque en proie à ses dilemmes ou la véhémente Hermione habitée de ses fureurs. L'héroïsme n'est plus le maître de l'action, cette dernière est dans les âmes et c'est une science du cœur et de l'esprit qui accompagne les mouvements de la scène.

L'analyse psychologique et le réalisme passionnel trouvent leur expression dans des vers simples et coulants dignes de la plus haute prose, toujours d'une intense harmonie. Racine invente une poésie nouvelle, et, dès les premiers vers de la pièce, l'auditeur en est saisi :

> Oui, puisque je retrouve un ami si fidèle,
> Ma fortune va prendre une face nouvelle;
> Et déjà son courroux semble s'être adouci,
> Depuis qu'elle a pris soin de nous rejoindre ici.
> Qui l'eût dit, qu'un rivage à mes vœux si funeste
> Présenterait d'abord Pylade aux yeux d'Oreste?
> Qu'après plus de six mois que je t'avais perdu,
> A la cour de Pyrrhus tu me serais rendu?

Des vers sont inoubliables. Nous les connaissons tous. Nous ne pouvons nous lasser de les entendre :

> Je ne t'ai point aimé, cruel? Qu'ai-je donc fait?
> J'ai dédaigné pour toi les vœux de tous nos princes;
> Je t'ai cherché moi-même au fond de tes provinces;
> J'y suis encor, malgré tes infidélités,
> Et malgré tous mes Grecs honteux de mes bontés.
> Je leur ai commandé de cacher mon injure;
> J'attendais en secret le retour d'un parjure;
> J'ai cru que tôt ou tard, à ton devoir rendu,

> Tu me rapporterais un cœur qui m'était dû.
> Je t'aimais inconstant; qu'aurais-je fait fidèle?

On n'ira jamais plus loin dans le lyrisme accompagnant la fureur vengeresse :

> Je ne te retiens plus, sauve-toi de ces lieux;
> Va lui jurer la foi que tu m'avais jurée;
> Va profaner des Dieux la majesté sacrée :
> Ces dieux, ces justes dieux n'auront pas oublié
> Que les mêmes serments avec moi t'ont lié.
> Porte aux pieds des autels ce cœur qui m'abandonne;
> Va, cours. Mais crains encor d'y trouver Hermione.

Et, dans la solitude, la colère déclamatoire d'Hermione se transforme en interrogations passionnées :

> Où suis-je? Qu'ai-je fait? Que dois-je faire encore?
> Quel transport me saisit? Quel chagrin me dévore?
> Errante et sans dessein, je cours dans ce palais.
> Ah! que ne puis-je savoir si j'aime, ou si je hais?

Andromaque fait une révolution comparable à celle du *Cid,* mais elle intervient plus tôt dans la carrière de Racine que dans celle de Corneille. Ce miracle s'accompagne d'un sujet original que les tragiques n'ont pas tenté. Euripide, Sénèque, Virgile ont montré une Andromaque abaissée, avilie même; Racine la montre majestueuse et pure.

Dans le théâtre, par Racine, les héros ne sont plus d'un seul tenant. Andromaque, que joua pour la première fois la Du Parc qui mourra mystérieusement l'année suivante, est d'une subtile complexité. Comme dans tout le théâtre de Racine, la richesse permet toutes les interprétations et nous n'avons pas fini de voir le poète se métamorphoser selon les goûts et les époques, des secrets jaillir de son œuvre tant inspiratrice. Cette Andromaque, Chateaubriand la voit chrétienne, Nisard étudie sa coquetterie vertueuse, Sarah Bernhardt insiste sur la mère qui est en elle, tandis que Thierry Maulnier la juge moins mère qu'amante.

La pièce eut ses censeurs. Racine se vengea par des épigrammes perfides, s'attaquant à l'intimité de ses détracteurs à partir de ragots. Le duc de Créqui considéré comme bien éloigné d'aimer les femmes et le comte d'Olonne délaissé par la sienne, furent ainsi attaqués :

> La vraisemblance est choquée en ta pièce,
> Si l'on en croit et d'Olonne et Créqui :
> Créqui dit que Pyrrhus aime trop sa maîtresse,
> D'Olonne qu'Andromaque aime trop son mari.

Ne ménageant pas ses ennemis, il ne fut pas ménagé par eux. Adrien Subligny (1636-1696) critiqua la pièce dans *la Folle Querelle* que monta son ami Molière. Habilement, Boileau fit tourner la critique en faveur de son ami Racine. Le chemin était tracé pour qu'un nouveau théâtre, celui de l'intelligence du cœur et de la poésie des passions, obligeât les acteurs à se surpasser, donnât aux spectateurs les plus raffinés et les plus subtils un aliment digne de leur attente.

La surprise de Racine.

Le talent souple de Racine, comme en se jouant, apporte une surprise, un entracte dans une œuvre tragique, sa seule comédie, *les Plaideurs*, 1668, imitation libre des *Guêpes* d'Aristophane. On ne pouvait imaginer que l'auteur d'*Andromaque* fît une telle pièce, à la vérité plus proche de l'art de Molière. Il étonna par une éblouissante parodie, un jeu de lettré fort divertissant.

Il se donne tout entier à la comédie de mœurs conduite sur un canevas de farce où il brode des portraits amers, dans le goût de La Bruyère, avec un souvenir des fabliaux et de Rabelais. Dans le comique, il montre qu'il n'a rien à envier à Molière qui lui bat froid. Mais il s'agit de tout autre chose et la comparaison ne s'impose pas. Où Molière se donne tout entier à son sujet, Racine s'amuse et se moque de tout. La malice lui fait à l'occasion paraphraser le Corneille du *Cid*, jouer les iconoclastes apparents, avec au fond de la révérence, en s'emparant du vers fameux, « Ses rides sur son front ont gravé ses exploits » qui devient :

> Ses rides sur son front gravaient tous ses exploits.

La différence est qu'il s'agit d'exploits d'huissier. Où Corneille écrit « Viens, mon fils, viens, mon sang », Racine montre une insolence de pasticheur avec « Viens, mon sang, viens, ma fille ». Son temps lui a fourni des modèles, ses amis La Fontaine, Boileau et Furetière, lui ont apporté idées et anecdotes, un magistrat l'a initié aux mœurs et langage du Palais.

Grâce à ses répliques, à ses fantaisies stylistiques, ses dislocations de vers, ses déplacements d'accents, ses rimes drôles et imprévues, la pièce est allègre, libre et de franche allure, elle prend tous les tons et tous les genres. D'entrée de jeu, on trouvera des proverbes :

> Tel qui rit vendredi, dimanche pleurera.
> Point d'argent, point de suisse.

Il n'existe pas de temps morts. Dans les mouvements de vers, on trouve cette souplesse et cette habileté que seul possède La Fontaine. Des proverbes picards au jargon des sergents et des magistrats, tout est réussi. Cela n'empêcha pas la pièce de connaître bien des aléas, mais l'éclat de rire de Louis XIV fut contagieux et s'est propagé jusqu'à nous.

Avec *les Plaideurs,* Racine s'est donné le luxe d'embarrasser les critiques. Dans l'édition critique faite avec René Groos et Edmond Pilon, Raymond Picard indique justement :

> Cette œuvre est singulièrement embarrassante, on le conçoit, pour qui souhaite enfermer Racine dans un système scolaire. C'est bien pourquoi tant de critiques n'ont vu *les Plaideurs* que pour l'oublier aussitôt. Dans le lit de Procuste où l'on couche si souvent Racine, c'est presque toujours cette malheureuse comédie qui dépasse, et que l'on coupe.

La pièce des connaisseurs : Britannicus.

Sans doute peu conscient d'avoir donné au répertoire français une de ses meilleures comédies, Racine revient au sérieux de la tragédie avec *Britannicus,* 1669, que Voltaire appellera « la pièce des connaisseurs », et dont l'auteur dit : « Voici celle de mes tragédies que j'ai le plus travaillée. »

Empruntant à Tacite l'épisode où se révèle pour la première fois la monstruosité de Néron, il crée une psychologie de l'abominable, répond aux deux passions tragiques d'Aristote, la terreur et la pitié, en même temps qu'il montre sa capacité d'écrire, comme Corneille, une tragédie historique.

Mais s'il ne néglige pas cet intérêt, la psychologie prend le pas sur l'histoire et la politique. Derrière les événements, il voit avant tout les caractères et les passions. Son Agrippine est une ambitieuse, et non, comme ses précédentes héroïnes, une amoureuse. Son Néron, monstre naissant, est l'image du vice étouffant peu à peu les souvenirs de la vertu. Si les autres personnages sont évincés par ces deux fortes créations, ils restent humainement différenciés : Burrhus et Narcisse sont plus complexes que les images de vice et de vertu qu'ils représentent immédiatement.

Tacite lui a donné le goût de la couleur, Racine y ajoute sa sobriété qui devient grandeur. S'il y a des inexactitudes historiques, l'esprit de l'histoire est respecté. Dans la première préface à cette œuvre, on trouve une critique qui est celle de la tragédie cornélienne :

Que faudrait-il pour contenter des juges si difficiles? La chose serait aisée, pour peu qu'on voulût trahir le bon sens. Il ne faudrait que s'écarter du naturel pour se jeter dans l'extraordinaire. Il faudrait remplir cette même action de quantité d'incidents qui ne se pourraient passer qu'en un mois, d'un grand nombre de jeux de théâtre d'autant plus surprenants qu'ils seraient moins vraisemblables, d'une infinité de déclamations où l'on ferait dire aux acteurs tout le contraire de ce qu'ils devraient dire.

Dans *Britannicus,* une scène est inoubliable, celle où Narcisse fait le siège de l'âme de son maître. Elle représente un étonnant moment psychologique. Mais Racine ne fut pas compris. Les cabales et les critiques dirigèrent l'opinion. Pour la petite histoire, disons que Louis XIV, à partir de cette pièce, cessa de paraître dans les ballets : le modèle de Néron dut y être pour quelque chose.

La douceur tragique : Bérénice.

L'opposition de Racine et de Corneille aurait pu trouver un terrain de lutte avec cette *Bérénice,* 1670, dont le sujet fut traité en même temps, nous l'avons vu, par le vieux et encore superbe Corneille.

Il y avait là matière à une simple élégie historique que les deux auteurs tentèrent d'enrichir. La donnée était plus propice aux effusions amoureuses qu'à la progression dramatique. En ce sens, Racine pouvait bénéficier d'une supériorité. S'il fut meilleur que son rival, sans cependant échapper à la critique, c'est que l'histoire de Titus, Bérénice et Antiochus lui permettait le jaillissement de son pur génie personnel, de sa musique, de sa grâce naturelle. Mais si l'on y regarde de près, on s'aperçoit que Corneille a de solides qualités dont la psychologie, la finesse ne sont pas les moindres. Dans un absurde combat, ne donnerait-on pas le match nul, en signifiant que les rivaux n'excellèrent pas toujours?

Racine a mis en scène dans cette *Bérénice* des âmes douces et pures pas toujours propices au tragique, mais si nous recherchons la poésie plus que le théâtre, que de beautés et que d'originalité! Racine ne cherche pas à étonner, mais à plaire, à charmer. Qu'importe que Chapelle voyant Titus résister aux empressements de Bérénice dise en blaguant : « Marion pleure, Marion crie, Marion veut qu'on la marie »! Par-delà l'ombre de certain ridicule, il y a les hauteurs poétiques.

C'est la Champmeslé, nouvelle égérie de Racine, qui joua cette pièce, succédant à la Du Parc dans l'interprétation des œuvres et dans la vie du poète. Dans *Bérénice,* elle sut créer le spectacle tragique à partir des aventures du cœur. Le désenchantement, la brisure des cœurs, sont pleins de charme.

La Tuerie Bajazet.

Si l'action de *Bajazet,* 1672, est proche du temps de Racine, l'éloignement dans l'espace, les singularités des mœurs apportent un dépaysement compensatoire. « A la vérité, écrit-il dans sa seconde préface, je ne conseillerais pas à un auteur de prendre pour sujet d'une tragédie une action aussi moderne que celle-ci. » Racine a besoin, pour le prestige de la tragédie, d'une prise de distance. Le public attend de cet art un dépaysement qui lui permet des comparaisons. En fait, ces Turcs sont aussi éloignés de lui que les Anciens.

Toujours soucieux de vérité, pour composer cette pièce, Racine recueillit les confidences d'un ambassadeur de France à Constantinople, le comte de Cézy, il puisa dans les chroniques et les relations de voyage. Il a soigné l'exposition, bien décrit le caractère politique du grand vizir et les ardeurs passionnées de la sultane. Dans cette pièce, tout porte vers le mal, la cruauté, la violence, une Roxane ambitieuse, amoureuse, avide, sensuelle, orgueilleuse et cruelle, un Amurat soupçonneux et jaloux, tout autant qu'un Bajazet passionné et loyal, une Atalide amoureuse et souffrante. Tout se termine, selon le mot de Mme de Sévigné par une « grande tuerie ».

Les « turqueries » comme on en trouve dans *le Bourgeois gentilhomme* étaient à la mode. Segrais avait écrit une nouvelle, *Florimon ou l'amour imprudent,* 1656, à laquelle *Bajazet* doit sa conception, à ce point qu'on croirait la prose de Segrais mise en rimes et en théâtre, mais le récit de l'aventure au sérail était connu des deux auteurs. On connaissait le *Soliman,* 1639, de Jean Mairet, la *Roxelane,* 1643, de Desmarets, *le Grand Tamerlan et Bajazet,* 1648, de Jean Magnon.

Le premier, Corneille fit remarquer que les personnages de Racine n'avaient rien de turc. Mme de Sévigné, dans une lettre à sa fille, dit qu'il écrit pour la Champmeslé et non pour l'avenir. Experte en présent, la bonne commère ne pouvait imaginer que trois siècles plus tard, cette pièce apparemment loin de nous, par le sujet et par les personnages, serait appréciée pour sa modernité qui va au-delà des apparences. Il a réussi ce tour de force d'imposer à la tragédie la psychologie, l'étude de personnages sommaires au premier abord, mais qui se révèlent peu à peu dans leurs secrets

De la Thébaïde à Phèdre . 273

durables. On entrevoit une vision janséniste de l'univers, un recul de l'âme tendre et vulnérable devant la vie, des sentiments profonds et multiples sans cesse soumis à de nouvelles variations, fussent-ils turcs ou romains.

Devant une critique qui rappelait les auteurs au respect de l'histoire, Racine se défendit le mieux qu'il pût. La froideur qu'on lui reprocha dans les gazettes ne fut pas celle du public. Il a surtout fait vivre un drame où la passion ne peut trouver son épilogue que dans le sang. On pourrait dire que Bajazet, drame de l'impossibilité, est celui du sang, de la volupté et de la mort.

Mithridate, le succès plus facile.

La prise de la critique fut moins grande avec *Mithridate*, 1673, la pièce la plus au goût de la cour et du roi, qui, comme *Britannicus*, tenait davantage compte de la vérité historique. Ici le tableau héroïque s'apparente à Corneille, de même que la noblesse des caractères, mais l'émotion pathétique est bien de Racine.

Le drame du vieillard amoureux relève de la comédie et le Molière de *l'Avare* inspira la scène où le roi emploie la ruse pour surprendre les sentiments du chevaleresque Xipharès et de Monime, la Grecque d'Éphèse si bien campée, avec cette différence qu'on trouve matière à effroi et non à rire. Si la pièce est à la mode pompeuse, on ne trouve pas les richesses de style habituelles à Racine. Des beautés cependant apparaissent dans des scènes d'histoire comme celle où Mithridate expose à son fils son projet de marche sur Rome. Le ton s'apparente à celui de *Cinna* quand le roi parle un fier langage :

> Vaincu, persécuté, sans secours, sans États,
> Errant de mers en mers, et moins roi que pirate,
> Conservant pour tous biens le nom de Mithridate,
> Apprenez que, suivi d'un nom si glorieux,
> Partout de l'univers j'attacherais les yeux.

Les héros ne sont pas en proie au destin. Maîtres d'eux-mêmes, ils cherchent à suivre leur ligne, à ne pas se trahir. Ils mènent l'action tandis que deux ordres se rejoignent, celui de l'amour le plus fier et le plus harmonieux avec Monime, celui du devoir et de la vigueur avec Mithridate. D'une œuvre à l'autre, Racine cherche à se renouveler sans déplaire, parcourant ainsi toutes les voies d'une sorte d'histoire amoureuse, celle des Anciens que la tragédie rend exemplaire.

La complexité d'Iphigénie.

La plus longue, la plus complexe, la plus chargée d'événements des tragédies raciniennes, celle que Voltaire proclamera « le chef-d'œuvre de la scène » est *Iphigénie en Aulide,* 1674.
Le mythe d'Iphigénie, inspirateur de tant d'œuvres, trouve son maître avec Racine. Il dépasse de loin la pièce de Jean de Rotrou qui porte ce titre. La contrefaçon de Michel Le Clerc (1622-1691) et de Jacques de Coras (1630-1677) est bien pitoyable auprès d'elle. La langue en est admirable et rien n'est plus sensible que cette « tragédie grecque habillée à la moderne » comme dit Schlegel. Ici, le lecteur de poèmes le plus exigeant trouve matière à délectation constante. Chaque vers est en soi une merveille de composition musicale. Laissons parler Raymond Picard :

> Avec ses douceurs recueillies d'*adagio,* ses déchaînements de *molto agitato,* ses certitudes glorieuses de *rondo,* la tragédie se déroule comme une sonate ou un oratorio. Racine a trouvé une langue qui chante et signifie à la fois : c'est dans la texture du verbe que s'unissent incantation et démonstration; *Iphigénie,* par-delà l'opposition scolastique entre poésie pure et impure, nous fait accéder à la poésie totale.

On ne saurait mieux définir les amples mouvements de cette tragédie et la plénitude des vers. Iphigénie qui se montre tout d'abord comme une jeune princesse naïve porte en elle le destin. Mentor du jeune Achille, elle sait, en s'immolant, donner un essor à ses exploits. Jamais héroïne ne s'est plus insidieusement développée dans le cours d'une tragédie. Ici Racine se meut dans la complexité et triomphe dans une des plus pures et sensibles pièces du théâtre classique.

Phèdre, puis le renoncement.

Quand Racine crée *Phèdre,* le 1er janvier 1677, il est au sommet de sa gloire. Il se donne le luxe d'offrir au public le plus beau de tous les rôles connus, en même temps que des moments de théâtre incomparables et des vers d'une pureté inégalée.
Euripide et Sénèque lui ont fourni la trame événementielle de la tragédie, et aussi ses médiocres devanciers français, Gabriel Gilbert, comme nous l'avons vu, et aussi l'obscur Bidar. La poésie française va alors produire ce qu'elle a de plus harmonieux, placer le lecteur en face de ses mystères. Les tenants du moment histo-

rique de la poésie pure étudieront longuement un vers magique pour lui arracher ses secrets :

    La fille de Minos et de Pasiphaé.

Ce vers, contrairement à ce qu'ils ont pensé, n'est pas vide de signification et ne procède pas de la seule musique. Il éclaire tout simplement par l'exposé d'une double filiation les deux aspects de son héroïne et toute la signification de la tragédie. La musique, le charme du mystère, un certain mysticisme s'ajoutent à la signification, ils ne l'annulent pas. Mais nous avons tous en mémoire tant de beaux vers :

    Que ces vains ornements, que ces voiles me pèsent.

    Dieux! que ne suis-je assise à l'ombre des forêts!

    Ariane, ma sœur! de quel amour blessée,
    Vous mourûtes aux bords où vous fûtes laissée.

D'autres vers encore unissent à leur beauté un ton précis et décisif comme dans les adages :

    On ne voit point deux fois le rivage des morts.

    La mort aux malheureux ne cause point d'effroi.

    C'est Vénus tout entière à sa proie attachée.

Et, en mots d'une seule syllabe, un des plus beaux alexandrins de notre langue :

    Le jour n'est pas plus pur que le fond de mon cœur.

Auprès de ces vers justement connus, on pourrait en citer des dizaines d'autres s'incorporant dans un ensemble parfait. Racine eut pour *Phèdre* une prédilection, la trouvant la meilleure de ses pièces, celle dont Voltaire dira qu'elle est « le chef-d'œuvre de l'esprit humain, et le modèle éternel, mais inimitable, de quiconque voudra jamais écrire un vers ».

Dans ce personnage de Phèdre, héroïne qui se confond avec sa propre passion, mais qui en reste en même temps sans cesse le témoin, il y a intention morale. Racine le dit dans sa préface : « Les passions n'y sont présentées aux yeux que pour montrer tout le désordre dont elles sont cause. » Dans l'intériorité d'une même héroïne s'opposent des situations antithétiques, tant de jour que de nuit, de passion que de faiblesse. Elle est la plaie et le couteau. Ce sont les grands moments d'une prise de conscience de soi-même et la recherche d'une issue au conflit tragique intime. Phèdre prisonnière de Vénus, Phèdre portant en elle l'hérédité de Minos et de Pasiphaé, Phèdre s'épuisant jusqu'à la mort dans une lutte, Phèdre furieuse, pécheresse et repentante, sans cesse est posé le problème du libre arbitre.

Voltaire rapporte avoir entendu dans son enfance que Phèdre est l'image du juste à qui la grâce a manqué. Selon Louis Racine qui reste sujet à caution, Arnauld aurait déclaré : « Il n'y a rien à reprendre au caractère de Phèdre, puisque, par ce caractère, le poète nous donne cette grande leçon que lorsqu'en punition des fautes précédentes, Dieu nous abandonne à nous-mêmes et à la perversité de notre cœur, il n'est point d'excès où nous ne puissions nous porter, même en les détestant. »

Phèdre fut l'occasion d'une flambée de violence contre Racine. Comme pour *Iphigénie,* on lui trouva un rival, le pâle Nicolas Pradon (1632-1698) qui composa à la hâte une *Phèdre* concurrente. Une coterie, composée de Mme Deshoulières, de la duchesse de Bouillon et du duc de Nevers, monta une cabale, avec une troupe de siffleurs à la solde. Momentanément, la médiocre conspiration l'emporta et Racine en fut blessé. Une nouvelle affaire de sonnets, de bouts-rimés puisqu'on joua sur les rimes, commença par un poème caricatural sans doute dû au duc de Nevers montrant :

> Dans un fauteuil doré, Phèdre tremblante et blême.

Boileau et Racine répondirent avant qu'une réplique ne soit prometteuse de ces coups de bâton qu'une classe méprisante, à bout d'arguments, se plaisait à faire donner, mais le grand Condé mit fin à tout cela en plaçant les deux poètes sous sa protection. Boileau dans une épître à Racine rappela :

> la douleur vertueuse
> De Phèdre malgré soi perfide, incestueuse.

Le grand Arnauld trouva *Phèdre* « toute chrétienne », expression reprise par Chateaubriand parlant « des orages d'une conscience toute chrétienne ».

Sans doute est-ce à la lumière d'un accord que Racine revint, en brebis égarée vers ces messieurs de Port-Royal à qui le théâtre l'avait enlevé le temps de donner à la littérature ses plus hauts moments de poésie. Il renonça à la scène et dans les excès du renouveau de sa foi voulut même brûler ses pièces. Son directeur de conscience le détourna de son désir de se faire chartreux, ce dessein ne convenant guère à sa nature ardente.

Ainsi, Jean Racine, en chrétien de stricte observance, voulait expier ses péchés mondains et amoureux, en même temps que ce qu'il estimait être son péché de théâtre. Il resta dans le monde, et, pour éviter ses dangers, se maria avec la fille d'un trésorier au bureau des finances d'Amiens, indifférente à son œuvre, qui lui donna sept enfants dont celui qui devait devenir le poète Louis Racine. Dès lors, apparemment, Racine sera un bon père de famille et un parfait chrétien.

Déjà membre de l'Académie française, Mme de Montespan et sa sœur le font nommer, en même temps que Boileau, historiographe du roi-soleil qu'il vénère et qui apprécie chez lui l'honnête homme et le lecteur incomparable. En 1677, le roi lui demande de tout quitter pour travailler à son histoire. Il obtempère. Se repent-il vraiment d'avoir écrit son théâtre? Ce ne fut sans doute que l'affaire d'un moment, car il mit beaucoup de soin à corriger les nouvelles éditions de ses tragédies. En recevant Thomas Corneille à l'Académie en 1685, il fera l'éloge de la poésie dramatique. Comme historiographe, il accomplit ses tâches avec soin et méthode, quoique établissant ses apologies sur des faits contestés. C'est la période de sa traversée du désert au théâtre si l'on excepte une *Idylle sur la paix,* 1685, dont Lulli écrit la musique et qu'on chante devant le roi.

2
Tragédies bibliques et poésies diverses

Esther.

PENDANT douze années, le poète fut à peu près silencieux. Il fallut, pour qu'il revînt au théâtre, que Mme de Maintenon l'en priât. Elle venait de fonder la maison d'éducation de Saint-Cyr, près de Versailles, où deux cent cinquante jeunes filles de la noblesse pauvre recevaient une éducation familiale et religieuse.

Il était inconvenant de faire jouer un théâtre profane à ces demoiselles que Mme de Maintenon voulait amener, dans l'esprit d'une nouvelle éducation, à connaître la poésie du théâtre. Aussi Racine écrivit-il deux tragédies bibliques, *Esther*, 1689, jouée avec éclat, *Athalie*, 1691, à titre privé car, entre les deux pièces, Mme de Maintenon resserra son système d'éducation, craignant pour ses filles les mauvais exemples de ce monde de la cour qui pour applaudir *Esther* se pressa dans un asile de paix et d'étude.

Racine donna donc *Esther* en l'appelant un « divertissement d'enfants ». C'est en fait une grande tragédie tirée de l'Écriture sainte, trois actes avec chœurs et musique, et qui devint, selon Mme de La Fayette, « l'affaire la plus sérieuse de la cour ».

Racine a fait part de ses intentions dans la préface :

> J'entrepris donc la chose : et je m'aperçus qu'en travaillant sur le plan qu'on m'avait donné j'exécutais en quelque sorte un dessein qui m'avait souvent passé dans l'esprit, qui était de lier, comme dans les anciennes tragédies grecques, le chœur et le chant avec l'action, et d'employer à chanter les louanges du vrai Dieu cette partie du chœur que les païens employaient à chanter les louanges de leurs fausses divinités.

Évitant de mêler le profane au sacré, il emprunta seulement quelques traits d'Hérodote pour mieux peindre son personnage Assuérus. Il dit dans le prologue intitulé *la Piété* :

> Et vous qui vous plaisez aux folles passions
> Qu'allument dans vos cœurs les vaines fictions,
> Profanes amateurs de spectacles frivoles,
> Dont l'oreille s'ennuie au son de mes paroles,
> Fuyez de mes plaisirs la sainte austérité :
> Tout respire ici Dieu, la paix, la vérité.

Pas de recherche psychologique. Le seul sentiment religieux de la Bible anime le spectacle et renouvelle la poésie dramatique. Les plus beaux morceaux lyriques sont les chœurs dont Jean-Baptiste Moreau fit la musique, qu'on trouve à la fin de chaque acte et au milieu du deuxième acte. Ce sont les jeunes filles juives qu'Esther garde cachées dans son palais qui chantent et l'ensemble est illuminé par le tendre lyrisme de Racine devenu religieux. Ce court extrait donnera peut-être une idée d'un poème où sont mêlés les mètres les plus divers :

> *Une Israélite, seule :*
> Relevez, relevez les superbes portiques
> Du temple où notre Dieu se plaît d'être adoré;
> Que de l'or le plus pur son autel soit paré,
> Et que du sein des monts le marbre soit tiré.
> Liban, dépouille-toi de tes cèdres antiques;
> Prêtres sacrés, préparez vos cantiques.
>
> *Une autre :*
> Dieu descend et revient habiter parmi nous :
>   Terre, frémis d'allégresse et de crainte.
>   Et vous, sous sa majesté sainte,
>   Cieux, abaissez-vous!
>
> *Une autre :*
> Que le Seigneur est bon, que son joug est aimable!
> Heureux qui dès l'enfance en connaît la douceur!
> Jeune peuple, courez à ce maître adorable :
> Les biens les plus charmants n'ont rien de comparable
> Aux torrents de plaisirs qu'il répand dans un cœur.
> Que le Seigneur est bon, que son joug est aimable!
> Heureux qui dès l'enfance en connaît la douceur!

Les courtisans, les mondains, accourus en foule à Saint-Cyr voulurent aussitôt trouver des clés, faisant d'Esther Mme de Maintenon, de Vasthi sa rivale, Mme de Montespan. Aman devint Louvois et Mardochée le grand Arnauld. On tenta aussi d'y voir des allusions politiques, mais cela paraît assez vain. Mme de Sévigné, toujours aux premières loges, écrit : « Racine s'est surpassé; il aime Dieu comme il aimait ses maîtresses; il est pour les choses saintes comme il était pour les profanes. La Sainte Écriture est suivie exactement dans cette pièce : tout y est beau, tout y est grand, tout y est traité avec dignité. » Par Racine, un puissant art chrétien renaissait. On le croyait même à son apogée. Avec *Athalie,* ce fut encore autre chose.

Athalie.

Ce renouveau amorcé de l'art dramatique et de l'art chrétien se dépasse dans *Athalie,* deux ans plus tard. Dès lors, *Esther* n'apparaît que comme un premier essai. Boileau ne tarira pas d'éloges : « le chef-d'œuvre de la scène », dit-il, et Voltaire ajoutera « le chef-d'œuvre de l'esprit humain ». L'œuvre du siècle classique finissant éblouira tout le siècle philosophique. Qui ne connaît la superbe ouverture de la tragédie lorsque Abner parle :

> Oui, je viens dans son temple adorer l'Éternel;
> Je viens, selon l'usage antique et solennel,
> Célébrer avec vous la fameuse journée
> Où sur le mont Sina la loi nous fut donnée.
> Que les temps sont changés! Sitôt que de ce jour
> La trompette sacrée annonçait le retour,
> Du temple, orné partout de festons magnifiques,
> Le peuple saint en foule inondait les portiques;
> Et tous, devant l'autel avec ordre introduits,
> De leurs champs dans leurs mains portant les nouveaux fruits,
> Au Dieu de l'univers consacraient ces prémices :
> Les prêtres ne pouvaient suffire aux sacrifices.

Son personnage de Joad, éclairé par la prophétie, se sacrifiant en toute liberté, sachant le prix de sa victoire, met en mouvement toute l'histoire humaine. Les songes, les prophéties, les miracles recréent l'atmosphère de la Bible. De véritables paraphrases apparaissent dans des vers qui sont les grands moments de la poésie classique :

> Celui qui met un frein à la fureur des flots
> Sait aussi des méchants arrêter les complots.

> Aux petits des oiseaux il donne la pâture
> Et sa bonté s'étend sur toute la nature.

> Combien de temps, Seigneur, combien de temps encore
> Verrons-nous contre toi les méchants s'élever?
> Jusque dans ton saint temple ils viennent te braver;

Ils traitent d'insensé le peuple qui t'adore.
Combien de temps, Seigneur, combien de temps encore
Verrons-nous contre toi les méchants s'élever?

Comment en un plomb vil l'or pur s'est-il changé?

Avec *Esther,* Racine avait répondu aux vœux de Mme de Maintenon et travaillé, en quelque sorte, à la commande. Dans *Athalie,* le Racine le plus intérieur, le plus profond, le plus conforme à lui-même, apparaît. Le Racine repris par Port-Royal ouvre la tragédie religieuse sur l'espérance. Qu'il ait pu faire passer dans cette langue du XVIIe siècle le grand lyrisme juif est une chose étonnante. A aucun moment pourtant, il ne s'est séparé des mots les plus simples.

La pièce fut jouée devant un petit comité dans la chambre de Mme de Maintenon, devant le roi qui se déclara, selon le témoignage de Boileau « ravi et enchanté ». Bien que donnée quelques fois à la cour devant les princes et princesses, elle fut tenue dans l'ombre. Quand elle parut imprimée, la critique la traita d'œuvre enfantine insipide et l'on chansonna l'auteur qui venait d'être nommé gentilhomme ordinaire du roi. Cette incompréhension des contemporains reste curieuse. Le succès d'*Athalie* se fit donc au XVIIIe siècle, et au XIXe, les romantiques, peu favorables à Racine, reconnurent qu'ils se trouvaient devant un des monuments de la poésie française.

Après *Athalie,* le silence. Racine s'enferme dans son rôle de père et d'éducateur. Pour répondre au désir de Mme de Maintenon, il prépare un plan de réforme et de législation pour soulager la misère du peuple. Ce zèle déplut au roi et le poète connut la disgrâce. Il mourut le 21 avril 1699 et fut enterré selon son vœu à Port-Royal.

Racine poète.

Poète de théâtre, profondément poète, Jean Racine n'oublia pas d'autres formes que celles de la scène, et c'est merveille de voir comme il sut se plier aux différents genres qu'il pratiqua.

Après sa *Nymphe de la Seine,* sa vie est parsemée de poèmes divers : *Ode sur la convalescence du roi, Renommée aux Muses* et *Idylle sur la paix,* épigrammes contre ses ennemis, bien tournées dans les limites du genre. On leur préfère ses *Hymnes traduites du bréviaire romain* et ses *Cantiques spirituels* habilement conduits.

La *Louange de Port-Royal* et les six odes qui la suivent sont porteuses d'enchantements naturels. L'une d'elle, didactique, décrit un combat de taureaux. Ses *Stances à Parthénice* ont une grâce éclatante et une somptueuse préciosité :

> Parthénice, il n'est rien qui résiste à tes charmes :
> Ton empire est égal à l'empire des Dieux;
> Et qui pourrait te vvoir sans te rendre les armes,
> Ou bien serait sans âme, ou bien serait sans yeux.

> Pour moi, je l'avouerai, sitôt que je t'ai vue,
> Je ne résistai point, je me rendis à toi :
> Mes sens furent charmés, ma raison fut vaincue,
> Et mon cœur tout entier se rangea sous ta loi.

Et le poème se termine en délicate élégie :

> Vous qui n'avez point vu l'illustre Parthénice,
> Bois, fontaines, rochers, agréable séjour,
> Souffrez que jusqu'ici son beau nom retentisse,
> Et n'oubliez jamais sa gloire et mon amour.

On le voit, on trouve des accents romantiques au cœur de ce qu'on appelle classicisme. Racine est constamment lyrique. Les personnages de son théâtre parlent en poètes sans qu'il y ait rupture de ton. Du sens du malheur, il tire ses harmonies et ses plaintes élégiaques, transformant les cris en musique de mots. Ses vers, sans cesse, épousent les mouvements intérieurs. Tout le caractère passionné du poète que Boileau dit « railleur, inquiet, jaloux et voluptueux » se reflète dans ses personnages. L'ambition, l'amour, le sentiment maternel, la jalousie, la colère, la passion ont trouvé leur meilleur metteur en œuvre. Depuis une Louise Labé, on n'avait jamais vu un auteur aussi bien faire ressentir les effets physiques de l'être en proie à la passion :

> Je le vis, je rougis, je pâlis à sa vue;
> Un trouble s'éleva dans mon âme éperdue;
> Mes yeux ne voyaient plus, je ne pouvais parler;
> Je sentis tout mon corps et transir et brûler.

Il exprime les grands conflits, amour et haine, force et faiblesse, raison et impulsion, lucidité et aveuglement, orgueil et abaissement, cruauté et tendresse, horreur et beauté, et tout cela dans un choc grandiose d'où se détache une plainte touchante, une lamentation déchirante. Et c'est de la folie humaine qu'il tire des chefs-d'œuvre d'harmonie et d'ordre.

Il faut insister aussi sur son sens de la nature et du décor, avec leurs multiples sensations, lourdes ou légères, d'ombres ou de lumières, avec des variations de formes, de sons, de couleurs, des nuits chargées de frissons et d'angoisse au jour soudain et à ses éblouissements. Par les effets magiques qu'il tire de sa seule rigueur, de son patient travail des mots, plutôt que d'une recherche facile du pittoresque, il montre les âmes à nu, il dépasse l'idée ordinaire de la psychologie et donne à voir plus qu'il n'analyse, il métamorphose et il exorcise.

Le duo inévitable Racine-Corneille.

Un des lieux communs de la critique littéraire fut d'établir un parallèle entre Corneille et Racine, comme plus tard entre Voltaire et Rousseau. Depuis La Bruyère, dans la ligne des dissertations scolaires, nul n'y a manqué, il est même devenu coutume de ne point estimer l'un des deux sans dénigrer l'autre, à moins qu'une subtile voltige ne donne une belle idée d'impartialité. Il est habituel de tracer deux tableaux. Ici, Corneille dégage les grandes lignes du classicisme sans avoir la conscience très nette de la révolution qu'il apporte; là, Racine fixe de façon définitive la théorie et la pratique de l'art classique français. Ici, Corneille présente les hommes tels qu'ils doivent être; là, Racine les montre tels qu'ils sont. Ici, Corneille est entravé par les règles; là, Racine les a si bien assimilées qu'il les suit sans effort. Ici, Corneille peignant les héros immolant la passion au devoir fait naître un idéal élevé; là, Racine faisant surgir la vérité de la passion la maintient dans des régions idéales. Ici, Corneille offre une solidité monumentale; là, Racine montre sa sensibilité. Ici, des traits brillants, des éclairs de génie qui nous enlèvent; là, une perfection constante. Ici, le héros sait ce qu'il veut; là, il est esclave de ses impulsions. Ici, Corneille est mâle; là, Racine est féminin. Et tout est vrai, et tout est faux, si l'on y regarde de près.

S'il est vrai qu'au regard de l'homme d'aujourd'hui, de celui qui a pu grâce à tant d'expériences, pénétrer certains mystères de la poésie, Racine apparaisse le plus profondément poète des écrivains dits classiques, dans un tel débat opposant Racine et Corneille, vain à notre sens, on ne saurait décerner la palme littéraire à l'un ou à l'autre poète. Apprécier l'un plus que l'autre correspond à un jugement, à une forme d'esprit tout personnels, et l'on ne voit guère qui aime la poésie, et la trouve ici et là, chez un Racine parfois cornélien et un Corneille parfois racinien, au nom de quelque joute oiseuse, donner la suprématie à l'un des deux.

Là n'est pas la question capitale, car la poésie n'aura jamais assez de diversité pour répondre à toutes les facettes humaines. Le lecteur de Racine n'est pas près d'oublier cette multiplicité qui s'étend du désespoir d'Oreste au fanatisme de Joad, en passant par les fureurs d'Hermione, l'ambition d'Agrippine, la scélératesse de Narcisse, l'esprit politique de Mithridate, la passion altière de Roxane, l'égarement de Phèdre.

Racine a su allier la poésie et ses sonorités pures à la poésie dramatique comme celle de Shakespeare. Il ne fait fi d'aucune possibilité, musique des noms propres, rythmes, allitérations, harmonies imitatives, rimes intérieures, syllabes lourdes ou légères et autres ressources musicales portant au moment où il le faut le style tragique soutenu, le cri pathétique du cœur ou l'envolée lyrique. Les images diurnes et nocturnes apportent leurs oppositions et certains chants, certains appels semblent venir du fond de l'inconscient collectif comme des profondeurs historiques ou mythologiques.

Enfin, cette poésie, si elle montre un refus intérieur, un retrait par rapport à un ordre social immuable apparemment accepté, est aussi, paradoxalement, un appel à l'espérance, car, avec une philosophique nostalgie, Racine indique ses aspirations au bonheur humain auquel il veut croire malgré tout ce qui s'y oppose.

Hier et aujourd'hui.

De Racine, mentionnons ses écrits en prose : *Abrégé de l'histoire de Port-Royal, Lettres familières, Discours académiques*. Il profita de ces derniers et de ses préfaces pour disserter sur ses œuvres et sur l'art théâtral en général.

La littérature critique qui l'entoure est immense. Il faut lire les *Mémoires* de Louis Racine sur son père, Boileau, La Bruyère, Voltaire, Diderot qui affirme « Dans mille ans d'ici, il fera verser des larmes », Rousseau : « Chez Racine, tout est sentiment », Napoléon Ier fidèle à lui-même : « une perpétuelle fadeur », l'abbé Du Bos, La Harpe, Népomucène Lemercier, Stendhal qui affirme que s'il vivait de son temps et observait les règles nouvelles, « il ferait cent fois mieux qu'*Iphigénie* », Hugo : « Il écrit quelquefois fort mal », Sainte-Beuve qui dit sa perfection, Delacroix qui en fait « le romantique de son époque », Lamennais, Brunetière, Verhaeren qui exprime sa passion, son agressivité, ses haines, Valéry, Gide, Giraudoux, Gonzague Truc, Thierry Maulnier, François Mauriac, Raymond Picard, Antoine Adam, René Jasinski, André Lebois, Jean Pommier, et les maîtres de la nouvelle critique qui s'est particulièrement intéressée à Racine : Roland Barthes, Lucien Goldmann, entre autres.

Par-delà le grand aspect mortuaire dont on a pu parler, il faut rejoindre une idée de lutte contre l'écrasement de l'être, et des aspects qu'on n'a pas hésité de nos jours à qualifier de pré-sadiens. L'homme de théâtre se prête à de multiples interprétations : un acteur peut le jouer en réaliste, en lyrique, en dramatique, et au-delà suggérer tout ce qu'il peut rapporter à une nouvelle façon de penser. Si d'aventure, il brise la diction monotone du vers, s'il se surprend à le goûter, à le déguster physiquement, à oublier qu'il récite, ce qui est rare, la vraie et profonde poésie racinienne apparaît, avec sa signification, sa musique et sa sensualité et l'on se surprend à la trouver très moderne.

Pour la critique, il pourrait sembler que tout a été dit, et pourtant d'autres œuvres surgissent et surgiront, ce qui est souhaitable tant il est vrai que la critique se transforme, progresse, cherche de nouvelles vérités. Et Racine, parce qu'il va au plus profond de ce qui concerne l'humanité, offre la matière la plus féconde à la recherche littéraire. Dans le domaine de la mise en scène théâtrale d'avant-garde, avec bonheur ou non, il est plié à des recherches contradictoires, souvent surprenantes, qui affirment son intérêt.

Pour nous qui souhaitons l'arracher à l'appellation usée de classique, car elle éloigne de sa vérité personnelle, il a le mérite, avec ses fleurs maladives à lui, d'avoir préservé cet univers du XVIIe siècle de la froideur et de l'impersonnalité.

Nicolas Boileau,
satiriques et théoriciens

I
Nicolas Boileau

Boileau, curieux homme.

Ici, nous l'avons sans cesse rencontré, plus critique, plus homme de lettres que poète au sens où nous l'entendons. Il fait partie de ces observateurs vigilants qui ont consacré toute leur vie à la littérature. Du bourgeois du XVIIe siècle, il a les qualités et les défauts. Il est opiniâtre, indépendant, solide, plein de bon sens; il est entêté, avare, a le culte de la raison à défaut d'être raisonnable. Mais il n'est pas « le Bourgeois », on le verra. Il ne l'est que par le culte que lui ont rendu les critiques du XIXe siècle, ceux de la bourgeoisie dirigeante, les Brunetière, les Nisard, les Lanson : « Nous avons tous Boileau dans le sang », dit ce dernier. Que l'on soit d'accord ou non sur les buts de son ardeur combative, sur la défense d'un idéal poétique fondé en grande partie sur la raison, n'interdit pas le respect dû à tout écrivain qui cherche sincèrement la vérité.

Nicolas Boileau, dit Despréaux (1636-1711), né à Paris, le quinzième des seize enfants nés de deux lits de Gilles Boileau, greffier auprès du parlement de Paris, eut une enfance difficile. De santé débile, à douze ans, une malencontreuse opération a des conséquences graves, le privant, comme dit Pradon, « des dons de nature ». Plutôt laid, ses adversaires ne se privent pas de parler de « son épaule de chameau » pour faire rimer avec « ses jambes de fuseau ». Il a le teint jaune, une scoliose. Ce malchanceux de la nature, son père le tenait pour « un bon garçon qui ne dirait jamais du mal de personne ».

Son entourage familial est intéressant. Parmi ses frères, il y a Gilles Boileau, ce querelleur, qui le précède dans la satire, et se brouillera souvent avec lui; l'abbé Jacques Boileau, promis aux honneurs universitaires et ecclésiastiques, qui écrira lui aussi des ouvrages témoignant d'un esprit mordant, mais en latin, comme l'*Historia flagellantium,* peut-être aussi en français *De l'abus des nudités de gorge;* Puymorin, homme joyeux qui lui fera rencontrer Molière, enfin des jansénistes.

Du collège d'Harcourt, il passa au collège de Beauvais où son goût pour la poésie commença à se manifester. Condamné aux études de droit après avoir renoncé aux études de théologie en Sorbonne, il sera reçu avocat, mais ne plaidera pas.

Ses premiers maîtres furent Horace, Perse, Juvénal, et ses premiers amis, Molière, La Fontaine, Racine, Chapelle, Furetière. Ses premières œuvres sont des satires. Né l'année du *Cid,* mort quatre ans avant Louis XIV, sa vie couvre le grand siècle. Il sera celui qui tient la férule, celui qu'on n'aimera guère, celui à partir de qui tout pourra se mesurer, celui enfin qui donne une leçon de rigueur critique à tout nouveau venu dans cet art.

Comme il exècre les financiers, comme il déteste le goût précieux, il ne sera pas du côté de Fouquet. Il est d'accord en cela avec Chapelain, mais quand ce dernier, du temps de Colbert, devient un officiel, il se moque de lui. Gilles Boileau, grâce à ce « si bon homme », est devenu académicien et a accepté une pension, se désolidarisant ainsi de Nicolas. Il y a rupture et toute une série de brouilles et de raccommodements entre les deux frères. On sait déjà que Despréaux n'a pas un caractère facile.

Mais quand il apprécie, il défend : dès 1663, il sera le soutien de Molière dans la bataille de *l'École des femmes;* quelques années plus tard, il prendra le parti de Racine; La Fontaine, de quinze ans son aîné, peut-être à cause de son amitié pour Fouquet, le laissera plus froid. Vers 1663, dans les cabarets favoris, il commence à lire ses premières satires à ses amis et à quelques grands seigneurs qui se mêlent à la fine équipe. On déboulonne les statues, on décoiffe le Chapelain, on se moque des glorieux, on parodie même ce qu'on aime. C'est une école de liberté et d'impertinence pertinente.

La satire donne à Nicolas Boileau son mode d'expression. Elle lui vient des Grecs, des premières compositions farcies du temps, de Rome, de cet esprit qu'il appellera par dérision « gothique », celui des fabliaux, du *Roman de Renart,* des *Bibles,* de Pierre Gringore, de *la Ménippée,* de Mathurin Régnier et ses amis.

A qui s'en prend-il? Aux cibles habituelles des satiriques, celles qu'on trouve dans tout le corpus satirique français. Dans le domaine littéraire, aux mauvais écrivains, ou à ceux qu'il juge comme tels, et c'est une guerre sans quartier contre le faux goût, le faux esprit, le pédantisme, l'emphase, les manquements à la vérité et à la raison, le style précieux et même le style burlesque envers lequel il est cependant plus indulgent.

Guerre dans ses habiles satires, guerre orale aussi : il ne peut pas tenir sa langue, il ne ménage personne et surtout pas les écrivains en place, il sait viser juste. Il n'aime pas le monde, est mal tenu et négligé. Il n'est pas comme on veut en donner l'image un juge froid, mais un passionné, un véhément, un impulsif, un partial, un furibond. Mme de Sévigné laisse le témoignage d'un homme « criant comme un fou, courant comme un forcené ». Et pourtant, ce mauvais courtisan, il faut en rendre justice à la haute aristocratie du temps, est estimé à la cour. Ce Jeune Turc a toutes les audaces, celle par exemple d'attaquer Scarron devant Mme de Maintenon. Si Louis XIV lui montre des vers de sa façon, il ne plie pas l'échine comme Saint-Aignan et Dangeau dont nous entretient Mme de Sévigné, il lit et répond poliment : « Rien n'est impossible à Votre Majesté, elle a voulu faire de mauvais vers, elle y a parfaitement réussi. »

Le roi et la dauphine apprécient-ils un méchant sonnet de Charleval, il réplique : « Le roi s'entend à merveille à prendre des villes; Mme la Dauphine est une princesse accomplie, mais je crois me connaître en vers un peu mieux qu'eux. » C'est déjà l'esprit de son vers dirigé contre Charles Perrault :

> Soyez plutôt maçon, si c'est votre talent.

A l'exception de Malherbe, Racan et Voiture, il s'en prend aux aînés du siècle. Quant à ses contemporains autres que ses quelques amis admirés, et qui ne sont pas à l'abri de sa critique, il les attaque, n'exceptant, et encore avec mauvaise grâce, que Benserade, Segrais et Furetière. S'il plonge dans le passé, il se montre léger, ne reconnaissant à Villon que de l'ordre, à Clément Marot qu'un élégant badinage; ni Ronsard, ni Desportes ne trouvent grâce à ses yeux; il repousse Théophile et Saint-Amant. Pour lui, Corneille est seulement l'auteur du *Cid*. La Fontaine le gêne. Finalement, il met la poésie française dans une marmite et la laisse s'évaporer à petit feu, ne gardant que Malherbe, Racan, Racine et Molière, ce qui n'est pas mal, mais insuffisant. Boileau est un sectaire, un homme de parti pris, il a ses œillères et ses ignorances. Il est aussi net et sans détours.

Critique en vers.

La composition des *Satires* s'étend tout au long de sa vie : la première marque ses débuts, la dernière paraît l'année de sa mort. Ces œuvres sont sans génie poétique, lourdes et laborieuses, mais elles constituent de bonnes armes de combat.
Elles n'attaquent pas que la gent de plume. Il s'en prend tout d'abord aux embarras et aux bruits de Paris, thème qu'il reprendra dans une autre satire, il évoque la triste condition des poètes parisiens, affamés, humiliés, « sans habits, sans argent, ne sachant plus que faire » alors que le vice et la prévarication s'érigent en souverains. Son Damon fuira aussi Paris pour s'éloigner « des sergents, des clercs et du palais ». Déjà Boileau indique sa manière dans le fameux vers épigrammatique :

J'appelle un chat un chat, et Rolet un fripon.

Dans la deuxième *Satire,* Boileau s'adresse à Molière pour lui demander le secret de sa rime, mais aussi pour se moquer de la phraséologie à la mode qui lui paraît insipide.
La *Satire III* dépeint un souper ridicule comme nous en avons trouvé chez Mathurin Régnier, en compagnie de bourgeois parvenus et prétentieux, scène qui vaudrait encore aujourd'hui. Il serait fastidieux d'énumérer toutes ces œuvres. Disons qu'il attaque aussi bien une certaine noblesse, qu'il fait l'apologie du genre qu'il a choisi, qu'il traite de la rime et de la raison, qu'il trace le portrait du critique, qu'il fustige la femme selon une tradition misogyne de la satire, qu'il traite du héros de roman, de l'homme, de l'honneur. Ses sources d'inspiration sont littéraires, sociales, politiques.
Les *Satires* ont de la verve, du mouvement, du piquant. Il n'est pas toujours facile d'en dégager une poétique originale, une sociologie cohérente, mais le ton de bonne compagnie, et non plus lourdement gaulois comme chez ses prédécesseurs, la clarté, la bonne exposition de ses vers prosaïques facilitent une lecture que nous devons prendre dans son contexte d'époque. Il ne faut pas attendre une matière poétique propre à nous enthousiasmer. Boileau étudiant ses propres œuvres avec la rigueur qu'il applique à autrui aurait trouvé matière à fustiger plus que partout ailleurs, mais rendons-lui justice de nous parler de sa propre infécondité.
Ses *Épîtres* ne se distinguent guère des *Satires* que par le titre :

même emploi du discours en vers, avec toutefois plus de souplesse, mêmes cadres de pensée, même fond social, même ton de verve prosaïque, même nombre monotone aussi. Il est aussi plus moraliste, plus posé, il se sait le législateur du Parnasse. Certaines sont des louanges de courtisan assez habile pour ne pas être plat dans le compliment ni emphatique dans l'éloge. Dans l'une d'elles, il exhorte le roi à renoncer aux lauriers de la guerre à la suite du traité d'Aix-la-Chapelle et à la demande de Colbert. Dans une autre, il chante le passage du Rhin et loue les exploits des officiers en les citant tous, ce qui laisse apparaître l'historiographe; il ajoute un humour douteux en se plaignant des barbares noms hollandais si difficiles à glisser dans ses vers. Il a des formules où la louange se mêle à la critique très finement :

> Grand Roi, cesse de vaincre ou je cesse d'écrire.

Comme Racine, il s'élève contre la maladie de plaider. Comme La Fontaine, il écrit la fable de l'huître et des plaideurs. Il traite aussi de religion avec ennui et conviction. Il est meilleur quand il se laisse aller à parler de lui-même, de son travail, de ses goûts, de ses soucis, de ce qu'il aime : la vie simple, le travail, l'amitié. Cette amitié il en a le culte, comme il a le culte de la famille, se battant sans cesse pour défendre les intérêts de ses innombrables neveux et nièces. Dans la *VIIe Épître,* il console Racine de l'échec de *Phèdre,* lui montrant que ses ennemis ont ceci de bon : qu'ils contraignent l'écrivain à avoir du talent, et aussi que Molière, attaqué de son vivant, a été reconnu après sa mort. Il s'adresse encore au roi pour le remercier de ses bienfaits. Il écrit sur la flatterie, puis l'*Arrêt burlesque* au sujet de la philosophie de Descartes traduite devant le Parlement. La plus plaisante de ses épîtres est celle qu'il adresse à « Antoine, gouverneur de mon jardin d'Auteuil » où il fait un délicieux parallèle entre l'art du jardinier et celui du poète.

L'Art poétique.

De 1669 à 1674, il s'attache à codifier dans son *Art poétique* les principes esthétiques de ces nouveaux poètes qu'il contribue à imposer au public. Publié en 1674, il doit beaucoup aux *Réflexions sur la poétique d'Aristote* de René Rapin dont nous parlerons plus loin. Boileau, il est vrai, avait soumis ses vers à l'académie Lamoignon dont Rapin était le régent.

Le succès immédiat de *l'Art poétique* sera durable. C'est à travers lui que les lecteurs, les éducateurs et les enfants auront l'idée de ce qu'est la poésie tout en restant sur ses limites. Ce pensum pour bons élèves fera sans doute plus de mal que de bien, mais encore une fois, situons-le dans son temps.

L'Art poétique comprend quatre chants, deux de préceptes généraux en encadrant deux de préceptes particuliers. Comme dans ses autres œuvres, Boileau a un ton de bonne compagnie, s'adresse à l'honnête homme, il fait au fond de la vulgarisation en exposant les lignes de force de la doctrine classique.

La critique des mauvais ouvrages et la défense des bons est la même que dans ses autres œuvres. Il recommande de ne s'adonner à la poésie que si on en a la vocation, de prendre la raison pour guide, de respecter les règles prosodiques. Il donne ensuite les règles des petits genres. L'idylle doit être élégante comme chez Théocrite et Virgile. L'élégie ne peut être que sincère et passionnée. L'ode grâce à « un beau désordre » sera artistique. Le sonnet sans défaut vaut un long poème. La satire a pour arme la vérité. Suit la loi des grands genres. La tragédie doit respecter les règles, la vraisemblance et l'histoire. L'épopée doit choisir ses héros et les ornements mythologiques. La comédie doit être naturelle et vraie. Pour conclure, Boileau souhaite que chaque poète ait pour ami un critique désintéressé, éclairé et sincère. A chaque Racine son Boileau...

Ici, c'est surtout l'histoire de la poésie qui nous retient, parfois nous plaît, souvent nous irrite. Avec les Anciens, il est à son aise s'il applique ses règles de bon goût. Cependant, ce critère ne suffit pas pour sainement juger les œuvres associées à la vie d'un peuple : là, le critique a manqué de recul et ignore les conditions politiques, religieuses et sociales qui ont fait éclore l'œuvre, l'humus dans lequel elle s'est développée. Quand il traite du moyen âge, on s'étonne de le trouver aussi mal informé. Son jugement sur Ronsard est fondé sur celui de Malherbe, non sur un recours aux textes. En maints endroits, il n'a pas su échapper à l'emprise de son époque et réviser des jugements hâtifs.

Il a donc un principe : la raison. C'est la qualité qui doit dominer les autres et les coordonner. Principe critique, oui, mais non principe de création poétique. Il dit :

> Aimez donc la raison, que toujours vos écrits
> Empruntent d'elle seule et leur lustre et leur prix.

Mais il ne repousse pas cependant sensibilité et imagination :

> S'il ne sent point du ciel l'influence secrète,
> Si son astre en naissant ne l'a formé poète,

Dans son génie étroit il est toujours captif.
Pour lui Phébus est sourd, et Pégase est rétif.

Il souhaite des conquêtes qui se nomment originalité, diversité, découverte des aspects multiples du monde :

La nature, féconde en bizarres portraits,
Dans chaque âme est marquée à de différents traits.

Dans un vers :

Que la nature soit donc votre étude unique,

il dit d'une autre manière ce qu'il avait exprimé dans une épître :

Rien n'est beau que le vrai; le vrai seul est aimable.

Mais l'art peut beaucoup, et transformer le plomb vil en or, la laideur en beauté, comme dans ce distique que Racine n'eût pas désavoué :

Il n'est point de serpent ni de monstre odieux
Qui, par l'art imité, ne puisse plaire aux yeux.

Pour Boileau, les règles ont fait leurs preuves, mais il faut vivre « loin de ces rimeurs craintifs, dont l'esprit flegmatique garde dans ses fureurs un ordre didactique ». Il faut laisser parler son cœur, sa sensibilité : « Il faut que le cœur seul parle dans l'Élégie. » S'exprimant en artiste, on ne saurait désavouer ces vers :

La plaintive élégie en longs habits de deuil,
Sait, les cheveux épars, gémir sur un cercueil.
Elle peint des amants la joie et la tristesse,
Flatte, menace, irrite, apaise une maîtresse :
Mais, pour bien exprimer ces caprices heureux,
C'est peu d'être poète, il faut être amoureux.

Il dit encore :

Pour me tirer des pleurs, il faut que vous pleuriez.

Il fait montre d'un certain libéralisme :

Le secret est d'abord de plaire et de toucher.

Le génie a un auxiliaire : le travail qui ne lui est pas opposé, et en cela Boileau rejoint le Du Bellay du siècle précédent :

Vingt fois sur le métier remettez votre ouvrage,
Polissez-le sans cesse et le repolissez.

Qui ne serait d'accord? Une autre leçon de Boileau est celle de la probité littéraire : elle apparaît autrement importante que ses effleurements rimaillés des poètes du passé. Il donne l'exemple de la hauteur morale. Il vainc certains défauts. Dans la vie, on le voit aider l'avocat Patru qui, soit dit au passage, lui avait conseillé d'écrire son *Art poétique* en prose, en lui achetant sa bibliothèque tout en lui en laissant la jouissance. Il propose aussi d'abandonner sa pension pour qu'on paie celle du vieux Corneille. L'homme Boileau est moins simple que l'histoire littéraire simplifiante ne le laisse croire.

Législateur ou fossoyeur ?

Une lecture approfondie de *l'Art poétique* montre que Boileau est moins fermé, moins étriqué que l'image qu'on nous en donne. Les éducateurs ont toujours eu le tort de mettre en évidence, souvent malgré eux, la froideur de Boileau. Or, à côté de la noblesse de ton de *l'Art poétique,* il y a les aspects du Boileau des *Satires* et des *Épîtres* qui montre le bout de l'oreille. Il sait agrémenter son sérieux d'allusions joyeuses, de parodies fines et d'images qui portent leur poésie. Il ne peut non plus renoncer au ton polémique qui ajoute de la vivacité.

L'esprit le plus prévenu rencontrera des portes ouvertes sur la vraie poésie, mais à condition de ne pas commettre à propos de Boileau l'erreur de Boileau lui-même à propos de ses devanciers : il est indispensable de le situer historiquement et socialement et de ne pas prendre ses opinions pour éternelles.

En fait, il n'apporte rien de révolutionnaire, ce sage. Il ne dit rien qui n'ait été dit d'une autre manière. On trouve encore la poétique de Malherbe. Simplement, il codifie en vers faciles pour des lecteurs de bonne qualité des tendances de l'esprit français face au phénomène poétique en un temps donné. Il met de l'ordre, un ordre qu'on pourra accepter ou refuser, mais qui est la meilleure base à l'acceptation ou au refus.

La position de Boileau est claire : il ne bâillonne pas la folle du logis, il en réprime les excès. Il codifie le bon usage sans s'apercevoir que la poésie risque d'être prisonnière d'un bon sens qui ne convient pas à sa nature. Étant dans le raisonnable, nous glissons facilement vers le raisonneur. Sarclant les allées en bon jardinier, mettant de l'ordre parmi les plates-bandes, taillant, émondant les plantes et les arbres, il va fixer tout le jardin dans une harmonie immuable et rassurante. Mais qui sait si la poésie ne croît pas mieux dans une forêt vierge que dans un jardin à la française ?

L'ordre, la raison, le bon sens règnent, mais où sont les promesses d'avenir? Les idées sont fixées, mais elles ont, comme Boileau, quelque chose de castré. Lorsque les romantiques en font un fossoyeur, ils sont excessifs, mais leurs raisons sont bonnes. Quand les esprits classiques en font un génial législateur, ils faussent sa figure et oublient ses responsabilités dans le marasme poétique qui le suivra. Disons pour sa défense qu'il ne l'a pas voulu, qu'il a été mal compris. Il l'est encore d'ailleurs. Le plus grand tort de Boileau est peut-être d'avoir fait naître cent Boileau au petit pied, entraveurs des grands élans. Il enfonça le clou de la raison là où il aurait fallu un peu de cette folie qui allait si souvent nous manquer. Mal lu et mal entendu, toujours pris à la lettre et non à l'esprit, chacun n'en a retenu que ce qui correspondait aux aspects bourgeois de son caractère.

Des œuvres.

On peut prendre *le Lutrin,* poème héroï-comique en quatre chants, comme un jeu, une illustration de *l'Art poétique.* Dans son genre, c'est une réussite. Il renouvelle le burlesque en lui donnant de la hauteur. Établi sur un démêlé insignifiant entre le trésorier et le chantre d'un chapitre d'église, il fut écrit sur le conseil du président Lamoignon. Dès le premier vers, on reconnaît la parodie de l'*Arma virumque cano* qui ouvre *l'Énéide :*

Je chante les combats, et ce prélat terrible...

Cette épopée autour d'un pupitre est bien dans le goût des burlesques, rapetisseurs de ce qui est grand, grossisseurs de ce qui est petit. Elle se situe aussi et surtout dans une tradition qui remonte à la *Batrachomyomachie* du temps d'Homère. Le contraste entre le ton et la minceur des faits est réjouissante :

Muse, prête à ma bouche une voix plus sauvage,
Pour chanter le dépit, la colère, la rage
Que le chantre sentit allumer dans son sang,
A l'aspect du pupitre élevé sur son banc.

A côté de la facilité caricaturale, on trouve parfois de belles natures qu'on imagine en tableaux peints :

Les ombres cependant sur la ville épandues
Du faîte des maisons descendent dans les rues.
Le souper hors du chœur chasse les chapelains,
Et de chantres buvants les cabarets sont pleins.

Il fait chanter de riches sonorités :

> Les cloches dans les airs, de leurs voix argentines,
> Appelaient à grand bruit les chantres à matines.

L'ensemble est varié, chargé de pointes malicieuses, d'un peu de libertinage et d'épicurisme pour parodier les chanoines. On trouve aussi de la critique puisque Boileau ne manque pas une occasion de se gausser de toute création qui provoque l'ennui, de s'attaquer aux abus de l'allégorie et de la mythologie, de l'emphase et du style ampoulé.

Les Anciens et les Modernes.

Précédée d'un *Discours sur l'ode,* son *Ode de la prise de Namur* s'inscrit comme un épisode de la longue querelle des Anciens et des Modernes. Elle n'est en fait qu'une faible et malheureuse tentative lyrique d'un poète qui veut forcer son talent.

Si l'initiateur de ce débat littéraire avait été Desmarets de Saint-Sorlin, il y eut différents épisodes. Le plus important se situe à l'Académie française où Charles Perrault avait scandalisé les partisans des Anciens, dont Boileau qui le détestait, en lisant ces vers :

> La belle antiquité fut toujours vénérable,
> Mais je ne crus jamais qu'elle fût adorable,
> Je crois les Anciens sans plier les genoux ;
> Ils sont grands, en effet, mais hommes comme nous,
> Et l'on peut comparer, sans crainte d'être injuste,
> Le siècle de Louis au beau siècle d'Auguste.

Tous les écrivains du temps prirent parti dans ce débat où chacun défend son point de vue avec de vains et pâles arguments sans s'apercevoir de la fausseté du problème. Fontenelle soutint Perrault et les Modernes tandis que La Fontaine, La Bruyère et Boileau prenaient parti pour les Anciens, en attendant que, plus tard, Mme Dacier et Antoine Houdar de La Motte reprennent le combat.

Les derniers jours.

La vieillesse de Boileau fut peu agréable, ses maladies, ses infirmités allant s'accentuant. Sa sympathie pour Port-Royal alors persécuté, son admiration pour *les Provinciales,* son culte pour la mémoire d'Arnauld lui firent écrire la *Satire XII, Sur l'Équivoque* avec un *Discours* pour lui servir d'apologie. Les jésuites s'opposant, puis le souverain, il ne put publier cette œuvre à laquelle il attachait tant d'importance. Il vit mourir Racine. Il eut un procès désagréable à soutenir. Il ressentit les maux de la France. On ne le revit plus à Versailles. Il se mit à juger tristement les hommes et les choses et constata une décadence du goût, lui qui rêvait à d'ambitieuses splendeurs. Il finit par vendre sa maison d'Auteuil, pleine de souvenirs, et il mourut au cloître Notre-Dame chez son confesseur, le chanoine Lenoir.

Son œuvre en prose apporte de précieux compléments, d'indispensables explications à ses vers. Il serait injuste d'oublier la *Dissertation sur Joconde,* le *Traité du sublime* traduit de Longin qu'avait commencé son frère Gilles Boileau, *le Dialogue des héros de roman,* les *Réflexions critiques,* et surtout les *Lettres à Brossette* sans en oublier d'autres à Racine et à diverses personnalités. Claude Brossette (1671-1743), secrétaire perpétuel de l'académie de Lyon, fit sur Boileau et sur Mathurin Régnier d'utiles travaux, réunissant les détails les plus rares et les plus minutieux.

Si la postérité donna raison à Boileau en accueillant les grands écrivains de l'époque du classicisme qu'il avait défendus, ses titres au génie poétique furent toujours mis en question, que ce soit par Cotin qui l'accuse de plagiats et de larcins, par Fontenelle, par d'Alembert, par Helvétius, par Marmontel qui observe : « Comme un miroir, il a tout répété. » Voltaire finit par lui rendre justice à sa manière : « Ne disons pas de mal de Nicolas! cela porte malheur... » Sainte-Beuve aussi, bien sûr : « Boileau, selon nous, est un esprit sensé et fin, poli et mordant, peu fécond, d'une agréable brusquerie, religieux observateur du vrai goût, bon écrivain en vers, d'une correction savante, d'un enjouement ingénieux, tel qu'il fallait pour imposer aux jeunes courtisans, pour agréer aux vieux, et pour être estimé de tous : honnête homme et d'un mérite solide. » Kléber Haedens : « Tout écrivain libre et fier a Boileau pour complice. Et si nous n'emportons pas ses œuvres lorsque nous allons rêver sous les arbres, nous savons qu'il s'est battu pour la comédie la plus humaine et qu'il a protégé la naissance des poèmes tragiques les plus purs. » Victor Hugo, Gustave Flaubert et Paul Claudel ont pris plaisir à le lire. Il a ennuyé des générations d'écoliers par des récitations scolaires mal comprises. Il a tenté des études de Lanson, Bray, Clarac, Orcibal, Vanuxem, il n'est pas oublié.

L'expression de Sainte-Beuve, « écrivain en vers » lui convient plus que celle de poète si ce titre est réservé aux êtres inspirés et imaginatifs. Mais poète, il aurait pû l'être : tels passages de l'épître à Racine, telles beautés du *Lutrin,* telles descriptions de nature, telles trouvailles le montrent. Il préféra rester ce personnage mal aimé et indispensable : le critique, en attendant qu'on invente la Critique.

Des critiques, il n'en existe pas à qui l'on ne puisse faire des reproches. Boileau a eu le tort de changer des noms dans ses satires au gré de ses amitiés et de ses inimitiés, il a eu celui d'oublier la fable parmi les genres dont il traite, il a parfois été léger ou injuste. Que sa gravité soit pesante, son élégance soutenue lassante, son bon sens ennuyeux n'empêchent pas qu'il ait fixé certains caractères du génie de son époque en dégageant par l'exemple un élément vital : la satire qu'il a su ennoblir en l'ornant d'un langage choisi qui lui était inhabituel.

Il fut un informateur piquant, un auteur transformant ses vers en précepte, un travailleur du vers savant dans l'art d'habiter la mémoire. On apprit facilement par cœur :

> Villon sut le premier, dans ces siècles grossiers,
> Débrouiller l'art confus de nos vieux romanciers.

Cela ne gêna jamais ni les admirateurs de Villon, ni ceux des siècles en question : cette idée de Villon qui débrouille l'art des vieux romanciers est en soi une curiosité qui rend suspecte la façon de parler de Marot, de Ronsard ou des poètes du début de son siècle. Cependant, malgré les désaccords touchant surtout aux poètes ignorés de son temps, on relit Boileau avec intérêt, car on le sent honnête et franc. On garde toujours aussi l'impression d'être injuste avec lui, car les manuels scolaires nous ont tellement ennuyés et égarés à son propos que nous l'abordons avec un préjugé défavorable. Mais n'en est-il pas de même de Corneille, Racine, Molière ou La Fontaine, ces hommes bien vivants qu'on statufie dans la glace?

Dans le mouvement irréversible de la littérature, il existe un critique à l'école des classiques, un mesureur, un théoricien fait pour une époque donnée, sur lequel d'autres se mesureront non sans dommages. Qui sait si ce que nous refusons chez Boileau n'est pas l'esprit de ses disciples plutôt que le sien propre? Notre écrivain en vers, par tout ce qu'il représente, appartient à jamais à l'histoire de notre poésie.

2

Les petits satiriques

Durant le siècle de Louis XIV, la satire s'exerça sans cesse, non seulement sous la forme de pilules épigrammatiques, mais aussi sur le ton du discours en vers à la Boileau.

Louis Petit (1614-1693), habitué de l'hôtel de Rambouillet, ami et compatriote rouennais de Pierre Corneille, quitta *la Muse normande,* ouvrage en dialecte, pour écrire de françaises *Satires* contre l'ambition, la cour, les extravagances des poètes, les mauvais prêtres, la critique, le mensonge, les vieilles coquettes, les parvenus, sans oublier les misères humaines et les malheurs de la guerre, avec souvent une impudence courageuse :

> Ah! Quel dieu qu'un César! Quel dieu qu'un Alexandre!
> Combien ont-ils réduit de provinces en cendre?
> N'étaient-ils pas plutôt des démons incarnés?

Ses ballades, riches de naturel et de délicatesse, ont la saveur du parler direct, sans ambages, l'éloignant des poètes doucereux de son temps.

Ne le confondons pas avec celui qu'on appelait Le Petit de Beauchâteau (né en 1645) : « le Petit » parce qu'il fut un enfant prodige, connaissant à sept ans les langues anciennes et modernes, écrivant à neuf ans un sonnet d'une telle perfection qu'on se demande si on ne lui guida pas la main, publiant à douze ans son recueil *la Lyre du jeune Apollon ou la Muse naissante.*

Comme beaucoup ne croyaient pas à ce génie précoce, on l'enferma dans un cabinet pour qu'il s'inspirât d'un sujet donné et il en sortit avec de fort beaux vers. Ce fut une coqueluche de type Minou

Drouet, puis le talent s'éteignit, Beauchâteau s'adonnant au mysticisme. Ayant étonné le Louvre, chacun le chanta : Gabriel Gilbert, le gazetier Loret, L'Isle-Chandieu, ce poète ami de Saint-Amant, le sévère Guillaume de Brébeuf, Scarron, Javerzac, Antoine de Massy, Saint-Aignan... Mais en 1678, Mme de Maintenon publia les *Œuvres* d'un poète de sept ans, le jeune duc du Maine. Déjà une tradition...

C'est dans l'entourage de Boileau, et souvent contre lui, que la satire s'exerça. Nous l'avons vu avec Charles Perrault (1628-1703) préférable pour ses relations avec les Fées que pour son *Siècle de Louis le Grand*. Nous sommes dans le droit fil de Boileau là encore :

> Donc, quel haut rang d'honneur ne devront point tenir
> Dans les fastes sacrés des siècles à venir,
> Les Régniers, les Maynards, les Gombaulds, les Malherbes,
> Les Godeaux, les Racans, dont les écrits superbes,
> En sortant de leur veine, et dès qu'ils furent nés,
> D'un laurier immortel se virent couronnés!
> Combien seront chéris par les races futures
> Les galants Sarazins, et les tendres Voitures,
> Les Molières naïfs, les Rotrous, les Tristans,
> Et cent autres encor, délices de leur temps?

La Satire contre les femmes de Boileau suscita bien des ripostes, la plus vengeresse étant celle de Jean-François Regnard qui répondit, nous l'avons vu, par une *Satire contre les maris*. Le spirituel auteur de comédies avait la réplique cinglante, il le montra avec ce *Tombeau de M. Boileau-Despréaux,* vif jusqu'à la vulgarité, mais où l'imitation de Boileau imitant lui-même d'autres auteurs est assez réjouissante.

Bien qu'il ait été l'ami de Boileau, Pierre Bellocq (1645-1704) répondit à la satire misogyne de Boileau par un poème de même genre. François Gacon (1667-1725) et Antoine Bauderon de Sénécé (1643-1737) entrèrent aussi dans le débat en versifiant. De même, Pierre Henry, autre adversaire de Boileau, écrivit *le Pour et le Contre du Mariage*. La querelle des *Amies de cour* se poursuivait.

Le *Childebrand* du poète héroïque Jacques Carel de Sainte-Garde (1620-1684) inspira ces vers de Boileau :

> O le plaisant projet d'un poète ignorant,
> Qui de tant de héros va choisir Childebrand!

Le critiqué riposta par un libelle en inversant son nom pour le signer Lérac. Boileau n'avait pas tort : les épopées du temps, qu'elles soient de Carel de Sainte-Garde, de Nicolas Courtin, de Charles Perrault ne valent pas mieux que l'œuvre de Bernard Lasfargues et de Jacques de Coras (bien que dans le *David* de ce dernier, Chateaubriand ait trouvé de beaux vers), le *Charlemagne* de Louis Le Laboureur ou *la Madeleine* de Charles Cotin. La satire s'exerçait volontiers sur ce malheureux genre. Rien que pour Jacques de Coras et ses *Josué, Samson, David* et autres *Jonas,* on a trouvé des satires de T. Delorme, C. Floriot, Piccardt, Anselme Gontard, Euverte Jollyvet, Du Pin-Lager, François Philon, etc.

D'autres satiriques se situent en marge comme le Normand Antoine Garaby de La Luzerne (1617-1679) qui exerça son art contre la bourgeoisie et la noblesse normandes. Proche de Vauquelin de La Fresnaye qui l'influença, il fut aussi un élève provincial de Mathurin Régnier à qui il emprunta quelques tours et expressions. N'ayant pas le sel de la causticité, il paraît bien banal. Comme son ami Nicolas Bourbon, il fit aussi des vers latins et français, des ballades et des sonnets.

Jacques Losme de Monchenay (1666-1740) se défendit d'imiter Boileau, ne se reconnaissant comme maître que Juvénal. Dès l'âge de quinze ans, il publiait dans *le Mercure galant* des épigrammes imitées de Martial qui lui valurent les encouragements de Pierre Bayle. Il obtint le succès avec cinq comédies dont il refusa ensuite la représentation. A l'imitation de Boileau, il fit une *Satire contre les femmes.*

Les démêlés de Gilles Boileau (1631-1669) avec Costar, Ménage et Scarron, avec son frère à propos de Chapelain, appartiennent à la petite histoire, car ses poèmes n'offrent aucun intérêt, ce qui ne l'empêcha pas d'être académicien.

Pierre Du Camp d'Orgas, en 1689, fit paraître sept satires sous le titre de *Réflexions*. Moraliste et sage, il en appelle à la raison et au bon sens pour réduire les maux dont souffrent ses concitoyens.

Celui dont on voulut faire un grand homme au détriment de Racine, Nicolas Pradon (1632-1698) fit retentir sa colère contre Boileau « implacable ennemi de tout le genre humain » dans de nombreux ouvrages dont *le Satirique français expirant* et *la Réponse à la Satire X,* vers prosaïques et plats.

Son protecteur, le duc de Nevers (1641-1707), l'homme de la guerre en sonnets, le neveu de Mazarin, aurait écrit la tragédie de Mme Deshoulières, *Genséric,* et aurait tenu la main de Pradon pour ses satires. Poète lui-même, et que louera Voltaire, il fit des épîtres satiriques contre le siècle, l'athéisme, les faux dévots, les jansénistes, le molinisme, les gens de lettres et de théâtre. Son apologie de Corneille montre son parti pris contre Racine. Il attaque

Boileau « ce chantre sans vigueur, sans art et sans génie ».

Il eut un autre protégé, le père Louis de Sanlecque (1652-1714) qui salua Pradon et attaqua Boileau dont il se disait l'égal avant de faire plus tard amende honorable dans *Boileau et Momus*.

Nous avons vu que l'abbé Pierre de Villiers (vers 1648-1728) était appelé par Boileau « le Matamore de Cluny ». En fait, il décochait des traits fleuris et languissants. Il adressa au peintre Rigaud une satire contre les portraits, critique picturale en vers dont Diderot semble s'être inspiré.

Autre ennemi de Boileau, Balthazar de Bonnecorse (1652-1714), l'auteur du *Lutrigot,* parodie du *Lutrin,* dans lequel il voulait se venger de la mauvaise critique faite à sa *Montre d'amour,* poème précieux. Il crut avoir triomphé de Boileau, mais celui-ci répondit par une épigramme méprisante.

Plus de qualité eut Antoine Furetière (1619-1688), l'auteur du *Dictionnaire* qui fit concurrence à celui de l'Académie, et du *Roman bourgeois*. Il conseilla Racine pour ses *Plaideurs,* participa avec Boileau à la parodie du *Chapelain décoiffé*. Il fut aussi un poète satirique dans son *Jeu de boule des procureurs* dédié à Maucroix. Il s'en prit aux marchands, aux médecins pédants, aux censeurs des ouvrages d'autrui qui font mauvais accueil aux écrivains pauvres, aux « vaines occupations des femmes », apportant une modeste contribution à l'étude de l'esprit français du XVIIe siècle.

Ajoutons l'épigrammatiste angevin Baranton (1650-1720) qui écrivit sur Descartes, Pierre Nicole, Pierre Corneille, La Fontaine, Mignard, Girardon, Coysevox, avec un parfait éclectisme. Mais des épigrammes, des grands aux petits, des poètes aux mondains, qui n'en fit pas ? Et il en est de même pour la satire qui tente des poètes d'occasion. Certains, auprès desquels il faut placer les descripteurs burlesques, ont laissé de bons témoignages sur les mœurs littéraires et la vie de la société de leur temps. D'autres ne sont que de pâles imitateurs de Boileau. Certains ont inspiré les ripostes de l'auteur des *Satires*. D'autres se nomment Saint-Évremond que nous rencontrerons ou bien Edme Boursault alimentant ses querelles contre Molière dans *la Satire des Satires*.

3

Les régents de la Poésie

Traités et manuels.

PARALLÈLEMENT aux transformations de la poésie, tout au long du siècle, les traités grammaticaux, les manuels orthographiques, les arts poétiques, les ouvrages de poétique et de versification ont fleuri.

Dès 1610, Loÿs Du Gardin, dans les *Premières adresses du chemin du Parnasse,* minutait en cent règles la prosodie. En 1623, Pierre de La Noue facilitait le travail des rimeurs avec son *Grand dictionnaire des rimes françaises.* En 1638, Pierre Guérin de La Pinelière faisait dans son art poétique, *le Parnasse,* un tour d'horizon critique des poètes de son temps. En 1640, le poète Pilet de La Mesnardière, dans *la Poétique,* traitait de la tragédie et de l'élégie en priorité. En 1658, avec *l'Art poétique,* Guillaume Colletet offrait une analyse esthétique qui fut fort utile à Boileau. En 1659, Jean Du Teil ajoutait à ses poèmes un *Traité des règles de la poésie française,* déjà cité. En 1668, le prêtre Bernard Lamy, disciple de Descartes, écrivait de *Nouvelles réflexions sur l'art poétique.*

Les réflexions de ces techniciens ne sont pas de nature à provoquer l'enthousiasme poétique et rien n'est bien nouveau. Les changements viennent des poètes eux-mêmes. René Bary, dans sa *Rhétorique française,* 1663, estime que la poésie « n'est autre chose que la partie la plus contrainte et la plus observée de l'art oratoire » et préconise les ornements, « les mots qui adoucissent les phrases ». François Charpentier (1620-1702) insiste lui aussi sur la douceur de notre langue et son harmonie. Jean Desmarets de Saint-Sorlin est plus vigoureux quand dans sa *Défense de la poésie,* en défenseur des Modernes, il compare langue et poésie françaises avec les mères grecque et latine. Pierre Richelet, en 1672, très logiquement étudie *la Versification française* et *la Connaissance des genres français* avant qu'en 1692 un *Dictionnaire de rimes* soit joint à son célèbre *Dictionnaire.*

Phérothée de La Croix, dans son *Art de la poésie française,* 1675, classe les auteurs par rang de taille, favorisant Molière, Cyrano de Bergerac, Tristan L'Hermite, Isaac Du Ryer et Scarron, mais aussi Scudéry, Boisrobert, Benserade et Mairet au détriment de Corneille et de Racine. Partisan des Modernes, il recherche ce qu'il y a d'archaïque ou de peu durable dans les genres nouveaux qu'il nomme : la glose, l'enamouré, les suisses (vers comiques et irréguliers), les francs-bourgeois (stances d'égales longueurs où l'on s'entretient des Dames), sans oublier de traiter de la musique : passepié, chaconne ou passacaille.

Jacques Carel de Sainte-Garde donne de très banales *Réflexions académiques sur les orateurs et sur les poètes,* 1676. Le père jésuite auvergnat Michel Mourgues (1642-1713), qui professe la rhétorique et les mathématiques à Toulouse, publie un *Traité de la poésie française,* 1685, réédité avec des additions du père Brumoy en 1724, 1729 et 1754.

Ces observateurs de la poésie française parlent tous de pureté, de douceur, d'élégance, d'harmonie, de naturel, toutes qualités qui s'accordent à l'esprit classique, qui améliorent la prose, mais risquent de refroidir la langue, de limiter l'imagination, et n'ouvrent pas de voies nouvelles à la poésie qui, à la fin du siècle, semble épuisée par quelques géants.

Le meilleur exemple de témoignage sur la poésie telle qu'elle est conçue se trouve dans les ouvrages de deux pères, René Rapin et Dominique Bouhours, différents d'esprit et de caractère, et qui expriment à eux deux très parfaitement les composantes de l'art poétique.

L'érudit René Rapin.

On n'a pas assez dit l'importance de ces lundis du président Lamoignon, Guillaume de Lamoignon (1617-1677), grand magistrat, codificateur de lois, qui réunissait dans sa terre de Basville, non loin de Paris, des écrivains comme Racine et Boileau (celui-ci en fit l'Ariste pacificateur de son *Lutrin)* et chez qui de sérieuses conversations littéraires trouvaient un asile. C'est dans cette officieuse académie, nous l'avons dit, que Boileau rencontra René Rapin, et aussi Dominique Bouhours, et qu'eurent lieu pour *l'Art poétique* de fructueuses confrontations.

Historien du jansénisme, professeur de belles-lettres, René Rapin (1621-1687) est le poète latin des jardins, *Hortorum libri IV,* souvent réédité, traduit en vers anglais, traduit en vers français par Gazon-Dourxigné en 1773, et par Voiron et Gabiot, 1782, 1803. L'abbé Delille, dans ses *Jardins,* en sera fort proche. Ce père René Rapin, Mme de Sévigné le présente ainsi : « Je vis, l'autre jour, le bon P. Rapin; je l'aime; il me paraît un bon homme et un bon religieux; il a fait un discours sur l'histoire et sur la manière de l'écrire qui m'a paru admirable. Le P. Bouhours était avec lui; l'esprit lui sort de tous côtés. »

Ses *Réflexions sur la Poétique d'Aristote et sur les ouvrages des poètes anciens et modernes,* 1673, montrent un partisan de l'équilibre dans la grandeur. Ce jésuite érudit craignait pour la poésie le péril des goûts mondains et ne dédaignait pas d'enfiler quelques perles de misogynie : les femmes « naturellement modestes » font peser un danger d'efféminisation. Il se méfie du raffinement, de la pureté. Il faut être hardi et sage :

> On est tombé depuis dans une autre extrémité par un soin trop scrupuleux de la pureté du langage, car on commença d'ôter à la poésie sa force et son élévation, par une retenue trop timide, et par une fausse pudeur, dont on s'avisa de faire le caractère de notre langue, pour lui ôter ces hardiesses sages et judicieuses que demande la Poésie; on en retrancha sans raison l'usage des métaphores, et de toutes ces figures qui donnent de la force et de l'éclat aux paroles; et on s'étudia à renfermer toute la finesse de cet art admirable dans les bornes d'un discours pur et châtié, sans l'exposer jamais au péril d'aucune expression forte ou hardie.

Au cours d'une de ses *Réflexions,* René Rapin trace le portrait méthodique du poète idéal : « grand naturel, esprit juste, fertile, pénétrant, solide, universel; intelligence droite et pure, imagination nette et agréable; grand sens et grande vivacité ». Le poète doit parler en inspiré, « ressembler à un prophète », mais « il est bon toutefois d'avoir l'esprit fort serein, pour savoir s'emporter quand il le faut, et régler ses emportements ». Quant au génie, s'il donne « de l'élévation à l'esprit, fait penser heureusement les choses, et les dire d'un grand air », il ne peut faire oublier les règles qui introduisent la vraisemblance. René Rapin cite Horace, jugeant comme lui qu'il ne suffit pas d'écrire purement pour être poète. Il reste optimiste quant à ses contemporains « lesquels font voir aujourd'hui dans leurs ouvrages, que la pureté du langage peut être jointe à la grandeur des sentiments, et à toute l'élévation, dont la grande Poésie peut être capable ».

Très attaché à Cicéron, à Quintilien, à Aristote qui représente « la nature mise en méthode », il mêle aux règles consacrées une certaine largeur de vue. Dans ses comparaisons entre poètes de l'Antiquité, aux penchants vers le bel esprit il oppose la grâce et l'élégance, la simplicité et la grandeur. Malgré un certain libéralisme, il ne peut cacher qu'il préfère l'art et la forme à l'originalité et il reste prudent et mesuré. En tout point, il est proche de Boileau dont il est le pendant en prose.

L'Oracle Dominique Bouhours.

Son ami, le père jésuite Dominique Bouhours (1628-1702), maître de rhétorique, est plus léger, plus minutieux, plus mondain, plus plaisant. Ménage en fait « un petit régent de troisième » et ajoute « mais depuis sept ou huit ans, il s'est érigé en précieux, en lisant Voiture et Sarazin, Molière et Despréaux, et en visitant les dames et les cavaliers. Il écrit, à la vérité, avec beaucoup de politesse; mais il écrit sans jugement, et il n'y a aucune érudition dans ses écrits. »

Voltaire l'a représenté dans son *Temple du Goût* derrière Pascal et Bourdaloue à l'affût de leurs négligences de style. Victor Hugo s'écriera : « Au panier les Bouhours! » Des lundis du président Lamoignon aux samedis de Madeleine de Scudéry, il montre son bel esprit, raffiné, un peu tatillon, mais il passe pour un des meilleurs connaisseurs de la langue, pour le successeur de Vaugelas, et les plus grands l'estiment. La Fontaine, Saint-Évremond, Bossuet l'écoutent. Racine lui soumet une de ses tragédies. Il peut jouer avec Malherbe le jeu de Malherbe avec Ronsard et épingler un vers de lui au passage :

> Et nous rends l'embonpoint comme la guérison.

car on ne peut « rendre la guérison ». Dans ses *Entretiens d'Ariste et Eugène,* 1671, ouvrage de grand succès beaucoup réimprimé, il écrit : « Ronsard fut le premier qui chassa la barbarie de la France en inspirant à nos pères l'amour et le goût des lettres. » Qu'en aurait pensé Malherbe? Mais voilà que dans la seconde édition de l'ouvrage, le père Bouhours le substitue à Ronsard.

Pour ce critique, la langue française du siècle de Louis XIV est la plus belle de l'Europe. Elle « ne hait rien tant que l'affectation ». Curieusement, il s'en prend, ce précieux, à la métaphore :

> Ce qui fait voir plus que tout le reste la simplicité de la langue française, c'est que sa poésie n'est guère moins éloignée que sa prose de ces façons de parler figurées et métaphoriques. Les vers ne nous plaisent point s'ils ne sont naturels. Nous avons fort peu de mots poétiques; et le langage des poètes français n'est pas comme celui des autres poètes fort différent du commun du langage.

Nos Muses, pour lui, sont sages et non emportées comme celles des Anciens, des Italiens ou des Espagnols. Notre poésie n'a pour mission que de « dire noblement les choses les plus communes ». Il marque ainsi la différence entre prose et poésie :

> La prose a un autre nombre que la poésie, et il y a autant pour le moins de différence entre elles, qu'il y en a entre deux personnes dont l'une marche et l'autre danse parfaitement bien.

Voilà une image comparative que Voltaire reprendra. Tout procède de la raison, du bon sens, de la sagesse. Le bon usage se trouve dans « le commerce des honnêtes gens » et dans « la lecture des bons livres. » Surtout, pas de locutions trop vieilles ou trop nouvelles,

> les mots et les phrases d'une langue étant à peu près comme les fruits qui ne valent rien ni pourris ni verts, et qui ne sont point de bon goût s'ils ne sont pas mûrs.

Cela ne risque-t-il pas d'appauvrir notre langue? Non, dit Bouhours en faisant parler son Eugène, « il faut tailler et nettoyer un diamant afin qu'il ait cette pureté et ce feu qui font tout son prix. »

Dans un autre dialogue, *la Manière de bien penser dans les ouvrages d'esprit*, 1687, il donne une sorte de manuel de l'honnête homme, salue le français qui vaut toutes les langues du monde, montre que la fréquentation des personnes polies apporte « je ne sais quelle teinture de politesse que les livres ne donnent point », que la raison doit éviter le pédantisme, que l'imagination doit rester dans les limites de la raison, que le sublime ne doit point être audacieux, que la langue aime la naïveté et refuse la contrainte :

> Elle n'affecte jamais rien; et, si elle était capable d'affecter quelque chose, ce serait un peu de négligence, mais une négligence de la nature de celle qui sied bien aux personnes propres et qui les pare quelquefois davantage que ne font les pierreries et tous les autres autres ajustements.

La poésie apparaît, à travers ces écrits, dépendante de la société aristocratique et de la haute bourgeoisie. On décèle l'influence de Boileau, de Rapin, comme chez ces derniers on trouve du Bouhours. Oracle, arbitre, Bouhours est le plus écouté, le sage, le bon grammairien. Crayon en main, il relève toutes les fautes, en dresse la liste, par exemple dans la traduction qu'Isaac-Louis Lemaistre de Sacy (1613-1684) a donnée de *l'Imitation* sous le nom de Beuil, et qui traduit les Anciens en prose ou en médiocres vers français. Attaquer ce théologien janséniste vaut au jésuite une riposte de Jean Barbier d'Aucour (1635-1694), l'ennemi de Racine, « le nouveau Cicéron tremblant, décoloré » de Boileau : *Sentiments de Cléanthe sur les entretiens d'Ariste et d'Eugène,* 1671. Le critique prouve que le père Bouhours a démarqué Le Laboureur et Étienne Pasquier. Avec humeur et enjouement, il s'insurge contre le ton de précieuse du jésuite, contre le tranchant de ses arrêts : « Bon Dieu! quelle façon de parler! quel langage! Cela m'est insupportable. »

Déjà Dominique Bouhours laisse entrevoir le rationalisme d'Antoine Houdar de la Motte qui préférera la prose aux vers, multipliera les contraintes de l'enthousiasme poétique. La langue française, comme le pensa Saint-Évremond, devra beaucoup à Dominique Bouhours. La poésie lui devra sans doute quelques-uns de ses futurs déboires. Ses derniers mots sont : « J'ai quelque scrupule du plaisir que j'éprouve à mourir. » Merci, père Bouhours, peut dire la langue française. La poésie reste muette.

Poésie sous toutes les formes

I

La poésie chrétienne

Les nouvelles paraphrases.

ENCORE marquée par les guerres de religion, la poésie chrétienne n'a pas cessé d'avoir ses chantres, catholiques ou protestants, religieux ou laïques. Quel poète n'a pas paraphrasé des psaumes, publié des hymnes, des cantiques ou des sonnets chrétiens? Où Pierre Corneille et Jean Racine ont excellé, d'autres poètes ont apporté, bonnes ou moyennes, de nouvelles contributions à cet ensemble.

Paulette Leblanc, dans *les Paraphrases françaises des psaumes à la fin de la période baroque,* n'a pas ménagé ses sévérités envers les attardés du XVIe siècle dont la liste est impressionnante. Certains d'entre eux compensent les manques de leur poésie, leur platitude, leur prosaïsme, leur archaïsme, par la sincérité de leur ton et des perles éparses.

Il faut passer bien vite sur Antoine de Laval, Claude-Gaspard Bachet de Méziriac, Michel de Marillac, Bouy, Le Pigeon ou Jacques Pinon. L'aveugle Henry Humbert sait être passionné et pathétique. La crudité de langage d'Hélie Poirier, les tableaux d'horreur de Jean de Massens, les tentatives d'hébraïsme de Jean Métezeau, la grandeur cosmique de Nicolas Le Digne, la recherche de grande rhétorique de François Auffray ne peuvent être dédaignés même si nous ne trouvons pas la grandeur formelle de Malherbe.

Nous avons dit les neuves qualités d'un Chassignet, d'un La Ceppède, d'un Agrippa d'Aubigné, d'un Certon. Angot de

L'Éperonnière, se partageant entre les poètes de la Renaissance comme Passerat ou Dorat et les malherbiens, montre qu'il est un honnête organisateur de mots.

Venus après Malherbe, Arbaud de Porchères, Racan, Boisrobert, Habert de Cerizy, Chapelain, Desmarets de Saint-Sorlin, Godeau, Malleville, Billon, Geuffrin, Révol, Bourlier, La Luzerne, Priézac, auront des réussites diverses, mais, à part Habert de Cerizy, Godeau et Racan, proches du modèle, aucun ne l'égalera. Un Martial de Brives ou un Salomon de Priézac témoigneront de quelque originalité.

Toujours, Malherbe apparaît comme le mètre étalon. Chez ceux qui s'en séparent, la forme y perd, mais pas toujours la vivacité, la personnalité et mille choses d'un peu fragile qui sont le risque et forcent la conquête de voies nouvelles même si des défauts sont trop apparents. La poésie peut naître de la culture d'un vice : c'est ainsi qu'apparaît la perle baroque.

Jean-Louis Guez de Balzac, précurseur des bons écrivains de Port-Royal, en 1652 examine les paraphrases du temps en oubliant les disciples des poètes du XVIe siècle. Il ne tient finalement pour acceptables que les tentatives de Godeau. Lui seul a su « porter les choses où elles doivent s'arrêter; il n'a pas confondu musique et tonnerre; il a su atteindre une paraphrase noble, élégante, correcte, harmonieuse, chrétienne ». Mais Balzac reste réservé, comme le dit Paulette Leblanc : « Le genre lui-même qui n'est par définition qu'une trahison du modèle est, au jugement de Balzac, un genre faux et les poètes feraient mieux d'adresser ailleurs leurs efforts. »

Dans l'absolu, Balzac a raison. Cependant l'art de la paraphrase, pour les *Psaumes,* a eu, depuis le temps de Clément Marot, la possibilité non seulement d'enrichir la poésie française de quelques chefs-d'œuvre, non seulement de fournir aux poètes de bons exercices d'assouplissement de la langue, mais aussi de permettre de distinguer le mieux les caractères profonds de chaque poète : en cela la paraphrase religieuse est très significative. On trouve la perfection malherbienne, on trouve l'imitation de cette perfection, on trouve aussi des poèmes tumultueux, imparfaits ou des poèmes très recherchés sur le plan d'une rhétorique progressiste. Cette diversité permet encore de faire d'utiles comparaisons, du bijou précieux au retable baroque. Avouons cependant que beaucoup de ces œuvres sont d'une inutilité flagrante et distillent un ennui profond. Même Pierre Corneille dans son *Imitation* ne parvient pas à éviter des périodes de monotonie dont il sait nous récompenser ensuite. Mais quelle gageure!

La Poésie chrétienne . 315

Les poètes religieux et les religieux poètes.

Parmi les débiteurs de Malherbe, on trouve dom Simplicien Gody (mort en 1662) avec ses *Honnêtes poésies* fort bien composées, et le père Zacharie de Vitré dont la simplicité est enrichie de sensibles métaphores comme lorsque Jésus parle :

> Des Œuvres de la main voici la Vérité :
> J'ai tiré du néant cette masse grossière.
> J'ai tout bâti sur elle, et de même matière
> J'ai fait les Cieux roulants, et le Globe arrêté.
>
> Au haut du bâtiment que mes doigts ont voûté,
> J'ai logé des flambeaux d'éternelle lumière;
> J'en ai tracé la route, et réglant leur carrière,
> J'en ai fait les témoins de ma divinité.
>
> Les taches qu'on y voit, et qu'ils ont de naissance,
> Ne sont pas en l'Ouvrier des marques d'impuissance;
> Mais des restes du rien, dont ma main les a faits.
>
> Et s'ils cachent parfois le feu qui les compose,
> Ils se montrent par là tellement mes effets,
> Que même en leur éclipse ils imitent leur Cause.

Nous avons rencontré maints poètes tentés par les psaumes : Nicolas Frénicle, Martin de Pinchesne ou Benserade. D'autres : Claude Sanguin, Gilles Boileau, le père Le Breton, Claude Nicoles, classiques et baroques, ne sont que des suiveurs. Il en est de même pour Hugues Le Blanc, N. d'Heauville, Balthazar de Bonnecorse, Mme Deshoulières, Élisabeth-Sophie Chéron, Boyer, Ranchin, Eustache le Noble, à la fin du siècle.

Laurent Drelincourt (1621-1681), à la suite des *Sonnets chrétiens,* donnera des paraphrases marquées par la vigueur huguenote. Des sonnets pieux, en écriront nombre de poètes parmi lesquels Gombauld, Pinchesne, Jacques Moisant des Brieux. De Laurent Drelincourt, voici un *Sonnet sur Joseph :*

> Persécuté, vendu, condamné, misérable,
> Diversement aimé, libre, absous, glorieux,
> Dans l'horreur d'un cachot, sur un char radieux,
> Tu parais toujours grand, et toujours admirable.
>
> Esclave, prisonnier, ministre incomparable;
> Prophète, prince, et fils, digne de tes aïeux,
> Tu sens partout sur toi l'esprit, la main, les yeux
> Du monarque éternel, à tes vœux favorable.

> Dressé, comme la palme, et souvent abattu,
> Tu relèves plus haut ta constante vertu ;
> Et le ciel fait plus haut éclater ta victoire.
>
> Figure du Sauveur, dans tes combats divers,
> Tu passes, comme Lui, de la honte à la gloire :
> Mais lui seul, en souffrant, a sauvé l'Univers.

La place de Laurent Drelincourt, au XVIIe siècle, est importante. Il représente en quelque sorte la rencontre de la préciosité et de la théologie, avec quelque chose de heurté et de vrai qui lui vient de la Renaissance. Prédicateur à la prose fleurie de majuscules superbes, bon continuateur de son père, Charles Drelincourt, il a peuplé la poésie religieuse de sonnets sertis de mots-bijoux, de phrases-pierreries, de vocables en robes d'apparat, et chaque poème, somptueux, est messe et rite. Il est le ciseleur baroque d'une précieuse harmonie. S'il s'adresse au créateur, c'est comme Pétrarque à sa Laure. La nature, le firmament, les océans, les métaux, les richesses de la terre, les sentiments abstraits devenus corps, lui fournissent un matériau mystique et métaphysique lui permettant d'inclure la Création dans un sonnet. Sa poésie de mots a un sens théologique en même temps qu'une originalité le situant très haut, comme si ce dernier maillon de la grande poésie protestante révoltée et souffrante commençant du temps de Ronsard devait être forgé dans le métal le plus rare.

Chanter la gloire de Dieu, sa splendeur, sa puissance, son règne sur les merveilles de la création se traduit par des louanges et le baroquisme triomphant se prête à ce propos tout autant que la noble simplicité classique. Le père Le Moyne (1605-1671) le dit : « La poésie nous a été envoyée pour nous donner des hautes idées de Dieu et nous en faire de grandes images », et c'est dans les feux de l'épopée qu'il cherchera son dessein tandis que Martial de Brives se mêlera d'un séraphisme métaphorique.

Auprès des bons faiseurs malherbiens, bien plus intéressants sont les mystiques tourmentés, ceux qui traduisent leurs tourments intérieurs en montrant leurs faiblesses, leurs misères, leurs repentirs humains. Les chants venus de l'intérieur sont les plus beaux et on se plaît en la compagnie des Pierre Patrix, Arnauld d'Andilly ou Guillaume de Brébeuf. Si certains, comme Clovis Hesteau de Nuysement déjà cité, montrent un Dieu visible, la recherche d'un « Fils de la Nature » est belle :

> En sa simplicité, cet esprit général
> Triple, un, est animal, végétal, minéral,
> Commencement et fin de tout corps corruptible

> Dont il est la substance et le baume invisible.
> Mais s'il plaît à sa Mère un corps édifier
> Et qu'il s'aille glissant pour la vivifier,
> Il reçoit la Nature et le nom de la chose
> Où par obéissance il se métamorphose.

L'ambition de certains prêtres pouvait se limiter à se servir de la prosodie comme un moyen de transmission des messages. Ils sont bien dans leur époque. Leurs œuvres s'accordent à une architecture baroque, sont le pendant de Pierre de Cortone ou du Bernin.

Les Saintes décades de piété chrétienne, 1671, du pasteur Jean Labadie (1610-1674), transfuge de la compagnie de Jésus, se rapprochent des poèmes de ses coreligionnaires du siècle précédent, Christofle de Gamon ou Simon Goulard. Comme ce dernier, il excelle dans les rythmes heurtés, haletants. Sa rhétorique est vigoureuse, avec ses mots bien assenés, ses reprises violentes, ses variations martelées sur la foi qui l'anime.

Lazare de Selve, dans ses *Sonnets* et *Cantiques spirituels,* atteint à une hauteur cosmogonique. Netteté, hauteur exclamative, résonances font imaginer une voix claire retentissant sous les voûtes d'une cathédrale parmi les étincellements et les pompes.

Aveugle comme Henry Humbert, François Malaval (1627-1719) put, à la faveur d'une dispense, se faire prêtre. Mystique, recueilli, il participa à l'aventure quiétiste de Mme Guyon et fut attaqué par Boileau. L'influence des auteurs mystiques, la part de sa doctrine se mêlent avec bonheur dans ses *Poésies spirituelles :*

> Heureuse perte en Dieu! la nature et la grâce
> M'ont ôté tout appui;
> Je ne sens rien en moi de tout ce qui s'y passe,
> Le repos ni l'ennui.
>
> J'agis, et n'agis pas; mais d'un attrait ravie,
> J'obéis doucement;
> Je ne connais pas bien d'où procède ma vie,
> Mon cœur n'est qu'instrument.
>
> Je souffre tous les jours sans plaisir et sans peine
> Par un pur abandon;
> Mon abandon se fait d'une attente soudaine;
> Et ma perte est un don.

Le père Surin et le père Cyprien.

Le père Surin (1600-1665), exorciste à Loudun, se croyait damné. Ses livres en vers et en prose ont été examinés par Robert Kanters avec une minutieuse attention.

Dans son introduction aux *Cantiques spirituels de l'amour divin,* le père Surin montre qu'il fait passer la piété, l'instruction et la consolation avant l'exercice de la poésie dont le rôle est de servir son propos. S'efforçant à la plus parfaite simplicité, il rejoint la plus haute poésie. Dans ce recueil dédié à saint Joseph, il écrit :

> Le Chant et la Poésie ne nous doivent pas moins divertir dans ces Cantiques, que dans des chansons profanes : au contraire, la piété et la vertu qui en font la matière lui donneront de nouveaux agréments pour les âmes qui chercheront à se divertir innocemment... J'ai tâché avec cela de régler tellement les saillies et la liberté de la Poésie, que je peux assurer qu'il est fort peu de points importants à la conduite spirituelle, que je n'ai marqués dans la simplicité de ces vers... J'ai suivi dans cette composition la simplicité sainte et religieuse de ceux pour qui je travaillais.

A cette simplicité sur laquelle le père Surin insiste s'ajoutent une grande liberté de conception, une légèreté de ton qui font penser à un La Fontaine religieux. Il a ses hardiesses, et, s'il s'en prend aux huguenots, une certaine éloquence. Ses meilleurs vers sont les plus dévots. Si l'Amour le jette en son brasier, il écrit :

> Ce brasier m'est plus délectable
> Que le lit du roi Salomon;
> Son séjour bien plus désirable
> Que le tronc où vivait Simon;
> C'est là que Dieu parle sans cesse,
> C'est là que l'Amour me caresse
> De jeux, de plaisirs, de festins,
> Et d'embrassements tous divins.

Comme le père Surin, André de Campans (1600-1665), en religion Cyprien de la Nativité de la Vierge, s'est appuyé sur les grands thèmes religieux.

Il a si bien traduit les grands *Cantiques spirituels de saint Jean de la Croix* qu'il en a fait une œuvre poétique française incontestable, admirée par Paul Valéry qui voit en lui « l'un des plus parfaits poètes de la France ». Il est remarquable qu'à une époque d'ornementation, un poète ait su préserver une simplicité, un dépouillement correspondant aussi bien au modèle. Écoutons chanter l'Ame dans ce début de cantique :

> A l'ombre d'une heureuse Nuit,
> D'angoisseux amour embrasée,
> O l'heureux sort qui me conduit,
> Je sortis sans être avisée,
> Le calme tenant à propos
> Ma maison en un doux repos.

A l'obscur, mais hors de danger,
Par une échelle fort secrète,
Couverte d'un voile étranger
Je me dérobais en cachette,
(Heureux sort!) quand tout à propos
Ma maison était en repos.

En secret sous le manteau noir
De la Nuit, sans être aperçue,
Où que je pusse apercevoir,
Aucun des objets de la vue,
N'ayant ni guide, ni lueur.
Que la lampe ardente en mon cœur.

Ce flambeau me guidait,
Plus sûr que la torche allumée
Du plein Midi, où m'attendait
Celui que j'avais en pensée,
Là où nul vivant sous les Cieux
Ne se présentait à mes yeux.

O Nuit qui me conduis à point!
Nuit plus aimable que l'aurore!
Nuit heureuse qui a conjoint
L'Aimée à l'Aimé, mais encore
Celle que l'amour a formé,
En son Amant transformé.

Bossuet et Fénelon, Mme Guyon et d'autres.

Sait-on que les maîtres de l'éloquence religieuse et de la pédagogie furent poètes? Bien sûr, Jacques-Bénigne Bossuet (1627-1704) vaut par ses *Sermons* et ses *Oraisons funèbres* aux grandes périodes lyriques, puissantes, majestueuses, mais on ne peut négliger ses stances :

J'ai gardé, cher époux, des fruits de toute sorte,
Choisissez les plus beaux!
Goûtez! tout est à vous, et je vous en apporte
Des vieux et des nouveaux.

Il a écrit aussi des poésies spirituelles, comme ce *Cantique* :

Éternel, je me tais, en ta sainte présence.
Je n'ose respirer; et mon âme en silence
Admire la hauteur de ton nom glorieux.
Que dirai-je? Abîmé dans cette mer profonde,
Pendant qu'à l'infini ta clarté nous inonde,
Pourrons-nous seulement ouvrir nos faibles yeux?

> Si je veux commencer à chanter tes louanges,
> Et que déjà mêlé parmi les chœurs des anges,
> Je médite en moi-même un cantique charmant,
> Dès que pour l'entonner ma langue se dénoue,
> Je cesse au premier son, et mon cœur désavoue
> De ma tremblante voix l'indigne bégaiement.

Il sait mettre dans ses vers cette persuasion éloquente qui est celle de sa prose dont on reconnaît encore ici les accents et l'on peut penser à des influences réciproques entre les deux genres :

> Descends, divin esprit, pure et céleste flamme,
> Puissant moteur des cœurs qu'en secret je réclame ;
> Et toi qui le produis dans l'éternel séjour,
> Accorde sa présence à mon âme impuissante,
> Fais-en, car tu le peux, une fidèle amante,
> Et pour te bien aimer, donne-lui ton amour.

François Salignac de La Mothe-Fénelon (1651-1715), l'auteur des *Aventures de Télémaque* si poétiques, écrivit des fables, psaumes, odes, pièces bucoliques.

Sous le signe du quiétisme, son amie Jeanne-Marie Bouvier de La Motte, épouse de Jacques Guyon, connue sous le nom de Mme Guyon (1648-1717) « faisait des vers comme Cotin et de la prose comme Polichinelle », selon Voltaire. Dans certains poèmes, elle atteint cependant à un dépouillement en accord avec ses idées de silence de l'âme et d'anéantissement en Dieu, comme dans cet *Abîme de l'Amour* :

> Depuis longtemps, j'ai perdu connaissance ;
> Dans un gouffre où je me vis abîmer ;
> Je ne puis plus supporter la science ;
> Heureux mon cœur, si tu sais bien aimer.
>
> Perdu, plongé dans les eaux ténébreuses,
> Je ne vois rien, et je ne veux rien voir ;
> Mes ténèbres sont des nuits amoureuses ;
> Je ne connais mon bien ni mon espoir.

L'auteur du *Grand dictionnaire français*, Louis Moréri (1643-1680), dont l'œuvre encyclopédique fut sans cesse améliorée par ses continuateurs s'adonnait, selon le titre d'un de ses ouvrages, aux *Doux plaisirs de la poésie,* et sans doute eût-il écrit un ensemble plus remarquable si son dictionnaire, toujours consulté, n'avait requis son temps et son énergie.

Des religieux de Port-Royal ont apporté une contribution à la poésie : Robert Arnauld d'Andilly, le « bonhomme Arnauld » de M*me* de Sévigné, frère du grand Arnauld, et son neveu Isaac-Louis Lemaistre de Sacy.

Robert Arnauld d'Andilly (1589-1674) avant d'écrire un intéressant *Journal* avait traduit *les Confessions* de saint Augustin, *les Vies des Pères du Désert,* les *Œuvres* de sainte Thérèse, l'*Histoire des Juifs* de Flavius Josèphe, etc. Son *Poème de la Vie de Jésus-Christ* ou ses *Vérités chrétiennes,* dizains sur l'humilité, la beauté, l'enfer, le paradis ou le purgatoire, sont bien faits et harmonieux malgré leur froid didactisme.

Comme lui, Isaac-Louis Lemaistre de Sacy (1613-1684) traduisit sans cesse *la Bible, l'Imitation, les Psaumes,* et aussi *les Fables* de Phèdre, Virgile et Térence. Il employa les vers, mais sans lyrisme ni élévation.

La production poétique religieuse est immense. Au début du siècle, *les Antithèses ou contre-pointes du ciel et de la terre* de Jacques Levasseur, archidiacre de Noyon, évoquent à merveille les aspects mouvants de l'inconstance humaine par le mouvement même qui les anime : tourbillonnements de mots, comparaisons plus ou moins habiles, mais d'un baroquisme accompli. Claude Hopil a aussi un souffle grandiose, des états extatiques, une musique intérieure traduits en poèmes lyriques et exclamatifs.

De menus poètes chrétiens offrent des curiosités. Le curé de Nogent-le-Roi, L. Bouchet (1618-1695), renvoie les « Illustres bergers » à l'Illustre Crèche. Humbert Guillaume Goulat de La Varenne fait voisiner dans son œuvre des *Bacchanales* et une *Paraphrase sur l'Office de la Vierge.* François de Pédoué (1603-1667) passe facilement des *Essais de poésie et de louange d'une dame* aux *Quatre baisers de l'âme dévote.* Hyacinthe des Noires Terres, au nom de héros de roman, réunit prose et vers français et latins dans son *Sacré bouquet des différentes fleurs d'Hyacinte.* Jules-Gatien de Morillon (1688-1726) paraphrase *Job, l'Ecclésiaste, Tobie,* mais il ne s'agit que d'une prose rimée.

Le Rémois René de La Chèze dans *les Larmes de Sion* paraphrase *les Lamentations de Jérémie* non sans art. Il excelle dans les poésies morales et donne *les Tableaux raccourcis de la vie humaine.* Ses quatrains sont dans la manière du XVI*e* siècle :

> Es-tu dans la faveur, chacun te suit en troupe.
> As-tu les vents seconds, chacun te suit en mer.
> N'as-tu plus de faveur ni plus de vent en poupe,
> Chacun fuit et tout seul on te laisse abismer.

On pense évidemment à Pibrac, mais, par le choix de ses formules, René de La Chèze a plus de qualité. On comprend le goût d'un André Blanchard.

Dans ce domaine, nous citons encore : Nicolas Courtin, *Poésies chrétiennes, Charlemagne pénitent;* Thomas Basin (1608-1671), *Œuvres spirituelles;* Jean Gaston, *Œuvres chrétiennes;* Hélie Poirier, émailleur de la reine, *Soupirs salutaires;* Jean Magnon, *Heures du chrétien,* en vers et en prose; Nicolas de La Ville, *Dévotes conceptions* suivies de *Cynosure de l'Ame;* Laurent Juillard Du Jarry (1658-1718), *Poésies chrétiennes;* et terminons sur Guillaume Chevalier qui dans *la Poésie sacrée* réunit vers latins et français, mystères, recettes médicinales, informations militaires, comme pour un almanach.

Des *Psaumes* de Malherbe à *l'Imitation* de Pierre Corneille, de Racan à Guillaume de Brébeuf et à Jean Racine, l'exercice de la poésie religieuse a fait naître chez les moins habiles de beaux vers épars. En s'assouplissant à de sévères disciplines, la langue française a montré sa malléabilité, ses possibilités d'infinies variations.

2

Le siècle à son déclin

Autour de La Fontaine.

La bienfaitrice de La Fontaine, Mme de La Sablière eut un mari poète, Antoine de La Sablière (1624-1679), homme spirituel et galant, fort volage, qui chanta une maîtresse hollandaise dans ses *Madrigaux*.

L'initiateur de La Fontaine à la connaissance de Platon, son ami François de Maucroix (1619-1708), eut l'honneur de voir ses œuvres publiées à la suite de celles du fabuliste. Ses madrigaux, épigrammes, épîtres, odes, élégies, romances témoignent d'une philosophie aimable, proche de celle de La Fontaine :

> Heureux qui, sans souci d'augmenter son domaine,
> Erre, sans y penser, où son désir le mène,
>   Loin des lieux fréquentés!
> Il marche par les champs, par les vertes prairies,
> Et de si doux pensers nourrit ses rêveries
> Que pour lui les soleils sont toujours trop hâtés.

Dans ce quatrain composé à la veille de sa mort, on retrouve cette sagesse qui lui est commune avec le fabuliste :

> Chaque jour est un bien que du ciel je reçois,
> Je jouis aujourd'hui de celui qu'il me donne;
> Il n'appartient pas plus aux jeunes gens qu'à moi,
> Et celui de demain n'appartient à personne.

Nous avons dit que la fable, du temps de La Fontaine, eut quelques tenants. Edme Boursault a su s'effacer : « Ce qui m'a paru le plus dangereux, ç'a été d'oser mettre des fables en vers après l'illustre La Fontaine... Les soins que j'ai pris de l'imiter m'ont appris qu'il était inimitable. » On lui donne acte de sa franchise quand on lit son apologue *le Renard et les raisins*. Charles Perrault, Mme de Villedieu, Boileau, Saint-Gilles, La Monnoye n'y réussiront pas mieux, et non plus Eustache Le Noble (1643-1711), cet érudit, ce bon épicurien, qui, entre deux aventures ou deux prisons, fit des comédies, un poème héroï-comique, des satires comme *l'Allée de la seringue* qu'apprécia Boileau, mania l'apologue sur un ton bavard, en faisant suivre ses contes et ses fables d'une moralité plate et didactique.

Licencieux, curieux et inconnus.

Les recueils de poésie érotique nous montrent que le bon chanoine Maucroix savait épicer ses épigrammes de mots bien verts et même gras. Mais au XVIIe siècle, le principal fournisseur de ces recueils souvent sous le manteau pour échapper à l'étroite censure, est Paul-Alexis, dit Pierre-Corneille Blessebois (1646-1697).

Ce Pierre-Corneille-là, mauvais garçon, est l'auteur de romans que réédita Guillaume Apollinaire, comme *le Rut* ou *le Zombi*, curieux ouvrages qu'il aurait écrit lors d'une déportation en Guadeloupe, de poèmes bachiques, d'une idylle où une dame souhaite « à ma main une pinte, à mes pieds un amant ».

Gaspard de Fieubet chanta le cidre et les raisins, donna la fable d'*Ulysse et les sirènes*, fit des épitaphes en vers, notamment pour Saint-Pavin et Descartes, mais ce dernier n'eut-il pas une autre épitaphe versifiée due au grand savant Christian Huyghens, ce Hollandais qui maniait bien notre langue.

Henri-Auguste de Loménie, comte de Brienne (1635-1698), après avoir mené une vie désordonnée, se retira à l'Oratoire, sombra dans la folie, accusa la poésie de ses malheurs :

> Le vain plaisir de la rime
> M'a seul rendu criminel.

Il écrivit, sous le pseudonyme, inattendu, de La Fontaine, de plates *Poésies chrétiennes*. Ses *Remarques sur les règles de la poésie française* sont judicieuses.

Encore quelques poètes bien inconnus de cette époque : le sieur de Sabatier et ses *Épîtres morales et académiques;* François Desreumaux et son *Jardin médicinal parsemé de moralité;* Gilles-Charles Piquet et son *École chrétienne;* Georges Charlet et ses *Guerdons de la vertu* accompagnés d'un traité de réforme de l'orthographe; le chanoine Chevillard et ses *Portraits parlants ou tableaux animés;* Benech de Cantenac, ses *Satires nouvelles* et ses stances scandaleuses de *l'Occasion perdue et retrouvée* qu'on attribua à Corneille; Antoine Ferrand et ses *Chansons* mises en musique par Couperin; enfin, l'abbé Le Dignan qui, dans *la Muse héroïque* présente Tircis et Sylvie, c'est-à-dire Mazarin et la reine considérés comme époux.

En bref, le XVIIe siècle reste une mine pour les curieux et les chercheurs, mais déjà les Lachèvre, Fleuret, Apollinaire et tant d'autres se sont faits les explorateurs de ces merveilles cachées.

Mme Deshoulières et ses amis.

Après la grande période classique marquée par la génération de 1660, la poésie s'étiole en même temps que le règne de Louis XIV qui, les grandeurs passées, paraît interminable. Déjà on peut trouver chez les poètes des nouvelles générations cette fadeur, cette mollesse qui vont envahir un domaine jusqu'ici vivace.

Certes, à la fin du XVIIe siècle, il y eut des gloires : elles ne méritaient pas mieux qu'un succès passager. Le nom d'Antoinette Ligier de La Garde, Mme Deshoulières (1633-1694), celle que le chevalier de Gramont appelait Amaryllis, est venu jusqu'à nous par le poème des *Moutons*.

Très belle, pleine d'esprit, rompue aux arts d'agrément, à la fois sentimentale et libertine, elle avait connu l'hôtel de Rambouillet à son déclin. En 1672, elle publia dans *le Mercure galant,* la revue de Donneau de Visé, « au-dessous de rien » selon La Bruyère, des poésies fugitives et persévéra dans sa fidélité à cette publication. Au théâtre, elle commit de pitoyables tragédies, *Genséric* ou *Jules Antoine,* une méchante comédie, *les Eaux de Bourbon,* un mauvais opéra, *Zoroastre.* On comprend qu'elle ait soutenu le médiocre Pradon contre Racine et que Boileau, dans sa *Satire X* ait tracé ce portrait d'elle :

> C'est une précieuse,
> Reste de ces esprits jadis si renommés
> Que d'un coup de son art Molière a diffamés.
> De tous leurs sentiments cette noble héritière
> Maintient encore ici leur secte façonnière.

De cet ancien monde, Mme Deshoulières a gardé le raffinement et le style, en accentuant cette « facilité languissante », cette

« fadeur molle et puérile » que Jean-Baptiste Rousseau lui reprochera. Voltaire tirera une conclusion statistique : « De toutes les dames françaises qui ont cultivé la poésie, c'est celle qui a le plus réussi, puisque c'est celle dont on a retenu le plus de vers. » Mais aujourd'hui, on ne lit plus guère son idylle qu'ont récitée nos grand-tantes :

> Hélas! petits moutons, que vous êtes heureux!
> Vous paissez dans nos champs, sans soucis, sans alarmes :
> Aussitôt aimés qu'amoureux,
> On ne vous force point à répandre des larmes.

Aux poèmes pastoraux qui avaient cours, elle sut ajouter une note amère et mélancolique. A-t-elle plagié? L'obscur Antoine Coutel (1627-1693), dans son recueil *les Promenades,* a donné un poème *Sur l'indolence* qui est à peu près celui des chers *Moutons.* Qui a copié qui? Laissons ce débat se poursuivre dans la galerie des ombres surannées.

Des générations d'écoliers ont appris le poème qui commence ainsi :

> Dans ces prés fleuris
> Qu'arrose la Seine,
> Cherchez qui vous mène,
> Mes chères brebis :
> J'ai fait, pour vous rendre
> Le destin le plus doux,
> Ce qu'on peut attendre
> D'une amitié tendre...

On appela la bêlante dame « la dixième Muse, la Calliope française ». Elle eut pour amis les écrivains comme Corneille, Pellisson, Fléchier, et les ducs, Nevers, Montausier, La Rochefoucauld. Elle écrivit dans tous les genres légers des choses charmantes. Elle peut même étonner si on lit sa paraphrase du *Psaume XII* où Malherbe et Racine se donnent la main.

Elle avait pour maître le poète Jean Hesnault (mort en 1682), épicurien et gassendiste, ami de Spinoza, traducteur de Sénèque et de Lucrèce, dont les *Sonnets,* graves, d'une belle résonance, valent mieux que ses œuvres futiles, la religion retrouvée l'inspirant mieux que son épicurisme mal compris.

La fille de Mme Deshoulières, Antoinette-Thérèse Deshoulières (1662-1718) composa des œuvres qui grossissent généralement celles de sa mère. Son *Éloge de l'Établissement de Saint-Cyr* fut couronné par l'Académie française.

Auprès de Mme Deshoulières, on trouve N. de l'Enfant, chevalier de Saint-Gilles (mort en 1709) qui se fit capucin après avoir été mousquetaire, comme en témoigne son recueil *la Muse mousquetaire.* Un de ses contes, celui du *Contrat,* fut attribué à La Fontaine. Il mit Ésope en rondeaux et il y eut de nouvelles rencontres cigale-fourmi, renard-corbeau, etc. Sa *Plainte à Madame et Mademoiselle Deshoulières* proteste et se termine par un trait :

> Restituez donc à Saint-Gilles
> Le faible honneur de ses chansons;
> Contentez-vous de vos idylles
> Et retournez à vos moutons.

La poésie n'était pas en progrès. Et ce n'est pas le duc de Saint-Aignan (1610-1687), mécène, courtisan et même académicien, qui, écrivant à Mme Deshoulières, pouvait relever le genre de l'épître :

> Fils de Vénus, songe à tes intérêts,
> Reprends l'encens et rends les camouflets...

Saint-Évremond et Hamilton.

Limité en tant que poète, Charles de Marguetel de Saint-Denis, seigneur de Saint-Évremond (1613-1703) est d'une autre qualité. Critique intelligent et caustique, esprit sagace, il représente le type idéal du galant et de l'honnête homme. Il fut maréchal de camp, participa aux grandes campagnes, joua un rôle important dans les salons comme celui de son amie Ninon de Lenclos, voyagea en Hollande, en Angleterre où il fréquenta à Londres Dryden, Temple et Swift, n'ignorant rien de ce qui se passait de l'un et l'autre côté de la Manche.

Dans la querelle des Anciens et des Modernes, il prit une juste position :

Il faut convenir que la *Poétique* d'Aristote est un excellent ouvrage; cependant, il n'y a rien d'assez parfait pour régler toutes les nations et tous les siècles... Si Homère vivait présentement, il ferait des poèmes admirables, accommodés au siècle où il écrirait. Ses poèmes seront toujours des chefs-d'œuvre, non pas en tout des modèles. Ils formeront notre jugement; et le jugement réglera les dispositions des choses présentes.

André Suarès pourra bien dire de lui : « la mesure même ». Critique, il est un maître de la prose, ne dédaignant pas le paradoxe, ayant ses préjugés, commettant des erreurs comme celle de voir des réussites dans la *Sophonisbe* de Mairet et l'*Attila* de Corneille qu'il préférera toujours à Racine.

Ses vers honorables ne sont rien auprès de sa prose : ses petites pièces versifiées, amusettes sans prétention, ne se distinguent en rien des billets qui courent dans les salons. Il s'y montre frivole, vivant sans autre souci que ceux de la vanité des plaisirs et des triomphes comme en témoigne une *Épître à Ninon*.

Sa *Comédie des Académistes* se moque déjà des politesses de langage de la tradition académique. Avec pour personnages les « chers nourrissons des filles de Mémoire », comme il fait dire à Godeau, nous trouvons une amusante parodie qui se lit encore fort bien. Il s'y montre proche de *la Requête des Dictionnaires* de Ménage qui s'inspira peut-être de lui. Dans sa satire *le Cercle*, il raille précieux et beaux esprits, opposant aux mœurs des ruelles les profondeurs de la raison. Il composa deux autres comédies, la première à propos de la nouvelle vogue des opéras, la seconde sur le cosmopolitisme naissant. Sainte-Beuve en fera « un Montaigne adouci ».

Son correspondant, Antoine Hamilton (1646-1720), né en Écosse, fut élevé en France par des parents exilés après le drame du roi Charles Ier. Sainte-Beuve écrira à son propos : « On a vu d'autres étrangers, Horace Walpole, l'abbé Galiani, le baron de Besenval, le prince de Ligne, posséder ou jouer l'esprit français à merveille; mais pour Hamilton, il est cet esprit même. »

Les Mémoires du chevalier de Gramont restent comme son chef-d'œuvre; le héros est le beau-frère de l'auteur, brillant courtisan, qui se trouvait en exil en Angleterre pour avoir disputé au roi le cœur d'une demoiselle. Ses contes charmants imitent *les Mille et une Nuits*. Appréciant Voiture, Quinault, Boileau qui le lui rend bien, il fut poète et Voltaire le loue :

> Ces vers, moins allongés et d'une autre mesure,
> Qui courent avec grâce et vont à quatre pieds,
> Comme en fit Hamilton, comme en fait la nature.

Certains de ces poèmes sont des rimailleries inintéressantes, mais on trouve parfois de curieux accommodements médiévaux comme dans un rondeau redoublé :

> Par grand'bonté cheminaient autrefois
> Preux chevaliers, couverts de fine armure,
> Ores par monts, ores parmi les bois,
> Redressant torts, et défaisant injure;
>
> Trouvaient par cas horions, meurtrissures,
> Par cas aussi, sur fringants palefrois,
> Dames près d'eux, friandes d'aventures,
> Par grand'bonté cheminaient autrefois.

Toujours mettaient amour dessous leurs lois
Jeunes beautés de bénigne nature;
Et voyait-on bien reçus chez les rois
Preux chevaliers couverts de fine armure.

Meshui s'en vont, mis en déconfiture,
Soulas déduit; et la gent à pavois,
Plus ne s'ébat à coucher sur la dure,
Ores par monts, ores parmi les bois.

Princesse, en qui le ciel met à la fois
Esprit sans fin et grâces sans mesure,
Vous seule allez, du vieux temps aux abois,
Redressant tort et défaisant injure
        Par grand'bonté.

3

Les Dames et les Fées

La poésie féminine.

Au XVIIᵉ siècle, les écrivains féminins abondent, mais généralement la femme voit son rôle limité à celui d'animatrice qui met les écrivains en valeur ou les inspire.

On ne compte plus les épistolières comme Mme de Sévigné et les mémorialistes comme Mlle de Montpensier, la comtesse de Murat, Mme de Caylus, la duchesse de Nemours, Mme de Maintenon, Mme de La Fayette, les unes et les autres traçant de merveilleux portraits ou apportant à l'histoire de précieuses informations complémentaires. Il y a des auteurs de maximes comme Mmes de La Sablière et de Sablé. De Madeleine de Scudéry à Mme de La Fayette, les romancières sont nombreuses. Et n'oublions pas les tentatives au théâtre, avec Mme de Villedieu, Catherine Bernard, Mme Deshoulières, la présidente de Bretonvilliers entre autres, si décevantes qu'elles soient. Nous aurons plus de chance du côté des contes de fées. Malgré cette abondance, le temps n'est pas venu où dans ces domaines comme dans tant d'autres les femmes sont considérées d'égal à égal avec leurs partenaires masculins.

Dans le domaine poétique, au XVIIᵉ siècle, nous trouvons des essais intéressants, mais rien qui soit du niveau d'une Louise Labé.

Réunissons deux noms, Descartes et Pascal, je veux dire : Catherine Descartes et Jacqueline Pascal. Dans le domaine de la poésie religieuse où nous avons rencontré Mme Guyon, cette Jacqueline Pascal (1625-1661) n'est pas à dédaigner. Aussi précoce que son frère Blaise Pascal, à huit ans elle écrit ses premiers vers, à onze une tragédie, à treize un sonnet sur la grossesse de la reine, à quatorze des *Stances sur la conception de la Vierge* qui lui valent un prix aux Palinods de Rouen. Plus tard, elle se convertit au jansénisme en même temps que son frère et sacrifie son talent poétique à la religion. Sa plus remarquable pièce est une suite de *Dizains sur le miracle de la Sainte Épine*. Victor Cousin a dit d'elle : « Polissez un peu la rudesse cornélienne de ces vers, sans toucher à la forte sève qui les anime; ajoutez l'art à cet admirable naturel, et vous aurez un poète de plus au XVIIe siècle. »

Catherine Descartes (1637-1706), nièce de Descartes, fut louée par Fléchier pour sa vertu. Dans un recueil du père Bouhours, on trouve plusieurs de ses piécettes de circonstance. Amie de Madeleine de Scudéry, elle composa pour elle un impromptu sur une fauvette qui revenait la voir à chaque printemps :

> Voici mon compliment
> Pour la plus belle des fauvettes :
> Quand elle revient où vous êtes,
> N'en déplaise à mon oncle, elle a du sentiment.

La Toulousaine Marie Puech de Calages (1632-1661) écrivit un poème saint pour la reine Marie-Thérèse, *Judith ou la délivrance de Béthulie,* cinq mille vers épiques proches de la *Judith* de Du Bartas, et que Racine lut puisqu'on retrouve deux des vers de cette épopée dans *Phèdre* :

> Qu'un soin bien différent l'agite et le dévore.

> Il se cherche lui-même et ne se trouve plus.

Ce poème de *Judith* est animé par une singulière puissance. Il contient un cantique qui a les accents grandioses d'un romantisme flamboyant ou nocturne aux intonations de grandes orgues.

Élisabeth Chéron (1648-1717), poète, peintre, musicienne, met en vers *Psaumes* et *Cantiques* avec une rigueur et une puissante passion que bien des paraphraseurs pourraient lui envier.

En matière de poésie, les précieuses sont limitées, qu'il s'agisse de Madeleine de Scudéry ou d'Henriette de Coligny, comtesse de La Suze (1618-1673), dite Doralise. Bien avant Buffon cette dernière s'habillait en cérémonie avant de prendre la plume. Contrairement au naturaliste, ses vers se ressentent de cet apparat : c'est une de ces « façonnières » dont les mérites sont plus volontiers dans leurs ruelles. Le salon de la comtesse de La Suze fut, selon Émile Magne, « un centre d'émulation poétique ».

Mme de Lauvergne est ainsi présentée par Somaize : « Léonaride est une veuve prétentieuse âgée de quarante ans », ce qui est court. On ne trouve guère de personnalité dans ses madrigaux, stances, élégies où dans son *Adonis* élégant et facile.

La fille de Catherine de Parthenay-Larchevêque, Anne de Rohan (1584-1646) fut appréciée pour ses *Stances sur la mort de Henri IV* par Agrippa d'Aubigné, mais attaquée par Tallemant des Réaux.

Marie des Loges (1585-1641) tint un salon presque aussi important que celui de Mme de Rambouillet. Elle inspira beaucoup de poèmes et en écrivit quelques-uns.

Romancière, Charlotte-Rose de Caumont-La Force (1650-1724) envoya des poèmes à la princesse de Conti et à Mme de Maintenon. La belle Marie Galateau de La Roche, comme son mari Pierre Lalane, fut poète. Anne Picardet fit des *Odes spirituelles* sur les airs des chansons de son temps. Les meilleurs musiciens ornent les cantates de Marie de Louvencourt (1680-1712), amie de Madeleine de Scudéry. La fade Mme Chance-Doulens a son temps de succès avec sa prose rimée.

Dans la bonne société nombreuses sont les dames poètes occasionnellement : Anne de La Vigne (1619-1693), Charlotte de Brégis (1619-1693), nièce de Somaize qui en fait Belarmis, Louise de Montbel qu'on appelle Melise, Marie-Jeanne Lhéritier de Villandon, Mlle de Nantouillet, Mlle de Vandeuvre, la comtesse Salvan de Saliez, la comtesse de Brégy, Mmes de Plat Buisson, de Saint-Géran, Mmes Louise-Anastasie Sarment, Drevillet, etc.

Avant de devenir sœur Louise de la Miséricorde, la touchante Françoise-Louise de La Vallière (1644-1710) écrivit un beau sonnet pour le roi, lequel inspira aussi Mme de Chevry et Mme Le Cadmus. *Le Mercure galant* accueillait, en plus des poétesses déjà citées Mme Mazelle, Mlle de Razilli, Mlle Duval ou Mme de Mouffart.

Hortense de Villedieu (1632-1683) possédait un beau tempérament d'amoureuse. Ainsi, Boisset de Villedieu lui ayant promis de l'épouser alors qu'il était déjà marié, elle le rejoignit l'épée à la main pour lui demander raison. Ils vécurent ensemble et elle prit son nom. Cette fougue se manifesta dans ses romans, dans ses comédies, dans ses poèmes. Comme chez Louise Labé, l'amour n'est pas abstraction. Elle intitule un poème *Jouissance*. Malheureusement, sa poésie manque d'art, est prosaïque, encombrée de lieux communs, ce qui est dommage, car on trouve de bons passages :

> Une douce langueur m'ôte le sentiment,
> Je meurs entre les bras de mon fidèle amant
> Et c'est dans cette mort que je trouve la vie.

Louise-Geneviève de Saintonge (1650-1718), traductrice de l'Arioste et de Montemayor, écrivit des tragédies, *Didon, Circé*, des *Poésies galantes,* un recueil de *Poésies diverses,* ne dédaignant pas la pointe épigrammatique. Henriette de Murat écrivit des contes délicats, des chansons, des poésies fugitives.

Les anthologies de poésie féminine d'Alphonse Séché, de Rosemonde Gérard, de Jeannine Moulin, de Marcel Béalu apportent bien des renseignements utiles concernant les femmes poètes.

Le Cabinet des Fées.

Le genre créé par Perrault, le conte de fées, procède de la poésie, unissant le plus raffiné au plus populaire. Est-ce parce que Perrault défendit les dames contre Boileau qu'elles s'inspirèrent de lui ? Toujours est-il que pour cette raison peut-être, pour une inclination naturelle plus sûrement, plusieurs le suivirent. Puisant dans un fonds de tradition populaire où Marie de France et les auteurs de fabliaux avaient déjà puisé, les auteurs de contes de fées font des rencontres bien en accord avec l'esprit d'ornementation du siècle et lui apportent sa part de merveilleux.

Charles Perrault sera plus poète dans ses *Contes* en prose que dans ses rédactions en vers pour *Peau d'âne, Grisélidis, les Souhaits ridicules.* Tant que petits et grands voudront croire à ce que Marcel Schneider appelle « le sang léger du peuple fée », on lira *la Belle au bois dormant, le Petit Chaperon rouge, le Chat botté, Barbe-Bleue, Cendrillon, Riquet à la houppe* ou *le Petit Poucet*.

Les lisant ou simplement les invoquant, nous sommes à mille coudées au-dessus du *Siècle de Louis le Grand* de notre auteur et bien éloignés de ce poème parodiant Germain Habert de Cerisy qu'on attribue parfois à Étienne Pavillon, *les Jumelles ou Métamorphose du cû d'Iris en astre* ou d'autres pièces de poésie.

A lire les *Contes,* on trouve toujours le plaisir extrême dont parle La Fontaine. Nous pensons avec Robert Amadou et Robert Kanters que « le conte nous transporte au paradis du symbolisme » et ce n'est pas par hasard qu'ils placent Perrault dans leur *Anthologie littéraire de l'occultisme* auprès de William Blake et de Péladan : ils découvrent « une peinture très précise des opérations du Grand Œuvre » à tel endroit, à tel autre des descriptions hermétiques classiques, et plus loin « un voyage d'investigation ». Si Perrault n'a pas voulu consciemment tout cela, il n'en reste pas moins qu'il nous transporte vers les pays mythiques, magiques, sexuels mêmes de l'inconscient.

Sa rédaction est toujours simple, nette, élégante, savoureuse, malicieuse et légère, mais on peut rencontrer le sadisme avant Sade dans des passages du *Petit Poucet* ou de *Barbe-Bleue*. Cela fait frémir certains moralistes éducateurs, mais ce n'est pas pire que les hécatombes de westerns.

Ajoutons que Charles Perrault sacrifiant ainsi aux conventions du temps orne ses contes d'une moralité qu'on peut oublier de lire.

André Chénier dit : « Il est bon d'avoir vu une fois en sa vie ces ouvrages et ceux de semblable démence pour connaître jusqu'où l'esprit humain peut aller quand il marche à quatre pattes. » Cet ennemi de Boileau et de Racine, ce combattant des Modernes est aussi une figure importante du classicisme comme l'a démontré son meilleur connaisseur Marc Soriano.

Dans son choix des poètes du passé, Paul Éluard lui a fait place comme il a fait place au Cyrano de Bergerac de la prose et aux *Lettres portugaises* dites de Mariana Alcaforado, trouvant plus de poésie dans certaines proses que dans certains poèmes conventionnels.

Là encore, on trouve Marie Jumelle d'Aulnoy (1650-1705) que nous situerions proche de Mme de La Fayette pour son roman *Hipolyte, comte de Douglas* si elle n'avait écrit ses admirables *Contes : le Mouton, Gracieuse et Percinet, la Chatte blanche, la Biche au bois, la Belle aux cheveux d'or,* et la légende de *l'Oiseau bleu* chère à Marie de France.

Ces contes procurent autant d'évasion heureuse que ceux de Perrault, autant de finesse et de poésie y sont contenues, bien que la trame et l'anecdote soient moins brillantes.

On ne saurait oublier *les Nouveaux contes de fées* de la comtesse de Murat, peu originaux, mais gentiment narrés, et non plus, bien qu'ils soient assez fades, *les Fées, contes des contes* de Charlotte-Rose de Caumont-La Force. Marie-Jeanne Lhéritier de Villandon est surtout connue pour *l'Adroite Princesse ou les Aventures de Finette*. Une précieuse attardée, Louise de Bossigny, comtesse d'Auneuil, montre les fées ennemies des hommes dans *la Tyrannie des fées* avant de les rendre à une mission protectrice dans d'autres œuvres.

Dans le roman de Catherine Bernard (1662-1712), *Inès de Cordoue,* on trouve une version originale de *Riquet à la Houppe*. Le *Comte de Gabalis* de l'abbé de Villars (1635-1673) est riche de matière merveilleuse et symbolique, et aussi certaines œuvres du chevalier de Mailly (mort en 1724).

Au XVIIe siècle, le conte de fées tient une place importante dans la littérature et c'est par lui qu'une région intéressante de la poésie est prospectée. Quand, en 1711, naîtra Marie Le Prince de Beaumont, elle trouvera une voie toute tracée, et l'on attendra Charles Nodier pour un renouveau d'imagination, de richesse et de couleurs. Les contes de fées sont une porte ouverte sur la poésie et le rêve.

4

Permanences

La veine populaire.

AVEC ces contes, si élégamment narrés qu'ils soient, nous sommes près d'une veine populaire : les mères-grands n'ont pas fini de réciter près de l'âtre.

Tellement en faveur au XVIe siècle, les *Noëls* se perpétuent. Souvent en dialecte, ils sont transmis au français par la suite. Les Bourguignons Aimé Piron et Bernard de La Monnoye en ont fait, comme nous l'avons vu, et il faut leur ajouter une foule d'anonymes ou de chansonniers inconnus qui continuent à en créer avec fraîcheur et gentillesse.

Ainsi, la poétesse lyonnaise Françoise Pascal (née en 1632) en a écrit de nombreux, bientôt entrés dans la tradition, le nom de l'auteur étant dès lors oublié. Les recueils vont se multiplier, connus des spécialistes émerveillés comme Henry Poulaille ou comme Édouard Boulard qui donne des noms : Godolin, d'Astros, Fézedé, Lasplaces, pour la Gascogne; Pezant, Natalis, Cordat, pour l'Auvergne; le père Amilha, pour le Languedoc; l'incomparable Saboly, pour la Provence; Borjon et Brossard de Montaney, pour la Bresse; l'abbé Lhuillier, pour le Mâconnais; le père Christin Prost, pour la Franche-Comté; Philippe Bourdonneau, pour le Blésois; Urbain Renard, pour l'Anjou; François Colletet et Claude Hopil en langue courante, etc.

Rien de plus sensible et délicieux que les *Noëls provençaux* de Nicolas Saboly (1614-1675) de Monteux, près de Carpentras. Prieur d'une chapelle de la cathédrale de cette dernière ville, prêtre et organiste de l'église Saint-Pierre d'Avignon, il offre un art à la fois populaire et savant. Mêlant le style du noël campagnard à celui de la mélodie, il crée des chefs-d'œuvre de bon goût. Nous sommes dans l'univers des santons qu'il anime. La Galilée se retrouve en Comtat Venaissin et les bergers, Peire, Guillaume, Estève, Nicolas, Jacquet ou Francet, apparaissent vivants et imagés, légèrement caricaturaux. C'est toute la poésie des crèches provençales où le prêtre a des airs de marionnette. Saboly n'hésite pas à faire chanter l'âne. Aucun auteur de noëls possède autant de fantaisie et de bonheur dans la composition. On ne saurait dans ce temps du XVIIe siècle l'oublier, car sa gloire est en profondeur et a largement dépassé le territoire français.

On peut tenir pour populaires certaines facéties qui portent une verve médiévale bien lointaine. Au temps de Louis XIII, on trouve, et ce n'est qu'un exemple, *la Complainte des Argotiers,* dialogue en argot qui nous introduit chez les truands de l'époque. Cette pièce « tirée d'un dialogue de deux myons de l'argot par le Regnaudin Mollancheur en la vergne de Miséricorde », 1630, offre des passages réjouissants :

Il avait débridé la lourde du creux d'un rastichon doublé et entrolié toutime son michon et quelques luysans après comme il pictanchoit dans une piolle il en rouscailloit avec d'autres argotiers...

Mais, après tout, il s'agit encore d'une forme de préciosité. La tradition populaire héritée du moyen âge, dans les provinces, se retrouve au cœur des chansons : chansons de mai, de métiers, de mariées, rondes, ballades, dans des satires, dictons rimés, jeux d'esprit, facéties, rébus, comptines, devinettes... *La Muse normande, les Chansons* de Miquelle ou *les Plaintes* de sa mère Marion Floncan en Normandie, *les Pastorales* en Dauphiné, les œuvres en dialecte ou patois en Bourgogne, en Poitou, un peu partout, à défaut de grand art ou de nouveauté formelle, sont riches de sève terrienne et se transmettent à dos de colporteur.

La chanson prend une place grandissante dans la vie publique. Les hommes et les événements sont les prétextes. Des couplets gouailleurs, satiriques, légers, grossiers même, s'attachent aux grandes périodes de l'histoire. Si les poètes officiels se mêlent des événements nationaux, la chanson paraît beaucoup plus disposée à la critique. Henri IV, Louis XIII, la Fronde, Richelieu, Mazarin inspirent les chansonniers. On envoie une Éminence en enfer :

Richelieu est dans l'enfer,
Favori de Lucifer,

> Et dans ce lieu, comme en France,
> On le traite d'éminence.
> Lampons, lampons,
> Camarades, lampons.

On connaît le mot de Mazarin à propos des nouveaux impôts. Il demanda si le peuple chantait, et, ayant reçu une réponse affirmative : « S'ils cantent la canzonette, ils pagaront! » Nous avons dit l'ampleur du corpus des *mazarinades* qui se comptent par milliers. La chanson transmise par billets est un peu la gazette, *le Canard enchaîné* du pavé. Parfois, on reprend un noël pour l'accommoder au goût des barricades :

> Ce fut une étrange rumeur
> Lorsque Paris tout en fureur
> S'émut et se barricada.
> Alleluia!

La chanson bafoue les grands, les attaque dans leurs particularités physiques ou leurs ennuis domestiques avec verdeur. L'autorité et la majesté de Louis XIV n'empêchent pas les épigrammes contre ses ministres, ses capitaines, ses maîtresses et lui-même de prendre les ailes de la chanson et de voler de lèvres en lèvres. Quant aux généraux, vainqueurs ou vaincus, on les chansonne.

On chante à la cour, on chante au Pont-Neuf. C'est souvent virulent et grossier; c'est parfois plein de charme et de poésie. Malherbe, écoutant des chansons, dit les préférer à Ronsard. Au cabaret, Bacchus est célébré à la fois par les satiriques du temps de Mathurin Régnier, par les Maynard, Saint-Amant, Scarron, Vion Dalibray, Adam Billaut, sans oublier, à l'exception de Racine plus réservé, les « classiques ».

Sous Mazarin et après lui se constitue un grand journalier carnavalesque avec pasquils, couplets, vaudevilles, triolets, sonnets, épîtres, souvent plus littéraires. Quant à la chanson populaire, durant tout le siècle, elle préfère sans doute à tout l'éternelle inspiration de l'amour. Un peu partout, on chante :

> Mon père m'a donné un mari,
> Mon Dieu, quel homme!
> Quel petit homme!

Il en est qui viennent de province :

> Dans les prisons de Nantes,
> Dans les prisons de Nantes,
> Il y a un prisonnier,
> Il y a un prisonnier.

> Person' ne le va voir
> Que la fille au geôlier,
> Que la fille au geôlier.

Traditionnellement, la Champagne apporte son lot, unissant la féerie épouvantable à la complainte émerveillée :

> Ils étaient trois petits enfants,
> Qui s'en allaient glaner aux champs.
> Ils sont tant allés et venus
> Que le soleil on n'a plus vu.
>
> S'en sont allés chez un boucher :
> « Boucher, voudrais-tu nous loger ? »
> – « Allez, allez, mes beaux enfants,
> Nous avons trop d'empêchement. »

Et, à la fin du XVIIe siècle, apparaîtra, l'admirable *Petit cordonnier,* beau et émouvant à pleurer, plus chargé de vraie et authentique poésie qu'on n'en dispense dans les ruelles, les salons et la cour :

> C'est un petit cordonnier,
> C'est un petit cordonnier,
> Qu'a eu la préférence, lon la,
> Qu'a eu la préférence...
>
> Dans le mitan du lit,
> Dans le mitan du lit,
> La rivière est profonde, lon la,
> La rivière est profonde.
>
> Tous les chevaux du roi,
> Tous les chevaux du roi,
> Viendraient y boire ensemble, lon la,
> Viendraient y boire ensemble.
>
> Et là nous dormirions
> Et là nous dormirions
> Jusqu'à la fin du monde, lon la,
> Jusqu'à la fin du monde.

Lorsqu'en 1702, John Churchill, duc de Malborough, est à la tête de la coalition contre Louis XIV, on chante :

> Malbrough s'en va t'en guerre,
> Mironton, mironton, mirontaine,
> Malbrough s'en va t'en guerre,
> Ne sait quand reviendra.

Il reviendra z'à Pâques,
Mironton, mironton, mirontaine,
Il reviendra z'à Pâques,
Ou à la Trinité...

A l'entour de sa tombe,
Mironton, mironton, mirontaine,
A l'entour de sa tombe,
Romarins on planta.

Sur la plus haute branche,
Mironton, mironton, mirontaine,
Sur la plus haute branche,
le rossignol chanta.

Treize ans plus tard, sur l'air de « On redingué lon lan la », on chantera la mort de Louis XIV. Il n'est rien en France qui ne se chante.

Permanence du Sud.

Cependant, la poésie de langue d'oc poursuit son difficile chemin. Guilhem Ader (1578-1638) compose une épopée supérieure à ce qui se fait en français dans le genre : *lou Gentilome gascoun,* récit des hauts faits de son compatriote Henri IV. En français et en latin, il publie des ouvrages médicaux, gardant sa langue d'origine pour la poésie. Il fait cent quatrains en décasyllabes dans le genre de ceux de Pibrac, *lou Catounet gascoun,* qui n'égalent pas son chef-d'œuvre de 1610, où en 1690 vers le Vert Galant connaît son plus parfait hommage.

Henri IV inspira aussi le Toulousain Peire Godolin (1579-1649) dans des *Stances sur la mort d'Henri IV,* 1611, que le père Vanière traduisit en vers latins, et dont firent beaucoup de cas, René Nelli l'a rappelé, Bayle, Pellisson et Campistron, et qui furent encore traduites en espagnol et en italien. Il groupa ses œuvres poétiques sous le titre de *Ramelet moundi* (Petit rameau, en langage toulousain) qu'on rééedita à plusieurs reprises. Goûté en son temps, on en fit « l'Homère du Languedoc » et une inscription latine ornant son buste au Capitole défia Apollon de faire les vers mieux que lui.

On a appelé son ami Bertrand de Larade (1581-1630) « le Ronsard gascon ». *La Margalide gascoue, les Meslanges, la Muse piranèse, la Muse gascoue* réunissent des sonnets, des pastorales et des chansons qui font honneur à la vieille langue.

Autre gascon, Jean-Géraud d'Astros (1594-1648), poète, essayiste, auteur dramatique, a un registre étendu. On trouve des noëls, des poésies badines, une comédie satirique, un catéchisme gascon en vers. Cet ami de Godolin a écrit des plaidoyers versifiés en faveur de sa langue. Dans un poème, ce sont les quatre saisons, dans un autre les quatre éléments qui, en octosyllabes, donnent des tableaux de nature, des descriptions réalistes et charmantes devant un berger pris pour juge. Il est fort dommage que les Français ignorent complètement ces œuvres savoureuses.

Auprès de ces éminents poètes, prennent place André Du Pré, auteur des sonnets des *Feuilles sibyllines,* Jean Michel qui fut apprécié pour *les Embarras de la foire de Beaucaire,* en quatre mille vers, Gérard Bedout (1617-1692), élégant et élégiaque dans *le Parterre gascoun,* Cortète de Prades (1586-1667), proche de Godolin, auteur d'une pastorale, *la Miramoundo,* et de comédies, Louis Baron (1612-1663), poète rustique, Pierre Rousset (1626-1684), Périgourdin, et ses chansons, poésies légères et comédies.

L'Aixois Jehan de Cabannes (1653-1717) écrivit *la Guerre du duc de Savoie en Provence en 1717* et des comédies. Son compatriote l'imprimeur Jean Roize fit *la Lessive provençale* et *la Chasse, souci provençal.* Isaac Despuech (1557-1642) dit « le Sage », de Montpellier, publia ses *Folies du Sieur Le Sage,* qui furent rééditées. Le fabricant de peignes de Villeneuve-sur-Lot, Armand Daubasse (1664-1727), bien que ne sachant pas écrire, composait des poèmes qu'il dictait : ils furent édités à la fin du XVIIIe siècle.

En Provence, il y a encore Claude Brueys qui poétise avec des madrigaux et des vers badins, et surtout l'auteur de noëls déjà cité, Nicolas Saboly. Cet art simple, naturel, profond se retrouve dans *le Noël des Bohémiens* de Louis Puech. L'Auvergne est représentée par Joseph Pasturel, fils de Gabriel Pasturel, auteur de chansons, qui écrivit des *Poésies auvergnates,* des œuvres dans la langue et traduisit une partie de *l'Énéide* en vers burlesques auvergnats. En Poitou, l'apothicaire Jean Droubet écrit de curieux ouvrages en vers comme *la Moirée de Sen-Moixent* ou *le Gros fromage de Hollande;* nous sommes dans un monde patoisant. En Dauphiné, Jean Millet (1600-1675) est plus raffiné dans ses pastorales et comédies, sa féerie ou son *Diologo de lo quatro comare,* mais la trivialité n'est pas absente cependant.

Par la présence de ces poètes, et surtout Ader, Godolin, Larade, d'Astros, cette poésie du Sud dont nous avons suivi les tribulations, sœur opprimée, peut se maintenir avec honneur.

On ne saurait oublier qu'une autre langue est parlée sur le territoire français : le basque. La poésie de ses bardes anciens, les coblacaris, s'est transmise oralement. Déjà *le Chant des Cantabres* célébrait la résistance de ce peuple devant l'empereur Auguste. *Le Chant d'Altabiscar,* plus tard, relata le souvenir des ancêtres au combat de Roncevaux. Parce que, écrites par des auteurs de modeste condition, on appela pastorales des pièces bibliques, hagiographiques, mythologiques et historiques. Tous les genres de la poésie sont d'ailleurs représentés, avec un goût particulier pour les sujets religieux. Au XVIIe siècle, citons : *Noëls et cantiques spirituels,* 1630, par Jean Etcheberri, de Bayonne; *Miroir et oraisons de la dévotion basque,* 1635, par Haramburu; *Office de la Vierge,* par Harrizmendi; *Poésies basques,* 1657, par Arnauld d'Oihenart, etc., œuvres auxquelles s'ajoutent de nombreuses traductions.

(La littérature bretonne mérite elle aussi une attention particulière et nous ne pouvons ici que signaler sa richesse extraordinaire. Depuis qu'Anne de Bretagne a fait traduire *le Nouveau Testament* dans sa langue à la fin du XVe siècle, les chants religieux et historiques se sont succédé ainsi que ces chants populaires que réunira Hersart de La Villemarqué. Mais nous avons dit l'importance de cette littérature au moyen âge et bien avant, sans oublier son influence profonde sur toutes les littératures.)

5

Le Soleil couchant

Avec des poètes comme Coulanges, Régnier-Desmarais, Chaulieu, Aimé Piron, La Monnoye, La Fare, Dufresny, tous nés avant 1650, tous morts après 1710, nous prenons déjà pied dans le XVIIIe siècle historique dont ces poètes laissent augurer maintes fadeurs et parfois un goût plus relevé.

Si le cousin germain de Mme de Sévigné, Philippe-Emmanuel de Coulanges (1631-1716) a laissé *Mémoires* et *Chansons* aimables, que salua sa cousine, il n'est qu'un des nombreux taquins de la muse du temps.

L'abbé François-Séraphin Régnier-Desmarais (1632-1713), académicien, grammairien, traducteur de *la Batrachomyomachie*, poète en espagnol et en italien avec un certain bonheur, est surtout connu pour son poème des *J'ai vu...*, moins, du reste, pour l'œuvre en soi que pour l'imitation qu'on en attribue à Voltaire, et qui lui valut la Bastille. Ce poème est original et a quelque vigueur :

>   Depuis qu'à mourir destiné,
>   J'ouvris les yeux à la lumière,
>   Le tourbillon où je suis né,
> A six fois treize fois, pour finir sa carrière,
> Dans son cercle annuel sur son axe tourné.
> J'ai vu vingt et huit mille et cinq cent vingt journées,
> D'une éternelle main également bornées ;
> J'ai vu des millions de millions d'instants
> Aussitôt dévorés qu'engendrés par le temps.
>   Et dans un aussi long cours d'années,
> Combien n'ai-je point vu de courses terminées ?
> J'ai vu renouveler la terre d'habitants.

> J'ai vu d'illustres destinées
> Être comme épis mûrs au printemps moissonnés ;
> Et les enfants des rois passer dès leur berceau
> Dans l'obscurité du tombeau.

A ce commencement qui a des allures d'épopée succèdent des tableaux sociaux, moraux, politiques qui finissent par sombrer dans un noir pessimisme. Chargé de la *Grammaire française* de l'Académie, il y travailla avec tant d'opiniâtreté qu'on l'appela l'abbé Pertinax. Il imita une *canzone* de Pétrarque si bien qu'on l'attribua à l'amant de Laure. Elle le fit entrer à l'Académie de la Crusca.

L'abbé Guillaume Amfrie de Chaulieu (1639-1720), épicurien assez riche pour vivre « à la Vendôme », c'est-à-dire mener la belle vie, se présente dans une épître à La Fare :

> Noyé dans les plaisirs, mais capable d'affaires.

Mais, tandis que La Fare sombrait dans la jouissance gourmande au point d'être appelé par le chevalier de Bouillon « monsieur de la Cochonnière », l'abbé de Chaulieu restait « l'Anacréon du Temple ». Avec Chapelle, ils formèrent un joyeux trio.

Après de multiples aventures, l'abbé s'éprit de Mlle de Launay, la future Mme de Staal, et il l'aima jusqu'à son dernier souffle, à plus de quatre-vingts ans. Sainte-Beuve a dit : « Au sein de la joie et des plaisirs, il avait rimé et chansonné mille folies aimables, chères à des sociétés, mais aussi légères que l'occasion qui les faisait naître. Quand vint la goutte et une demi-retraite, il éleva son âme, affermit ses accents, et il en a trouvé quelques-uns du moins qui méritent de vivre. Quatre ou cinq pièces de lui seraient à lire, et il y gagnerait : *Fontenay, la Retraite,* son *Portrait,* à La Fare, quelques vers sur la goutte, quelques autres sur la mort. »

Ce vieux sujet de la retraite, cher à la Pléiade comme aux malherbiens, est ainsi chanté par lui :

> La foule de Paris à présent m'importune,
> Les ans m'ont détrompé des manèges de cour,
> Je vois bien que j'y suis dupe de la fortune,
> Autant que je le fus autrefois de l'amour.
>
> Je rends grâces au ciel que l'esprit de retraite
> Me presse chaque jour d'aller bientôt chercher
> Celle que mes aïeux, plus sages, s'étaient faite,
> D'où mes folles erreurs avaient su m'arracher.

Rien qui ne soit attendu :

> Désert, aimable solitude,
> Séjour du calme et de la paix,
> Asile où n'entrèrent jamais
> Le tumulte et l'inquiétude.
>
> Quoi! j'aurais tant de fois chanté
> Aux tendres accords de ma lyre
> Tout ce qu'on souffre sous l'empire
> De l'amour et de la beauté.

Ainsi la poésie raisonnable va-t-elle continuer à sévir pendant longtemps, avec ses clichés et son cortège de moralité familière et facile. Quand Voltaire mêle dans son *Temple du goût* la critique à l'éloge, on voit qu'il fut son maître dans le genre de la poésie légère et cela attriste quelque peu :

> Sa vive imagination
> Prodiguait dans sa douce ivresse
> Des beautés sans correction,
> Qui choquaient un peu la justesse
> Et respiraient la passion.

L'anacréontisme qui allait s'épanouir durant tout un siècle unit à Chaulieu son ami Charles-Auguste de La Fare (1644-1712) et il dit de lui : « formé de sentiments et de volupté, rempli d'une aimable mollesse », mais Mme de Sévigné corrige Chaulieu et qualifie ainsi La Fare : « C'est tout simplement de la paresse, de la paresse, de la paresse. » Et La Fare donna ce titre, *la Paresse,* à une ode qui se termine par ce quatrain :

> Laisse-toi gouverner par cette enchanteresse
> Qui seule peut du cœur calmer l'émotion;
> Et préfère, crois-moi, les dons de la Paresse
> Aux offres d'une vaine et folle ambition.

Quand on ne réunit pas les œuvres de La Fare à celle de Chaulieu, on ajoute à la fin son opéra de *Panthée* dont le duc d'Orléans composa la musique. Les poèmes de La Fare sont aussi indolents et fatigués que la fin du règne de son souverain. La Fare mourut comme Regnard d'indigestion.

Et que dire de Charles Rivière Dufresny (1648-1724), petit-fils d'un valet de Louis XIII né des amours d'Henri IV avec une jardinière d'Anet? Les mêmes épithètes reviennent : gracieux, spirituel, charmant, superficiel, sans intérêt. Alors, pour combler le vide, les historiens et critiques ont recours à l'anecdote.

Il a épousé sa blanchisseuse ne pouvant la payer, il a vendu à Regnard le sujet d'une comédie, il l'a accusé de lui avoir volé l'idée d'une autre, nous l'avons raconté et nous avons dit la faiblesse de ses comédies. Nous avons dit aussi qu'au théâtre on continue d'imiter sans succès les grands. Le tout dernier, Racine suscite des émules comme Jean Gualbert de Campistron (1656-1753) qui fera dire à Hugo imitant Boileau : « Sur le Racine mort, le Campistron pullule » et pullulent aussi Joseph-François Duché de Vancy (1668-1704) qui compose pour Saint-Cyr tragédies bibliques et poésies sacrées, François-Joseph de La Grange-Chancel (1677-1758) qui fait des tragédies raciniennes ou qui veulent l'être.

On aurait aimé clore cette partie de l'histoire poétique sur Racine, mais la loi des dates nous empêchant, nous retournerons pour un peu d'air frais vers la province. Les poètes du siècle de Louis XIV, peu soucieux du populaire, nous en ont détournés, mais le Dijonnais Aimé Piron (1640-1727), le père d'Alexis Piron, et son élève et compatriote Bernard de La Monnoye (1641-1728), tout en ne négligeant pas la poésie légère ou anacréontique, montrent dans leurs noëls, leurs poèmes et chansons en patois, toute la verdeur de l'esprit bourguignon. On les relit toujours avec plaisir.

Le 1er septembre 1715, à huit heures un quart du matin, meurt un vieux roi dont le siècle fut comparé à celui d'Auguste. Le peuple avait pleuré Henri IV et Louis XIII. Pour Louis XIV, il explose de joie, fait la fête et jette des injures. Un jeune poète de vingt et un ans pense déjà à se faire son historien. Il se nomme François-Marie Arouet. Il ne sait pas qu'on parlera de lui comme du *Roi Voltaire* comme on avait salué Louis du nom de « Roi-Soleil ». L'histoire et la poésie continuent.

Index

Abeille (Gaspard), 212.
Abstémius, 230.
Adam (Antoine), 204, 254, 284.
Adam (Chrétien), 73.
Ader (Guilhem), 340, 341.
Agonneau (G. d'), 81.
Agrippa (Henri-Corneille), 106.
Aiguillon (Duchesse d'), 124.
Alarcon, 198.
Alary (Jean d'), 27.
Alberti, 239.
Albret (Maréchal d'), 156.
Alcoforado (Mariana), 334.
Alembert (Jean Le Rond dit d'), 299.
Alexandre (le maçon), 172.
Allainval (Léonor-Jean-Cristine Soulas d'), 260.
Altovitis (Marseille d'), 44.
Alvin (Duc d'), 76.
Amadou (Robert), 333.
Amboise (François d'), 77.
Amelunghi, 155.
Amilha (Barthélemy), 336.
Amyrant (Moïse), 73.
Anacréon, 90, 97, 224, 238, 344.
Andrieux (François-Guillaume J. Stanislas), 239.
Angennes (Julie d'), 121, 122, 135.
Angot de L'Éperonnière (Robert), 61, 62, 64, 313.
Angoulême (Henri d'), 13, 14, 44.
Anne d'Autriche, 15, 325.
Anne de Bretagne, 342.

Antiphane, 30.
Aphthonius, 230.
Apollinaire (Guillaume), 58, 62, 94, 95, 155, 164, 226, 324, 325.
Apulée, 224, 230.
Aragon (Louis), 43, 155.
Aragonnais (Mme), 122.
Arbaud de Porchères (François d'), 43, 89, 314.
Archiloque, 67.
Arétin (l'), 196, 224.
Arioste (l'), 141, 142, 148, 209, 224, 225, 229, 264, 333.
Aristophane, 106, 269.
Aristote, 184, 211, 270, 293, 307, 308, 327.
Arland (Marcel), 115, 133-134.
Arnaud, 211.
Arnauld (Antoine), 122, 276, 279, 298, 321.
Arnauld d'Andilly (Robert), 23, 122, 227, 316, 321.
Arnault (Antoine-Vincent), 239.
Arnoux (Alexandre), 126.
Assoucy (Charles Coypeau d'), 106, 157, 158.
Astros (Jean-Géraud d'), 336, 340, 341.
Aubignac (François d'), 144, 211.
Aubigné (Théodore-Agrippa d'), 9, 17, 51, 52, 67, 70, 81, 110, 114, 119, 313, 332.
Audiberti (Jacques), 64.

Audiguier (Vital d'), 66, 170.
Audin, 231.
Auffray (François), 313.
Auguste, 204, 298, 342.
Augustin (Saint), 73, 321.
Aulnoy (Marie Jumelle d'), 334.
Auneuil (Louise de Bossigny, comtesse d'), 334.
Auvray (Jean), 60-61, 71.
Avianus, 230.

Babrius, 230.
Bachaumont (François Le Coigneux de), 148, 220.
Baïf (Jean-Antoine de), 189.
Bailly (François), 179.
Baldi (Bernardino), 239.
Balzac (Honoré de), 254.
Balzac (Jean-Louis Guez de), 14, 24, 27, 38, 87, 122, 124, 129, 163, 314.
Banville (Théodore de), 24, 155.
Bar (Francis), 155.
Baranton, 304.
Barbier d'Aucour (Jean), 180, 310.
Barciet, 157.
Bardou (Jean), 146.
Baro (Balthazar), 76, 175.
Baro (Mérande de), 79.
Baron (Louis), 341.
Baron (Michel), 260.
Barrault (Jean-Louis), 254.
Barrême (Bertrand-François), 148.
Barthe (Thomas), 260.
Barthes (Roland), 284.
Bary (René), 305.
Basin (Thomas), 322.
Basly (Jean le Myère de), 180.
Baudelaire (Charles), 31, 32, 54, 95, 112, 113, 130, 252.
Baudoin (Jean), 179-231.
Baussonnet (Guillaume), 81.
Bautru (Guillaume), 65, 144.
Bayle (Pierre), 142, 143, 303, 340.
Bazire d'Amblainville (Gervais de), 78.
Béalu (Marcel), 333.
Beauclère (le sieur de), 73.
Beaufort (Duchesse de), 140.
Beaumont-Harlay (le sieur de), 179.
Beaurepaire (Eugène de), 61.
Beauvais (Rémy de), 81.
Bedout (Gérard), 341.
Béjart (Famille), 244, 245.
Béjart (Armande), 245, 257.
Béjart (Madeleine), 244, 245, 257.
Bellaud de la Bellaudière, 44.
Belleau (Rémi), 36, 50, 83, 139.

Bellegarde (Duc de), 14, 15, 38.
Bellegarde (Mme de), 60.
Bellocq (Pierre), 302.
Bénichou (Paul), 254.
Benserade (Isaac de), 128-130, 141, 147, 167, 231, 291, 306, 315.
Bergeron (Pierre), 73, 79.
Bernard (Catherine), 330, 334.
Bernhardt (Sarah), 268.
Berni, 52, 224.
Bernier (François), 221, 244.
Bernier de la Brousse (Joachim), 166.
Bernin (Gian Lorenzo Bernini, dit le), 317.
Bertaut (Jean), 13, 15, 25, 57, 65, 66, 78, 80, 139.
Berthelot, 57-60, 62, 63.
Berthod (François), 158, 171, 178.
Berthrand (François de), 79.
Bertin (Antoine, dit le chevalier), 148.
Bertola, 239.
Besançon (le sieur), 66.
Besenval (Pierre-Victor, baron de), 328.
Béthune (Philippe de), 51.
Beuil, 310.
Beys (Charles de), 171.
Bidar (Mathieu), 274.
Billard (Claude), 27, 77.
Billaut (Adam), 28, 97, 171-172, 338.
Billon, 314.
Blake (William), 333.
Blanchard (André), 83, 322.
Blessebois (Paul-Alexis, dit Pierre-Corneille), 324.
Bluet d'Arbères (Bernard de), 73.
Boccace, 179, 224, 225, 229.
Boccalini, 155.
Boileau (Gilles), 144, 289, 290, 299, 303, 315.
Boileau (Jacques), 290.
Boileau (Nicolas, dit Despréaux), 11, 12, 24, 25, 27, 30, 41, 43, 52, 56, 57, 63, 67, 82, 97, 102, 103, 115, 126, 131, 132, 134, 136, 142, 143, 144, 146, 148, 154, 158, 159, 161, 163, 165, 166, 167, 175, 176, 177, 178, 180, 190, 195, 197, 198, 207, 208, 212, 220, 221, 250, 251, 256, 257, 258, 264, 265, 266, 269, 276, 277, 280, 281, 282, 284, 287-300, 302, 303, 304, 305, 306, 307, 308, 310, 317, 324, 325, 328, 333, 334, 346.
Boisard (J.-J. F. M.), 239.
Boisrobert (François Le Metel de), 28, 89, 143-144, 156, 161, 165, 170, 187, 189, 191, 206, 248, 306.

Boissac (le sieur de), 143.
Boissat (Pierre de), 63.
Bonnecorse (Balthazar de), 146, 304, 315.
Bons (Charles-Élie de), 80.
Bordier (René), 147.
Bordier (Robert), 28.
Borjon, 336.
Bosch (Jérôme), 60.
Bosquet, 77.
Bosse (Abraham), 10, 187.
Bossuet (Jacques-Bénigne), 11, 133, 168, 243, 253, 308, 319-320.
Bouchet (L.), 321.
Boufflers (Stanislas de), 148.
Bouhours (Dominique), 42, 165, 180, 239, 307, 308-310, 331.
Bouillon (le sieur de), 142, 344.
Bouillon (Duchesse de), 220, 276.
Boulard (Édouard), 336.
Bourbon (Nicolas), 303.
Bourdaloue (Louis), 308.
Bourdelot (Pierre), 28.
Bourdonneau (Philippe), 336.
Bourgogne (Duc de), 11, 220.
Bourneuf (le sieur de), 179.
Bourlier, 314.
Bournier (Étienne), 80.
Boursault (Edme), 146, 171, 232, 256, 304, 323-324.
Bouteroue (Alexandre), 147.
Bouy, 313.
Boyer (Claude), 265, 315.
Bracciolini, 155.
Brasillach (Robert), 190, 204.
Bray (René), 83, 155, 204, 254, 299.
Brébeuf (Guillaume de), 103, 132-134, 154, 302, 322.
Brébeuf (Jean de), 132, 157, 316.
Brégis (Charlotte Saumaise de Chazan, comtesse de), 332.
Brégy (Comtesse de), 332.
Bretonvilliers (Présidente de), 330.
Brie (De), 245.
Briotte (Arnaud de), 122.
Brisson (Pierre), 254.
Brives (Martial de), 71, 314, 316.
Brossard de Montaney, 336.
Brosse (Jacques), 144.
Brosses (Charles de), 254.
Brossette (Claude), 52, 56, 63, 115, 244, 299.
Bruant (Aristide), 173.
Brueys (Claude), 341.
Brueys (David-Augustin de), 260.
Brumoy (Pierre), 306.

Brun (Antoine), 145.
Brunetière (Ferdinand), 254, 284, 289.
Bruscambille, 257.
Brusoni, 224.
Bueil (Chevalier de), 143.
Buffon (Georges Louis Leclerc de), 331.
Bussière (Jean de), 77.
Bussy (Comte de), 38, 39.
Bussy-Rabutin (Roger de), 144.

Cabannes (Jehan de), 341.
Caillavet (le sieur), 80.
Caillois (Roger), 204.
Cailly (Jacques de), 146.
Callencas (Félix de), 146.
Callot (Jacques), 10, 60, 98.
Cambolas (Marquis de), 33.
Campanella (Tommaso), 106.
Campans (André de, dit Père Cyprien), 317, 318-319.
Campenon (Vincent), 166.
Campistron (Jean Gualbert de), 34, 340, 346.
Candale (Comte de), 88.
Cantenac (Benech de), 325.
Capaccio (Giulio-Cesare), 239.
Capitoli, 155.
Cardan (Jérôme), 106.
Cardin, 212.
Carel de Sainte-Garde (Jacques), 175, 302, 306.
Cassagne (Jacques), 180.
Cassandre (François), 218.
Casteljaloux (Carbon de), 105.
Casti (Giambattista), 239.
Castro (Guillèn de), 190-191.
Caton, 32.
Catulle, 30, 125, 148.
Caumont - La Force (Charlotte - Rose de), 332, 334.
Caylus (Mme de), 330.
Cellot, 175.
Certon (Salomon), 313.
Cervantès Saavedra (Miguel de), 66, 67, 106, 141.
Cézy (Comte de), 272.
Chabans du Maine (Louis de), 79.
Chabrol (C.), 212.
Chambers (Éphraïm), 207.
Chamfort (Nicolas - Sébastien Roch, dit), 250.
Champaigne (Philippe de), 10.
Champlain (Samuel de), 79.
Champmeslé (Marie Desmares, Mlle de), 271, 272.

Chance-Poulens (Mme), 332.
Chapelain (Jean), 18, 102, 121, 122, 132, 134-135, 141, 144, 146, 147, 158, 165, 166, 170, 174, 176, 185, 191, 192, 211, 218, 264, 265, 290, 303, 314.
Chapelle (Claude-Emmanuel Lhuillier, dit), 106, 129, 134, 148, 163, 220, 221, 244, 265, 271, 290, 344.
Chapelon, 80.
Charenton (le sieur de), 212.
Charles d'Orléans, 120, 125.
Charles Ier, 328.
Charlet (Georges), 324.
Charleval (Charles-Louis Faucon du Ris de), 166-167, 291.
Charpentier (François), 305.
Chassignet (Jean-Baptiste), 21, 25, 70, 313.
Chateaubriand (François-René de), 37, 176, 268, 276, 303.
Chateaupers, 97.
Chaulieu (Guillaume Amfrie de), 36, 174, 221, 343, 344, 345.
Chauvigny (Claude Blot de), 173-174.
Chauvin, 257.
Chavigny (Mme de), 176.
Chénier (André), 19, 54, 114, 155, 220, 334.
Chéron (Élisabeth-Sophie), 315, 331.
Chevalier (Guillaume), 322.
Chevillard (Chanoine), 325.
Chevreau (Urbain), 145.
Chevry (Mme de), 332.
Chifflet, 145.
Chillac (le sieur de), 211.
Choisy (François-Timoléon de), 147.
Chouayne de Chambellay (François), 79.
Christine de Suède, 141, 145, 146, 212.
Cicéron, 180, 219, 308, 310.
Cicognini, 248.
Cinq-Mars (Henri Coiffié de Ruzé de), 89.
Clarac (Pierre), 299.
Claudel (Paul), 299.
Claudien, 157, 163.
Claveret (Jean), 191.
Claverger (Jean), 81.
Clément (le sieur), 158.
Clouard (Henri), 195.
Cocteau (Jean), 125, 164.
Coignée de Bourron, 77.
Colbert (Jean-Baptiste), 134, 180, 221, 264, 290, 293.

Colette (Gabrielle-Sidonie), 78.
Colletet (François), 157, 158, 171, 178, 179, 336.
Colletet (Guillaume), 28, 37, 61, 67, 97, 121, 122, 145, 146, 169-171, 189, 305.
Collinet (Jean-Pierre), 237.
Colomby (François de Cauvigny de), 15, 41, 110, 166.
Colonna (Francesco), 219.
Condé (Prince de), 122, 124, 164, 197, 220, 221, 258, 276.
Conrart (Valentin), 121, 122, 132, 135, 144, 164, 165, 167, 218.
Conti (Prince de), 128, 164, 220, 258.
Conti (Princesse de), 332.
Copernic (Nicolas), 106.
Coras (Jacques de), 175, 274, 303.
Corbeville (Arnaud de), 122.
Corbière (Tristan), 59.
Corbin (Jacques), 176.
Cordat, 336.
Corneille (Antoine), 13, 207.
Corneille (Pierre), 11, 13, 14, 20, 27, 33, 77, 78, 82, 107, 115, 121, 122, 128, 130, 132, 133, 135, 141, 142, 158, 161, 162, 166, 172, 175, 180, 181-213, 218, 226, 236, 238, 243, 244, 245, 250, 265, 266, 267, 268, 269, 270, 271, 272, 273, 283-285, 291, 296, 300, 301, 303, 304, 313, 314, 322, 325, 326, 327.
Corneille (Thomas), 13, 206-207, 218, 277.
Corrozet (Gilles), 230.
Cortone (Pietro Berrettini da Cortona, dit Pierre de), 317.
Cosnard (Marthe), 211-212.
Costar (Pierre), 129, 166, 303.
Cotignon (Pierre de), 78.
Cotin (Charles), 103, 143, 154, 248, 303, 320.
Coulanges (Philippe-Emmanuel de), 343.
Couperin (François), 325.
Courcelles (Mme de), 167.
Courteline (Georges), 140.
Courtin (Nicolas), 302.
Courval-Sonnet (Thomas de), 61, 64.
Cousin (Victor), 164, 165, 331.
Coutel (Antoine), 326.
Couton (G.), 204.
Coysevox (Antoine), 11, 304.
Créqui (Duc de), 96, 268.
Crétin (Guillaume), 224.
Crosille (Jean-Baptiste), 70.

Cyrano de Bergerac (Hector-Savinien de), 87, 105-109, 115, 119, 154, 161, 163, 165, 179, 190, 244, 248, 257, 306, 334.
Dacier (Anne Lefèvre, dite Mme), 166, 298.
Dancourt (Florent Carton), 260.
Danet (Pierre), 231.
Dangeau (Philippe de Courcillon de), 291.
Dante, 67.
Daubasse (Armand), 341.
Daux (François), 66.
Davesne (François), 212.
Davignon (Hugues), 80.
Dehenault (Jean), 71.
Deimier (Pierre de), 43, 44.
Delacroix (Eugène), 284.
Delastre (Charles), 80.
Delille (Jacques), 139, 307.
Delorme (Thomas), 303.
Démocrite, 238.
Démosthène, 28.
Denis, 257.
Des Anchères (Daniel), 64.
Des Barreaux (Jacques Vallée), 88, 173, 174.
Des Brieux (Jacques Moisant), 315.
Descartes (Catherine), 330, 331.
Descartes (René), 10, 11, 106, 119, 185, 212, 235, 238, 243, 293, 304, 305, 324.
Deschamps (Jean-Marie), 260.
Des Chartres (le sieur), 80.
Des Croix (Nicolas-Chrétien), 77.
Des Escuteaux, 82.
Deshoulières (Antoinette-Thérèse), 326.
Deshoulières (Antoinette Ligier de La Garde, Mme), 79, 157, 165, 276, 303, 315, 325-327, 330.
Des Iles (Jacques), 20.
Des Loges (Marie), 332.
Desmahis (Édouard de Corsembleu), 148, 260.
Desmarets de Saint-Sorlin (Jean), 102, 122, 175, 176, 177, 190, 248, 272, 298, 305-306, 314.
Desmay (L.S.), 231.
Des Noires Terres (Hyacinthe), 321.
Despériers (Bonaventure), 224.
Desplanches (Jean), 166.
Desportes (Philippe), 9, 15, 16, 18, 19, 25, 27, 43, 49, 50, 55, 65, 66, 129, 139, 291.

Desportes (Simone), 50.
Despuech (Isaac), 341.
Desreumaux (François), 324.
Des Roches (les dames), 122.
Des Rues (François), 80, 81-82, 108, 121.
Dethan (Georges), 41, 42.
Diderot (Denis), 100, 207, 284, 304.
Dodsley (Robert), 239.
Donneau de Visé (Jean), 208, 247, 257, 325.
Dorat (Jacques), 147.
Dorat (Jean), 147, 314.
Dorival (Antoine), 172.
Dosiadas, 62.
Drelincourt (Charles), 71, 316.
Drelincourt (Laurent), 70-72, 315-316.
Drevillet (Mme), 332.
Droubet (Jean), 341.
Drouet (Minou), 302.
Drouin (Nicolas, dit Dorimond), 257.
Dryden (John), 327.
Du Bartas (Guillaume de Salluste), 43, 65, 66, 166, 331.
Du Bellay (Joachim), 15, 17, 24, 32, 50, 51, 66, 122, 139, 169, 295.
Dubois (Guillaume), 73.
Dubois (Jean) 143.
Du Bois-Hus, 140.
Du Bos (Jean-Baptiste), 284.
Du Camp d'Orgas (Pierre), 303.
Duché de Vancy (François), 346.
Du Croisy, 245.
Ducros (Simon), 80.
Dufresne (Charles), 245.
Dufresny (Charles Rivière), 157, 260, 343, 345-346.
Du Gardin (Loÿs), 305.
Du Jarry (Laurent Juillard), 322.
Du Lac (Benoët), 44.
Dullin (Charles), 254.
Du Lorens (Jacques), 62-63.
Dulot, 165.
Du Lys (Charles), 41, 147.
Dumas (Alexandre), 105, 142, 165.
Du Moustier (Pierre), 15.
Du Parc (Marquise-Thérèse de Gorla, dite Mlle), 202, 245, 265, 268, 271.
Du Pelletier (Pierre), 146, 171.
Du Perche, 257.
Dupérier (Charles), 148.
Du Périer (François), 15, 20, 21, 252.
Du Périer (Scipion), 43.
Du Perron (Jacques Davy), 14, 57, 65, 66, 80, 139, 143.
Du Pin-Laget, 303.

Du Plessis (Mme), 122.
Du Pré (André), 341.
Durand (le Chartreux), 44.
Durand (Étienne), 89, 177.
Durval (Jean-Gilbert), 178.
Du Ryer (Isaac), 78, 306.
Du Ryer (Pierre), 78, 185, 187.
Du Souhait, 82.
Dussane (Mme), 254.
Du Teil (Jean), 179, 305.
Du Tremblay (Joseph, dit le Père Joseph), 72-73.
Dutremblay de Rubelles (Antoine-Pierre), 239.
Du Vair (Guillaume), 14, 66.
Duval (Jean), 179-180.
Duval (Mlle), 332.
Duverne (Pierre), 180.
Duvieuget, 178.

Effiat (Marquise d'), 89.
Elbène (M. d'), 161.
Éluard (Paul), 92, 155, 224, 226, 234, 334.
Enghien (Duc d'), 29, 121.
Ennetières (Jean d'), 73-74.
Ennetières (Marie d'), 74.
Entragues (Mlle d'), 81.
Épernon (Duc d'), 65.
Épicure, 238.
Escalis (le sieur d'), 44.
Eschyle, 109, 204.
Escorbiac (le sieur d'), 166.
Ésope, 129, 229, 231, 232, 327.
Espinelle (le sieur d'), 82.
Estelian (le sieur d'), 171.
Esternod (Claude d'), 62, 63-64, 67.
Estrées (Gabrielle d'), 43, 79, 81.
Etcheberri (Jean), 342.
Euripide, 204, 263, 264, 268, 274.
Ézéchiel, 67.
Expilly (Claude), 79, 82.

Faerno (Gabriele), 231.
Fagot (Henry), 63.
Faguet (Émile), 25, 108, 204, 226.
Faret (Nicolas), 28, 63, 96, 97, 167, 174, 179.
Fargue (Léon-Paul), 18.
Fatouville (Anne Mauduit de), 257.
Faure (Abbé), 158.
Favreau, 171.
Fénelon (Françoise de Salignac de la Mothe-), 11, 57, 220, 238, 239, 243, 249, 319-320.

Féret (Denys), 81.
Fermat (Pierre de), 10.
Fernandez (Ramon), 254.
Ferrand (Antoine), 325.
Ferrand (David), 178.
Fevret de Fonvette, 63.
Fézedé, 336.
Fiesque (Comte de), 136.
Fieubet (Gaspard de), 324.
Flammarion (Camille), 106.
Flaubert (Gustave), 161, 299.
Flavius Josèphe, 321.
Fléchier (Esprit), 141, 326, 331.
Flers (Comtesse de), 80.
Fleuret (Fernand), 58, 63, 83, 325.
Floncan (Marion), 337.
Florian (Jean-Pierre Claris de), 75, 78, 239.
Floriot (C.), 303.
Flotte, 28.
Fontenelle (Bernard Le Bovier de), 13, 166, 187, 200, 207, 298, 299.
Forget de La Picardière (Pierre), 80.
Fouquet (Nicolas), 133, 139, 156, 197, 218, 219, 220, 221, 290.
Fourest (Georges), 211.
Fournier, 244.
Franeau de Lestocquoy (Jean), 77.
Freinsheim (S.), 231.
Frénicle (Nicolas), 15, 37, 43, 61, 315.
Furetière (Antoine), 21, 103, 132, 134, 144, 148, 157, 161, 162, 166, 218, 220, 265, 269, 290, 291, 304.

Gabiot, 307.
Gaches (Raymond), 147.
Gacon (François), 302.
Galaup (François de), 44.
Galaup-Chasteuil (Louis de), 44.
Galiani (Fernandino), 328.
Galien, 63.
Galilée, 99, 119, 120.
Galland, 144.
Gamon (Christofle de), 317.
Garasse (François), 88.
Garnier (Claude), 66, 170.
Garnier (Robert), 183, 189, 190.
Gassendi (Pierre), 99, 106, 221, 238, 244, 247, 326.
Gaston (Jean), 322.
Gautier-Garguille, 173.
Gautier (Théophile), 91, 95, 98, 105, 142, 143, 144, 145, 155, 158, 161, 170, 190, 254.
Gay (John), 239.
Gazon-Dourxigné (Sébastien), 307.

Gellert (Christian Furchtegott), 239.
Genest (Charles-Claude), 147.
Gérard (Rosemonde), 333.
Geuffrin, 314.
Gide (André), 238, 284.
Gilbert (Gabriel), 146, 211, 274, 302.
Gillebert, 40.
Gillet, 172.
Giorgione, 56.
Girac, 129.
Girardon (François), 11, 304.
Giraudoux (Jean), 155, 284.
Giry (Louis), 165.
Gleim (J. W. Ludwig), 239.
Gluck (Christoph Willibald von), 209.
Godeau (Antoine), 37, 40, 121, 122, 124, 135, 165, 175, 302, 314.
Godolin (Peire), 34, 336, 340, 341.
Gody (Simplicien), 71, 315.
Goethe (Johann Wolfgang), 254.
Goldmann (Lucien), 284.
Gombauld (Jean Ogier de), 18, 122, 131-132, 133, 135, 165, 170, 184, 302, 315.
Gomberville (Martin Le Roy de), 145.
Gongora, 90, 121, 125, 155.
Gontard (Anselme), 303.
Gougenot, 257.
Goulard (Simon), 317.
Gourmont (Remy de), 64, 91.
Gournay (Marie de), 9, 17, 36, 42, 49, 57, 147.
Gramont (Duc de), 157, 325.
Grangier, 107.
Grillet (Jean), 146.
Grimarest (Jean Le Gallois de), 244.
Grimm (Melchior, baron de), 161.
Gringore (Pierre), 51, 290.
Grisel (Jean), 80.
Groos (René), 270.
Gros-Guillaume, 173.
Guarini, 75.
Guéret (Gabriel), 221.
Guéroult (Guillaume), 230.
Guillaume le Conquérant, 13.
Guillet (Jean), 172.
Guillot (Jacques), 81.
Guizot (François), 157.
Guth (Paul), 238.
Guyet (François), 28, 231.
Guyon (Jacques), 320, 331.
Guyon (Jeanne-Marie Bouvier de La Motte, dit Mme), 317, 319, 320.

Habert (François), 230.
Habert (Philippe) 122, 141, 165, 170.
Habert de Cérisy (Germain), 141, 314, 333.
Habert de Montmort (Henri-Louis), 122, 141.
Haedens (Kléber), 188, 224-225, 238, 299.
Hagedorn (Friedrich von), 239.
Hallé (Antoine), 147.
Hamilton (Antoine), 148, 327-329.
Haramburu, 342.
Haray, 66.
Harcourt (Comte d'), 96.
Hardy (Alexandre), 80, 89, 94, 183-184.
Harrizmendi, 342.
Harvey (Gabriel), 120.
Haudent (Guillaume), 230.
Hauteroche (Noël Lebreton, sieur d'), 260.
Hay du Chastelet (Paul), 66.
Heauville (N. d'), 315.
Hegel (Friedrich), 254.
Helinand, 68.
Héliodore, 264, 265.
Helvétius (Claude-Adrien), 299.
Henri II, 13.
Henri III, 14, 178.
Henri IV, 10, 14, 15, 19, 25, 27, 36, 38, 43, 44, 60, 66, 68, 77, 80, 81, 82, 87, 110, 131, 162, 174, 178, 217, 337, 340, 345, 346.
Henriette d'Angleterre, 197, 220, 245.
Henriot (Émile), 254.
Henry (Hélène), 238.
Henry (Pierre), 302.
Héraclius, 204.
Heredia (José-Maria de), 191.
Héricart (Marie), 218.
Hérodote, 224, 279.
Hervart (Mme d'), 220.
Hervé (François), 180;
Hésiode, 55.
Hesnault (Jean), 244, 326.
Hesteau de Nuysement (Clovis), 316-317.
Hoffmann (Ernst Theodor Amadeus), 101.
Homère, 41, 67, 154, 157, 158, 161, 238, 297, 327, 340.
Hopil (Claude), 321, 336.
Horace, 52, 67, 125, 143, 157, 167, 218, 238, 258, 290, 307.
Houdar de La Motte (Antoine), 239, 298, 310.
Houel de Resneville (Guillaume), 80.

Huet (Pierre-Daniel), 121.
Hugo (Victor), 67, 100, 105, 160, 191, 254, 284, 299, 308, 346.
Humbert (Henry), 313, 317.
Huyghens (Christian), 324.
Hylas, 69.

Iriarte (Thomas de), 239.

Jacob (Max), 155.
Jacques (Jacques), 158, 179.
Jannart, 220.
Jarry (Alfred), 155.
Jasinski (René), 254, 284.
Jaulnay (Charles), 179, 253.
Javerzac (Nicolas-Bernard de), 70, 81, 302.
Jean (saint), 67.
Jean de la Croix (saint), 318.
Jeannin (Pierre, dit le Président), 15, 43.
Jérôme (saint), 67.
Jobert, 212.
Jodelle (Étienne), 183, 245.
Jolly (J.), 147.
Jollyvet (Euverte), 303.
Jonquières (Jean-Baptiste de), 158.
Joubert (Joseph), 133, 258.
Jouvet (Louis), 254.
Joyel, 146.
Justin, 41.
Juvénal, 52, 143, 157, 290, 303.

Kant (Emmanuel), 254.
Kanters (Robert), 317, 333.
Kemble (J.-Ph.), 254.
Kepler (Johannès), 106, 120.
Krasicki (Ignace), 239.
Kriloff (Iwan), 239.

Labadie (Jean), 317.
La Barre, 78, 232.
Labé (Louise), 282, 330, 332.
La Brosse (Guy de), 10.
La Bruyère (Jean de), 11, 24, 57, 91, 145, 164, 204, 243, 249, 253, 259, 269, 283, 284, 298, 325.
La Calprenède (Gautier de Costes de), 66, 185, 211.
La Cauchie (Antoine de), 73.
La Ceppède (Jean de), 25, 44, 70, 313.
Lacger (Hercule de), 141.
La Chapelle (Jean de), 148.
Lachèvre (Frédéric), 60, 66, 81, 82, 83, 89, 141, 166, 325.
La Chèze (René de), 81, 321-322.
La Crespelière (Claude du Four de), 179.
Lacroix (Paul), 177-178, 244.
La Croix (Phérothée de), 306.
La Croix (Philippe de), 256.
La Croix (le sieur de), 62, 65.
La Fare (Charles-Auguste de), 221, 343, 344-345.
Lafay (Henri), 82.
La Fayette (Marie-Madeleine Pioche de La Vergne, comtesse de), 10, 136, 278, 330, 334.
La Fontaine (Jean de), 11, 27, 35, 36, 38, 42, 50, 63, 67, 75, 78, 94, 95, 114, 129, 130, 142, 146, 148, 165, 169, 180, 191, 215-239, 248, 249, 264, 265, 269, 290, 291, 293, 298, 300, 304, 308, 318, 323, 324, 327, 333.
La Forge (Jean de), 212.
La Fosse (Antoine de), 212.
La Frenaye, 158.
La Garenne (Humbert Goulat de), 179.
La Giraudière, 146.
La Grange (Charles Varlet, dit de), 245, 247.
La Grange (Isaac de), 78.
La Grange-Chancel (François-Joseph de), 346.
La Gravette de Mayolas, 171.
La Harpe (Jean-François de), 208, 212, 260, 284.
Lalane (Pierre), 147, 332.
Lalli (Giambattista), 157.
La Luzerne (Antoine Garaby de), 303, 314.
Lamartine (Alphonse de), 31, 54, 89, 93, 234.
La Meilleraye (Maréchal de), 141.
Lamennais (Félicité-Robert de), 284.
La Mesnardière (Hippolyte-Jules Pilet de), 138-139, 140, 145, 161, 305.
Lamoignon (Guillaume de), 293, 297, 306, 308.
La Monnoye (Bernard de), 324, 336, 343, 346.
La Morelle, 78.
La Morlière, 82.
La Mothe Le Vayer (François de), 244, 252.
Lamy (Bernard), 305.
Lannel (Jean de), 170.
La Noue (Pierre de), 305.
Lanson (Gustave), 25, 191, 204, 289, 299.
La Pinelière (Pierre Guérin de), 305.

Index . 355

Larade (Bertrand de), 340, 341.
Larcher (Jean de), 78.
Larivey (Pierre de), 190.
La Roche (Marie Galateau de), 332.
La Rochefoucauld (François VI, duc de), 10, 63, 212, 326.
La Rue (Charles de), 203.
La Sablière (Antoine de), 323.
La Sablière (Marguerite de), 220, 323, 330.
La Serre (Jean Puget de), 212.
Lasfargues (Bernard), 303.
Lasplaces, 336.
Lassalle (Jean-Pierre), 33.
La Suze (Henriette de Coligny, comtesse de), 139, 141, 157, 331.
La Taille (Jean de), 184.
La Tour (Georges de), 10.
La Trousse (M. de), 134.
Laudun d'Aygaliers (Pierre de), 196.
Laugier de Porchères (Honorat), 27, 43, 82, 140-141.
Launay (Mlle de), 344.
Laurent, 171.
Laurentius (J.) 231.
Lautréamont (Isidore Ducasse, dit comte de), 59, 60.
Lauvergne (Mme de), 331, 332.
Laval (Antoine de), 313.
La Valise, 179.
La Vallière (Françoise-Louise de), 332.
La Varenne (Humbert Guillaume Goulat de), 321.
Lavau (Abbé de), 173.
La Vigne (Anne de), 141, 332.
La Ville (Nicolas de), 322.
La Villemarqué (Théodore Hersart de), 342.
Lebailly, 239.
Le Blanc (Hugues), 315.
Le Blanc (Jean), 66, 67.
Leblanc (Paulette), 313, 314.
Lebois (André), 284.
Le Boulanger de Chalussay, 244, 257.
Le Breton (Jacques), 315.
Le Brun, 175.
Lebrun (Charles), 11, 218.
Le Cadmus (Mme), 332.
Le Camus, 209.
Le Clerc (Michel), 274.
Leconte de Lisle, 191.
Lecordier (Hélie), 180.
Le Cordier de Maloysel, 81.
Le Dignan (Marc-Antoine Deroys de), 325.
Le Digne (Nicolas), 313.

Lefranc (Abel), 254.
Lefranc de Pompignan (Jean-Jacques), 143, 148.
Le Gorlier (Jacques), 66.
Legrand (Alexandre), 212.
Le Houx (Jean), 61, 70.
Le Jolle (P.), 158.
Le Laboureur (Louis), 147, 175, 303, 310.
Lemaire de Belges (Jean), 166.
Lemaistre de Sacy (Isaac-Louis), 231, 310, 321.
Lemercier (Népomucène), 284.
Le Mercier (Thimotée), 81.
Lemonnier (Léon), 204.
Le Moyne (Pierre), 71, 102, 175, 316.
Lempérière (Marie de), 195.
Le Nain (Claudine), 169.
Le Nain (les frères), 10.
Lenclos (Ninon de), 79, 141, 147, 157, 167, 174, 327, 328.
Lenient (C.), 20, 54.
Le Noble (Eustache), 239, 315, 324.
Lenoir (Chanoine), 299.
Le Nôtre (André), 218.
Léonard (Nicolas-Germain), 166.
Le Pays (René), 163.
Le Petit (Claude), 158, 177-178.
Le Petit de Beauchâteau, 301-302.
Le Pigeon, 313.
Le Prince de Beaumont (Marie), 335.
Le Pul (Charles), 147.
Lerac, 302.
Le Riche, 212.
Le Royer (Jean), 108.
Le Sage (Alain-René), 11, 260.
Lescarbot (Marc), 79-80.
Lesdiguières (Mme de), 157.
Les Isles Le Bas, 212.
L'Espine (le sieur de), 65.
L'Espine (René Gentilhomme de), 147.
Lessing (Gotthold-Ephraïm), 239.
Lestage (Nicolas), 180.
L'Estoile (Claude de), 66, 132, 170, 178-179, 189.
L'Estoile (Pierre de), 178.
Le Sueur (Eustache), 10.
Levasseur (Jacques), 321.
Lhéritier de Villandon (Marie-Jeanne), 332, 334.
L'Hermite (Jean-Baptiste), 116.
Lhuillier (Abbé), 336.
Liancourt (Duc de), 92.
Lichtwer (Magnus-Gottfried), 239.
Ligne (Charles-Joseph, prince de), 328.
Lingendes (Jean de), 66, 76.

Linières (François Payot de), 144, 161, 165, 166.
Lintilhac, 159.
L'Isle-Chandieu, 302.
Loiseleur, 244.
Loménie (Henri-Auguste de, comte de Brienne), 324.
Longueville (Duchesse de), 121, 128, 147, 164.
Lope de Vega, 155, 196, 198, 210.
Loret (Jean), 163, 171, 302.
Lorme (Marion de), 173.
Lorrain (Claude), 10.
Lorraine (Marguerite de), 220.
Lortigues (Annibal de), 66.
Lortigues (Pierre de), 66.
Louis XIII, 20, 21, 35, 36, 66, 81, 87, 89, 116, 120, 337, 345, 346.
Louis XIV, 10, 29, 37, 40, 98, 120, 129, 133, 134, 137, 140, 147, 157, 197, 203, 206, 221, 245, 251, 264, 271, 277, 290, 291, 293, 298, 301, 308, 325, 333, 338, 339, 340, 346.
Louÿs (Pierre), 58, 64.
Louvencourt (François de), 80.
Louvencourt (Marie de), 332.
Louvois (Michel Le Tellier, marquis de), 279.
Lucain, 133, 157, 195, 200.
Lucilius, 52.
Lucrèce, 244, 326.
Lulli (Jean-Baptiste), 130, 208, 224, 245, 277.
Luynes (Duc de), 88, 263.
Lyly (John), 121.

Machiavel (Nicolo), 224, 229, 238.
Madaule (Jacques), 204.
Maginet (Pierre), 63.
Magnan (P.), 81.
Magne (Émile), 331.
Magnon (Jean), 212, 272, 322.
Mailliet (Marc de), 80.
Mailly (chevalier de), 334.
Maine (Duc du), 302.
Maintenon (Françoise d'Aubigné, marquise de, veuve du poète Scarron), 11, 157, 209, 212, 278, 279, 281, 291, 302, 330, 332.
Mairet (Jean), 79, 121, 183, 184, 185, 187, 191, 272, 327.
Maistre (Joseph de), 134, 254.
Malaval (François), 317.
Malborough (John Churchill, duc de), 339.
Malherbe (François de), 9-67, 77, 78, 79, 81, 89, 90, 91, 93, 95, 107, 113, 119, 121, 124, 132, 135, 136, 139, 144, 145, 147, 165, 166, 168, 170, 176, 178, 180, 200, 217, 218, 228, 250, 291, 294, 296, 302, 308, 313, 314, 322, 326, 338.
Malherbe (Marc-Antoine de), 21.
Mallarmé (Stéphane), 15, 58, 89, 91, 114, 155.
Malleville (Claude de), 37, 66, 113, 122, 124, 127, 131, 141, 165, 170, 314.
Mancini (Marie-Anne), 220.
Manginelle (Jacques), 63.
Marbeuf (Pierre de), 69-70, 72.
Marcassus (Pierre de), 70, 173.
Marcel, 257.
Marco (Giovanni), 239.
Mareschal (Antoine-André), 190.
Marguerite de Valois, 27, 79, 81, 121.
Maricourt, 97.
Marigny (Jacques Carpentier de), 156, 169, 172.
Marie-Antoinette, 75.
Marie de France, 230, 333, 334.
Marie de Gonzague, 96.
Marie de Médicis, 14, 15, 19, 20, 66, 87, 88, 131.
Marie-Thérèse, 264, 331.
Marillac (Michel de), 313.
Marin (Giovanni Battista Marini, dit le Cavalier), 82, 121, 125, 145, 218.
Marivaux (Pierre Carlet de Chamblain de), 158, 189.
Marmontel (Jean-François), 165, 210, 250, 299.
Marolles (Michel de), 70, 178.
Marot (Clément), 12, 20, 29, 121, 125, 139, 159, 169, 218, 230, 291, 300, 314.
Martial, 28, 30, 303.
Martial d'Auvergne, 147, 224.
Martin (Edme), 147.
Massens (Jean de), 313.
Masset (Jean), 73.
Masson-Oursel (Paul), 254.
Massy (Antoine de), 302.
Mathieu (Pierre), 68-69, 70, 72.
Maucroix (François de), 27, 218, 238, 304, 323, 324.
Mauduit (Louis), 37.
Maulévrier (Marquis de), 147.
Maulnier (Thierry), 268, 284.
Mauriac (François), 136, 254, 284.
Mauro, 155.
Mauroy, 146.
Maurus, 62.
Maynard (Charles de), 28.

Maynard (François de), 15, 27-34, 35, 36, 60, 62, 66, 79, 80, 89, 119, 131, 170, 302, 338.
Mazarin (Cardinal Jules), 29, 34, 65, 81, 120, 130, 133, 156, 159, 169, 179, 220, 303, 325, 337, 338.
Mazelle (Mme), 332.
Méléagre, 30.
Ménage (Gilles), 21, 107, 121, 132, 144, 147, 149, 156, 166, 248, 303, 308.
Méré (Antoine Gombaud, chevalier de), 174.
Mérier, 44.
Meslier (J.), 231.
Métézeau (Jean), 313.
Meun (Jean de), 51.
Meynier (Honorat de), 65.
Mézeray (François-Eudes de), 132.
Méziriac (Claude-Gaspard Bachet de), 145, 313.
Michaut (Gustave), 254.
Michel (Jean), 341.
Mignard (Nicolas), 11, 252, 304.
Millet (Jean), 341.
Millet (Mlle), 186.
Millien, 171.
Millot (Pierre), 231.
Milton, 67.
Miquelle, 337.
Molière (Jean-Baptiste Poquelin, dit), 11, 50, 52, 54, 56, 62, 63, 66, 67, 107, 115, 116, 130, 142, 143, 144, 148, 149, 159, 161, 162, 165, 176, 179, 180, 191, 197, 207, 209, 212, 218, 220, 222, 224, 238, 241-260, 264, 265, 266, 269, 273, 290, 291, 292, 300, 302, 304, 306, 308.
Molière (François de), 244.
Molière d'Essertine (François-Hugues de), 70.
Molinet (Jean), 143, 166.
Monbron (Fougeret de), 158.
Monchenay (Jacques Losme de), 303.
Mondor (Henri), 33.
Monglas, 172.
Mongrédien (Georges), 41, 238, 254.
Montaigne (Michel de), 36, 50, 56, 57, 79, 106, 168, 238.
Montausier (Charles de Sainte-Maure de), 122, 142, 326.
Montausier (Marquise de), 128.
Montbason (Duc de), 65.
Montbel (Louise de), 332.

Montbesnard (les frères), 211.
Montchrestien (Antoine de), 77, 183-184.
Mondory (Guillaume Gilbert, dit), 115, 143, 144.
Montemayor, 75, 77, 333.
Montespan (Mme de), 220, 232, 277, 279.
Montesquieu (Charles-Louis de Secondat, baron de), 25, 56.
Montfleury (Antoine Jacob, dit), 105, 253, 257.
Montfuron (Jean de), 44.
Montmaur (Pierre de), 144, 168-169.
Montmorency (Henry, duc de), 88, 89.
Montoron (M. de), 196.
Montpensier (Mlle de), 136, 330.
Montplaisir (René de Bruc de), 142.
Montreuil (Mathieu de), 147.
Montreux (Nicolas de), 77, 82.
Moreau (Jean-Baptiste), 279.
Moréri (Louis), 320.
Morillon (Jules-Gratien de), 321.
Motin (Pierre), 15, 43, 57-60, 63, 80.
Mouffart (Mme de), 332.
Moulin (Jeannine), 333.
Mourgues (Michel), 306.
Mourgues (Odette de), 83.
Mozart (Wolfgang Amadeus), 238.
Murat (Henriette, comtesse de), 330, 333, 334.
Musset (Alfred de), 56, 89, 100, 254.

Nadal (O.), 204.
Nancel (Pierre de), 81.
Nantouillet (Mlle de), 332.
Napoléon Ier, 157, 204, 284.
Natalis, 336.
Nelli (René), 340.
Nemours (Duchesse de), 330.
Nerval (Gérard de), 31, 95.
Nervèze (Antoine de), 79, 82, 97.
Neufgermain (Louis de), 142-143, 227.
Neuillant (Baronne de), 157.
Nevelet (Isaac-Nicolas), 231.
Nevers (Duc de), 276, 303, 326.
Nicolas (Jean), 179.
Nicole (Pierre), 266, 304.
Nicoles (Claude), 315.
Nicomède, 204.
Nietzsche (Friedrich), 204.
Nisard (Désiré), 254, 268, 289.
Noailles (Anna de), 204.
Noailles (M. de), 32.

Nodier (Charles), 148, 335.
Noé (Michel), 180.
Nostradamus, 14.
Nostredame (César de), 14, 44.
Nouguier (N.), 158.
Nouvelon, 81.

Offenbach (Jacques), 155.
Ogier (François), 37.
Oihenart (Arnault d'), 342.
Olonne (Comte d'), 268.
Orcibal (Jean), 299.
Orléans (Gaston d'), 41, 111, 143, 147.
Ossian, 67.
Ostade (Adriaen van), 98.
Ovide, 90, 123, 148, 157, 163, 207, 211, 227.

Palaprat (Jean), 260.
Palissot de Montenoy (Charles), 260.
Panard (François), 62.
Panat (Vicomte de), 88.
Parny (Évariste-Désiré de Forges de), 148.
Parthenay-Larchevêque (Catherine de), 332.
Pascal (Blaise), 10, 11, 14, 42, 119, 132, 243, 254, 308, 330.
Pascal (Françoise), 336.
Pascal (Jacqueline), 330, 331.
Pasquier (Étienne), 147, 310.
Passerat (Jean), 55.
Passeroni (Gian Carlo), 239.
Pasturel (Joseph), 341.
Pasturel (Louis), 341.
Patin (Gui), 143.
Patrix (Pierre), 15, 41, 71, 316.
Patru (Olivier), 121, 218, 296.
Paul (saint), 67.
Pavillon (Étienne), 137, 333.
Péchon de Ruby, 173.
Pédoué (François de), 321.
Peiresc (Claude-Nicolas Fabry de), 99.
Péladan (Joseph), 333.
Pellisson (Paul), 110, 111, 122, 139-140, 144, 156, 166, 174, 218, 219-326, 340.
Perrault (Charles), 143, 144, 157, 175, 218, 238, 265, 291, 298, 302, 303, 324, 333, 334.
Perrault (Claude), 157.
Perret (Étienne), 231.
Perrin (Pierre), 78, 146.

Perrot d'Ablancourt (Nicolas), 144, 218.
Perse, 52, 290.
Petit (Louis), 301.
Petit Jehan (Claude), 157.
Pétrarque, 67, 344.
Pétrone, 224.
Peyrarède (Jean de), 28.
Pezant, 336.
Pfeffel (Konrad), 239.
Phèdre, 229, 230, 321.
Philibert, 209.
Philipe (Gérard), 198.
Philippot (dit le Capitaine Savoyard), 173.
Philon (François), 303.
Piat de Maucorps, 70.
Pibrac (Guy du Faur de), 68, 322, 340.
Picard (Raymond), 41, 270, 274, 284.
Picardet (Anne), 332.
Piccardt, 303.
Pichou, 147.
Picou (H.), 157.
Piédevant (Nicolas), 147.
Pignotti (Lorenzo), 239.
Piles (Charles de Fortia de), 21.
Pilette, 177.
Pilieu (Julien, dit Peleus), 147.
Pillement (Georges), 58.
Pilon (Edmond), 270.
Pilpay, 231.
Pinchesne (Étienne-Martin de), 122, 126, 129, 166, 315.
Pindare, 67.
Pinon (Jacques), 313.
Piquet (Gilles-Charles), 324.
Piron (Aimé), 165, 336, 343, 346.
Piron (Alexis), 346.
Pisan (Christine de), 147.
Plantin (Christophe), 39, 174.
Planude, 229.
Plat-Buisson (Mme de), 332.
Platon, 133, 218, 264, 323.
Plaute, 187, 189, 248, 259.
Plutarque, 264.
Poirier (Élie), 313, 322.
Poisson (Mlle), 245, 246.
Pomme (Antoine), 147.
Pommier (Jean), 284.
Pompée, 204.
Ponge (Francis), 25.
Pont-Alais (Jean de L'Espine de), 173.
Poquelin (Jean), 244.
Porphyrius, 62.
Poulaille (Henry), 336.
Poussin (Nicolas), 10.

Prades (Cortète de), 341.
Pradon (Nicolas), 80, 146, 276, 289, 303, 304, 325.
Prévert (Jacques), 155, 226.
Prévost (Jean), 81.
Priézac (Salomon de, sieur de Saugues), 78, 314.
Prost (Christin), 336.
Prunelle (Marie), 171.
Puech (Louis), 341.
Puech de Calages (Marie), 331.
Puget (Pierre), 11.
Puiset (Baron de), 80.
Pulci, 52.
Puljoux, 263.
Pure (Michel de), 256.
Puymorin, 290.
Pyard de La Mirande (Pierre), 78.

Quantal (Claude), 63.
Queneau (Raymond), 155.
Quevedos y Villegas, 179.
Quinault (Philippe), 110, 208-209, 218, 224, 245, 266, 267, 328.
Quinet (Toussaint), 156.
Quintilien, 308.

Rabelais (François), 50, 51, 52, 62, 64, 67, 79, 97, 106, 154, 165, 169, 218, 224, 247, 249, 269.
Racan (Honorat de Bueil de), 14, 15, 17, 18, 27, 32, 35-45, 66, 68, 78, 79, 119, 122, 136, 165, 170, 184, 291, 302, 314, 322.
Racine (Jean), 27, 37, 54, 82, 111, 115, 133, 134, 148, 180, 197, 198, 204, 206, 210, 211, 213, 218, 219, 220, 245, 256, 261-285, 290, 291, 293, 295, 298, 299, 300, 303, 304, 306, 308, 310, 313, 322, 325, 326, 327, 331, 334, 338, 346.
Racine (Louis), 276.
Ragueneau (Cyprien), 171, 172.
Rambouillet (Catherine de Vivonne, marquise de), 15, 36, 97, 121, 122, 124, 126, 176, 212, 332.
Rambouillet (Marquis de), 122.
Rameau (Jean-Philippe), 208.
Rampale, 82.
Ranchin, 315.
Ranquet (Élisabeth), 202.
Rapin (René), 50, 55, 175, 293, 306-308.
Rat (Maurice), 254.
Ravaillac (François), 87, 89.
Raymond (Marcel), 83.

Razilli (Mlle de), 332.
Réault, 172.
Regnard (Jean-François), 148, 257-259, 260, 302, 345.
Régnier (Mathurin), 9, 17, 27, 28, 30, 49-67, 80, 82, 97, 119, 129, 153, 155, 161, 230, 258, 290, 292, 299, 302, 303, 338.
Régnier-Desmarais (François-Séraphin) 343, 344.
Rémy (le frère), 44.
Renan (Ernest), 254.
Renard (Jules), 107, 233.
Renard (Urbain), 336.
Renaudot (Théophraste), 72.
Renouard (Nicolas), 148.
Revol (Louis de), 70.
Retz (Maréchale de), 121.
Retz (Paul de Gondi, cardinal de), 10, 96, 100, 101, 169.
Richelet (Pierre), 306.
Richelieu (Armand Du Plessis, cardinal de), 10, 28, 34, 36, 65, 72, 120, 131, 134, 135, 138, 143, 144, 160, 169, 171, 172, 176, 179, 185, 189, 191, 192, 196, 209, 337.
Richer (P.), 157.
Rigaud (David), 304.
Rigaulot (Nicolas), 172, 231.
Rimbaud (Arthur), 87.
Rivarol (Antoine de), 25.
Roberti (Giambattista), 239.
Robinet (Charles), 171.
Roches (les dames des), 13, 122.
Rohan (Anne de), 332.
Roize (Jean), 341.
Rojas (Francisco de), 210.
Rolet, 292.
Rollinat (Maurice), 31.
Ronsard (Pierre de), 12, 15, 17, 25, 36, 39, 43, 50, 51, 61, 65, 66, 70, 93, 95, 110, 114, 135, 139, 148, 169, 170, 186, 291, 294, 300, 308, 338.
Rosière de Chaudeney, 73.
Rosset (François de), 141.
Rossi (Gherardo de), 239.
Rostand (Edmond), 105, 159, 172.
Rotrou (Jean de), 115, 121, 185, 187, 189, 190, 209-210, 265, 274, 302.
Rousseau (Jean-Baptiste), 27, 56, 115, 326.
Rousseau (Jean-Jacques), 75, 78, 100, 234, 253, 283, 284.
Roussel (I.), 147.
Rousset (Jean), 41, 60, 83.
Rousset (Pierre), 341.

Rovere (Bonarelli della), 80.
Rutebeuf, 54, 230.

Sabatier (le sieur de), 324.
Sabatier de Castres (Antoine), 24, 43.
Sablé (Marquise de), 128, 176, 330.
Saboly (Nicolas), 336, 337.
Sade (Donatien, marquis de), 285, 334.
Sainctot (Mme), 124.
Saint-Aignan (François de Beaudillier, duc de), 291, 302, 327.
Saint-Amant (Marc-Antoine de Girard de), 28, 67, 70, 71, 80, 87, 88, 89, 96-104, 109, 111, 112, 114, 116, 119, 153, 161, 167, 168, 170, 174, 178, 179, 291, 302, 338.
Sainte - Beuve (Charles - Augustin), 24, 56, 124, 130, 205, 254, 284, 299, 328.
Sainte-Marthe (Scévole de), 110.
Saint-Évremond (Charles de Marguetel de Saint-Denis de), 77, 95, 131, 221, 266, 304, 308, 310, 327-328.
Saint-Gelais (Louis-François Dubois de), 80.
Saint-Gelais (Mellin de), 139.
Saint-Géran (Mme de), 332.
Saint-Gilles (N. de l'Enfant, chevalier de), 239, 324, 326, 327.
Saint-John Perse, 238-239.
Saint-Louis (Pierre de), 71, 144-145.
Saintonge (Louise-Geneviève de), 333.
Saint-Pavin (Denis Sanguin de), 97, 167, 324.
Saint-Simon (Louis de Rouvroy, duc de), 11.
Sallengre (Albert-Henri), 168.
Salomon, 67.
Salvan de Saliez (Comtesse), 332.
Samaniego (Félix-Maria), 239.
Sand (George), 78.
Sanguin (Claude), 315.
Sanlecque (Louis de), 304.
Sappho, 147.
Sarazin (François), 128, 139, 141, 144, 156, 163-165, 173, 302, 308.
Sarcilly (C. de), 80.
Sarment (Louise-Anastasie), 332.
Saulnier (Verdun L.), 212.
Saurin (Bernard-Joseph), 254.
Scaliger (Jules-César), 184.
Scarron (Paul), 28, 87, 106, 114, 116, 133, 156-162, 165-167, 178, 179, 206, 208, 218, 224, 244, 246, 258, 291, 302, 303, 306, 338.
Scève (Maurice), 13.

Schelandre (Jean de), 64, 184.
Schlegel (Auguste-Guillaume von), 254.
Schlumberger (Jean), 190, 204.
Schneider (Marcel), 58, 333.
Schomberg (Charles de), 124.
Sconin (Jeanne), 263, 264.
Scudéry (Georges de), 13, 89, 102, 103, 122, 141-142, 171, 184, 187, 191, 208, 257, 306.
Scudéry (Madeleine de), 13, 55, 82, 122, 142, 157, 166, 206, 308, 330, 331, 332.
Séché (Alphonse), 333.
Sedaine (Jean-Michel), 159.
Segrais (Jean Regnault de), 79, 136-137, 156, 163, 272, 291.
Selve (Lazare de), 70, 317.
Sénécé (Antoine Bauderon de), 239, 302.
Sénèque, 13, 39, 189, 195, 211, 218, 268, 274, 326.
Serclier (Jude), 73.
Serizay, 170.
Sévigné (Marquis de), 141.
Sévigné (Marie de Rabutin-Chantal, marquise de), 10, 157, 167, 169, 174, 198, 212, 213, 222, 238, 272, 279, 291, 307, 330, 343, 345.
Shakespeare (William), 67, 90, 115, 204, 284.
Sigogne (Charles-Timoléon de), 57-60, 62, 63, 66, 67.
Simmias, 62.
Simonide, 30.
Somaize (Antoine Baudeau de), 256, 331, 332.
Sophocle, 204, 263, 264.
Sorel (Charles), 78, 106, 141, 162, 224.
Soriano (Marc), 334.
Soulié (Frédéric), 244.
Spinoza, 326.
Sponde (Jean de), 9, 21, 25.
Staal de Launay (Baronne de), 344.
Stace, 265.
Steen (Jean), 98.
Stendhal (Henri Beyle dit), 25, 194, 254, 284.
Suarès (André), 327.
Subligny (Adrien), 269.
Supervielle (Jules), 92, 226, 239.
Surin (le Père), 317-318.
Swift (Jonathan), 107, 327.

Tabarin, 158, 251.
Tabourot des Accords (Étienne), 62, 165.

Tacite, 41, 198, 270.
Taine (Hippolyte), 141, 232, 238, 254.
Tallemant des Réaux (Gédéon), 28, 36, 42, 51, 65, 103, 122, 130, 131, 142, 144, 165, 169, 173, 179, 218, 244, 332.
Tanneguy Le Fèvre, 231.
Tansillo, 14, 18.
Tardieu (Jean), 89.
Tasse (le), 75, 209, 212, 229.
Tassoni, 155.
Tausianus, 28.
Temple (William), 327.
Téniers (David), 98, 260.
Térence, 187, 218, 247, 248, 251, 321.
Tertullien, 67.
Théocrite, 62, 227, 294.
Thérèse (sainte), 321.
Thibaud de Champagne, 155.
Thomas (Henri), 89.
Thomas (saint), 264.
Thou (Jacques-Auguste de), 14.
Tibulle, 148.
Tite-Live, 195.
Titreville, 146.
Tortel (Jean), 89.
Toulouse-Lautrec (Henri de), 98.
Touvant (Charles de Pyard, sieur de), 15, 42, 78.
Touverey (Claude), 63.
Tristan L'Hermite (François), 28, 87, 106, 109, 110-116, 119, 154, 162, 185, 189, 190, 208, 306.
Troterel, 212.
Truc (Gonzague), 284.
Turlupin, 173.
Turenne (Henri de La Tour d'Auvergne, maréchal de), 35.
Turnèbe (Odet de), 190.

Urfé (Honoré d'), 36, 75-76, 78, 82, 136, 170.
Uzanne (Octave), 130.
Uzès (Duc d'), 142, 143.

Valdavid (le sieur de), 179.
Valère Maxime, 109.
Valéry (Paul), 21, 27, 30, 95, 133, 155, 219, 252, 284, 318.
Valète (Jacques), 80.
Valla (Lorenzo), 231.
Vallery-Radot (Robert), 41.
Vandeuvre (Mlle de), 332.
Vanière (le père), 340.

Vanuxem (J.), 299.
Varennes (Olivier de), 231.
Vaugelas (Claude Favre de), 27, 308.
Vauquelin de La Fresnaye, 14, 37, 174, 303.
Vauquelin des Yveteaux (Nicolas), 14, 174.
Vauvenargues (Luc de Clapiers, marquis de), 250.
Vendôme (César, duc de), 174, 220.
Verdizzoti, 231, 239.
Verdun (Président de), 21.
Verhaeren (Émile), 284.
Verlaine (Paul), 55, 87, 95, 228.
Vermeil (Abraham de), 82-83.
Verne (Jules), 106.
Verneuil (Marquis de), 110.
Viau (Théophile de), 27, 28, 49, 61, 66, 67, 70, 79, 80, 87-95, 96, 104, 109, 111, 114, 116, 119, 142, 146, 153, 167, 170, 173, 178, 184, 291, 302.
Vichnou-Sarma, 230.
Viennet (Jean), 239.
Vigny (Alfred de), 234.
Vilar (Jean), 254.
Villarceaux (Comte de), 156.
Villars (abbé de), 334.
Villedieu (Boisset de), 332.
Villedieu (Hortense de), 239, 324, 330, 332-333.
Villeneuve (J.-C. de), 37.
Villeneuve La Garde, 44.
Villiers (Claude Deschamps de), 256.
Villiers (J. de), 256, 257.
Villiers (Pierre de), 256, 257, 304.
Villon (François), 52, 54, 55, 59, 67, 218, 291, 300.
Vion d'Alibray (Charles de), 97, 167-168, 338.
Virey (Claude-Enoch), 80.
Virgile, 37, 133, 136, 148, 154, 157, 158, 159, 172, 208, 264, 268, 294, 297, 321, 341.
Vitart (Nicolas), 263.
Vitellius, 169.
Vitré (Zacharie de), 71, 315.
Vivonne (Duc de), 156.
Voiron, 307.
Voisin (le père), 89.
Voiture (Vincent), 41, 121, 122, 124-129, 130, 135, 139, 141, 163-167, 173, 218, 291, 302, 308, 328.
Voltaire (François-Marie Arouet, dit), 24, 50, 107, 115, 148, 173, 204, 206, 209, 236, 250, 258, 270, 274, 276,

280, 283, 284, 299, 303, 308, 309, 320, 326, 328, 343, 345, 346.

Waldis (Burkard), 239.
Walef (Blaise-Henri de Corte de), 212.

Walpole (Horace), 328.

Yvrande, 15, 42, 68.

Zénon, 28.

Table

MALHERBE ET SES « ÉCOLIERS » 7

1. *Regard vers le nouveau siècle* 9
2. *Malherbe, nouveau venu ?* 12
   Une date dans l'histoire des doctrines. Les chaises paillées. L'art poétique de Malherbe. L'œuvre poétique. Ce curieux bonhomme.
3. *François de Maynard* 27
   Mon art est prophétique.
4. *Racan et d'autres « écoliers »* 35
   Racan le Berger. Le Racan des Odes et Psaumes. Les petits écoliers.

LES CONTEMPORAINS DE MALHERBE 47

1. *Mathurin Régnier* 49
   Contre Malherbe. Le portrait des mœurs du temps. L'autre Mathurin Régnier.
2. *Les amis de Régnier* 57
   Motin, Sigogne et Berthelot. La troupe des satiriques. La loi mystérieuse de Victor Hugo.
3. *Mort et religion* 68
   Les quatrains de Pierre Mathieu. Le mourir joyeux de Marbeuf. Les chemins funèbres de Drelincourt. Le Père Joseph et la poésie religieuse.

364 . LA POÉSIE DU XVIIe SIÈCLE

4. *Amoureux et bergers* 75
Les fidèles bergers. Amoureux et autres. Une première époque précieuse.

LES ROMANTIQUES LOUIS XIII 85

1. *Théophile de Viau le libertin* 87
Lèse-majesté divine. Célébrer des fêtes.

2. *Saint-Amant le joyeux* 96
L'Anacréon des goinfres. Le Contemplateur. Le « bucolique » et l'idylle héroïque. Le pauvre Saint-Amant.

3. *Cyrano le Burlesque* 105
Les portes de l'imaginaire. L'homme de théâtre. Le goût de la pointe.

4. *Tristan le Précieux* 110
Une jeunesse vagabonde. Une pureté racinienne. Le théâtre Tristan.

LA POÉSIE PRÉCIEUSE 117

1. *La Préciosité* 119

2. *La Galerie précieuse* 124
Le Roi Chiquito. Les deux batailles de sonnets. Un Voiture prolongé. La préciosité mesurée de Gombauld. L'étincelant Brébeuf. Le Chapelain décoiffé. Le Nain de la princesse Julie. Le Charmeur de forêts. Étienne Pavillon le sage. La Mesnardière le mélancolique. La Poésie selon Paul Pellisson. Du Bois-Hus le somptueux. Précieux, galants, petits-maîtres et histrions. La critique de la préciosité.

LA PRÉCIOSITÉ BURLESQUE 151

1. *Le mode burlesque* 153

2. *La troupe burlesque* 156
Fait comme un Z, Scarron. Le Singe de Scarron. Le Singe de Voiture. Amilcar rival de Voiture. Autour de Voiture, de Scarron, de Sarazin. Les poètes biberons. Burlesques parfois involontaires. Claude Le Petit et les petits Burlesques.

PIERRE CORNEILLE ET L'ÉPANOUISSEMENT DE LA TRAGÉDIE 181

1. *Avant Corneille* 183
2. *De Mélite au Cid Campeador* 186
   Les débuts. Le Corneille du Cid.
3. *Du Cid à Suréna* 195
   Les Romains cornéliens. Les sursauts de l'homme vieillissant.
4. *Pierre Corneille plus intime* 199
   Les œuvres parallèles. Les appréciations.
5. *Les autres « tragiques »* 206
   Thomas ou le reflet du frère. La Rime Quinault. Le « Père » de Corneille. Les autres « tragiques ».

JEAN DE LA FONTAINE 215

1. *Le Papillon du Parnasse* 217
   Les Enfances La Fontaine. Les premières œuvres. Protectrices, protecteurs et amis.
2. *Contes et œuvres diverses* 223
   L'homme envahi par la poésie. Les Contes en vers. Artiste du vers.
3. *Le Trésor des Fables* 230
   La Fable selon La Fontaine. Les titres bien connus. La fable caricaturale. Morale et pédagogie. Les préceptes. Un poète original. Ce qu'ils en pensent. Des légions de fabulistes.

MOLIÈRE ET LE SIÈCLE D'OR DE LA COMÉDIE ... 241

1. *Molière le Poète* 243
   Un seul Molière. La Vie de Molière. L'homme Molière et les hommes. Les Armes de la comédie. Le style du poète. Poète ailleurs qu'au théâtre. Positions et propositions.
2. *Auteurs de comédies au XVIIe siècle* 256
   Malfaçons et parodies. Jean-François Regnard. Dancourt et Dufresny.

JEAN RACINE 261

1. *De la Thébaïde à Phèdre* 263
   Formation et tentatives. Imitant Corneille. La révolution d'Andromaque. La surprise de Racine. La pièce des connaisseurs : Britannicus. La douceur tragique ; Bérénice. La Tuerie Bajazet Mithridate, le succès plus facile. La complexité d'Iphigénie. Phèdre, puis le renoncement.

2. *Tragédies bibliques et poésies diverses* 278
   Esther. Athalie. Racine poète. Le duo inévitable Racine-Corneille. Hier et aujourd'hui.

NICOLAS BOILEAU, SATIRIQUES ET THÉORICIENS . 287

1. *Nicolas Boileau* 289
   Boileau, curieux homme. Critique en vers. L'Art poétique. Législateur ou fossoyeur ? Des œuvres. Les Anciens et les Modernes. Les derniers jours.

2. *Les petits satiriques* 301

3. *Les régents de la Poésie* 305
   Traités et manuels. L'érudit René Rapin. L'Oracle Dominique Bouhours.

POÉSIE SOUS TOUTES LES FORMES 311

1. *La Poésie chrétienne* 313
   Les nouvelles paraphrases. Les poètes religieux et les religieux poètes. Le père Surin et le père Cyprien. Bossuet et Fénelon, Mme Guyon et d'autres.

2. *Le siècle à son déclin* 323
   Autour de La Fontaine. Licencieux, curieux et inconnus. Mme Deshoulières et ses amis. Saint-Évremond et Hamilton.

3. *Les Dames et les Fées* 330
   La poésie féminine. Le Cabinet des Fées.

4. *Permanences* 336
   La veine populaire. Permanence du Sud.

5. *Le Soleil couchant* 343

INDEX 347

*La composition
et l'impression de ce livre ont été effectuées
par l'Imprimerie Floch à Mayenne
pour les Éditions Albin Michel*

AM

*Achevé d'imprimer le 1er septembre 1975
N° d'édition 5497. N° d'impression 13368
Dépôt légal 4e trimestre 1975*

Imprimé en France